MÚSICA   CULTURA POP   ESTILO DE VIDA   COMIDA
CRIATIVIDADE & IMPACTO SOCIAL

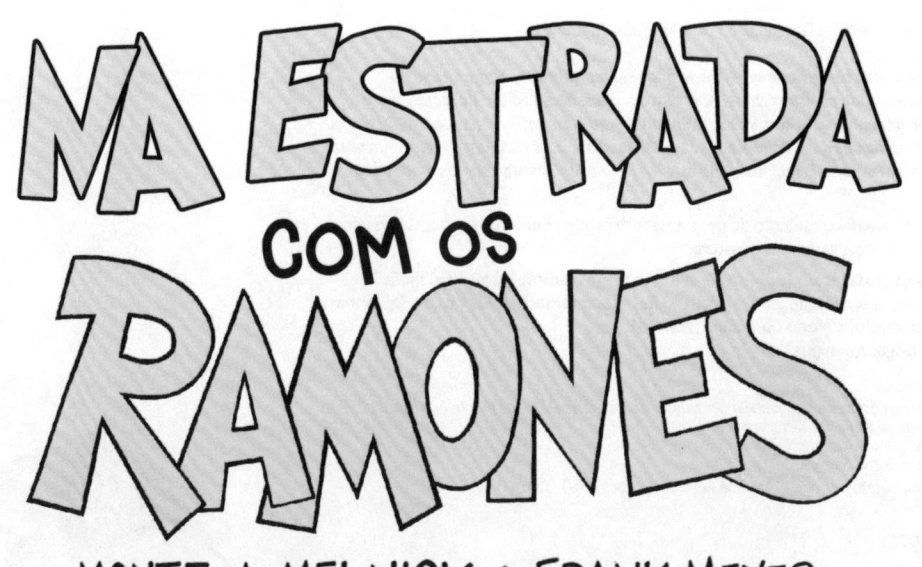

# NA ESTRADA COM OS RAMONES

**MONTE A. MELNICK + FRANK MEYER**

Tradução
**Alexandre Saldanha**

Belas Letras

Este livro é o resultado de um trabalho feito com muito amor, diversão e gente finice pelas seguintes pessoas:

**Gustavo Guertler (*publisher*), Marcelo Viegas (edição), Celso Orlandin Jr. (capa e adaptação gráfica), Juliana Rech (diagramação), Alexandre Saldanha (tradução) e Mario Gonçalino (revisão).**
Obrigado, amigos.

Fotos, pôsteres e *memorabilia* não creditados: coleção pessoal de Monte A. Melnick
Logo de águia dos Ramones: Arturo Vega
Desenho da capa: John Holmstrom
Foto da quarta capa: George DuBose
Projeto gráfico original: Antonio Augusto (Edições Ideal) / Ghost Design

2021
Todos os direitos desta edição reservados à
Editora Belas Letras Ltda.
Rua Antônio Corsetti, 221 – Bairro Cinquentenário
CEP 95012-080 – Caxias do Sul – RS
www.belasletras.com.br

Dados Internacionais de Catalogação na Fonte (CIP)
Biblioteca Pública Municipal Dr. Demetrio Niederauer
Caxias do Sul, RS

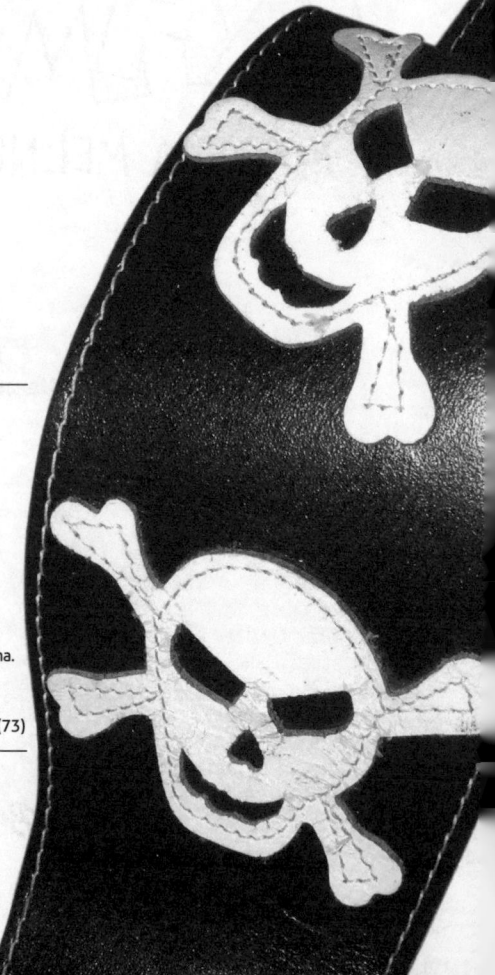

| | |
|---|---|
| M527 | Melnick, Monte A. |
| |    Na estrada com os Ramones / Monte A. Melnick e Frank Meyer, tradução de Alexandre Saldanha. - Caxias do Sul, RS : Belas Letras, 2021. |
| |    272 p. il. |
| | |
| | ISBN: 978-65-5537-171-0 |
| | ISBN 978-65-5537-172-7 |
| | |
| | Tradução de: On the road with the Ramones |
| | 1. Ramones (Grupo musical) - História. 2. Música norteamericana. 3. Punk rock. I. Título. II. Meyer, Frank. III. Saldanha, Alexandre. |

21/101                 CDU 784.4(73)

Catalogação elaborada por Rose Elga Beber, CRB-10/1369

# AGRADECIMENTOS

## Monte A. Melnick:

Ah, as batalhas políticas que aconteciam para escolher as pessoas que entrariam nos "agradecimentos especiais" nos encartes dos discos dos Ramones. Só aquilo já daria um outro livro. Entretanto, não tenho problemas com isso.

Para qualquer um que eu tenha deixado de mencionar ou qualquer história não contada neste livro, tenho que usar a famosa citação: "Se você se lembra, você realmente não estava lá".

Agradeço a Kevin Patrick, meu bom amigo que, por muitos anos, foi a principal força que me motivou a fazer este livro, e para meu velho amigo Tommy Erdelyi (Ramone), que me colocou nesse louco mundo da música.

Tenho que dar um grande agradecimento a Joey Ramone, Dee Dee Ramone, Johnny Ramone, Marky Ramone, CJ Ramone, Richie Ramone, Clem (Elvis Ramone) Burke, Arturo Vega, Danny Fields, Linda Stein e (Tio) Ira Herzog – sempre uma grande ajuda em nossas jornadas – e minha irmã Vicki e sua família.

## Frank Meyer:

Dedico este livro e qualquer coisa que eu fizer à minha esposa, Christina "Kal" Meyer, e minha mais nova garotinha, Isabella. Vocês são as melhores coisas que já me aconteceram.

Este livro não seria possível sem o grande Lonn Friend, meu amigo e mentor. Você é o Rei!

Muito obrigado à Força Tarefa de Transcrição: David Glessner, Isle Baca, Ethan Van Klaveren, Shira B. Wild, Charles Comparato, Scott Ross, Joy Jansen, Julie McKnight, Caz Westover, Kal e Stefany Jones.

Um grande "valeu" para o editor chefe Troy Fuss, e agradecimentos especiais para Iris Berry, revista AVN, Jari-Pekka Laitio-Ramone; Kim Estlund e todos da Rhino; Breckin Meyer e meus pais Dorothy e Bob Dudnik; Chris e Nancy Meyer, e Frank e Jo Mahaney.

Nada disso seria possível se não fosse por Monte A. Melnick. Monte, você deixou que eu entrasse na sua vida, sua casa, seu mundo e em sua cabeça, e eu te agradeço por isso. Você pode se considerar um herói não mencionado, mas você pode me ouvir cantando seus heroicos louvores a plenos pulmões.

Monte e Frank gostariam de fazer um agradecimento especial a John Holmstrom por essa incrível capa, e a George (O Kapitão) DuBose, Ed Stasium, Allan Arkush, John Giddings, Charlotte Lesher, Mickey Leigh, Chris e Tina Frantz, Chris Stein, Joan Jett, Kenny Laguna, Jeff Salen, Angela Galletto, Tara Gillette e sua mãe Camille, Shira B Wild (por me ajudar na estrada a me recuperar dos Ramones), à dedicada Andrea Starr, John e Jimmy Markovich, Mitch Keller, Matt Lolya, Warren Cohen, Vera Davie, Andy Shernoff, 'Handsome' Dick Manitoba, George Seminara, Rachel Felder, Daniel Rey, Roger and Nancy (o Conde e a Condessa) Risko, Ida Langsam, Gene Fawley, Rick Johnson, George Tabb, Al Linder, Wayde Daniel, Tim McGrath, Dr. James Foster, Gary Kurfirst, Rick Johnson, Joan Tarshis, Ivan Dall, Harvey Kubernick, Jaan Uhelszki, Brendan Mullen, Barbara Zampini, Andy Paley, David Kessel, Rodney Bingenheimer, David Lee Roth, Howie Pyro, Danny Sage, Cheetah Chrome, Sylvain Sylvain, Eddie Spaghetti, Sonny Vincent, Barbara Skydell, Frank Barcelona, Iain MacGregor, Chris Harvey, Ashley Western e Abe Bradshaw.

# SUMÁRIO

# LISTA DE PERSONAGENS

**CJ Ramone** – Baixista dos Ramones (1989-1996)
**Dee Dee Ramone** - Baixista dos Ramones (1974-1989)
**Joey Ramone** – Vocalista dos Ramones
**Johnny Ramone** – Guitarrista dos Ramones
**Marky Ramone** – Baterista dos Ramones (1978-1983, 1987-1996)
**Richie Ramone** – Baterista dos Ramones (1983-1987)
**Tommy Ramone** – Baterista dos Ramones (1974-1978)
**Allan Arkush** – Diretor do filme *Rock 'N' Roll High School*
**Andy Paley** – Músico (Paley Brothers)
**Andy Shernoff** – Músico (Dictators)
**Angela Galletto** – Ex-namorada do Joey
**Barbara Zampini** – Esposa do Dee Dee e musicista (Ramainz)
**Bob Gruen** – Fotógrafo
**Brendan Mullen** – Jornalista
**Charlotte Lesher** – Mãe do Joey
**Cheetah Chrome** – Músico (Dead Boys)
**Chris Frantz** – Músico (Talking Heads, Tom Tom Club)
**Chris Stein** – Músico (Blondie)
**Clem Burke** – Músico (Ramones, Blondie, etc)
**Daniel Rey** – Músico, Produtor
**Danny Fields** – Empresário (1975-1979)
**Danny Sage** - Músico (D Generation)
**David Kessel** – Músico, Condutor Executivo, Produtor
**David Lee Roth** – Músico (Van Halen)
**'Handsome' Dick Manitoba** – Músico (Dictators)
**Ed Stasium** – Produtor, Engenheiro
**Eddie Spaghetti** – Músico (Supersuckers)
**Gary Kurfirst** – Empresário (1979-1996)
**George DuBose** – Fotógrafo
**George Seminara** – Diretor de vídeo
**Harvey Kubernick** – Jornalista
**Howie Pyro** – Músico (D Generation)
**Ida Langsam** – Relações públicas
**'Tio' Ira Herzog** – Contador, Business Manager
**Jaan Uelszki** – Jornalista (*Creem Magazine*)
**Dr. James Foster** – Quiroprata, Amigo
**Jeff Salen** – Músico (Butch, Tuff Darts)
**Joan Jett** – Musicista (Runaways)
**Joan Tarshis** – Jornalista
**John Giddings** – Agente de agendamento (Solo Music Agency)
**John Holmstrom** – Editor, Ilustrador (Punk Magazine)
**Kevin Patrick** – Vice-presidente da Columbia Records
**Mickey Leigh (Mitch Hyman)** – Irmão do Joey, Músico
**Monte A. Melnick** – Empresário de turnê
**Rachel Felder** – Jornalista (revista *People*)
**Richard Adler** – Músico (Tangerine Puppets)
**Rick Johnson** – Fã
**Rodney Bringheimer** – Disc Jockey da K-ROQ
**Roger Risko** – Superfã
**Shira B Wild** – Presidente do Fã-Clube, Ex-namorada do Monte
**Sonny Vincent** – Músico (Testors)
**Sylvain Sylvain** – Músico (New York Dolls)
**Tim McGrath** – Agente de agendamento (Premier Talent, House of Blues)
**Vera Davie** – Ex-esposa do Dee Dee
**Wayde Daniel** – Rock-It Cargo, Sound Moves

## SOM E LUZES
**Arturo Vega** (Iluminação e Diretor Artístico)
**Bob Markovich** (Monitores)
**Dave Reese** (Técnico de iluminação)
**Eric Fortunato** (Técnico de iluminação)
**James 'Jimmy' Markovich** (Técnico de som de monitores e frente da casa)
**Jeff Worley** (Monitores)
**John Markovich** (Técnico de som da frente da casa)
**John Weir** (Técnico de iluminação)
**Pat Scardina** (Monitores)
**Tim Dailey** (Monitores)
**Tim McWilliams** (Técnico de iluminação)

## TÉCNICOS DE GUITARRA
**George 'George Furioso' Tabb**
**Jeff Shaw**
**Mark Kostora**
**'Little' Matt Lolya**
**Mitch Hyman**
**Rick 'Ropie' Weinman** (também Merchandising)
**Tom Kennedy**

## TÉCNICOS DE BATERIA
**Al 'Big Al' Linder** (também Segurança)
**Bob 'Stickler' Mack**
**Charles Carpenter**
**Danny Zykowski**
**Frank Saitta**
**Larry Chykowski**
**Mark 'Bullet' Barnett**
**Mark 'Mongo' Dark**
**'Big' Matt Nadler**
**Mitch 'Bubbles' Keller**
**'English' Steve Nicol**
**Tom Goss** (também Técnico de Guitarra)
**Tom Smith**
**Vito**

## AS TROPAS DE TURNÊ
**Dave 'Moon' Davis** (Merchandising, Pinhead original)
**Gene 'The Cop' Frawley** (Motorista da van, Assistente de turnê, Segurança)
**Jeff 'Truckie' Golden** (Motorista de caminhão, Assistente de turnê)
**Richard Otten** (Motorista da van, Assistente de turnê)
**Warren Cohen** (Motorista da van, Assistente de turnê)

# PREFÁCIO

Monte A. Melnick foi o primeiro amigo que fiz quando me mudei para Forest Hills. Trombei com ele enquanto andava de bicicleta próximo à Forest Hills High School. Ele morava bem ao lado da escola e também estava andando de bicicleta. A primeira coisa que reparei nele foi seu curioso nome aliterativo. A segunda foram seus grandes e tristes olhos castanhos que olhavam para mim com uma combinação de curiosidade, fascinação e competição.

Monte era uma pessoa única. Ele tinha alguma coisa "de antigamente", apesar de ter vindo dos anos 1940. Ele também se vestia de maneira única, com calças baggy e camisas xadrez. Ele também usava uma gravata – que era obrigatória na escola – enfiada na camisa, como os militares. Me sentia confortável com ele. Sempre fui fascinado por pessoas diferentes.

Tínhamos uma relação interessante. Ele jogava boliche melhor que eu (ambos estávamos na liga de boliche do colégio). Ele jogava golfe melhor que eu (ele assumiu o esporte e tentou me ensinar). Ele era melhor em nossa aula de carpintaria (eu não levava jeito). No fim, o Monte desistiu do boliche e do golfe e decidiu tentar aquilo no que eu era bom – música.

Eu o ensinei a tocar baixo e montamos uma banda chamada Triad. Essa era a época de bandas como Cream, The Who e Jimi Hendrix, então tínhamos um power trio. Isso foi no começo da era hippie e viramos "freaks", assim como muitos de nossos amigos daquela geração. O Triad durou quase um ano e então consegui um emprego como engenheiro de som no estúdio de gravação Record Plant, e o Monte se juntou a uma banda chamada Thirty Days Out e foi embora para Los Angeles para gravar um disco.

Muitos anos se passaram até que o Monte e eu nos reencontrássemos em Nova York e formássemos a banda Butch. Infelizmente, não havia tantos lugares para tocar naquela época e o grupo se separou, devido a uma combinação de desinteresse e falta de shows. Então o Monte e eu resolvemos abrir um estúdio de ensaio e gravação chamado Performance. Isso foi uma empreitada mais produtiva. O lugar decolou imediatamente, e tínhamos as melhores bandas de Nova York usando as instalações.

Nesse ponto, resolvi entrar no negócio de empresariar bandas e dei um grito para meu velho amigo da escola, John Cummings, com quem tive bandas no passado. Disse que era hora de ele mexer seu traseiro e começar a fazer música novamente. Achava que ele era o músico mais carismático que conhecia e, apesar de ele estar fazendo um bom dinheiro trabalhando com construção, eu sabia que seu coração estava na música. Foi a mesma coisa com Dee Dee e Joey, que também tinham personalidades dinâmicas que precisavam dar vazão à sua criatividade – e assim nasceram os Ramones.

Quando precisamos de um coordenador de turnês, pedi que o Monte tentasse. Ele tentou e assim começou sua aventura nas estradas, linhas aéreas e palcos do mundo. Monte ficou até o fim, testemunhando a longa e turbulenta viagem que eram os Ramones. Como ele conseguiu manter sua sanidade em tais circunstâncias é um testemunho de sua fortaleza. Tenho certeza que ele tem muitas histórias interessantes para contar.

Obrigado, Monte, por todos esses anos de trabalho duro e dedicação. Você foi uma parte importante de nossa louca "Família Feliz".

**Tommy Erdelyi** (Ramone)

Nova York

Junho de 2003

# PREFÁCIO BRASILEIRO

Conheci Monte Alexander Melnick em fevereiro de 2012. Dezesseis anos depois do fim dos Ramones, ele trabalha longe de músicos, bandas e turnês. Não precisa mais lidar com o TOC do Joey, a rigidez do Johnny ou os vícios do Dee Dee. Também não vive mais na estrada, viajando o mundo. Na verdade, ele nem mesmo precisa sair do Queens, em Nova York. O que sobrou daquela época foram as lembranças e o cargo de *manager*. Atualmente, ele é o responsável pelo cinema 3D do New York Hall of Science[1], onde tínhamos combinado de nos encontrar: "É aqui que os empresários de turnê de punk rock vêm para se aposentar", brincou.

Entre uma sessão e outra de filmes com óculos especiais, ele contou histórias da época dos Ramones e, ao contrário do que ele diz na apresentação deste livro – "se você estava lá, você não se lembraria" –, mostrou que tem uma boa memória. Quando me perguntou de que parte do Brasil eu vinha, respondi que nasci em Belo Horizonte ("Fizemos um show lá"), mas que morava em São Paulo, ao que ele respondeu: "Ah, o Maksoud Plaza continua lá?".

Apesar de simpático e atencioso – às vezes, até engraçado –, Monte tem uma característica que chama a atenção: é uma presença intimidadora. Certamente, não era fácil dirigir uma van com quatro Ramones, de cidade em cidade, montando e desmontando equipamento e cuidando de toda a estrutura do show. Imagine sem alguém para colocar ordem na casa. Essa era a sua função. Foi por causa desse seu jeito intimidador que ele foi promovido a empresário de turnê. Seu teste foi simples e direto: Monte precisava cobrar o cachê de um promoter que se recusava a pagar a banda. Com o dinheiro na mão, ele se tornou o responsável por manter a máquina ramônica funcionando.

Seu reconhecimento por todo esse trabalho não foi financeiro. Como ele mesmo sempre diz, "se naquela época os Ramones fossem populares como hoje, eu teria ganhado um bom aumento". Na verdade, a recompensa foi ter presenciado o dia a dia de uma das bandas mais influentes da história do rock e viver o bastante para poder apreciá-la. E foi isso que o levou a escrever *Na Estrada com os Ramones*: contar o que viu em mais de duas décadas de intermináveis turnês com os criadores do punk rock. Quando perguntei a ele sobre os outros livros lançados sobre os Ramones, escritos por jornalistas ou pessoas de fora da banda, ele deu uma resposta bem convincente sobre a qualidade de seu livro: "Só quatro pessoas estavam lá do início ao fim: Joey, Johnny, Arturo e eu". Com a recente morte de Arturo Vega (1948-2013), Monte Melnick é a única pessoa viva que acompanhou toda a carreira dos Ramones.

Além disso, *Na Estrada com os Ramones* foi montado com base em depoimentos de pessoas que estiveram presentes em cada momento da história do quarteto. Se isso ainda não for suficiente, basta folhear as páginas seguintes e ver uma infinidade de fotos raras de bastidores, cartazes de shows, documentos, mapas de palco e todas – sim, TODAS – as 2.263 datas de shows que os Ramones fizeram.

Boa leitura e hey ho let's go!

**Alexandre Saldanha**
(Reverendo Frankenstein)

Maio de 2013

[1] Atualizando: Monte não trabalha mais no New York Hall of Science.

O autor e o tradutor: Monte e Alexandre Saldanha, no cinema 3D do New York Hall of Science, onde o ex-empresário de turnê dos Ramones trabalhava na época. (Foto: acervo pessoal de Alexandre Saldanha)

# INTRODUÇÃO

2.263 shows em 22 anos...

Os Ramones. Jaquetas de couro, jeans rasgados, camisetas sujas, guitarras na altura dos joelhos, três acordes e uma parede de um lindo barulho. Pioneiros do punk e membros do Rock 'n' Roll Hall of Fame, os Ramones foram uma força inegável e, no auge de seus poderes, sem dúvida a maior banda do planeta. Eles pegaram o brilho do pop, os vocais do doo-wop, batidas surf e o poder do garage rock dos anos 1960 e combinaram isso para criar um som como nenhum outro. Os Ramones não só definiram o punk rock, eles o viveram, o cheiraram e respiraram seus gases nocivos por mais tempo do que praticamente qualquer um. Toda roupagem power-pop, toda bandinha punk, toda atração indie alternativa e um bando de titãs do metal devem tudo aos nativos do Queens.

Na vitrola e no palco, os Ramones pegaram tudo que estava esquecido e fizeram uma explosão fora de proporções no rock 'n' roll e o despiu até o núcleo. As músicas eram simples, curtas e diretas. Sem solos, sem baboseira, nada complicado. Cada música tinha um gancho, cada verso era repetitivo e grudento e cada refrão tinha um hino de batalha para cantar com os punhos para cima com o qual os garotos pudessem se relacionar. "Teenage Lobotomy", "Beat on the Brat", "Cretin Hop", "Sheena is a Punk Rocker", "I Just Wanna Have Something to Do", "I Don't Wanna Walk Around with You", "Rock 'n' Roll High School", "I Wanna Be Sedated" e a lista vai embora...

Praticamente todas as bandas que significam alguma coisa para alguém fizeram cover de suas músicas, seu som foi copiado muitas e muitas vezes e seu logo está estampado em milhares de jaquetas e camisetas ao redor do mundo. Todos amam os Ramones. Motörhead fez uma música sobre eles, os Simpsons agitaram com eles e o produtor Roger Corman fez um filme sobre eles. Os Ramones criaram um som único, acrescentaram um visual de hooligans de cartuns e escreveram músicas brilhantemente simples e ainda assim hilárias que geraram milhões de imitadores.

Os Ramones tinham três coisas que imediatamente os colocaram em uma classe diferente de seus concorrentes: eles tinham músicas, atitude e "o visual". Dee Dee e Joey escreviam letras brilhantes, engraçadas e afiadas que era minimalistas, mas muito provocativas e espirituosas. A música era um rock guiado por três acordes, mas misturado a pop bubblegum com rock de serra elétrica para criar um estilo próprio. Claro, eles eram durões, mas sensíveis também. Para cada *riff* de guitarra poderoso de Johnny e batidas de martelo de Tommy, tinha a interpretação doce e emocional de Joey e o terno charme de bandido de Dee Dee que vendeu a banda aos adolescentes, principalmente às garotas. Mais que atitude, eles tinham estilo. E mais que estilo, eles tinham uma imagem.

A imagem deles era tão simples e poderosa que chega a ser ridículo: jeans, jaquetas de couro pretas, camisetas, cortes de cabelo tigelinha e todos chamados de Ramone. Brilhante. É como qualquer cara durão que você encontrou em um beco escuro, qualquer valentão que roubou seu dinheiro do lanche, qualquer cara descolado com um cigarro pendurado nos lábios, se apoiando na jukebox. Tudo isso em um só. Eles eram realmente irmãos? Esses caras são reais? Como o KISS, os Ramones criaram mais que uma banda, eles criaram uma marca, uma instituição. Os Ramones viraram, eles próprios, um gênero musical, um visual.

Fã de punk rock ou não, até o fã de rock mais mimado tem que aceitar que a batida inicial e crua de "Blitzkrieg Bop" é tão boa quanto poderia ser. A simples combinação da guitarra de serra elétrica de Johnny, as letras brilhantes e a levada de baixo de Dee Dee, a sutura percussiva de Tommy com uma performance terna-mas-forte de Joey é praticamente a definição de como uma banda de rock deve soar. A verdade é que os Ramones redefiniram a música pop como a conhecemos ao simplificá-la, desnudando-a e acelerando-a.

O Ramones é o tipo de banda que faz um jovem garoto pensar: "Eu posso fazer isso. Se esses babacas podem subir ao palco, cantar e serem 'rock stars', eu também posso". Eles fizeram isso parecer fácil. Eles pareciam e soavam como você e seus amigos depois de tomarem algumas cervejas e cheirarem um pouco de cola. Por mais cafona que seja dizer isso, os Ramones inspiraram os jovens, e é isso que vai durar para sempre.

Apesar de toda a sua influência e infâmia, a banda nunca teve um verdadeiro hit, mal foi abraçada pelas rádios ou pela MTV e só foi aceita pelo *mainstream* alguns anos depois de se aposentar. A falta de recompensa financeira por seu trabalho duro, e importante contribuição para a música moderna, os forçou a bater o pé no chão com firmeza, fazendo turnês ao redor do mundo por 22 anos sem parar. Com mentalidade de viajantes e shows ferozes, garantiram uma legião de fãs leais e freaks, e espalharam sua palavra até os cantos mais distantes da Terra, mas a banda pagou um alto preço, emocional e físico.

Das encardidas ruas de Nova York para os maiores palcos do mundo; de carregar a tocha do rock *underground* a escrever clássicos pop; de seu apelo não comercial para o comercial da Budweiser; os Ramones escreveram com spray seu nome nas paredes da história do rock e inspiraram a todos que os viram. Joey, Johnny, Dee Dee, Tommy, Marky, Richie, CJ e, por um breve período de tempo, Clem Burke – os Ramones – foram os cúmplices revestidos de couro... mas raramente uma família feliz. Para a banda que escreveu "We're a Happy Family", os Ramones eram tão disfuncionais quanto uma família pode ser, mais próximos de *Os Monstros* que de *Leave It To Beaver*[2]. Embora muitas vezes fossem como uma gangue – eles usavam uniformes e, se você se metesse com um, teria que lidar com todos –, os Ramones nunca foram particularmente apegados como amigos, especialmente a partir dos anos 1980. Tommy quase teve um colapso nervoso e seu substituto, Marky, era um alcoólatra que deixou a banda e depois voltou, e foi substituído por Richie e Clem. Dee Dee era um desastre pronto para acontecer, um acidente bipolar drogado de pavio curto e um canivete, que eventualmente foi substituído por CJ.

Enquanto isso, Joey e Johnny simplesmente não conversavam. Eles tiveram um desentendimento em relação a uma garota e passaram mais da metade de suas carreiras basicamente ignorando um ao outro.

Ainda assim, talvez tenha sido sua falta de comunicação em um nível pessoal que os fez uma unidade tão grande em cima do palco. O fato de eles nunca se importarem em serem amigos pode ter sido o segredo para manterem o poder e lhes deu força para continuar. Talvez a grande razão para que eles se armassem para encarar a estrada muitas e muitas vezes tenha sido porque eles não eram amigos, simplesmente trabalhavam juntos.

Certamente, um dos principais motivos foi porque, entre toda a loucura e caos, a banda tinha um fator estável, uma constante: Monte A. Melnick, o quinto Ramone. Monte era um velho amigo da banda de Forest Hills, Queens, que começou a trabalhar com eles desde antes de sua estreia no CBGB em 16 de agosto de 1974 até depois do último show em Los Angeles em 6 de agosto de 1996. Ele era o empresário de turnê da banda, diretor de palco, gerente de turnê, cabeleireiro pessoal, lidava com a equipe de estrada e assistente pessoal de Joey por um quarto de século – e tem as cicatrizes físicas e mentais para provar. Ele morou com eles, comeu com eles, fez festa com eles, discutiu com eles e viu praticamente todos os shows que eles fizeram. Ninguém conhecia o assustador quarteto como Monte.

É difícil pensar em um mundo sem os Ramones. Suas músicas parecem infiltrar em todos os filmes adolescentes, comerciais de TV e casas noturnas enfumaçadas do mundo. Como os Beatles, eles ficaram cada vez maiores com o passar do tempo. Quanto mais o cenário musical muda, mais e mais relevante fica o som dos Ramones. Eles podem não ter inventado a roda, mas eles certamente a reinventaram e a fizeram girar mais rápido e com mais força que qualquer outro.

[2] *Leave It To Beaver* era um seriado popular americano, do final dos anos 1950, que retratava uma família de classe média perfeita. (N. do T.)

**17**

# UMA PALAVRA DE MONTE

**Meu nome é Monte A. Melnick** e sou um empresário de turnê dos Ramones em recuperação. Estou sóbrio desde a noite de 6 de agosto de 1996 quando os Ramones, primeira banda punk de Nova York e membros do Rock 'n' Roll Hall of Fame, deixaram o palco pela última vez. Nada de abraços. Nada de despedidas. Nada de nada. Só um legado, um mar de garrafas quebradas, uma enxurrada de acordes poderosos e alguns amplificadores para derrubar. Como em qualquer outra turnê, acabou e eu fui para casa para me recuperar, pagar o aluguel e assistir TV – a única diferença é que essa não começaria novamente. Os Ramones anunciaram o fim depois de mais de 20 anos e 2.263 shows, e nunca olharam para trás. Como tudo que fizeram, foi forte e rápido e depois foram embora.

Desde então, estou fora disso. Digo, dos Ramones. Claro, escuto suas músicas aqui e ali, ainda converso com Tommy[3], Marky e CJ vez ou outra, penso muito em Joey, Dee Dee e Johnny. Sinto falta desses caras. Mas não é a mesma coisa. De 1974 até aquele último show, gastei cada dia da minha vida com os Ramones, a banda que mais trabalhou duro no rock 'n' roll. Eu estava lá para tudo: as turnês, os clipes, as sessões de gravação, os ensaios, as contratações, as demissões, as brigas, as overdoses, tudo. É muito trabalho e você tem que fazer malabarismos e coordenar, mas eu adorava isso. Toda noite era diferente e era isso que me mantinha ocupado. Turnês, equipes de estrada, imprensa, clipes, gravações, viajando o mundo. Olho para trás e não consigo acreditar. Eu comecei e, quando olhei para trás, haviam se passado 20 anos! Boom!

E não era rock 'n' roll, festas e brigas de bastidores o tempo todo. Não mesmo. Eles eram divertidos, caras engraçados e os maiores lunáticos com quem você poderia passar um quarto de século . Tivemos ótimos momentos na estrada e, apesar de toda a insanidade, eles tocaram o barco e souberam como não afundar por mais tempo que a maioria das bandas. Mais que a maioria dos casamentos, para falar a verdade. Todos dizem "Onde estão as grandes histórias de loucuras do rock?", mas se tivéssemos grandes histórias roqueiras toda noite por mais de 2.000 shows, duvido que tivéssemos conseguido. Alguns de nós não conseguiram.

Pessoas dizem para mim: "Como você sobreviveu a toda aquela loucura?" Às vezes penso isso comigo mesmo. Para durar tanto tempo na estrada, você tem que achar seu ritmo. Quando as pessoas vão aos shows, eles estão na farra. Eles estão lá para beber, ver a banda, se divertir e ir para casa. Eles não fazem ideia do que existe por trás da banda, o que dá apoio, as coisas dos bastidores, o que a equipe está fazendo e o que faz com que tudo aconteça. Eles não têm noção do que eu faço no dia a dia. Não teria como sobreviver se eu estivesse me divertindo como o público toda noite. É um negócio, e eu tinha que fazer meu serviço no fim do show: lidar com os roadies, os promoters, empacotar tudo, levar a banda de volta ao hotel e dormir um pouco. Tudo isso enquanto tenho que lidar com mais um monte de detalhes e problemas que aparecem ao longo do caminho. De outra forma, eu não poderia dirigir no outro dia para o próximo show. Não era uma festa sem fim para mim, mas eu me divertia.

Garotos me encontram em clubes e perguntam: "Como você se tornou empresário de turnê?". Eles imaginam que, como eu fiz isso por 22 anos com os Ramones, eu tenho uma resposta mágica, um "Guia do Empresário de Turnê" que te ensina a como passar de motorista de uma bandinha punk para viajar de avião ao redor do planeta, passando pelos palcos do mundo com uma das maiores bandas de rock de todos os tempos. Bem, pessoal, odeio acabar com a expectativa de vocês, mas esse guia não existe... Até agora.

[3] Tommy Ramone faleceu em 11 de julho de 2014.

Considero-me muito sortudo de ter trabalhado com uma grande banda como os Ramones e por fazer parte da história do rock 'n' roll. Ter viajado e visto o mundo foi uma oportunidade de ouro para mim. Eu tentei compartilhar neste livro meus mais de 30 anos de experiência e conhecimento adquiridos a duras penas e espero que os ajude a ver como é trabalhar com uma grande banda e equipe, e como é estar "na estrada".

Às vezes, eu olho em minhas caixas de relíquias dos Ramones e vejo todos essas fotos e pôsteres de shows que fizemos e é surreal. Não acredito que fiz tudo isso. Eles dizem "Se você estava lá, você não se lembraria, certo?" Bem, é assim que eu sinto às vezes. Para todos os que viveram isso, que estavam na crista da grande onda punk dos anos 1970, é tudo um borrão.

Quando encontro velhos amigos em um clube e conversamos sobre aqueles dias tomando uma cerveja, enquanto alguma banda iniciante toca "Beat on the Brat" ao fundo, eu não consigo deixar de lembrar a vida única que tive. Coisas que, para mim, são rotineiras, parte da vida em turnê, parecem fascinar garotos que cresceram ouvindo essa música, e eles costumam se aproximar enquanto conto minhas histórias.

Então pense neste livro assim: sou eu "brisando" sobre minha vida na estrada com os Ramones. Você por acaso está perto de nós, tomando um Jack com Coca, ou a bebida que você preferir, escutando e espiando sobre nossos ombros para ver as fotos que estamos olhando.

Quer mais bebida? Garçom, outra rodada...

## UMA SAUDAÇÃO AO BRASIL

Desde a primeira vez que tocamos no Brasil, lá em 1987, sabíamos que os fãs brasileiros eram muito, muito especiais. Com o passar dos anos, sempre voltávamos, construindo uma grande e animada legião de seguidores. Tocando no Rio de Janeiro, em São Paulo e muitas cidades no meio do caminho, os Ramones e eu sempre ficávamos ansiosos para irmos ao Brasil. Seja degustando uma canja à brasileira depois de um show ou tomando uma caipirinha em Ipanema, amávamos a comida e a cultura. Os Ramones fizeram disso uma missão, de voltar ano após ano e tocar para os maravilhosos fãs brasileiros. Obrigado, Brasil!

Monte A. Melnick

Queens, 30 de abril de 2013

# SELVA SUBTERRÂNEA
## – PRÉ-RAMONES, OS VELHOS DIAS DE MONTE E TOMMY

A história dos Ramones começou em Forest Hills, Nova York, um tranquilo subúrbio de classe média no distrito de Queens, lar do torneio de tênis US Open e do Flushing Meadows-Corona Park, onde aconteceram as Feiras Mundiais de 1939 e 1964. O período eram os anos 1950 e 1960, quando o rock 'n' roll ainda era um bebê, a segregação estava com força total e o baseball era realmente o passatempo preferido da América. Elvis Presley estava no auge e, quando os Beatles tocaram no The Ed Sullivan Show em 9 de fevereiro de 1964, garotos de todos os lugares entraram na febre de pegar um instrumento e balançar seus quadris ao som da batida. Um desses garotos era Tommy Erdelyi. Tommy nasceu em Budapeste, Hungria, em 29 de janeiro de 1949 e migrou para os Estados Unidos com sua família quando tinha quatro anos. Tommy jogava stickball, falava sobre música e matava o tempo com alguns garotos de seu conjunto de apartamentos, entre eles Jeff Hyman, John Cummings e Douglas Colvin. Mas seu melhor amigo era um carinha chamado Monte A. Melnick, um garoto comprido de bigode, um taco de golfe e um desejo ardente de conhecer o mundo. Monte era o Butch de seu Sundance[4] enquanto a dupla dinâmica pegava garotas e tinha grandes sonhos.

[4] Uma referência ao filme Butch Cassidy and the Sundance Kid, de 1969, no qual dois amigos inseparáveis – Butch Cassidy e Sundance Kid – vivem de assaltar trens e bancos. (N. do T.)

Tangerine Puppets, 1966 – Tommy Erdelyi (Ramone), Richard
Adler, Bob Rowland, Scott Roberts e John Cummings (Ramone).
(Foto Richard Adler, Bob Rowland e Jari-Pekka Laitio)

**Monte A. Melnick (empresário de turnê):** Nasci em 16 de outubro de 1949. Cresci em Forest Hills, Nova York, um subúrbio de classe média de maioria judaica no distrito de Queens. Meu pai era litógrafo, minha mãe trabalhava no varejo e eu tinha uma irmã, Vicki, nove anos mais velha que eu. Eu estava meio envolvido com música, mas o que eu realmente gostava era de golfe. Eu frequentava a Stephen A. Halsey Junior High School, onde conheci um garoto de aparência durona, Tommy. Tommy e eu nos demos muito bem. Tínhamos hobbies parecidos. Ambos estávamos na liga de boliche e tentei ensiná-lo a jogar golfe. Estávamos juntos no coral.

**Tommy Ramone (baterista):** Eu tinha me mudado do Brooklyn e cheguei no meio do ano. Conheci Monte andando de bicicleta próximo da Forest Hills High. Eu o reconheci das aulas no Halsey e disse oi.

**Monte:** Ficamos amigos logo. Tommy gostava de rock 'n' roll e tinha uma banda chamada Tangerine Puppets. Eu não era envolvido com música naquela época. Eu fazia parte da equipe de golfe do Forest Hills High. Alguns garotos gostavam de futebol americano. Eu gostava de golfe. Vai entender. Em 1966, assisti os Tangerine Puppets se apresentando num show de talentos no auditório da Forest Hills High. Eu estava no camarote assistindo intensamente. Era uma banda de rock 'n' roll básico, mas eles eram bons.

**Tommy:** Tangerine Puppets era John Cummings no baixo, Ritchie Adler na guitarra rítmica, Scott Roberts na bateria, um vocalista chamado Bob Rowland, e eu na guitarra solo. Randy Wolf, que mais tarde ficou famoso na banda Spirit como Randy California, foi vocalista dos Puppets por um curto período de tempo. Soávamos como aquele disco *Nuggets*. Essa era a cena musical em 1966, 1967. Éramos bem bons para uma banda iniciante.

Triad – Monte e Tommy, 1968.

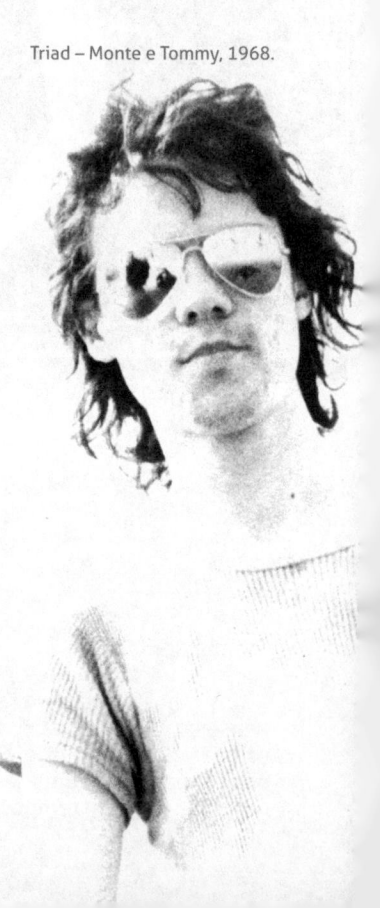

[*Nuggets* era uma coletânea popular de garage rock psicodélico dos anos 1960, selecionada pelo jornalista e futuro colaborador de Patti Smith, Lenny Kaye, lançada em 1972.]

**Richard Adler (Tangerine Puppets):** Tommy e eu começamos a tocar guitarra com 14 anos e formamos uma banda chamada Tiger 5 em 1964.

**Tommy:** Conheci Johnny na cantina no meu primeiro ano do segundo grau. Nossa ligação foi a música.

**Richard Adler:** Os Tangerine Puppets tocaram em uma festa em Rego Park uma vez em 1966 e o amplificador de John começou a fazer barulho e o som ficava indo e voltando. John começou a chutar a lateral do amplificador. Nosso vocalista se aproximou e começou a chutá-lo também, só que ele chutou a frente e prendeu seu pé bem no alto-falante. John ficou tão nervoso que tirou o baixo no meio da música e, enquanto o resto da banda estava tocando, começou a socar e chutar o vocalista ali mesmo, em cima do palco, na frente do público. Ele ficou batendo nele até que largássemos nossos instrumentos para impedi-lo.

**Monte:** Johnny era maluco e corria pelo palco como um louco.

**Tommy:** Ele fazia o show. Johnny colocava seu baixo lá em cima como se fosse uma metralhadora e ficava indo para frente e para trás como um louco. Todos nós tentávamos acompanhá-lo.

**Richard Adler:** Estávamos tocando "Satisfaction" dos Rolling Stones quando John viu o presidente da nossa classe na lateral. Ele correu até ele e o acertou nas bolas com o braço do baixo. Ele falou para o garoto que foi um acidente, mas nós sabíamos que John odiava o garoto e que não havia sido um acidente.

**Johnny Ramone (guitarrista):** Havia atrações no programa que tinham discos gravados. Os Knickerboxers tocaram e eu pensei: "Merda, esses caras são tão bons comparados comigo". Eu basicamente desisti naquele ponto e não toquei de novo por um bom tempo.

**Richard Adler:** Uma vez, estávamos tocando em uma festa de debutantes no Living Room em Nova York e o John ficou bravo comigo por algum motivo e me empurrou em cima da bateria, bem no meio da música. Os tambores saíram voando, o baterista voou e eu terminei sentado no bumbo ainda tocando guitarra. A banda acabou no verão de 1967.

**Monte:** Em 1967, estávamos fora do colégio, os Tangerine Puppets tinham terminado e Tommy se aproximou de mim para montarmos uma banda.

**Tommy:** Por algum motivo, pensei que seria bom se Monte tocasse baixo, então o convenci a fazer isso.

**Monte:** Ele me disse: "Ei, por que você não pega o baixo? Vamos fazer alguma coisa". Não tocava nenhum instrumento, mas falei: "Que diabos, vou tentar"; e foi natural para mim. Eu tocava de ouvido e Tommy me direcionava. Fomos à Music Row na 48th Street, onde ficavam a Manny's Music, Sam Ash e outras lojas. Manny's era uma loja de música famosa que Jimi Hendrix frequentava e onde Tommy e eu costumávamos matar o tempo quando éramos crianças e ficar babando naquelas belezinhas. Compramos meu primeiro baixo lá: [uma] imitação de Rickenbacker.

**Tommy:** Monte e eu íamos juntos a shows o tempo todo. Vimos Cream, Janis Joplin, Sly and the Family Stone, Chuck Berry, Ten Years After, Johnny Winter, Jimi Hendrix. Passávamos muito tempo no Fillmore East. Eu tinha visto os Stooges também e fiquei muito impressionado. Os Stooges eram basicamente uma versão dadaísta avant-garde dos Rolling Stones. O disco dos Stooges era o mais descolado.

**Clem Bruke (Blondie):** Eu me lembro do Tommy no Club 82. Ele se destacava. Todo mundo usava sapatos de plataforma e cabelos repicados, e Tommy usava jaqueta de couro com o cabelo penteado para trás e óculos de sol. Ele tinha um metro e meio de altura e 45 kg. Baixo, mas durão e descolado.

**Monte:** Rapidamente, Tommy e eu formamos um trio chamado Triad, com um baterista chamado George Goodridge.

**Tommy:** O Triad era um power trio inspirado no Cream e The Who.

**Monte:** George estava envolvido com Cientologia naquela época, então agendávamos shows em eventos de Cientologia – um deles foi no Washington Square Park. Não nos importávamos com o que os cientologistas pensavam. Pelo menos estávamos em frente a uma plateia. Os folhetos nos chamavam de Triad Blues Band e diziam "Você não pode ficar mais acordado". O diretor Arthur Penn estava lá. Ele estava procurando uma banda para o filme *Deixem-nos Viver*.

**Tommy:** Nós chegamos e tínhamos que plugar todo o nosso equipamento na luz da rua. Eles abriram essa caixa na base do poste e ligamos nossas coisas.

**Mickey Leigh (ou Mitch Hyman, irmão do Joey):** George era o irmão mais velho de um amigo meu, então eu passava o tempo no porão dele e assistia o ensaio deles quando tinha 12 anos. O Monte tinha um bigodão,

grandes costeletas e uns óculos loucos de aviador, como os de Warhol. Ele parecia durão e eu tinha um pouco de medo dele. Mas quando o conheci, ele parecia ser o cara mais legal do mundo.

**Tommy:** Mais tarde, testamos esse guitarrista que havia trabalhado como engenheiro de gravação no Dick Charles Recording Studios chamado Jack Malken. Ele veio nos ver e nos convidar para sua banda country. Como o Triad estava terminando, Monte e eu nos juntamos a Jack no Thirty Days Out [John Micallef, vocal e guitarra; Jack Malken, guitarra e vocal; Phil Lowe, bateria e vocal; Monte A. Melnick, baixo, teclado e vocal]. Eu deveria tocar guitarra, mas tinha muitos guitarristas, então não durei muito. Comecei a trabalhar à noite no Dick Charles e, depois de muito esforço, consegui um emprego no Record Plant graças ao

Thirty Days Out – Jack Malken, John Micallef, Phil Lowe e Monte, 1971

Jack, onde trabalhei no *Band of Gypsies* do Jimi Hendrix, *Devotion* do John McLaughlin e outros grandes discos.

**Monte:** O Triad não durou muito tempo, então Tommy e eu começamos a trabalhar como engenheiros e fui recrutado pelo Thirty Days Out. Fizemos algumas demos com o Tommy e assinamos contrato com a Warner Reprise pouco depois.

**Tommy:** Fui engenheiro de uma das demos que os ajudou a conseguir o contrato.

**Monte:** Fechamos o negócio e nos mudamos para Massachusetts, numa grande casa Vitoriana com garagem para cinco carros, coisa típica dos anos 1970. Jerry Harrison, que pouco depois estaria no Talking Heads, trabalhou no nosso disco. Depois, um grande empresário inglês chamado Desmond Haughney apareceu e nos conseguiu uns bons shows. Abrimos para os Beach Boys, Cactus, Captain Beefheart, Quicksilver Messenger Service, Rush e Patti Labelle. Participamos do *The Mike Douglas Show*, fizemos um programa de rádio com Charlie Daniels e até abrimos para George Carlin no My Father's Place em Roslyn, Nova York. Nunca vou me esquecer de estar no camarim fumando maconha com Carlin. Gravamos dois discos: *Thirty Days Out* [1971] e *Miracle Lick* [1972].

Foi uma boa existência, mas a banda acabou. Às vezes as coisas simplesmente não funcionam. Voltei para a cidade e comecei a fazer trabalhos freelancer em estúdio tocando jingles. Pouco depois, me envolvi com o compositor Eric Holtze, que tinha uma coisa rolando com a Sioux City Simphony Orchestra. Ele escreveu um número de rock para eles e me convocou para tocar em sua banda. Eu estava detonando naquele amplificador Marshall com uma sinfonia tocando ao fundo. Aquilo foi uma experiência e tanto. Quando voltei a Nova York, me encontrei com Tommy novamente e formamos uma nova banda chamada Butch com nosso amigo veterano da Forest Hills High, o guitarrista Jeff Salen. O Butch era uma banda de hard rock com um toque glam, como Slade ou Mott the Hoople.

**Tommy:** Tentamos conseguir o baterista do Thirty Days Out, Phil Lowe, para tocar conosco, mas acabamos com um cara chamado Harry DiAntonio. Tocávamos principalmente em lugares como Kenny's Castaway, Mercer Arts Center e o Coventry, no Queens, porque não havia tantos lugares para tocar em Nova York naquela época.

**Monte:** Johnny Ramone viu um daqueles shows no Mercer Arts Centers e disse que gostou do meu jeito de tocar.

**Tommy:** O Johnny brincava comigo depois, dizendo: "O Monte era a melhor parte do Butch".

**Jeff Salen (Butch):** O Monte era, de longe, o melhor músico do Butch. Era um cara quieto, de fala suave. Tommy era um bom músico, que podia tocar diversos tipos de instrumentos e era bom em todos eles, mas não se destacava em nenhum deles particularmente. Monte e Tommy eram bons amigos.

**Monte:** Por fim, o Butch acabou e eu me vi procurando por mais trabalhos de freelancer. O Tommy também estava procurando por algo que se interessasse, agora que tinha alguma experiência em estúdio nas costas e um comichão de tocar rock 'n' roll novamente. De repente, ele tinha um tempo em suas mãos. Era para acontecer. Em 1970, eu estava novamente trabalhando em sessões de gravação quando meu primo Ivan me fez um convite. Ele era chaveiro e havia instalado uma fechadura no loft desse casal de lésbicas na East 20th Street. Uma das garotas era musicista e a outra tinha muito dinheiro. Elas queriam fazer algum dinheiro transformando o lugar em um estúdio descolado e perguntou para ele se conhecia alguém que pudesse fazer isso. Meu primo me chamou, já que eu estava na indústria da música, e chamei Tommy, já que ele tinha experiência em estúdio. Construímos aquele lugar à mão, fizemos o design e tudo mais. Tínhamos um palco principal, uma sala separada com paredes de vidro para um estúdio de gravação de quatro canais, um estúdio de ensaio, escritórios e um lobby. Nós mesmos fornecemos boa parte dos equipamentos, então tínhamos tempo de estúdio como recompensa. Infelizmente, estávamos numa área residencial então sempre éramos levados a júri por reclamações de barulho. Precisava ir ao tribunal e brigar por isso. Lembro-me dos casos que vinham antes do meu: primeiro, um caso de assassinato; depois um assalto a banco;

Butch – Tommy e Jeff Salen, 1973

Butch – Monte, Jeff, Harry e Tommy, 1973

e depois eu, por reclamações pelo barulho. O juiz deu uma olhada no nosso caso, riu e o tirou do tribunal. Por fim, eles nos fecharam, mas conseguimos fazer nossos nomes enquanto isso.

**Sylvain Sylvain (New York Dolls):** David Johanson e eu ensaiávamos no Performance no finalzinho dos Dolls, pouco antes de irmos para o Japão para os últimos shows, quando o Johnny Thunders e o Jerry Nolan saíram da banda.

**Monte:** Bandas como o Blondie e os Dolls estavam ensaiando lá. Eu estava trabalhando com um grupo chamado Smiley. Fazíamos flyers, cobrávamos alguns dólares de entrada, vinha uma galera, convidávamos algumas pessoas de gravadoras para ir e fazíamos nossa pequena cena.

Eu fazia o som e as luzes naquela época, pois o Tommy havia me ensinado. Enquanto isso, o Tommy estava trabalhando com seu próprio grupo, os Ramones. Eles eram

terríveis. Eles mal sabiam tocar, o baixista começava as músicas porque o baterista não conseguia manter o tempo, e o guitarrista não conseguia fazer nenhum solo. Achei que era uma piada. Eu era músico. Tinha dois discos lançados. Gostava de harmonias complexas. Por Deus, eu toquei com uma orquestra sinfônica! Vim de um outro mundo. Pensei: "O que é isso? Que diabos está acontecendo? Deixa isso pra lá".

**Tommy:** Eu estava na cena musical procurando alguém para me envolver quando os New York Dolls apareceram. Quando vi os Dolls, pensei: "Uau, isso é interessante. Aí está uma banda que não toca muito bem, mas eles são a coisa mais excitante acontecendo e a mais interessante. Existem todas essas bandas com músicos virtuosos, requentando Cream e Led Zeppelin, mas aqui está uma banda se divertindo tocando rock 'n' roll". Aquilo mostrou para mim que era isso que as pessoas precisavam. Eu tinha esses amigos em Forest Hills e pensei que seria demais formar uma banda com

Butch – Monte, Jeff, Harry e Tommy, 1973

aqueles caras. Essas pessoas teriam bem mais animação, melhor que a maioria das bandas que eu tinha visto.

**Sylvain:** Às vezes, mesmo que você não saiba os acordes, você pode ser um ótimo compositor. Só precisa achar seu nicho. Alguns podem ser ótimos músicos, mas eles não conseguem escrever a porra de uma música que vai salvar suas vidas.

**Johnny:** Eu tinha visto os New York Dolls e senti que eram muito focados em canções. Tivemos um grande período de ótimas canções nos anos 1960, no qual os solos de guitarra tinham bem pouca importância. Tínhamos nos afastado dos solos. Mais tarde, nos anos 1960, com a chegada de todas as drogas, começou um excesso de indulgência de solos. Então eu queria voltar a tocar canções. O Tommy falou comigo e com o Dee Dee por dois anos sobre montar uma banda. Eu não queria estar em uma banda. Pensava que isso não era normal. Então encontrei o Dee Dee uns anos mais tarde e falamos sobre música.

**Tommy:** Nessa época, eu ficava falando com o Johnny por telefone e encorajando-o a voltar e fazer música novamente. "Você poderia ser o vocalista porque é muito carismático", eu dizia para ele. Ele era bom. Ele disse que havia tentado, então disse para ele comprar uma guitarra. Finalmente, ele comprou uma guitarra.

**Johnny:** Depois dos Tangerine Puppets, eu praticamente parei de tocar. Eu pensei: "Se vou estar em uma banda, eu poderia ser o guitarrista". Pensei que essa seria uma posição de mais prestígio do que a de baixista. Se for estar em uma banda, ia querer que a banda soasse como eu quisesse que soasse. O baixista não tem toda essa influência no som da banda. Eu comprei uma Mosrite de 50 dólares e comecei a tocar novamente. Uma vez que comecei, estava comprometido.

**Tommy:** Conhecia o Joey do meu quarteirão, e o Dee Dee tinha se mudado para o bairro e também tinha uma guitarra. Ficávamos juntos porque morávamos próximos. O Dee Dee fez um teste para o Television quando eles estavam começando a banda. Reunimo-nos no apartamento do Johnny. O Dee Dee, o Joey e um cara chamado Richie Stern, que ia ser o baixista.

**Joey Ramone (vocalista):** O Richie teve um colapso nervoso após uns dois minutos na banda. Ele é um fabricante de botões agora.

**Johnny:** O Tommy era nosso conselheiro e ficava falando para o Dee Dee e eu começarmos uma banda. Eu diria "Não sei tocar" e ele vinha "Ah, não se preocupe com isso". Então o Tommy sempre podia ver essas coisas. Eu trabalhava em construção com preenchimento de emendas. Fui demitido por causa de uma ação afirmativa do sindicato. Eles cortaram as pessoas com menos tempo de trabalho para contratar uma porcentagem de minorias, então perdi meu emprego depois de cinco anos. O Dee Dee e eu trabalhávamos no mesmo prédio. Ele trabalhava com correspondência e sempre falávamos sobre começar uma banda, mas achávamos que aquilo era idiota e que não queríamos fazer aquilo. Mas, de repente, aquilo baixou em mim. Eu pensei que ia pegar uma guitarra e só ficar brincando e fazendo alguma coisa até conseguir outro emprego.

**Joey:** Quando começamos, era uma formação diferente. Eu tocava bateria, o Dee Dee tocava guitarra base e o John tocava guitarra. O Dee Dee ia cantar, mas ele não conseguia cantar e tocar ao mesmo tempo.

**Johnny:** Era 28 de janeiro de 1974 e ensaiamos no Performance Studios onde o Monte trabalhava. Já conhecia o Monte do colégio. Ele era amigo do Tommy. Começamos a fazer apresentações. Colocamos anúncios no *Village Voice* e fizemos um show para nossos amigos por volta de 30 de março de 1974. Fomos péssimos. Ainda não tínhamos a imagem definida. Nossos amigos nem queriam mais falar com a gente depois disso. Então sabíamos que precisávamos voltar e ensaiar mais. Ficamos ensaiando até agosto e finalmente tocamos no CBGB. Nessa hora, já tinha alguma semelhança com os Ramones.

**Joey:** O Dee Dee começou a se chamar de Dee Dee Ramone. Ele era fã do Paul McCartney. Quando o Paul McCartney ia se registrar em um hotel, ele costumava usar o pseudônimo 'Ramone'. Paul Ramone. Antes de os Ramones serem uma banda, o Dee Dee usava esse nome.

**Tommy:** O Dee Dee era o vocalista, mas ele gritava e ficava rouco depois de duas músicas. Então o Joey colocava o pedestal do microfone sobre a bateria e cantava "I Don't care". Ele era baterista em outras bandas e foi vocalista de uma banda glam, mas eu nunca tinha visto. Ele tinha uma boa voz, mas não era um baterista particularmente bom. Então fiquei pensando: "Uau, seria bom se o Joey cantasse". Disse para ele mudar para o vocal, mas aí precisávamos de um baterista.

**Jeff Salen:** O Joey era conhecido como Jeff Starship no Sniper, e tocava junto com o futuro guitarrista do Tuff Darts, Bobby Butani. Era uma cena muito pequena e incestuosa.

**Joey:** Eu tinha minha própria banda antes dos Ramones, em que eu era o vocalista, chamada Sniper. Eu gostava e queria continuar cantando, mas o Johnny e o Dee Dee disseram: "Queremos você na banda, mas você tem que tocar bateria". Eu sabia que seria uma banda legal com aqueles caras, então disse "tudo bem". Acho que meu estilo de tocar bateria era um pouco excêntrico, um pouco errático.

**Johnny:** Quando fomos melhorando, o Joey não conseguia nos acompanhar na bateria. Decidimos que precisávamos de um baterista e o Tommy sugeriu fazer do Joey o vocalista. Ele não se encaixava na imagem de vocalista, mas o Tommy me convenceu que ele pareceria correto entre o Dee Dee e eu. O Tommy estava certo. Funcionou.

**Tommy:** Colocamos um anúncio no jornal e fizemos testes com bateristas no Performance Studios. O estilo da época era heavy metal como John Bonham e Carmine Appice, que não se encaixava nem um pouco com a nossa música. Eu não sabia tocar bateria, mas me sentei e mostrei a eles como tocar aquelas músicas. Eles não entendiam. Então os caras começaram a falar "Por que *você* não toca bateria?". Eu tentei só de brincadeira, mas, de alguma maneira, deu um clique. Eu sabia como eles deveriam soar. Então resolvi me tornar um baterista. Levou um tempo até ficar bom, mas tive uma sensação na hora. No início, eles tinham um som agitado, mas quando eu cheguei, deixei uma sensação mais suave. A música precisava de um direcionamento.

**Jeff Salen:** O Tommy era muito influenciado pelo Slade. Não acho que o Monte ou o Tommy quisessem estar nos Ramones. Era só o Dee Dee e o Johnny que não eram músicos muito bons. Mas, de alguma forma, o Tommy decidiu dar sua contribuição a eles. Já que o Jeff [Joey] não era um bom baterista, ele se tornou o vocalista.

**Marky Ramone (baterista):** O Tommy era um guitarrista fazendo seu próprio estilo de tocar bateria para essa banda.

**Chris Stein (Blondie):** O estilo do Tommy era demais porque ele tocava muito leve. Era uma combinação de opostos porque ele tocava tão leve e a banda era tão pesada. Era uma interação incrível. Tem uma escola de realismo artístico que diz que toda boa arte é uma combinação de opostos. E as músicas eram demais.

**Jeff Salen:** O Tommy se ligava em *Abbey Road* e John McLaughlin. Ele tinha todo um futuro diferente planejado.

**Joey:** O Tommy nos dava conselhos porque ele tinha experiência no meio. Aprendemos muito, mas com o passar do tempo, começamos a criar as regras. Quando o Tommy apareceu, ele gostou da minha voz e disse que eu deveria cantar. Ele gostava daquela ideia porque, cada vez que ensaiávamos, a música ficava mais e mais rápida. Minhas juntas estavam travando. O Dee Dee então passou para o baixo e o John continuou tocando guitarra. Começamos a procurar bateristas, mas todos eram muito exuberantes. Queríamos um baterista simples, alguém para manter o ritmo. Apesar de nunca ter tocado bateria na vida, convencemos o Tommy a tocar bateria. Ele se sentou e tocou nesse estilo que ninguém nunca tinha ouvido.

**Johnny:** Tínhamos acabado de comprar nossos instrumentos. Colocamos um pouco de bubblegum e dissemos: "Vamos tocar isso [esse tipo de música]". Eu ficava, tipo, "Não sei tocar isso! Não sei nem por onde começar!". Não sabia tocar música dos outros, então não poderia desenvolver um estilo como outras pessoas. Aprendi do zero. A primeira música que escrevi foi "I Don't Wanna Walk Around With You".

Performance Studios – planta

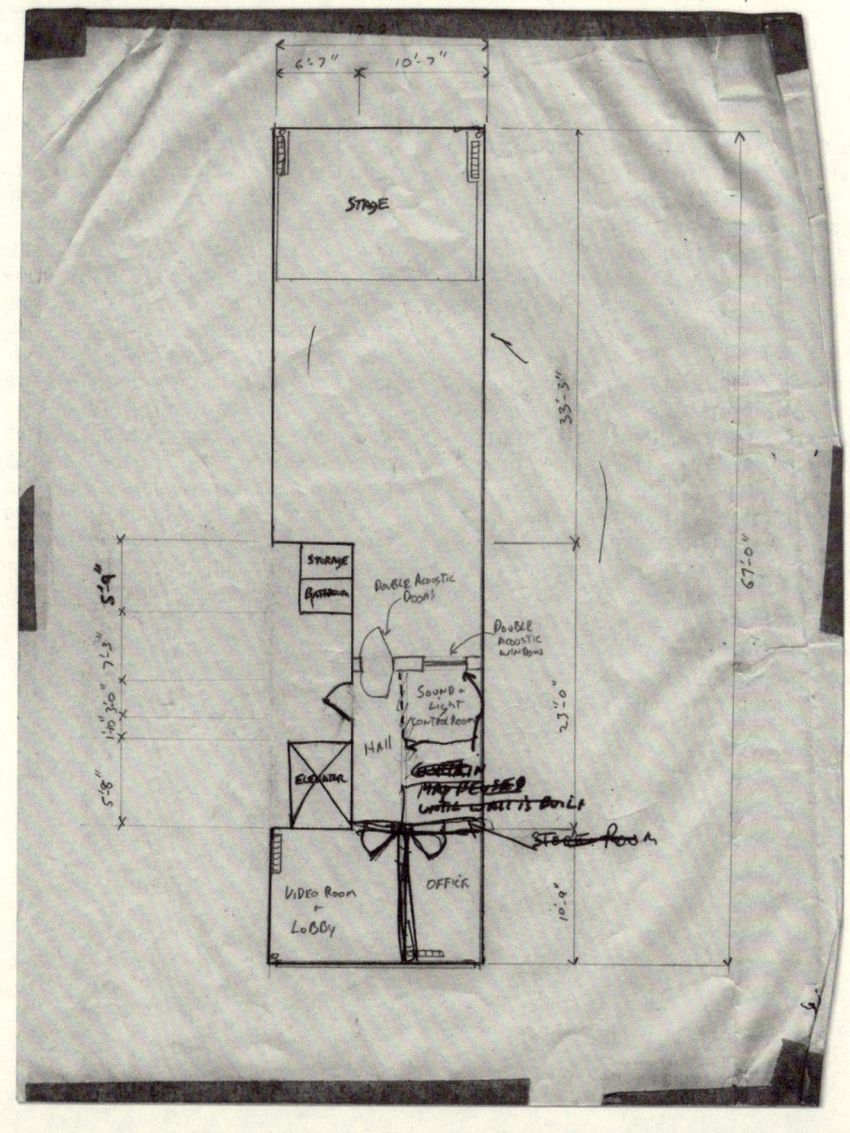

**Tommy:** Quando nos reunimos pela primeira vez, sabia que seria interessante, mas começou a ficar melhor rapidamente. Eu sabia que tínhamos algo diferente, original e excitante. Quando comecei a tocar bateria, era rápido. Tocávamos o material do primeiro disco. Alguns meses depois que comecei a tocar bateria, começamos a fazer shows. O primeiro show foi no CBGB, abrindo para o Blondie, que se chamava Angel and the Snake. Não havia outro lugar para tocar além do CBGB, então começamos a fazer shows no Performance, onde tínhamos um palco, equipamento e iluminação caseira.

**Monte:** Fazíamos flyers dos shows para tentar atrair as pessoas. Custava 2 dólares para entrar e tentávamos levar algumas pessoas da indústria lá. Começamos a mandar convites para as pessoas virem e assistirem aos Ramones.

**Bob Gruen (fotógrafo):** A primeira vez que os vi foi quando fizeram uma apresentação no Performance Studios. Mesmo naquela época, eles já tinham o fundo de palco. Eles tocaram 32 músicas em 15 minutos e todo mundo ficou se olhando, tipo: "O que foi isso?". Foi tão rápido que nem podíamos dizer o que havia acontecido.

**Monte:** Eles não pareciam nada promissores para mim, mas o Tommy viu algo neles. Quando ele começou a tocar bateria, eu não podia acreditar. Ele era um baterista, caramba! Naquele momento, não tinha palavras para isso. Porém, mais tarde, quando eles subiram ao palco pela primeira vez no CBGB e começaram sua primeira música, '1-2-3-4', havia algo ali. Eu os vi crescer e se desenvolver com as apresentações e os primeiros shows, e o público começando a aparecer. Eles tinham suas ideias, mas eles ainda estavam em desenvolvimento. Era áspero e cru, mas ele viu algo ali. O Tommy estava certo.

**Tommy:** O Arturo Vega começou a aparecer naqueles primeiros shows. Ele tinha uma cabeleira extremamente multicolorida.

**Arturo Vega (Diretor de iluminação, Merchandising):** Já tinha conhecido o Dee Dee antes de vê-los no Performance Studios. O Dee Dee costumava vir ao meu prédio para se encontrar com uma garota, a Sweet Pam, que era uma das Cockettes de San Francisco, uma trupe de esquisitos dos anos 1960, viciados em ácido. Ela morava no andar acima do meu com outras Cockettes, como a Tomata DuPlenty e a Gorilla Rose. O Dee Dee sempre se esgueirava no caminho para se encontrar com elas para dizer oi. A porta estava sempre aberta e eu pintava a maior parte do tempo. Ele me contava histórias de seu trabalho e de como era difícil conseguir garotas. Na verdade, um dos motivos pelos quais ele gostava do seu trabalho era porque ele poderia dar em cima das garotas. Ele nunca me disse onde trabalhava. Ele trabalhava como assistente de esteticista em um salão de beleza. Acho que ele tinha vergonha de dizer, então ele justificava antecipadamente que ele estava fazendo isso para conseguir garotas. Ele também me mantinha informado que ele e seus amigos estavam montando uma banda. Um dia, ele disse: "nós vamos tocar". Eu sabia que seria uma festa privada e que era seu primeiro show, então não esperava nada. O Joey estava na bateria. Levou umas cinco ou seis vezes para que eu entendesse os Ramones, mas na décima vez, tinha completa certeza de que eles significavam uma coisa totalmente diferente, uma mudança radical.

Dee Dee (Foto Roger Risko).

# 2

# GAROTOS ANIMAIS
## — JOEY, JOHNNY E DEE DEE

Johnny, Dee Dee, Tommy e Joey. Os Ramones originais. Aqueles que começaram tudo isso. Quatro farrapos de Forest Hills, fundindo a agressão do proto-punk de Detroit com a polidez e a batida pop da música bubblegum e dos girl groups, e o poder e estilo bombástico do glam rock. Apesar de todas as suas influências, sua música não soa como nada de seus predecessores, e evidencia a combinação de suas personalidades. A finesse musical de Tommy, a precisão militar de Johnny, a ternura do coração de Joey e o desonesto carisma cartunesco de Dee Dee se fundiram para criar um som só deles. "Tommy era o intelectual, Johnny era quem dava as ordens, Dee Dee era um verdadeiro punk e Joey era Joey", disse o velho produtor Ed Stasium. Foram suas personalidades que fizeram seus fãs. Todos poderiam se relacionar com pelo menos um Ramone. E, se não se relacionasse com um desses quatro, não tenha medo — Marky, Richie e CJ estavam a caminho. Uma vez que os quatro originais se encontraram e acharam seu som, o visual não estava muito longe.

(Foto Sire Records)

# Joey Ramone

**Nascido em Forest Hills em 19 de maio de 1951, Jeffrey Hyman adorava lembrar às pessoas que compartilhava o dia do aniversário com seu herói, Pete Townshend do The Who. Ele cresceu encolhido em frente ao rádio ouvindo lendários DJs de Nova York como Murray the K e os Good Guys da WMCA, e rapidamente passou de dançar ao som de Little Richard e Chuck Berry para agitar com os Beatles e os Rolling Stones quando a British Invasion varreu o país. Parte de seu intenso amor pela música veio de seu desejo de fugir do mundo real, o mundo onde sua mãe Charlotte e seu pai Noel se divorciaram quando ele tinha oito anos. Ele passou seus dias andando nas proximidades do prédio de apartamentos Birchwood Towers, brincando com os garotos da vizinhança e sonhando com uma carreira no rock 'n' roll.**

**Joey Ramone:** Eu não me encaixava, era um excluído, um solitário. Eu não me dava com os outros garotos e não gostava deles. Não gostava do Queens porque aquilo não era eu. Eu tinha só alguns amigos e não me encaixava ali.

**Arturo:** O Joey era muito tímido, apesar de não ser recluso ou eremita. Ele era quieto, mas não isolado.

**Joey:** Os caras com brilhantina no cabelo sempre queriam me dar porrada. Eles andavam em bandos com umas porras de correntes e aqueles conversíveis. Eles tentavam te matar. O Johnny era como um desses caras de brilhantina [por um tempo]. Ele era um cara durão.

**'Little' Matt Lolya (Técnico de Guitarra):** O Joey era o cara de quem todos os pais diriam "Fique longe daquele cara". Ele estava bebendo na esquina. O Joey parecia com o Joey, mesmo naquela época. Ele era um cara de aparência assustadora.

**Joey:** Sempre odiei ser alto quando era criança. Eu sempre me destacava e as pessoas tornavam as coisas difíceis para mim. Quando se é criança, tudo que te faz diferente deixa sua vida mais dura. Mais tarde na vida, comecei a gostar disso.

**Monte:** O Joey era um personagem único. Ele era seu próprio animal. Era um excluído. Ele tinha amigos – não é como se ele fosse um perdedor – mas ele não se encaixava. Ele parecia esquisito, ele falava estranho e gostava de música. Exatamente o tipo de cara que você quer na sua banda.

**Mickey:** Minha mãe comprou a primeira bateria para o Joey quando ele tinha 13 anos.

**Joey:** Eu tinha uma bateria antes do The Who, mas acho que Keith Moon e Ginger Baker me influenciaram.

**Charlotte Lesher (Mãe do Joey):** Eu encorajava o Joey e o Mickey a tocar. Eu adorava isso. Adorava que eles tivessem a música. Achava isso demais. Eu era uma fã de música clássica, e tentei expô-los a ela.

**Joey:** Na infância, lembro-me de ir aos shows do Murray the K. Eles tinham três shows por dia e cada banda tocava três músicas, 15 bandas no total. Mitch Ryder and the Detroit Wheels, the Vagrants, Young Rascals e mais um monte de gente. Se você chegasse cedo, ganhava um disco. Era excitante. Era a primeira vez do The Who na América, e do Cream também. Não existia ninguém como The Who. Townshend e Moon eram meus heróis.

**Monte:** A Charlotte sempre foi ligada a arte e tinha uma galeria de arte, onde os Ramones costumavam ensaiar no porão. Ela era uma mãe bem legal e uma grande fã.

**Charlotte:** Eu os via todas as vezes que tocavam em Nova York. Fui a todos os shows. Gostava deles. Eu me divertia com a música.

**John Holmstrom (Punk Magazine):** Você sempre tinha a sensação de que o Joey amava sua família e que era muito próximo de sua mãe e de seu irmão.

**Monte:** Seu pai Noel também era um fã, mas não no começo. Ele tinha brigas com seu pai de tempos em tempos. Seu pai realmente não o respeitava no início, mas acabou se aproximando quando ele virou um rock star. No fim, eles eram bem próximos.

**Andy Shernoff (The Dictators):** Costumávamos tocar nesse lugar chamado The Coventry no Queens, em 1974, e o Joey costumava aparecer por lá. [O estilo] Glam estava na moda e ele geralmente usava plataformas e cetim, mas ele também tinha 1,95m e uma postura ruim. Ele era um cara de aparência esquisita, para dizer o mínimo.

**'Handsome' Dick Manitoba (The Dictators):** Os Dictators eram uma banda com um disco lançado antes que os Ramones lançassem um disco. Abrimos para o New York Dolls, tocamos com bandas de soul e locais como Butch, Harlots of 42nd Street e KISS. Tocávamos lá [The Coventry] regularmente, onde ficávamos juntos e nos divertíamos. Quase toda vez que estava lá, não conseguia deixar de reparar naquele camarada alto e estranho encurvado sobre o bar. O Joey era uma figura esquisita. Um dia, cheguei e disse: "Quem é aquele cara?". "Aquele é o Jeff Starship. Ele tem uma banda chamada Sniper."

**Andy Shernoff:** Em junho de 1975, vi um cartaz de um show dos Ramones no CBGB e disse: "Esse é o cara que eu costumava ver no Coventry!" Tinha umas 20 pessoas na plateia. Então os Ramones apareceram e tocaram por uns 15 minutos e fizeram umas 15 músicas. Você não tinha tempo para pensar no que era aquilo, e então acabava. Era demais. Já havia visto solos de bateria que duraram mais tempo.

**Chris Frantz (Talking Heads):** Conversas com o Joey eram limitadas. Ele dava respostas rápidas às perguntas. Mais tarde, ele se abriu, mas não muito. Ele era cordial, mas não falava muito. Tivemos conversas sobre pintura. O Joey costumava pintar antes dos Ramones. Tempos depois, ele pintou imagens de legumes gigantes com material vegetal em vez de tinta.

**Danny Fields (Empresário):** Eu tinha pavor do Joey, apesar de saber que ele era esperto. Mas ele era muito assustador e assustado. Ele era mais assustado do que assustador. Ele saía do palco e meio que encolhia. Para alguém daquele tamanho encolher... Sempre tinha medo de ficar sozinho com ele e conversar. Não sabia sobre o que estava falando, e tinha medo de que não parecesse legal. Ele era tão descolado, mas não alguém para se ter medo. Tinha medo que ele me imitasse, me julgasse ou algo assim, mas tudo isso é parte do quão bizarro ele era. Alguém tão estranho, tão obviamente de outro planeta, e eu não queria me colocar em seu radar de julgamento.

**Rachel Felder (Jornalista, amiga de Joey):** O Joey fez com que fosse OK ser um judeu esquisito de Nova York e ser um rock star.

# Johnny Ramone

**O homem conhecido como Johnny Ramone nasceu em Long Island como John Cummings em 8 de outubro de 1948. Filho único de uma família da classe trabalhadora, ele era veterano de duas escolas militares antes de sua chegada a Forest Hills. Seu pai, operário de construção, era um disciplinador que comandava com mão de ferro – uma clara influência na violência juvenil e estilo de guitarra explosivo de seu filho. Johnny era obcecado por baseball, e seu amor pelos Yankees competia com sua outra paixão, o rock 'n' roll. Inspirado por Elvis Presley e os Beatles, Johnny tocava baixo com seus discos dos Yardbirds desde jovem, assim como sua fixação completa pelo Led Zeppelin.**

**Tommy:** Uma coisa que tínhamos em comum na banda era que o Dee Dee, o Joey e eu gostávamos do Johnny. Naquela época, Joey admirava o Johnny. O Johnny era energia pura. A personalidade, o visual, é isso que dá a ele uma personalidade dinâmica e o torna tão excitante. Ele era a essência do rock 'n' roll. A raiva é pura. Aguentei muita coisa por causa disso, por causa do que acontecia em cima do palco.

**Johnny:** Nunca perdi um dia de aula em todos os quatro anos do segundo grau. Não me tornei um delinquente juvenil

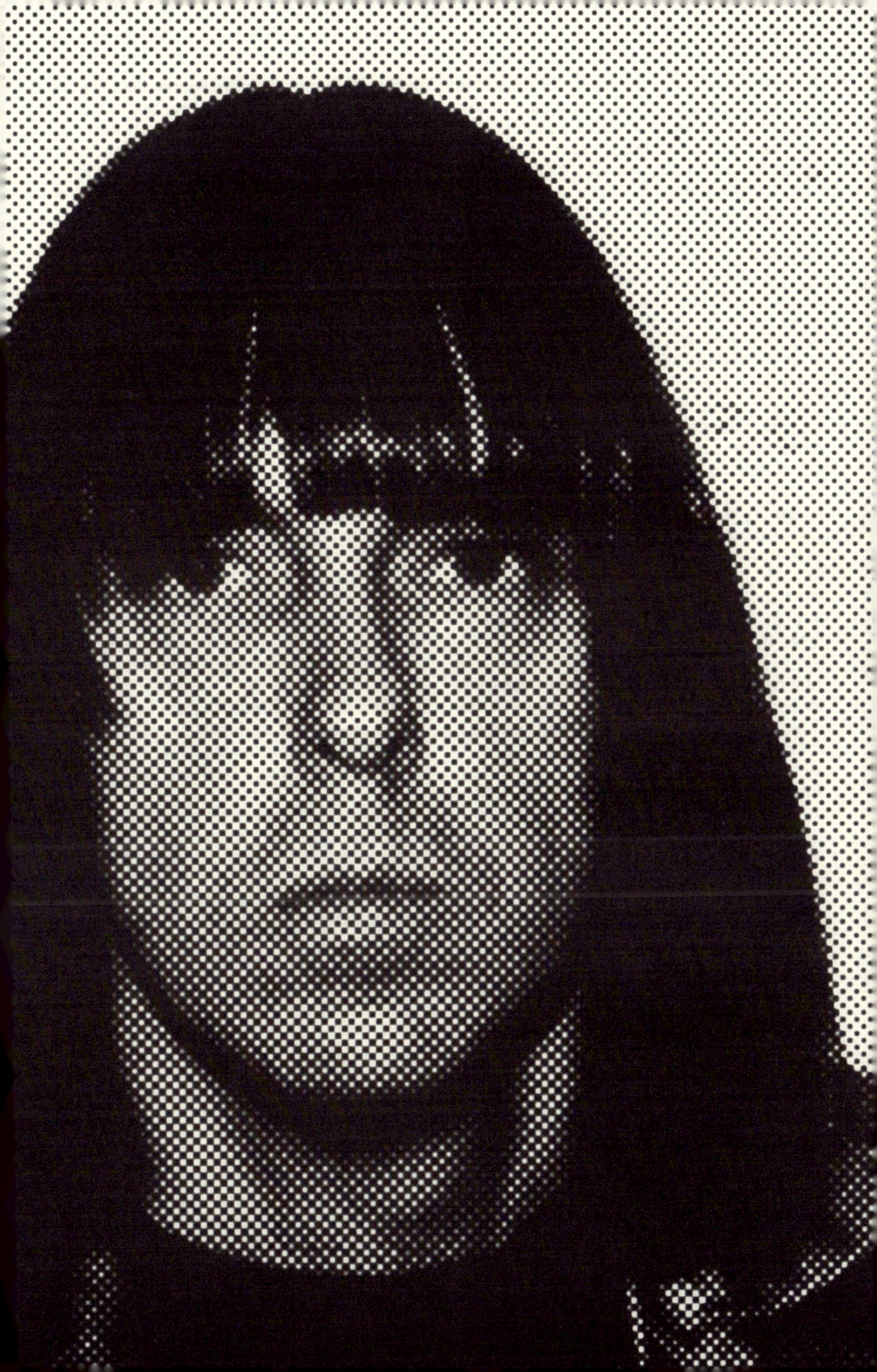

antes de terminar o colegial. Foi uma fase de dois anos. Eu saía e batia nos garotos, pegava seu dinheiro e roubava as mochilas de todo mundo. Simplesmente mau cada segundo do dia. Era terrível. Não sei qual era meu problema. As coisas que eram divertidas para mim naquela época eram horríveis. Se achasse uma televisão no lixo, a levava até a cobertura do prédio, observava alguém andando na rua e a atirava na frente deles na calçada. Era divertido observá-los vendo uma TV caindo a dez metros deles. Para mim, era histérico, mas também era mau e uma coisa horrível para se fazer. Também descobri um jeito de parar o elevador. Eles gritavam e apertavam o alarme, e eu os mantinha lá. Quando tinha uns 20 anos, parei de beber e de usar drogas, arrumei um emprego e tentei ser normal.

**Howie Pyro (D Generation):** Minha história preferida do Johnny é a que ele levou um saco de pedras para o show dos Beatles no Shea Stadium para atirar neles. Ele sentou lá e ficou 'jogando' pedras nos Beatles! Essa é a coisa mais punk rock que já vi alguém fazendo na vida.

**Johnny:** Não foi nada demais. Eles estavam tocando na segunda base. Teria sido muito difícil alcançar a segunda base. Naquela época, eu era um delinquente.

**Tommy:** O Johnny é um mistério. Ele tem diferentes personalidades. Ele é uma contradição.

**Monte:** O Johnny era um cara durão e sem sentido. Ele não gostava de ficar junto ou socializar em shows. Ele queria entrar e sair. Ele estava lá para trabalhar, não para farrear.

**Tim McGrath (Agente de agendamento):** As pessoas chamam de shows ou *gigs*, mas o Johnny sempre chamava de trabalho.

**Arturo:** Eu podia ver os outros como artistas criativos, mas o Johnny era mais um zagueiro.

**Johnny:** Minha mãe sempre me tratou como se eu fosse uma estrela. Era seu único filho. Meu pai sempre fala [nesses assuntos] de que nunca tinha perdido um dia de trabalho. Quebrei meu polegar na véspera de um jogo da Little League e ele falava "O que você é – um bebê? O que eu fiz, criei um bebê? Você vai jogar". E apesar de estar com o dedo quebrado, tive que jogar a partida de qualquer jeito. Foi terrível. Era sempre assim. Fico feliz que ele tenha me criado assim, mas era sempre "O que você tem – está doente? Você não está doente. O que eu criei – um bebê? Nunca perdi um dia de trabalho na vida". Então entrei para o colégio militar e no colégio militar você não podia faltar por estar doente.

**Tommy:** Os pais dele queriam muito que ele não se envolvesse com música. Eles queriam que ele fosse jogador de baseball. Eles achavam que música era para afeminados, ou que não fosse algo tão americano. Seu senso de patriotismo e pensamento de direita vem de seus pais, de se identificar com seu pai. Quando seu pai morreu, em 1979, foi uma grande mudança para ele.

**Monte:** As pessoas olham os Ramones e acham que é fácil, mas não percebem o que tem por trás disso. Tem disciplina. Existe um método por trás da loucura. O Johnny é um dos responsáveis por isso. Sua ideia era que a banda era o principal, tudo vinha depois disso. Ele acreditava que tudo e todos poderiam ser substituídos.

**Cheetah Chrome (Dead Boys):** Costumávamos chamá-los de Marones porque o Johnny era um sargento muito rígido. Eles não eram os Marines – eram os Marones.

**Gary Kurfist (Empresário):** Ele dizia: "Somos como um time de baseball: se não estamos tocando, estamos praticando".

**Johnny:** Mesmo fora da estrada, ensaiávamos uma vez por semana. Se tivéssemos algumas semanas de descanso, talvez não ensaiássemos, mas aí ensaiaríamos por uma hora na véspera de partir.

**Howie Pyro:** O Johnny era muito rígido, mas eles nunca teriam feito turnês por 22 anos se ele não tivesse sido exatamente como foi. Eles provavelmente não teriam sido uma banda se ele não tivesse assumido o controle.

**Johnny:** Não posso ser fraco nunca. Nunca posso ser nada porque estou preso a isto, e é assim que as pessoas me veem. Elas ficam todas surtadas quando de repente veem que eu estou vulnerável por um momento. É difícil viver assim o tempo todo.

**Monte:** Ele era o Sr. Negativo. Era uma pessoa muito controladora que exalava ansiedade e medo.

**Tommy:** Quando éramos crianças, o Johnny adorava suas coisas de direita. Uma vez ele fez um discurso que achei engraçado. Ele disse: "Se eu acabar sem dinheiro, serei um comunista. Se ficar rico, serei um capitalista".

**Monte:** Desde o início, ele usava um monte de camisas da marinha e do exército. Sempre foi muito pró-América e o que ele mais gostava no mundo era o passatempo preferido da América. O Johnny sempre gostou de baseball. Ele colecionava relíquias de baseball e tinha uma das maiores coleções do mundo de fotos de baseball, fotos assinadas por jogadores. Ele ia a jogos na estrada quando podia, e ficava na van trabalhando em seu time da liga de fantasia, escolhendo jogadores e fazendo estatísticas.

**Howie Pyro:** Muitas vezes, o Johnny ficava assistindo um jogo de baseball em uma TV no canto do palco, literalmente, sem nem olhar para a guitarra. Simplesmente tocando como uma máquina.

**Cheetah:** O Johnny era mais careta do que você pensa, então você tem que imaginar o que ele viu naqueles caras. Naquela época, o Tommy era meio careta também. Você tinha esses dois caras normais e esses dois que eram completamente diferentes de qualquer pessoa – o Joey e o Dee Dee.

# Dee Dee Ramone

**Não foi muito tempo depois do nascimento do pequeno Douglas Colvin em 18 de setembro de 1951, em Fort Lee, Virginia, que ele se contorceu e distorceu para se transformar no animal sexy que era Dee Dee Ramone. Nascido na Virginia e criado em várias partes da Alemanha, os pais de Douglas brigavam horrivelmente quando moravam em Berlim, onde seu pai era um oficial de carreira. Sua mãe escondia olhos roxos e feridas, e ele percorria campos de batalha procurando relíquias descartadas do Terceiro Reich como baionetas, balas, máscaras de gás e capacetes. Quando morava no Queens, Douglas se tornou Dee Dee e tocava guitarra, tomava drogas e vendia seu corpo na 53rd com a 3rd. O palco foi montado para um rock star de proporções épicas.**

**Gary Kurfist:** Dee Dee teve uma infância dura.

**Arturo:** Ele fez coisas horríveis em sua infância na Europa. Drogas, roubos e as brigas com seus pais eram bem desagradáveis.

**Dee Dee Ramone (baixista):** Eu era extremamente odiado. Ninguém na minha vida se importou comigo. Para estar nos Ramones, você tinha que ser depressivo.

**Danny Fields:** O Dee Dee era como os caras que eu conhecia no centro de Nova York: soberbos, artísticos, falsos, mentirosos, glamorosos e sexy. Se existe um criador de cena, uma pessoa que define a cena, [essa pessoa] era Dee Dee. O Sid Vicious o idolatrava.

**Johnny:** [Ele] era um personagem único, o mais influente baixista de punk rock. Ele criou um padrão que inspirou todos os baixistas de punk rock. [Suas músicas] não eram como qualquer outra coisa, só coisa muito louca. Ele era prolífico a ponto de criar letras constantemente. Acho que ele influenciou todos os baixistas que o viram tocar.

**Monte:** Ele era um personagem de desenhos de carne e osso. Ele não era como ninguém que conheci em toda a minha vida, e eu já conheci muita gente bizarra. Era engraçado, brilhante, emotivo e doce, mas violento, quimicamente desequilibrado, maníaco e abusivo. Ele tinha múltiplas personalidades e podia mudar de uma direção para a outra num piscar de olhos. Podia ser seu melhor amigo e companheiro de bebida em um minuto e se virar contra você e te chicotear no outro minuto. Ou sair correndo, tomar drogas e ficar depressivo.

**Cheetah:** O Dee Dee era aquele que, quando você acorda de manhã, ele não vai estar lá. Então, uns 15 minutos antes do horário do show, ele aparece e diz "Com o que vocês estão preocupados? Qual o problema? Eu sabia onde íamos tocar. Vocês não precisavam de mim para nada, não é?".

**Jimmy Markovich (Monitores):** Ele estava lá fora e é por isso que ele escrevia boas músicas. Você precisa estar no limite.

**Arturo:** Bem no início, eu só conhecia o bom Dee Dee. O [Dee Dee] mau levou tempo para se desenvolver. Nos primeiros meses que o conheci, ainda me questionava sobre ele ser roqueiro porque ele parecia muito bonzinho. Ele se vestia bem. Ele parecia arrumado. Ele vinha do seu trabalho e usava bons suéteres e echarpes, era tímido e educado. Ele nunca deu nenhuma indicação no início de nenhum tipo de comportamento desagradável, ou dureza de caráter ou de atitude. Foi um processo lento.

**Monte:** Sua primeira esposa, Vera Davie, disse que ele foi diagnosticado como bipolar. O fato de ele usar drogas constantemente não ajudava. Ele começou a tomar drogas quando era jovem, então quem vai saber se isso era químico ou não. Tenho certeza que ele definitivamente tinha uma personalidade dividida e quem sabe o que isso faz com sua química interna. No início, ele era mau e tinha que controlar isso.

**Vera Davie (Ex-mulher do Dee Dee):** Havia muitas faces e diferentes personalidades que vinham com o Dee Dee. Ele era um camaleão. Ele estava constantemente mudando e eu não sabia o que eu teria quando acordasse de manhã. Tinha medo de falar até que descobrisse que tipo de dia seria.

**Bob Gruen:** Ele não é o tipo de cara que você quer com raiva de você. Ele costumava andar sem camisa, no meio da noite, com um bastão de baseball. Ele era um cara assustador. Você não queria estar na sua lista negra.

**Tommy:** Muito do comportamento do Dee Dee foi causado por seu uso de drogas. Ele era o tipo de pessoa para quem você não poderia oferecer um drink porque ele beberia até desmaiar. Era a mesma coisa com as drogas. Ele costumava tomar muitos tipos de drogas e muitos de seus problemas devem ter sido causados por danos reais de anos e anos de abuso de drogas. O Dee Dee e eu tínhamos uma relação estranha. Ele nunca me entendia. Ele não conseguia entender como eu podia tomar só uma cerveja. Para ele, eu era muito certinho, o que não é verdade. Ele achava incrível que eu podia fazer hambúrgueres.

**Cheetah:** Você os encontra e pensa: "Como essas pessoas vão de um lugar para o outro? Como eles aguentam o dia inteiro?".

**Jeff Salen:** Lembro do Dee Dee me dizendo "Sou o maior baixista do mundo". Eu pensei: "Ele está brincando?". Então comecei a pensar que era um bom pensamento para se ter. Se você diz que você é, então você é.

# 3

# ESTÁ VIVO
## – CBGB, O VISUAL, O SOM

Uma vez que a banda encontrou sua base e tinha alguns shows no Performance Studios nas costas, eles procuraram sua estreia oficial: invadir a Big Apple com seu rock rápido e adocicado. Em vez disso, eles terminaram no CBGB, um apagado bar de motociclistas e recente lar das bandas mais *underground* do *underground*. Localizado no número 315 da Bowery com a Bleeker Street, o CBGB estava bem no coração da zona de perigo de Manhattan, onde gangues de motoqueiros utilizavam formas cruéis de justiça das ruas e até mesmo os mendigos tinham canivetes. Comprado pelo ex-fuzileiro naval Hilly Kristal em dezembro de 1973, 'CBGB – OMFUG' significava 'Country, Blue Grass and Blues – Other Music For Uplifting Gourmandizers' (country, blue grass e blues – outras músicas para gulosos refinados) e estava tendo dificuldade para encontrar público (não é surpresa com um nome desses!). O ultradescolado Mercer Arts Center estava em baixa e havia poucos clubes que ofereciam música original ao vivo e drinques baratos. O Max's Kansas City, o Club 82, o Kenny's Costaways e o Coventry eram as únicas casas da cidade e mesmo elas pareciam bem sombrias. Hilly e sua esposa Karen estavam lutando com uma oferta de leitura de poesias e country music até que uns novatos chamados Television os convenceram a deixá-los tocar aos domingos. Essa banda de farrapos tocava rock irregular e desafinado que passava longe do gosto do próprio Hilly, mas parecia atrair um público. Em breve, outra banda jovem daria o ar da graça e mudaria tudo.

(Fotos Roger Risko)

**John Holmstrom:** Por volta de 1971 e 1972, havia muita música boa acontecendo, mas em 1974 as coisas tinham esfriado. Os Dolls estavam no fim e a cena havia morrido com eles. Peguei o primeiro single de Patti Smith, "Piss Factory", que era legal, mas era só isso.

**Chris Stein:** Eu estava no Max's Kansas City um dia e Elda Stiletto dos Stilettos disse: "Vi esses caras tocando no CBGB e eles se vestiam como velhos! Todos eles tinham roupas rasgadas". Era o Television. Então o Blondie começou a tocar lá. Conheci o Tommy quando ele estava no Butch e tocou no Mercer Arts Center. Mais tarde, quando tocamos no CBGB, ele se aproximou de nós e falou: "Ouvi dizer que vocês têm um novo lugar para tocar", e nos disse que tinha uma banda chamada Ramones. Nós os levamos para o CBGB.

**John Holmstrom:** Você ia ao CBGB e os Hells Angels estavam descendo a porrada uns nos outros ali no bar. Eu me borrava de medo e ficava sempre nervoso perto deles. Eu tinha um vizinho que era dos Hells Angels e me alertou para não chegar perto deles. Eles eram uns filhos das putas violentos que te matam só de olhar para você. Se você estivesse usando uma jaqueta de couro ou tivesse as cores erradas nas costas, os Angels te chutariam para fora, então era uma decisão usar uma jaqueta de couro naquela noite. As pessoas vão ao CBGB agora e pensam que têm uma ideia de como era o CBGB original, mas era completamente diferente em 1975 e início de 1976. Mais tarde, eles tiraram a mesa de sinuca e a cozinha e construíram um palco grande e um sistema de som. Muita gente pensa que o lugar acabou quando tiraram a mesa de sinuca. Passou de um clube pequeno para uma casa maior.

**Joey:** Fomos uma das primeiras bandas a tocar no CBs. Quando o descobri, era uma espelunca que não tinha dado certo como um bar de bluegrass. Quando falei com Hilly Kristal, ele disse: "Ninguém vai gostar de vocês, mas vou aceitar vocês de volta". Tinha esse cara, Terry Orr, que estava empresariando o Television e dando a eles todas as melhores noites. As primeiras pessoas para quem tocamos foram o garçom, o cachorro dele e dois caras dos Cockettes.

**Kevin Patrick (Columbia Records):** Foi uma avalanche de coisas. Você não conseguia o suficiente. Foi como a Invasão Britânica acontecendo em seu quintal. Foi uma coisa social. Você se identificava rapidamente com a música e o estilo de vida.

**Monte:** Eu fazia o som. Eu não entendia muito de som. O Tommy entendia de som por ter trabalhado no estúdio de gravação. Nos primeiros shows, ele me mostrou como mexer na mesa, assim como ele havia me mostrado como se toca baixo. Mas eu aprendi rápido.

**Chris Stein:** Eu os vi na primeira vez que tocaram no CBGB. Eles eram fantásticos. Fiquei impressionado e em choque com eles desde o início. Eles tinham uma coisa muito específica. Era tudo tão bem amarrado. Apesar de ser engraçado e esquisito, sempre foi o que foi. Só levou bastante tempo para refinar. Mas *aquela coisa* sempre esteve lá. Sempre pensei que eles fossem fantásticos. Todos estavam impressionados.

**Chris Frantz:** Eles ainda não estavam completamente formados. A essência do que eles estavam fazendo estava lá, mas eles paravam no meio das músicas e ficavam gritando uns com os outros.

**Johnny:** Quando fizemos um de nossos primeiros shows no CBGB, o Alan Vega do Suicide chegou em mim e no Dee Dee e disse: "Isso é demais, é por isso que eu estava esperando". Disse para o Dee Dee, "Esse cara é louco. Se conseguimos enganar esse cara, talvez possamos enganar muito mais gente". Quando ficamos maiores, continuei dizendo para o Dee Dee: "Não acredito que estamos enganando todas essas pessoas".

**John Holmstrom:** A Karen Kristal ia e abaixava o volume dos amplificadores. [Ela] pensava que eles tocavam muito alto, então ela subia no palco e abaixava os amplificadores.

**Tommy:** Tínhamos tocado lá por meses e meses para ninguém, mas foi um bom treino para nós. As pessoas continuavam ouvindo falar sobre a gente. Pessoas importantes vinham nos ver de vez em quando. Nós os convidávamos porque sabíamos que éramos bons.

**Monte:** Depois de vários shows, tudo se desenvolveu – a sensação Ramones, a sensação 'oficial': jaquetas de couro pretas, jeans, as camisetas, as guitarras lá em baixo, os cortes de cabelo – a atitude completa.

(Fotos Roger Risko)

**Johnny:** Em janeiro de 1975, soava e parecia com os Ramones. Tínhamos a imagem definida. O Tommy e eu fizemos várias mudanças bem no começo. Fizemos o Dee Dee tocar com palheta. Fizemos o Joey ficar parado e só segurar o pedestal do microfone. Fizemos grandes mudanças bem no começo.

**John Holmstrom:** Gostava de shows no palco e, para mim, os Ramones eram bem teatrais porque eles *não* se mexiam. Tinham todos esses caras fazendo coisas teatrais, mas era tão excessivo, e os Ramones estavam conseguindo mais com o Joey só mexendo a perna. Eles simplesmente ficavam parados. O Joey mexia a perna, o Johnny pulava uma ou duas vezes e eles faziam só os movimentos corretos. Era minimalista, toda a abordagem. Era o jeito como se vestiam, como se mexiam. Era a música. Eles tinham tudo: a imagem, o som, as letras. Eles eram o pacote completo. Nunca tinha visto uma banda que tinha tudo acertado como eles.

**Johnny:** Quando começamos ver pessoas vindo até nós e dizendo como éramos bons, começamos a pensar em um contrato de gravação. Imaginei que lançaria um disco e voltaria a um emprego normal. No verão de 1975, comecei a levar isso a sério. Sentia que éramos melhores que qualquer um. Vi as bandas grandes e pensava: "Somos melhores". Na cena de Nova York, a única banda que via como concorrente eram os Heartbreakers. Lembro de ter visto um clipe do Led Zeppelin em 1975 no Madison Square Garden e pensei: "Meu Deus, esses caras são uns bostas". Eles foram a melhor banda de todos os tempos e se tornaram esses dinossauros datados. Comecei a me sentir confiante de que éramos melhores do que eles.

**Sylvain:** Era como uma corrida e éramos os cavalos corredores. Os Dolls eram o cavalo número um. Estávamos bem ali, a uns dois segundos da linha de chegada, e atrás de nós estavam os Ramones, o KISS, os Dictators e o Blondie, e a lista continua. Então caímos e quebramos a perna, aí os próximos caras ganharam a corrida.

**John Holmstrom:** Punk rock em 1974 era o Suicide, The Dictators, Television e os Ramones. Pensávamos que os Dictators e os Ramones seriam como os Beatles e os Stones da nova revolução.

**Dick Manitoba:** Os Ramones e os Dictators sempre tiveram uma sensibilidade parecida. Talvez fosse a coisa de judeus de Nova York. Éramos contemporâneos. Como o Brian Wilson deve ter ouvido os Beatles e se inspirado e então o Paul McCartney ouviria o Brian e se inspirasse. Éramos farinha do mesmo saco, então íamos juntos.

**Tommy:** A virada foi quando o Hilly resolveu tornar o lugar público fazendo o Summer of Rock Festival em 1975. Teve bastante publicidade e, depois disso, o lugar ficou lotado. Era na Bowery e *ninguém* ia à Bowery, então foi algo importante.

**Johnny:** O festival durou uma semana, mais ou menos, seis bandas por noite. A *Rolling Stone* fez uma página inteira de cobertura. Mais ou menos três quartos da página foram sobre a gente, um pouco sobre os Talking Heads e o resto das bandas só foi mencionado. Isso fez uma grande diferença.

**Chris Stein:** De repente, nem todo mundo poderia entrar e havia brigas sobre quem tocaria quando.

**Monte:** Depois disso, a banda começou a ter artigos frequentes no *SoHo Weekly News* e no inglês *Melody Maker*. A conversa se espalhou rápido e a banda começou a se tornar uma atração local.

**Tommy:** O que tínhamos era uma ideia de que não era o virtuosismo que contava; eram as próprias ideias que eram importantes, o que era revolucionário naquela época. Mesmo os Dolls e os Stooges estavam tentando ser bandas de verdade. Fomos a primeira banda a intencionalmente pegar a ideia de que o virtuosismo não era necessário, mas podia atrapalhar. Era uma ideia totalmente original. Pessoas como o David Byrne entenderam. Havia poucas pessoas descoladas naqueles shows. Elas viram que aquilo era o que estava acontecendo. Os Ramones foram influenciados por várias bandas que não dominavam seus instrumentos. Agora, de repente, eles dizem "Talvez eu não tenha que ser tão bom. Talvez eu deva montar um grupo".

**Joey:** No começo, éramos totalmente alienígenas em relação ao que estava acontecendo na época. Você tem que se lembrar que em 1974 era "Disco Duck", "Convoy", "I am Woman" e "Don't Rock the Boat Baby". Estávamos realmente balançando o barco! Estávamos acabando com a festa. Isso foi chamado de "punk rock".

**Tommy:** Eu cresci lendo a revista *MAD*. Foi uma grande influência cultural para mim. Comecei a lê-la com 10 ou 11 anos. A música havia perdido seu senso de humor. Com os Ramones, o humor estava lá desde o início. Pensamos que a coisa toda era um motim.

**Joey:** Compartilhávamos um senso de humor sombrio. A diversão sempre foi algo central para os Ramones. A diversão tinha desaparecido em 1974 – tinha muita gente séria naquela época.

**CJ Ramone (baixista):** O Dee Dee era tão eloquente em suas letras. O cara pegava a história mais brutal e a fazia soar incrível. "53rd & 3rd"? Como pegar uma história como aquela e fazer soar legal?

**Johnny:** Começamos querendo ser só uma banda bubblegum. Víamos os Bay City Rollers como nossos concorrentes. Pensávamos que éramos um grupo de música adolescente. Mas éramos muito estranhos. Cantar sobre '53rd & 3rd', sobre um cara que voltou do Vietnã, se tornou um garoto de programa e mata pessoas? Era isso que achávamos normal, enquanto os Bay City Rollers estavam cantando sobre uma 'Rock 'n' Roll Love Letter'.

**Danny Fields:** O Dee Dee adorava os Bay City Rollers. Todos eles queriam ser os Bay City Rollers. Os Sex Pistols falavam sobre os Bay City Rollers também. Meu Deus, aí estão as duas melhores bandas do mundo querendo ser os Bay City Rollers! Dá para apreciar a ironia disso.

**Clem:** Parecia que eles eram de outro planeta, apesar de parecerem pessoas com quem eu tinha ido à escola. Era um grande paradoxo.

**Rachel Felder:** Um dos motivos pelos quais a banda tinha tanto impacto, além do lado musical, era que eles legitimavam *não* se parecer com um rock star. Antes deles, você precisava de um certo visual para estar numa banda de rock 'n' roll.

**Joan Jett (Runaways):** Essa atitude me atraiu em primeiro lugar. E a música – nunca tinha ouvido nada como aquilo antes, tão rápido e tão novo. Te acertava na cabeça. A composição era tão simples, mas não boba. Apesar de ser tudo muito rápido, tinha dinâmica. Me liguei em todos eles sendo

chamados Ramone e como eles se pareciam com as jaquetas de couro.

**John Holmstrom:** Não estava preocupado se eles eram realmente irmãos ou não; estava mais preocupado se eles eram tão das ruas como pareciam. Quando os vi descendo do palco do CBGB pela primeira vez, olhei nos olhos do Joey e do Dee Dee e tive a sensação de que eles poderiam me encher de porrada. Tive essa sensação com o Dee Dee até o fim.

**Dee Dee:** Quando começamos e estávamos conversando sobre o que íamos vestir, decidimos usar o que tínhamos. Estávamos pensando em nos produzir e tudo mais, mas decidimos que não.

**Tommy:** Nosso visual evoluiu rápido. Originalmente, alguns dos integrantes estavam usando glitter, mas não íamos ser uma banda glam. Isso evoluiu rapidamente para as roupas. No período de seis meses, sabíamos o que funcionava e o que não funcionava. A ideia era usar o que usávamos quando éramos crianças. Coisas que eram a gente. E funcionou. Era confortável. Se encaixava com a música e era verdadeiro.

**Monte:** O Johnny sempre foi muito consciente do visual deles – as jaquetas de couro, camisetas e jeans. Ele costumava ficar nervoso quando alguém tentava mudar isso. Ele ficava muito bravo com o fato de que eles tinham sido forçados a usar camisetas coloridas e sem jaquetas de couro na capa do *End of the Century*.

**John Holmstrom:** Eu estava no loft do Arturo antes de um de seus maiores shows no CBGB. O Johnny vestia uma calça toda rasgada e disse: "Estava guardando esta para tocar no Garden, mas acho que vou ter que usá-la neste show".

**Monte:** O Johnny sempre foi muito resistente a mudanças. Todos eles eram, de muitas formas, mas ele era o mais contrário a elas. Ele acreditava que eles tinham achado uma coisa boa e não havia motivo para mudar. Ele via bandas indo e vindo, mas imaginava os Ramones como uma instituição – sempre lá, sempre o mesmo. Atemporal, na verdade. De certa forma, ele conseguiu isso, mas não sem contrariar muito o resto da banda, principalmente o Dee Dee e o Joey.

**Johnny:** A única banda que vi fazendo mudanças ao longo dos anos com sucesso foram os Beatles. Eles conseguiam mudar de um disco para o outro e ser tão bons ou melhores. Não achava que éramos capazes disso. Os Beatles estavam em uma classe só deles.

**Monte:** Um exemplo de como o Johnny se recusava a mudar era seu corte de cabelo. Ele era bem exigente com seu cabelo. Ele nunca cortava o cabelo na estrada. Esse cara tinha exatamente o mesmo corte de tigela do dia que o conheci até esse exato momento. Ele provavelmente usou a mesma tigela para cortar seu cabelo desde o colegial.

**Andy Shernoff:** Parte da atração dessa banda era que eles tinham personalidades realmente interessantes. Todos eram apaixonados pelo Dee Dee – homens e mulheres – mas ele era um paranoico esquizofrênico viciado em drogas. O Joey era o excluído extremo: parcialmente catatônico babando, esquisito. Então tinha o Joey e o Dee Dee que eram dois brilhantes compositores com problemas mentais; o Tommy com uma visão clara do som e o Johnny com o senso de negócios. Funcionava.

**Jeff Salen:** Muita gente pensava que eles eram uma piada e meio engraçados. Mas muita gente que era mimada, mas muito influente, como a Lisa Robinson e o Danny Fields, os achavam demais.

**Danny Fields:** Não sabia nada sobre eles, mas gostava de bandas que se promoviam. O Tommy me ligava frequentemente e tentava me levar aos shows. Achava que eles eram uma banda cha-cha. O nome soava hispânico. O Tommy me ligava o tempo todo e eu dizia: "Não sei se preciso de outra banda cha-cha em minha vida". "Oh, não, não", ele falava. "Você vai gostar mesmo de nós."

**Joey:** Realmente admirávamos o Danny porque ele contratou os Stooges e o MC5. Ele descobriu o Jim Morrison e o Iggy Pop. Ele conhecia todo mundo. Éramos grandes fãs dos Stooges, então foi uma ligação instantânea.

**Danny Fields:** Sempre tive dois empregos. Um deles era na revista *16* e eu fazia uma coluna do *SoHo Weekly News*, o que intrigou os Ramones. O que mais os intrigou era o que eu tinha feito no passado na Elektra.

Eles ficavam incomodando tanto a mim e à [jornalista] Lisa Robinson que fizemos um acordo que ela iria assisti-los para tirá-los da nossa cola, e eu ia assistir a outra banda. No dia seguinte, ela disse: "Você vai adorar essa banda. Eles são maravilhosos; eles são tão engraçados, todas as músicas duram dois minutos. O repertório inteiro durou 15 minutos".

**Tommy:** O Danny Fields nos viu e rapidamente se tornou um fã. Ele atuava como conselheiro porque ele era um profissional com muita experiência. Eu era o empresário dos Ramones naquela época, mas estávamos procurando por um verdadeiro empresário. O Danny não virou nosso empresário oficial até conseguirmos nosso contrato.

**Danny Fields:** A primeira coisa que me lembro é daquele repertório de 11 minutos. Eles cantaram "I Don't Wanna Go Down to the Basement". Eu pensei: "Isso é a coisa mais brilhante que já ouvi na vida". Essa pessoa está cantando essa música com essa banda sobre não querer ir ao porão e é isso. Pensei: "Isso é de arrasar. Do que mais precisamos?". Eu me apaixonei nos primeiros cinco segundos, no minuto que começaram a tocar. Não dava para parar e pensar. Fiquei sentado lá com um grande sorriso no rosto. O Tommy me viu na calçada após o show e estava nervoso. "Por que você sempre escreve sobre o Television e a Patti Smith e nos ignora? Você vai escrever sobre a gente na sua coluna?" Eu disse: "Quero empresariar vocês".

**Cheetah:** O Danny era capaz de dizer "Escute, vocês são caras sérios agora. Podem ser babacas depois". Ele era muito focado. Além disso, ele era gay, então tinha uma perspectiva única das coisas. Olha a trajetória do cara, com o Iggy, o MC5 e a Elektra. Ele adorava rock 'n' roll.

**Danny Fields:** Os Ramones tinham tudo que eu sempre gostei. As músicas eram curtas. Em cinco segundos, você sabia o que estava acontecendo. Você não tinha que analisar e/ou determinar o que você estava vendo ou ouvindo. Estava tudo ali, e todos os aspectos do que eles estavam fazendo eram excelentes, desde as roupas até a postura e as letras. Tudo. Era excelente. Foi o som que me pegou. Achava que a música dos Ramones lidava com praticamente tudo que o mundo precisava naquele momento. Encha a seringa e aqui está meu braço, sabe? Manda ver! Injete!

(Fotos Roger Risko)

**Sylvain:** O Danny estava realmente os promovendo e os empurrando como se eles fossem ser alguma coisa, mas só para os garotos inicialmente, não para a imprensa. Eles queriam organizar suas merdas primeiro e trabalhar todo o seu sistema de '1-2-3-Vai!'.

**Monte:** O Johnny convenceu o Danny a dar um adiantamento de 3 mil dólares para comprarem equipamento, se ele os estivesse levando a sério. Se eles iam impressionar a indústria e agarrar um contrato de gravação, então eles precisavam dar um passo à frente com seu som.

**Danny Fields:** Isso era muito dinheiro naquela época, mas se eu quisesse empresariá-los, então tinha que fazer acontecer.

**Tommy:** O Danny nos emprestou o dinheiro. Ele pegou emprestado com sua mãe. Então não ganhamos nenhum dinheiro. Pegamos nosso adiantamento e o colocamos todo na banda, em equipamentos e na produção do primeiro disco.

**Monte:** Então eles foram à loja Manny's com o dinheiro do Danny e compraram amplificadores Marshall e Ampeg e seu próprio sistema de PA. O Johnny ganhou uma nova guitarra Mosrite e o Dee Dee comprou um baixo Fender Precision.

**Johnny:** Compramos um sistema de PA bem no começo, para que soássemos bem o tempo todo.

**John Markovich (Técnico de som da frente da casa):** A guitarra do Johnny era mais alta que o PA. Ele sempre tocava no dez e estava ligado em todos os amplificadores em cima do palco.

**Monte:** Por fim, arrumamos um técnico de som, depois um técnico de monitores. Mas desde o início, o Tommy e eu nos concentramos no PA e o levávamos a qualquer muquifo para que tivéssemos nosso próprio som, o que a maioria das bandas daquele nível não tinha. Isso é o principal dos Ramones: por mais casual que pareça, eles eram muito conscientes de seu som. Eles tinham essa visão e o único meio de alcançá-la era tendo controle sobre ela. Eram muito passionais com isso. O Tommy é um engenheiro de som e o Johnny sempre foi inconstante sobre como eles deveriam soar. Muitos desses clubes tinham sistemas de som terríveis e eles não queriam que isso afetasse o show.

**Johnny:** Tocávamos três noites no CBGB a cada três semanas, levando 600 pessoas por noite. Cobrávamos cinco pratas e ficávamos com toda a bilheteria, então fazíamos 3 mil dólares por noite. Mas ninguém estava interessado em nos contratar. Hoje, uma banda receberia enormes ofertas. Pelo que sabiam, os Dolls tinham falhado, então eles não queriam assinar com ninguém de Nova York.

**Chris Stein:** A coisa toda era como se fosse uma fantasia. Lá no fundo, estávamos todos pensando em grandes palcos e em ser rock stars, mas, ao mesmo tempo, era como se fosse uma piada porque ninguém levava isso tão a sério. Era uma coisa social. Todo fim de semana, você saía e tocava e era um evento social.

**Monte:** A banda já tinha uma demo que o Tommy havia produzido e eles fizeram uma outra demo de duas músicas ["Judy is a Punk" e "I Wanna Be Your Boyfriend"] com o ex-empresário dos New York Dolls, o Marty Thau. O Danny começou a mostrar as demos para gravadoras para tentar conseguir fechar negócio.

**Tommy:** O Craig Leon da Sire Records veio nos ver e ficou louco com a gente. Ele cuidava de Artistas & Repertório e trouxe seu chefe, Richard Gottehrer, que ofereceu um contrato para um single [para "You're Gonna Kill That Girl"]. Não queríamos aquilo. Sentíamos que poderíamos conseguir mais.

**Johnny:** Levar todo aquele público e conseguir um contrato para um single? Dissemos "sem chance".

**Tommy:** Mais seis meses se passaram e o Gottehrer tinha saído da Sire, então, finalmente, o próprio presidente da Sire, Seymour Stein, veio por insistência do Craig e do Danny.

**Danny Fields:** A mulher do Seymour, Linda, era minha amiga. Eu a conhecia da revista *16*. Estava publicando fotos dela fazendo compras com o Elton John – ela estava ensinando-o a fazer compras – e escrevendo 'A glamorosa socialite de Nova York Linda Stein e Elton John foram vistos blá blá blá'. Garanti que ela visse isso, então naturalmente nos tornamos melhores amigos e ela me levava às festas. Ela era uma garota rock 'n' roll e rapidamente passamos a nos adorar. Disse que ela viesse ver esta banda e que trouxesse o Seymour, que eles iam adorar. Eu os convidei para ir ao Mother's na 23rd Street. Era um bar gay. O Seymour estava gripado ou algo do tipo, mas ela os adorou. Ela disse para marcar uma audição, que aconteceu no Performance Studios.

**Johnny:** Eles vieram e nos ofereceram um contrato para um disco. Nosso adiantamento era de 20 mil dólares para gravar o disco e comprar equipamento. Funcionou em nosso benefício, porque recuperamos nosso acordo a longo prazo. Não vendemos tantos discos, mas recuperamos imediatamente. Então desde o início já víamos os royalties da gravação. Como parte do trato, se o Craig conseguisse o contrato, ele produziria o disco. O Tommy sempre esteve fortemente envolvido também.

**Andy Shernoff:** O Joey me disse que, uma vez, todos eles ganharam uns abridores de carta baratos da Sire, exceto o Dee Dee, que ganhou joias caras do Seymour. Dee Dee, o garoto objeto.

**John Holmstrom:** Ouvi falar que rolou um ménage a trois com o Dee Dee, o Seymour e a Linda Stein.

**Monte:** Arturo, você acha que o Dee Dee dormiu com o Danny, a Linda e o Seymour?

**Arturo:** Certeza absoluta.

**Dee Dee:** Nunca dormi com a Linda.

**Arturo:** Quando estávamos em Londres, o Dee Dee às vezes ficava na casa do Seymour e da Linda. Íamos a clubes e então ficávamos na casa deles. Sempre havia vários rapazes e garotas lá. Era clima de festa. Costumávamos beber muito, usar drogas e tudo mais.

**Monte:** Você e o Dee Dee já dormiram juntos?

**Arturo:** Claro. Éramos amigos.

**Monte:** Sempre ouvi boatos de que o Dee Dee era bissexual, mas nunca vi nada.

**Danny Fields:** Não sei se era *bissexual*. Não uso palavras assim. Se você gosta de alguém, então deve dormir com aquela pessoa. Por que não? Por que ele deveria se limitar? Todo mundo que gostava do Dee Dee ia para a cama com ele. Eu fui. Foi legal. Todo mundo deveria ser assim. Se é isso que você quer.

**Monte:** A banda assinou com a Sire no início de 1976, no loft do Arturo. A Sire sempre deu muito apoio, desde o início. Eles iam aos shows no CBs o tempo todo. Eles eram pessoas jovens e descoladas. O Seymour sabia o que estava acontecendo, ele era um cara esperto. Eram boas pessoas e eram dedicados a fazer as coisas acontecerem. Eles deram seis mil dólares para a banda gravar seu primeiro disco, depois de deduzidos os equipamentos que o Danny havia comprado para eles e quaisquer outras despesas.

**Cheetah:** O Seymour os amava. Eles cooperavam. Eles tinham status no mundo punk. Eles começaram tão cedo que você via o Sid Vicious e o Johnny Rotten os citando como inspirações. Então, mesmo com a maioria das bandas punk falhando, os Ramones deram certo. Com a Sire, os números falavam por si. O dinheiro fala, a merda vai embora. Se você não vendia, você era um estorvo para os Ramones, que foi o que os Dead Boys e o Richard Hell se tornaram. Os únicos que deram certo na Sire foram os Ramones e o Talking Heads. Todos os outros foram ficando pelo caminho. Isso não tem nada a ver com talento. Eram os números.

**Danny Fields:** A Linda subiu à bordo oficialmente quando eles realmente começaram a ter mais datas e havia mais o que fazer. Ela foi para a Europa com eles. Eu não era organizado o bastante. Eu estava com hepatite. Ela era uma garota rock 'n' roll e estava tocando a empresa com o Seymour. Eu precisava dela. Imaginei que não poderíamos ser presos nos Estados Unidos e ela tem uns contatos em Londres. Ela também parecia saber como era o mundo.

**Ira Herzog (Contador):** Mais tarde, a Linda estava se divorciando de Seymour, então sempre que você ia pedir um adiantamento para a Sire, da qual o Seymour era presidente, ele dizia: "Sim, vamos te dar o dinheiro, mas não dê para aquela puta". Com a empresária sendo a mulher do presidente da Sire e eles se divorciando, você sabe que não havia um bom relacionamento.

**Kevin Patrick:** A maioria das pessoas pensa que ter um contrato assinado com uma gravadora é a solução para todos os seus problemas, mas, na verdade, é só o início.

(Fotos Roger Risko)

# 4.
## SAINDO DE CASA
### – CAINDO NA ESTRADA, PRIMEIRAS TURNÊS

Antes de os Ramones assinarem com a Sire, eles mal tinham tocado fora de Nova York, indo ocasionalmente para Boston, Toronto ou Washington D.C., com gente como os Dead Boys ou os Dictators. Uma vez que seu autointitulado disco de estreia foi lançado em maio de 1976, a banda começou a correr e atacar o país, primeiramente como banda de abertura, depois como atração principal em pequenos clubes, e então foram para a Europa. Na época em que os Ramones foram para sua segunda turnê europeia, em 1977, eles já eram anunciados como heróis, líderes da nova revolução musical. Os garotos que estavam pogando nas primeiras filas quando eles tocaram lá no ano anterior, agora eram conhecidos como Sex Pistols, The Clash e Generation X, e estavam invadindo o *Top of the Pops*. O jogo tinha acabado de mudar. E, enquanto o jogo mudava para a banda, Monte mudou junto.

(Foto Roger Risko)

**Monte:** Meu trabalho mudou e evoluiu. Passamos por diferentes fases. No início, eu fazia de tudo. Eu era roadie, dirigia a van, fazia o som e os monitores – por menores que fossem naquela época. Então era um trabalho pesado.

**Tommy:** Precisávamos de uma equipe de roadies, então o Mickey se voluntariou e virou roadie de guitarra. Ele nos ajudava a carregar o equipamento. Por fim, colocamos o Monte como empresário de turnê. No início, ele fazia o som, depois o som em viagens. Então conversamos com ele para que se tornasse empresário de turnês.

**Monte:** No início, eu tinha que pegar a van e o trailer, dirigir até o show, descarregar o equipamento e o PA. Era difícil porque a van tinha que chegar cedo com o trailer para montar tudo. Então, quando me tornei empresário de turnês, dirigia a van com a banda, enquanto a equipe de roadies andava no caminhão. Bem no início, eu fazia o som e os monitores, enquanto o Mickey afinava as guitarras e o Arturo fazia a iluminação e os fundos de palco.

**Arturo:** O Tommy veio me encontrar no loft e entender como eu era, e falou: "Você vai ser bom para a banda. Se você está ligado, sabe o que estou querendo dizer".

**Monte:** O Arturo tinha esse loft enorme bem próximo ao CBGB e vários integrantes moraram ali ao longo dos anos. O Arturo pintava esses fundos de palco a mão, sozinho em seu loft. Tínhamos duas versões: uma para lugares grandes e uma para pequenos clubes.

**Arturo:** Quando o Dee Dee e o Joey moravam no meu loft, voltávamos para casa depois dos shows e fazíamos camisetas.

**Monte:** Quando eles tocaram em Washington, o Arturo viu o selo presidencial e trabalhou naquilo para transformá-lo num logo com a águia segurando um taco de baseball em uma garra e colocando flechas sobre sua cabeça. Ele se envolveu como diretor artístico e, mais tarde, ele assumiu a iluminação e entrou de cabeça nisso. Ele tinha forte inclinação artística e deu toda uma nova dimensão ao show, acrescentando luzes azuis, vermelhas e brancas, o letreiro 'Gabba Gabba Hey' e diferentes elementos ao palco. O Arturo era muito inteligente e se envolveu com o merchandise bem no início. A princípio, era a forma que ele tinha para pagar seus gastos para se manter na estrada com eles, mas com o passar do tempo, isso virou a galinha dos ovos de ouro. Mais tarde, isso se tornou uma das maiores fontes de renda e a banda passou por longos períodos se agarrando a ela.

**Tommy:** Assim que precisamos de iluminação, o Arturo disse que ia fazê-la. Nós nem o pagávamos. Ele fazia como um hobby. Ele vendia camisetas para se manter e então percebemos que ele estava fazendo uma fortuna com elas.

**Monte:** O Johnny rapidamente se agarrou a elas.

**Tommy:** Não rápido o bastante. Enquanto eu estava na banda, ele vendia as camisetas por conta própria sem que a banda recebesse uma parte. O Arturo era um malandro esperto.

**Arturo:** No início, eu cuidava tanto do merchandise quanto da iluminação. Eu vendia camisetas até 15 minutos antes da hora do show, então recolhia tudo e ia fazer a iluminação. Então, na última música, pedia para o cara que cuidava da luz ou do som no local que apagasse as luzes quando eles deixassem o palco e voltava para a entrada e vendia camisetas. Mais tarde, me tornei o responsável pelo merchandise, mas tinha outra pessoa para vender. Era uma coisa divertida de se fazer. Todo mundo ia ver a banquinha de camisetas. No que dizia respeito ao merchandise, era 100% autônomo.

**Monte:** Quando voltaram das primeiras datas no Reino Unido, eles tocaram em Youngstown, Ohio, e não levaram tanto público. O Danny chegou para mim e disse: "Se conseguir pegar o dinheiro com o dono do clube, você pode ser o empresário de turnês". Fui lá e peguei o dinheiro, sem problema, e fui oficializado. Mal sabia que eu iria fazer isso pelo próximo quarto de século.

**Daniel Rey (Músico, Produtor):** O Monte era intimidador, mas precisava ser. A maioria das pessoas no rock 'n' roll é trapaceira. Mas se souberem que vão gritar

**FREE AGENCY** · **present** · **VIRGIN AGENCY**

# USA-ROCK- SPECIAL

# RAMONES
(New York)

special guests

# TALKING HEADS (New York)

and

# DISCO WILDCAT REVOLUTION

## Sonntag, 24. April 1977

# Volkshaus Zürich

**Kasse + Türöffnung: 16.30 Uhr   Beginn: 17.00 Uhr**

Eintritt im Vorverkauf: Fr. 15.– (Kasse Zuschlag)

Vorverkauf:  ZÜRICH-CITY: Jelmoli, Jecklin, Hug, Musicland, Grammo Studio Shop-Ville
Music Market, Bäckerstr. 58. ZCH-OERLIKON: Musig-Kiosk, Schaffhauserstr. 315.
BADEN: Jecklin. AARAU: Music Spirale. BASEL: Discothek, Boîte à Musique.
FRAUENFELD: Fritz Schallplatten. WINTERTHUR: Pick Up. ST. GALLEN: BRO, Hug
SCHAFFHAUSEN: Music Center Groner. ZUG: Grammo-Studio. BIEL: Radio Evard.
LUZERN: Grammo Studio, Groovy Shop. WETZIKON: Radio Häusser+Gantert.
BERN: Musik Bestgen.
Sound Circus

Tickets per Post (NN) Tel. 01 25 54 21

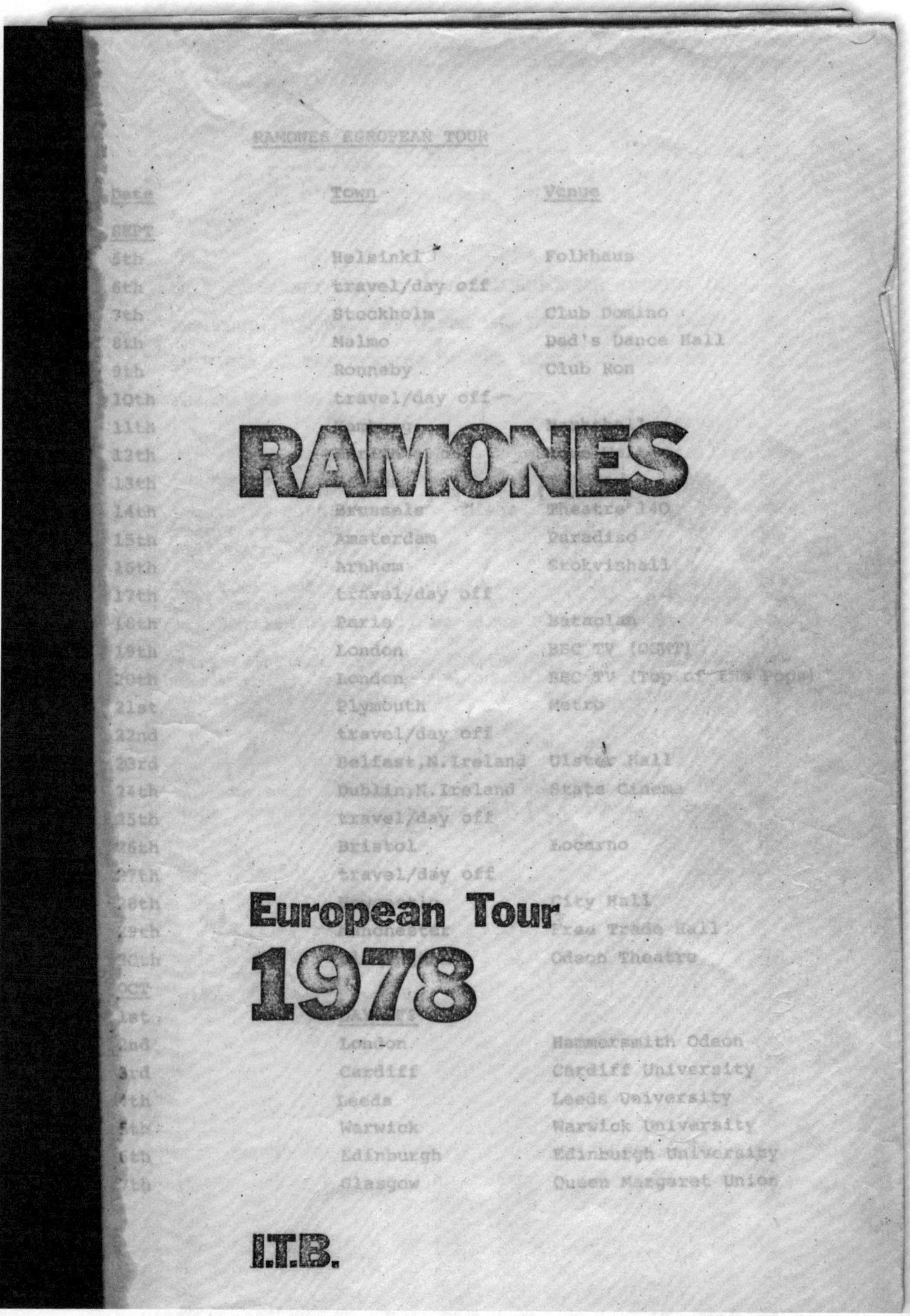

RAMONES EUROPEAN TOUR

| Date | Town | Venue |
|------|------|-------|
| **SEPT** | | |
| 5th | Helsinki | Folkhaus |
| 6th | travel/day off | |
| 7th | Stockholm | Club Domino |
| 8th | Malmo | Dad's Dance Hall |
| 9th | Ronneby | Club Ron |
| 10th | travel/day off | |
| 11th | | |
| 12th | | |
| 13th | | |
| 14th | Brussels | Theatre 140 |
| 15th | Amsterdam | Paradiso |
| 16th | Arnhem | Stokvishall |
| 17th | travel/day off | |
| 18th | Paris | Bataclan |
| 19th | London | BBC TV (OGWT) |
| 20th | London | BBC TV (Top of The Pops) |
| 21st | Plymouth | Metro |
| 22nd | travel/day off | |
| 23rd | Belfast, N.Ireland | Ulster Hall |
| 24th | Dublin, N.Ireland | State Cinema |
| 25th | travel/day off | |
| 26th | Bristol | Locarno |
| 27th | travel/day off | |
| 28th | | City Hall |
| 29th | Manchester | Free Trade Hall |
| 30th | | Odeon Theatre |
| **OCT** | | |
| 1st | | |
| 2nd | London | Hammersmith Odeon |
| 3rd | Cardiff | Cardiff University |
| 4th | Leeds | Leeds University |
| 5th | Warwick | Warwick University |
| 6th | Edinburgh | Edinburgh University |
| 7th | Glasgow | Queen Margaret Union |

**RAMONES**

**European Tour 1978**

**I.T.B.**

com elas se fizerem algo errado, elas não vão fazer nada errado. Se elas conseguem se livrar sendo trapaceiras, elas vão continuar assim. Então ele não deixava que elas se livrassem.

**Monte:** Apesar de que, no início, houve uma vez em que nos ferraram – um bar de operários e lenhadores em Aberdeen, Washington. Fizemos nosso set de 20 minutos, 30 músicas e BAM! Acabou antes que eles piscassem. O dono ficou maluco e gritou "Estão loucos? Vocês precisam tocar aqui por duas horas!" Havia só esses lenhadores, caras grandes, jogando garrafas porque não havíamos tocado o bastante. Nos enfiamos pelas portas dos fundos. Foi uma situação complicada.

**Big Al (Técnico de bateria):** Nessas cidades pequenas, as pessoas eram meio caipiras e odiavam os Ramones. Algumas vezes enfrentávamos situações perigosas. Teve uma vez em Connecticut, quando quase aconteceu uma guerra do lado de fora do clube. Centenas de pessoas esperando por eles do lado de fora, depois do show. Havia gangues de motociclistas e motoqueiros e, quando saímos, eles tinham quebrado todas as nossas janelas. Eles desprezavam os Ramones.

**Monte:** Uma das partes mais complicadas de ser um empresário de turnês é cuidar do backstage. Todo mundo quer ir lá, mas a banda não quer ver ninguém logo após o show, especialmente em cidades grandes como Nova York. Às vezes, o camarim é muito pequeno para deixar alguém entrar. Eu era encarregado de decidir quem poderia e quem não poderia ir lá atrás, então as pessoas ficavam bravas comigo porque eu as chutava dali ou não as deixava entrar imediatamente. Mas, ei, estou só fazendo meu trabalho. A banda não quer que todo mundo suba neles logo após o show, mas as pessoas não querem esperar. Então é difícil.

**George Tabb (Técnico de guitarra):** O Monte era assustador. Ele era o Hitler dos Ramones. Você precisava conhecer o Monte para ir ao camarim. Você via todos esses caras com visual hippie com cabelos compridos e esse cara careta. "Uh-oh, cuidado com aquele policial."

**Arturo:** Costumava chamá-lo de Monte Pronte ou Monte Pronto, porque ele era sempre pontual. Ele fazia as coisas acontecerem no horário. Ele é o cara que fazia acontecer. Ele é o cara com quem você fala se precisar de alguma coisa.

**Cheetah:** Ele se compromete com tudo que faz. Você poderia despejar um copo d'água na cabeça dele e ele diria "OK, agora entre na van". No fim do dia, não importa o que você fizesse ao Monte, você ainda teria que fazer o que ele quisesse.

**Vera:** O Monte trabalhava 24 horas por dia. Ele se tornou o quinto Ramone. Era ele e o Arturo. Eles estavam lá para *qualquer coisa*. Definitivamente, não era só um emprego. Era uma vida. Enquanto a banda apreciava tudo que eles faziam, poderiam ter sido mais gentis com ele. Eles se aproveitavam dele.

**George Tabb:** No camarim, logo antes de subirem ao palco, o Dee Dee dizia que precisava ir ao banheiro e o Monte dizia: "Dee Dee, eu não te perguntei antes se você precisava ir?". "Mas Monte, eu não precisava antes. Eu preciso agora." "Não consegue segurar?" "Não, preciso ir agora." Era engraçado. Parecia a porra de um ônibus escolar. "Joey, tem certeza de que você não precisa ir?" "Não, não preciso." Aí o Johnny dizia "faça ele ir, Monte". "Mande o Johnny se foder, mas eu vou!"

**Shira B Wild (Ex-namorada do Monte):** Para os Ramones, o Monte era o empresário de turnês, mãe, pai, professor, médico, babá, responsável pelo recebimento, voz da razão, juiz, anfitrião, convidado, ombro para chorar, cabeça para bater, mão para segurar, motorista, negociador, tapinha nas costas, tapinha na bunda, salva-vidas, o chefe, o peão e o cara da limpeza. E, quando seus talentos não eram necessários, ele estava ali nas sombras.

**Monte:** Não havia nada como os Ramones naquela época, então os primeiros agentes tinham dificuldade tentando descobrir com quem poderiam colocá-los juntos. Abrimos para todo mundo, do Black Sabbath ao Blue Öyster Cult e Foreigner. Por algum estranho motivo, nos colocaram para abrir para o Toto em Lake Charles, Louisiana. Toto! Meu Deus. Ainda bem que o público do Toto já estava meio dormindo e, antes que eles percebessem, já tínhamos saído. Eles nem se preocuparam ou tinham energia para vaiar. Foi uma escalação desconfortável.

**Tommy:** Quando ainda estávamos tentando conseguir um contrato de gravação, o Danny Fields tinha uma boa amizade com o Steve Paul, que tinha o selo Blue Sky, que tinha o Johnny Winter. Então, para nos testar, para ver se iríamos decolar, ele nos colocou para abrir para o Johnny Winter em Waterbury, Connecticut. Ninguém nunca tinha ouvido falar de nós e então aparecemos e tocamos músicas dos Ramones. Eles começaram a jogar tudo que podiam em nós – garrafas, fogos de artifício. Fomos vaiados até sairmos do palco. Foi horrível.

**Little Matt:** Outro show em que eles não se saíram tão bem foi no Canadian World Music Festival, no Centro de Exibições de Toronto, quando abriram para o Ted Nugent, Aerosmith, Nazareth e Johnny Winter. O público começou a jogar coisas. Acertaram minhas bolas com uma moeda de 25 centavos. Sabe o quanto uma moeda de 25 cents parece pesada quando é jogada do andar de cima? Te derruba. Esse foi outro show em que eles tiveram que sair.

**Monte:** Esse foi o mais difícil. Estávamos felizes de estar abrindo um desses grandes festivais, mas assim que começaram a tocar, toda essa comida e porcaria foram jogadas no palco. Foi horrível. Eles tocaram um set reduzido e saíram sob uma chuva de sanduíches. Foi deprimente.

**Johnny:** Estávamos dirigindo para um show em San Bernardino com o Black Sabbath, e o letreiro dizia "Os Reis do Heavy Metal vs Os Reis do Punk Rock". Eu pensei "Meu Deus, estamos encrencados", e o que apareceu, senão um bando de gangues de motoqueiros e fazendeiros atirando garrafas de uísque?

**Monte:** Tocar com o Sabbath era perigoso. O público deles não queria nada com a gente. E eles estavam armados! Naquela época, as pessoas não eram revistadas na entrada, e o público do Black Sabbath era o pior. Era o começo do heavy metal e eles não tinham nem seguranças nem detectores de metais. Eles entravam com garrafas e pedras, e as atirariam contra as bandas de abertura. Era assustador. Era ruim.

**Joey:** Não nos encaixávamos. Era como os Ramones e a ignorância pura. Nosso novo agente pensava que iria ampliar nosso público. O promotor fez como se fosse uma batalha de bandas. Lá em San Bernardino tem um monte de motociclistas caipiras e o Black Sabbath tinha um bando de seguidores extremistas. Eram fãs muito fiéis, bem parecidos com os dos Ramones, mas nosso público era menor naquela época. Começamos a tocar, e as pessoas estavam segurando garrafas de uísque e fazendo o movimento como se fossem atirá-las contra nós. Estávamos tocando havia uns 20 minutos quando tudo começou a ser jogado contra nós – garrafas, velas de ignição e carburadores. Poderíamos nos desviar de tudo isso sem ninguém se machucar, mas dissemos "foda-se" e saímos do palco.

**Monte:** Não demorou muito para percebermos que os Ramones não eram banda de abertura. Já éramos atração principal em Nova York, então decidimos continuar como *headliner* em clubes pequenos em vez de ser banda de abertura em grandes shows. No início, fazíamos turnês curtas na Costa Leste – Boston, Washington e por aí vai – mas quando o disco saiu, começamos a viajar pelo país. Em todo lugar que iam, eles conquistavam fãs fervorosos.

**Dee Dee:** Podíamos ser uma banda com base em Nova York, mas éramos suburbanos e tínhamos os mesmos problemas que as pessoas de Detroit, Ohio ou qualquer outro lugar. Eles se relacionavam com a gente. Éramos exatamente a mesma coisa que eles.

**Joey:** Os garotos dos subúrbios, no Meio Oeste, eram trapaceados porque muita gente não ia lá. Fomos a todos os cantos e lugares, enquanto as grandes bandas só tocavam em locais para 20 mil pessoas. Tocávamos para as pessoas, enquanto eles tocavam pelo dinheiro e não se importavam nem um pouco se os garotos poderiam vê-los ou não.

**Roger Risko (Superfã):** Eles não eram pretensiosos. Naquela época, tinha o Journey, Foreigner, Styx – todas as bandas eram pretensiosas com roupas brilhantes. Eles eram pés no chão. Eu cresci com couro, camisetas, jeans, tênis – nada

# SPECIAL THREE AND A HALF YEAR ANNIVERSARY ISSUE!
## ROCK AGAINST RACISM — A COMMIE LIE? • WORLD WAR III — HOW, WHERE, WHY

PUNK MAGAZINE $1.25

1979 JULY AUG.

# PUNK
### THE ORIGINAL

# RAMONES

VON LMO

LOU REED

# ROCK N ROLL HIGH

## EXCLUSIVE STORY ON MOVIE! YES, EXCLUSIVE!

### GOING OUT GUIDE • JOE • HOW TO KILL

THE SNOTZ • A VISIT TO A PSYCHIATRIST • DIRTY DUCK

pretensioso. Eles pegaram tudo que eu entendia como rock 'n' roll e condensaram em um tiro certeiro.

**Monte:** Uma vez que éramos a atração principal, todo mundo abria para nós. Havia uma piada que, se você abrisse para os Ramones, você seria grande porque batalhamos por anos, mas nunca conseguimos crescer mais nos Estados Unidos, enquanto todas as bandas de abertura se tornavam grandes estrelas do rock. Vimos B-52's, Tom Petty, Blondie, Talking Heads e muitos outros decolarem e se tornarem sucessos de arena, enquanto continuávamos batalhando em pequenos clubes e casas de show. Num minuto, éramos o assunto do momento; no outro, éramos a banda de abertura. Os Ramones eram os grandes astros no início e então, do nada, viramos banda de abertura para todo mundo. Todos estavam passando na frente. Deveríamos ter progredido, mas, enquanto isso, esses grupos se tornavam grandes, vendendo enormes quantidades de discos.

**Johnny:** Mais tarde, começou a se tornar um peso o fato de que as bandas de abertura se tornavam grandes no período de um ano, e elas nem eram boas.

**Monte:** Uma das primeiras bandas que emparelhou com a gente, e que fazia algum sentido, foram as Runaways.

**Harvey Kubernick (Jornalista):** Essa turnê foi muito significativa. Os Ramones e as Runaways eram duas bandas que faziam discos em gravadoras de verdade e tocavam para quase 3 mil pessoas em locais como o Santa Monica Civic. Elas não eram mais bandas de clubes. Isso acendeu um sinal para as pessoas mais jovens que estavam entrando no mundo da música, de que elas poderiam tirar seu sustento como agentes de agendamento, se envolvendo com turnês ou como relações públicas de turnês. Elas ainda não tocavam em arenas, mas era legítimo.

**Tommy:** As Runaways eram uma banda de hard rock. Lita Ford é uma guitarrista muito boa e Sandy West é uma baterista de primeira. Elas eram um ótimo grupo e faziam um bom show. A gente se dava bem.

**George Seminara (Diretor de vídeo):** Minhas primeiras fantasias da puberdade eram preenchidas principalmente pelas Runaways. Era pura luxúria. Na minha cabeça, elas eram namoradas dos Ramones.

**Joan Jett:** Fizemos tipo uns três meses de turnê com eles, ou pelo menos foi o que pareceu para mim. Como fã dos Ramones, foi uma experiência incrível. Eu ficava no canto do palco todos os dias vendo os caras tocando e detonando em todas as músicas. Eles eram tão consistentes; eles soavam exatamente como nos seus discos. Era sempre muito preciso e implacável. Uma música junto com a outra, o Joey era engraçado.

**Monte:** O Danny e a Linda tentaram conseguir um agente sólido para a banda, mas ninguém sabia o que fazer com os Ramones, então eles tentaram vários deles antes de fechar com a Premier Talent. Ficamos com eles até o fim e foi um prazer.

**Danny Fields:** Para mim, o mais importante em todos aqueles anos foi conseguir um agente. Nos dois anos antes de 1977, tivemos sete agentes. Eu queria a Premier Talent e tudo estava caminhando para que o Frank Barcelona e a Barbara Skydell concordassem em ficar com a banda. Eu os trouxe à bordo mostrando uma fita da banda no Uptown Theater onde, assim que a banda subiu ao palco, todo mundo na plateia se levantou e foi à loucura. Eles disseram: "Vamos assinar com eles". Eles entenderam que se havia tanta gente e todos ficavam de pé, havia algo ali. Para mim, foi isso; fiz o que tinha que ser feito. Quanto a vender discos, eu não podia vendê-los, mas com certeza consegui um agente. Essa realmente foi minha contribuição para a carreira deles. O empurrão inicial.

**Tim McGrath:** Eu era um agente da Premier Talent, que tinha assinado com os Ramones. Eu conhecia o Danny e a Linda por ter trabalhado com o Steve Forbert. Trabalhei com eles durante todo o tempo que fiquei na Premier, de 77 a 89. A primeira vez que os vi foi na primeira vez que eles foram a banda principal no Palladium, com as Runaways abrindo. Era muito diferente de qualquer outra coisa com que estivéssemos trabalhando na época. Como um agente novato, era uma honra estar envolvido com algo como os Ramones. Dava para perceber que eles eram uma atração importante. Eles foram a primeira banda punk americana. Eles faziam parte de uma categoria própria. Você sabia que eles vieram para ficar. Era tipo: "Merda, o mundo do rock 'n' roll está mudando, baby!".

**Bubbles (Técnico de bateria):** O Johnny estava muito envolvido com os agendamentos da banda. Quando o agente dizia "Não queremos fazer isso", ele puxava a responsabilidade para ele e os colocava de volta no jogo. Houve um ponto em que os empresários ou a Premier Talent não queriam fazer nada com eles, então o Johnny dizia: "Foda-se, eu mesmo vou fazer". Ele sempre carregava um caderninho preto dizendo onde eles tocaram e quem era o produtor, e ele sabia com quem deveria entrar em contato caso precisasse assumir a função. Depois de cada show, ele escrevia quanto tínhamos ganhado, onde tínhamos tocado e quem também estava no programa.

**Monte:** Uma coisa que o Johnny queria ter certeza é de que os Ramones fossem para a Inglaterra, para tirar proveito da atenção da imprensa que eles estavam tendo.

**Johnny:** A primeira vez que fui à Europa foi em julho de 1976. Ficamos lá por dois dias: 4 de julho no Roundhouse e 5 de julho no Dingwalls. A *New Musical Express* e a *Melody Maker* tinham vindo a Nova York e nos viram no festival de rock do CBGB. Eles fizeram uma matéria grande sobre a gente, então já havia interesse. Fomos para a Inglaterra e já éramos grandes por lá, apesar de não sabermos disso naquela época. Dividíamos a noite com os Flamin' Groovies que concordaram em alternar quem seria a banda principal. Então fomos para lá e eles se recusaram. Insistiram em tocar por último. Não estávamos nem aí. Ninguém poderia nos superar. Qualquer banda se sai melhor tocando antes de nós, mas se quiser tocar por último, vá em frente. Estávamos certos. Todos estavam lá para nos ver. As pessoas evaporaram depois do nosso show.

**Joey:** Quando tocamos na Inglaterra, todo mundo que era alguém estava por lá.

**Johnny:** The Damned, The Clash, Sex Pistols, Chrissie Hynde. Todos tinham nosso disco, e todos estavam esperando para começar a ensaiar depois de ver nosso show. Conversamos com o Damned e o Clash o tempo todo, e eles estavam se preparando para começar a ensaiar. Eles disseram que tinham começado suas bandas naquela semana e estavam esperando para nos ver.

**Arturo:** Eu estava incrivelmente nervoso porque queria fazer um bom trabalho, mas assim que abriram as portas, o lugar ficou instantaneamente lotado e dava para sentir a excitação no ar. Aquilo me relaxou bastante, porque pensei: "Esses garotos já amam os Ramones". Eles estavam esperando ansiosamente. Quando eles começaram a tocar e os garotos começaram a pogar, eu não conseguia acreditar. Nunca tinha visto nada como aquilo na vida. Isso é um show dos Ramones de verdade! Os Ramones encontraram seu público. Nos EUA não tinha nada a ver com aquilo, nem mesmo no CBGB. Aquilo foi uma grande revelação.

**Chris Stein:** Quando estávamos em Nova York, ninguém dançava. Todo mundo ficava sentado, olhando para o palco. Toda essa coisa de 'dance-rock' só apareceu com o B-52's. Quando fomos para a Inglaterra, as pessoas estavam enlouquecendo com o pogo, pulando e cuspindo. Era uma reação fantástica. Era algo completamente diferente do que estávamos acostumados.

**Sylvain:** A Inglaterra é um país pequeno. Eles têm muito mais com o que se rebelar lá. O motivo pelo qual os Ramones não deram certo nos EUA era porque ninguém tinha nenhum motivo de verdade para reclamar. Todos tinham seus rádios de oito canais e o carro do papai. Isso era depois da guerra do Vietnã e as coisas nos EUA estavam se acertando e não caindo aos pedaços.

**Danny Fields:** No Reino Unido, os Ramones não tinham o estigma que tinham aqui. Os Sex Pistols eram o número um. Ninguém estava preocupado com alfinetes de segurança ou com vômitos, e eles vieram de um mundo *underground* de Nova York, no qual eles veneravam a Europa, principalmente a França e a Alemanha. Foi como as bandas britânicas vindo para os EUA nos anos 1960. Eles eram exóticos. Você poderia ter um hit na Inglaterra e, no dia seguinte, 50 milhões de pessoas saberiam quem você era. Nunca houve nada parecido nos EUA.

**Monte:** Não estávamos ficando nos melhores hotéis, e um hotel qualquer nos EUA é como uma suíte de luxo na Europa. Nos anos 1970 e começo dos 1980, não havia televisores ou rádio FM nos quartos. O Johnny era um cara que gostava de televisão e eu também. Fiquei surpreso com o quão primitivas as coisas eram lá, principalmente na Inglaterra. Eles estavam acostumados com os EUA, onde você pode sair e conseguir uma boa refeição em qualquer lugar a qualquer hora. Lá, havia tortas de carne e cerveja morna. Eles também colocavam manteiga em tudo. O Joey tomava muito café, um fanático por café. Ele precisava tomar café todo dia de manhã. Na Europa, você tem café e leite – e, por Deus, o leite é quente! Gostamos do leite para esfriar o café para que possamos beber. Aqui temos café fervente e a porcaria do leite quente! Ridículo. Então eles perceberam rapidamente que a única boa refeição que conseguiríamos na Inglaterra era comida indiana. Eles já gostavam disso antes, mas existem vários bons restaurantes na Inglaterra, então eles aprenderam a gostar. É por isso que tem aquela frase em "I Just Want to Have Something to Do" sobre chicken vindaloo[5].

**Johnny:** Foi muito difícil para nós. Durante muito tempo eu não quis voltar, e me recusei a ir novamente para a França. Ficamos em hotéis minúsculos com um banheiro no fim do corredor. Era horrível.

**Monte:** Deixe-me dar um exemplo de como era fazer turnê pela Europa nos anos 1970 com um bando de nova-iorquinos. Quando começamos a fazer turnês na Europa, não conseguíamos gelo. Isso mesmo, água congelada! Isso era um conceito estrangeiro para eles. Gelo é a melhor coisa que temos nos EUA! O que é tão difícil com gelo? Por que é um conceito tão complicado? Conseguir cubos de gelo em bares e durante os shows para manter as bebidas geladas era um problema. Acho que eles não gostam de coisas geladas. Ar condicionado e gelo são tecnologias estrangeiras na Europa. Na boa e velha América, não vivemos sem eles! Além disso, até para chegar à Europa ou a qualquer lugar fora dos EUA, você precisa ter um passaporte. Como viajávamos tanto, ficávamos sem páginas em branco em nossos passaportes, então eles nos davam páginas extras. Eles deveriam durar dez anos, mas eu tinha alguns refis. Tinha que tirar vistos para todo mundo – banda e equipe – com fotos separadas, preencher todos os formulários e levá-los ao consulado algumas semanas antes de partirmos. Típica coisa estúpida que acontece na estrada: estamos todos saindo do avião para passar pela alfândega, quando o Dee Dee percebe que deixou seu passaporte no avião. Desde então, eu fico com todos os passaportes da banda quando viajamos para o exterior.

**Johnny:** Eu odiava tudo. Desde os hotéis de merda até o problema de comunicação, e de não poder pagar uma ligação para nenhum lugar nos EUA ou mesmo discar os números. Nenhuma das conveniências.

**Monte:** Na segunda turnê dos Ramones pela Europa, em 1977, eles viajaram com os Talking Heads. Naquela época, eles podiam pagar para levar alguma equipe. Eu era o cara do som, o Mickey estava junto e eles contrataram um roadie de guitarra e de bateria. Por fim, tínhamos o núcleo da equipe que usávamos na Europa. Você não pode ter um cara qualquer que aparece e é horrível, senão ele vai arruinar todo o show. Então tínhamos um técnico de som, de monitor, motoristas etc. Eles também contratavam a mesma empresa de PA. É uma máquina e ela precisa trabalhar suavemente: quanto mais pessoas você tiver, que saibam como funciona, melhor para você.

**John Giddings (Agente de agendamento):** Havia uma cena forte em Londres e todo mundo estava falando sobre os Ramones. Eles eram os deuses americanos. Eles começaram isso. Os Pistols eram bons, mas nenhum deles podia tocar como os Ramones.

**Vera:** Estávamos andando pela King's Road, fazendo compras. Não tinha percebido que o Dee Dee era tão famoso ou que alguém o reconheceria, mas estava enganada. Os garotos estavam ligados em tudo. Foi um estouro.

**Tommy:** Quando surgimos, éramos os únicos. Pensamos que íamos pegar todo o ban-

---

[5] *Um prato típico da culinária indiana feito a base de frango e especiarias como curry, geralmente bem apimentado.*

quete e, de repente, os Pistols. O que é isso? Temos concorrência? Ainda nem passamos pela largada. Os Pistols gravaram em um estúdio de primeira, tiveram uma grande produção e muito dinheiro.

**Johnny:** Fomos a uma faculdade próxima a Londres, e vimos The Clash e os Sex Pistols. Achei o Clash muito bom e fiquei um pouco decepcionado com os Sex Pistols. O Clash evoluía muito a cada vez que eu os via. Chegou a um ponto em que achei que estávamos no mesmo nível. Em um show no Palladium, depois do segundo disco, eu pensei: "Merda, esses caras são tão bons quanto nós".

**Monte:** Enquanto os shows eram todos incríveis naquela turnê, os arranjos de viagem não eram os ideais. Primeiramente, as duas bandas estavam viajando juntas em um ônibus. Não um ônibus de turnê, mas sim um ônibus de turistas. Tipo um ônibus escolar, com corredores e sem camas para dormir. Os Talking Heads eram amigos e nos demos bem com eles a maior parte do tempo, mas os Ramones não são exatamente os caras mais amigáveis do mundo, principalmente o Johnny.

**Chris Frantz:** Eles meio que me ignoravam, exceto o Dee Dee. O Dee Dee tinha uma queda pela Tina. Ela não gostava do Johnny porque ele era rude, principalmente com mulheres.

**Tommy:** Quando chegamos à primeira cidade da turnê, Zurique, na Suíça, o Johnny teve uma discussão com a Tina. O Johnny estava dizendo para o Mitch trazer um amplificador ou algo assim e a Tina disse: "Bem, por que você mesmo não faz isso?". Tive que me colocar entre eles e ir até o camarim para pedir desculpas.

**Johnny:** A Tina Weymouth era um pé no saco o tempo todo. [Ficava] me dizendo por que eu não pegava minha própria guitarra, por que pedir ao roadie para pegar minha guitarra.

**Chris Frantz:** O Johnny se recusou a falar com a Tina depois disso.

**Monte:** De vez em quando, em algumas cidades grandes, realmente íamos passear. Na turnê de 1977, tínhamos um dia livre e percebemos que o Stonehenge estava no nosso caminho. Pensei: "Ótimo. Estamos aqui. Vamos visitar". Todo mundo achou que seria uma boa ideia, menos o Johnny, que não estava nem aí para aquilo. Ele perdeu na votação e todos foram ver. Todos fizeram fila para descer do ônibus, menos ele e sua namorada, a Roxy. Ela também queria ir, mas ele não deixou. Ele ficou puto por estarmos perdendo tempo.

**Chris Frantz:** Ficamos só meia hora lá, mas ele reclamou.

**Monte:** Naquela época, você ainda podia andar por ali e tocar nas pedras. Agora está cheio de cordões de isolamento. Mas o Johnny preferia ficar emburrado a ir ver uma das Sete Maravilhas do Mundo.

**Johnny:** É apenas um monte de pedras. Quem se importa?

**Monte:** Apesar do choque cultural e alguns momentos pesados, aquelas primeiras turnês europeias foram muito importantes para os Ramones. Elas colocaram os Ramones como banda principal e começaram a cena punk no Reino Unido, que se espalhou como um fogo fora de controle pelo resto do mundo. Tínhamos consciência que havíamos começado algo e que esse negócio de punk seria grande e estávamos na dianteira. De volta aos Estados Unidos, onde o punk ainda era um fenômeno cult, a banda continuava batalhando. Mesmo assim, apareciam imitadores em qualquer lugar que íamos. Sabíamos que tínhamos algo.

**Johnny:** Muitos garotos compraram guitarras e começaram a tocar rock 'n' roll por nossa causa.

**Tommy:** E não era só em lugares descolados como Los Angeles e Inglaterra que as bandas começavam à nossa sombra. Era em todo lugar que passávamos. Fomos à Cleveland e na outra semana havia o Pere Ubu. Íamos a Boston e então aparecia o DMZ e Real Kids. Também acontecia em Nova York porque, quando tocamos lá pela primeira vez, David Byrne e Chris Frantz foram e começaram os Talking Heads.

**Johnny:** Sabíamos que tinha que existir um movimento. Então sabíamos que isso tinha que acontecer. Você não consegue mudar a música sozinho. Você precisa ter um movimento com outras bandas fazendo algo similar. Era isso que esperávamos.

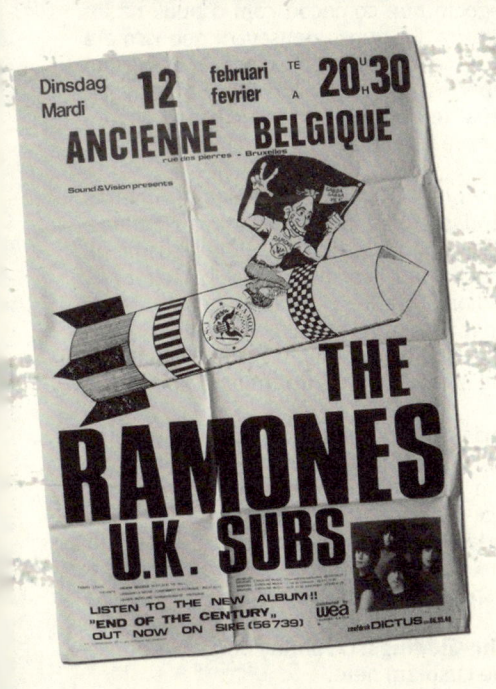

Acima: Claudia, Tommy e Monte – Stonehenge, 1977

**Joey:** Basicamente, punk é rebeldia. Ele traz a mudança para onde a mudança é necessária. É uma atitude. Independente de ser Ramones, Elvis Presley ou Jim Morrison. As coisas ficaram estagnadas e sobrecarregadas e se perdeu a verdadeira essência e comunidade. E o que fizemos foi trazer de volta a excitação, a pureza e ir até o limite. Todo mundo estava tocando rock 'n' roll, então o termo foi generalizado. O punk parecia resumir tudo isso para as pessoas que não sabiam o que estava acontecendo.

**John Holmstrom:** Os Ramones *eram* punk rock. Eles eram genuínos. O Johnny era um punk violento. O Dee Dee era pior ainda. O Joey esteve em um hospital psiquiátrico, pelo que eu entendi, quando era criança. Mas eles nunca falaram sobre isso na mídia. Isso teria dado boas capas naquela época. As pessoas pensavam que os New York Dolls não eram punks de verdade, mas intelectuais, artistas e enganadores. Os Ramones nunca se declararam punks até o início dos anos 1980. O Johnny deu uma entrevista à Lisa Robinson e virou uma manchete que, de repente, eles eram punk rock. Fiz uma entrevista com o Joey e o Johnny para a revista *Oui*, que nunca foi publicada, onde eles tentavam capitalizar em cima dessa coisa punk. Perguntei a eles sobre "Loudmouth" e se eles batiam em mulheres, estava tentando fazer com que eles dissessem que não. Mas eles falaram: "As garotas gostam quando você as espanca e bate nelas, mas você não quer machucar sua mão, então você usa um fio elétrico".

**Johnny:** O rock 'n' roll foi feito para os punks desde seu início, em meados dos anos 1950. Punk é simplesmente rock rebelde para os garotos, não um monte de caras velhos tocando música para seus pais e mães. Quando se falava em rock nos anos 1970 era Styx, Kansas, Foreigner e coisas assim. Aquilo não é rock! Seus pais ouviriam aquelas coisas.

**John Holmstrom:** A revista *Punk* realmente começou o punk rock em 1975. E, enquanto eu talvez tenha começado a revista *Punk*, o nosso redator Legs McNeil começou o movimento punk. O Legs era o punk residente da revista *Punk*. Ele pensou em transformar o punk em uma opção de estilo de vida. Ele dizia: "Sou um punk. Odeio hippies. Como hambúrguer. Bebo cerveja, fumo maconha". O Legs talvez tenha inventado o termo 'punk', mas a palavra já estava em todos os lugares

em 1975. AC/DC, Bay City Rollers e Steven Tyler eram chamados de punks. As revistas *Time* e *Newsweek* colocaram o Bruce Springsteen na capa e o chamaram de street punk. A revista *Creem* começou a escrever sobre punk rock e chamou o Iggy Pop de o punk do ano na Votação dos Leitores da *Creem* em 1974. Greg Shaw, da revista *Bomp!*, cunhou o termo em 1971 para descrever garage music. O Suicide até tinha um pôster em que se chamavam de punk rock em 1974. Eles adotaram isso na Inglaterra. Todo mundo queria ser a nova grande banda punk. Todo mundo competia para ser mais punk que as outras bandas.

**Howie Pyro:** O punk rock era acessível. Eu sabia que estava vendo algo incrivelmente especial, e que significava alguma coisa na história. Eu vi os Ramones. Eu sabia. Foi tão forte que nunca mais voltei para casa. Deixei o Queens, dormi no parque e consegui um emprego na primeira loja punk rock de Nova York, a Manic Panic. Eu senti uma coisa tão intensa nesse negócio... estava acontecendo bem em frente aos meus olhos, e eu não conseguia sair disso nem por um minuto. Não voltei para a escola – nada.

**John Giddings:** Lembro de estar na lateral do palco e estava chovendo cuspe. Foi um negócio que começou com o punk na Inglaterra. Os punks pensavam que isso era o que se fazia em shows punk. Eles ficaram cobertos de cuspe. Joe Strummer pegou hepatite depois que uma cuspida desceu por sua garganta.

**Jimmy Markovich:** Aquelas primeiras bandas punks incentivavam as cuspidas. Para o público, era um elogio cuspir na banda. Não acreditava que os Ramones podiam ficar lá e fazer as coisas deles, pingando aquelas bolas de meleca. Chovia cuspe e o Johnny ficava puto. Uma vez que começa, não tem como parar.

**Chris Stein:** Cuspir era um jeito de elogiar. A Debbie Harry dizia: "Não combina com meu vestido". Eu vi o 'Handsome' Dick Manitoba no Roundhouse uma vez e ele os incentivava dizendo: "Tomei um litro de leite antes de subir ao palco", e cuspia de volta no público.

**John Giddings:** O Johnny odiava os punks que cuspiam nele.

**Johnny:** Delinquentes europeus. Aquilo estragava o show.

**John Giddings:** Os fãs se deixavam levar. Era como se eles estivessem tentando se machucar. Era uma desculpa para ferir uns aos outros. Eram garotos capazes de extravasar suas agressividades. Você poderia ir a um show e se comportar dessa maneira agressiva, e isso era aceitável. Você não poderia fazer aquilo nas ruas, certo? Não poderia fazer aquilo em casa. Sua mãe te daria um tiro. Eles tocaram em algum festival gratuito na Holanda para 100 mil pessoas. Estava parado lá assistindo a banda quando um garoto se virou e atingiu outro garoto na cabeça com uma corrente de bicicleta. Lembro de ficar olhando aquele garoto e todo aquele sangue escorrendo por debaixo do seu cabelo. Foi nojento. Os garotos costumavam fazer umas coisas muito estranhas durante a era punk.

**Charlotte:** Eu vi um garoto pulando do camarote uma vez. Foi a única vez que vi uma coisa desse tipo. Foi no Studio 54, que virou o Ritz, ele caiu no chão e meio que quicou. Mas nunca me preocupei com esse tipo de coisa. Eles tinham segurança.

**Joey:** Sempre tem uma maçã podre na cesta. A gente tentava ficar numa boa, e nos sentávamos com os seguranças nos corredores ou nos clubes antes do show. Não queríamos que ninguém se machucasse. Não queríamos que nossos fãs se machucassem. Eles vinham nos ver. Queríamos que eles se divertissem.

**Monte:** Essa banda não estava promovendo violência. Os garotos só eram arrebatados pela excitação do show e desse novo movimento que estava nascendo em todo o mundo. O problema é que enquanto o rótulo 'punk' estava ajudando bandas como os Sex Pistols e o Clash a vender um monte de discos, parecia que estava nos prendendo e não nos deixando chegar às rádios. Então alguns escândalos agitaram a sociedade e deram má fama a todos nós.

**John Holmstrom:** O primeiro grande escândalo foi "os Ramones cheiram cola", que foi capa de jornal na Escócia e os acompanhou de volta até Nova York. Virou "O terror de cheirar cola de Glasgow": os Ramones se

esforçaram ao máximo para abafar [essa história] e se manter afastados daquilo. Então, quando o baixista dos Sex Pistols, Sid Vicious, matou sua namorada Nancy Spungen, deu uma má fama a toda a cena.

**Monte:** Estamos nos registrando num hotelzinho em Cincinnati, Ohio, nos anos 1970 e os Pistols já haviam se hospedado lá. Olhei atrás do balcão e havia um pequeno aviso que dizia "Cuidado com os Ramones, eles são perigosos". Não pude acreditar naquilo. Você acha que aquilo os ajudou? Ser chamado de punk não ajudou os Ramones. Esses tipos de notícias os mantinham em baixa. Eles eram uma banda divertida. Eles tinham cartuns nas capas dos discos. Eles podem ter cantado sobre bater em moleques ou sobre cheirar cola, mas eles só estavam falando de ansiedades adolescentes.

**Danny Fields:** Não acho que a imprensa estava fazendo bem, porque os garotos chegavam para o Johnny depois do show e diziam: "Ouvimos falar que você vomita no público". Aquilo foi uma bandeira vermelha para mim. Isso ia nos assombrar para sempre. Isso era merda dos Sex Pistols e todo mundo foi colocado no mesmo saco. Os Pistols vomitavam e eram punks, então se você é uma banda punk, você vomita.

**John Holmstrom:** Você acha que os Ramones tiveram problemas com o punk rock? Você não imagina como era fazer uma revista chamada *Punk*. Aquela revista sobre esfaquear sua namorada. Durante um tempo, [punk] era a pior palavra de quatro letras no mundo.

*Caro SoHo Weekly News:*
*Espero que esta nota clareie as coisas de uma vez por todas. Eu não sou um punk. Ninguém na banda é punk. O Blondie não é uma banda punk. Tocamos música, nos apresentamos e carregamos um desejo ardente, cortante e com fortes raízes de tocar música, nos apresentar e seguir em frente; não por frustração e/ou tédio. Gosto da palavra punk. É divertido dizer punk, punk, punk, punk, punk, punk. Eu costumava ser punk antes de ser hippie. Agora não sou nenhum dos dois.*

*xxx*
*Blondie, et al,*
*The Bowery*

*PS – Todos nós amamos The Yardbirds e The Who* (SoHo Weekly News, 1977)

# 5.
# MEIO CAMINHO PARA A SANIDADE

Existem muitas coisas que fazem parte da experiência de ir a um show dos Ramones. A primeira e mais importante é a música, e sempre se podia contar que a banda tocaria as boas. Não importava o que estivesse acontecendo em suas vidas pessoais, a banda sempre fazia um repertório explosivo em uma velocidade incrível e dava aos fãs o que eles queriam: uma dose dupla de Ramones mania servida alta, rápida e fora de controle. Então havia as pessoas por trás da cena: o elenco e a equipe que faziam o show acontecer e mantinham a máquina funcionando; a equipe de roadies, a fundação sobre a qual a casa era construída. Quando a banda foi ficando mais conhecida ao longo dos anos, o pequeno time, com Monte, Mickey e Arturo, foi ampliado para incluir uma trupe maior – um elenco de camaradas cretinos e vagabundos que ajudavam a banda a fazer o seu trabalho e ficar frenética no processo. Esses cães de estrada fizeram as engrenagens rodarem e os pistões baterem na máquina dos Ramones e, mais que frequentemente, eles levavam o estilo de vida que as pessoas pensavam que a banda levava. Além disso, os Ramones tinham Danny e Linda que os divulgavam para a indústria e para a imprensa, apesar de estarem com os dias contados quando o grupo quis ampliar seus horizontes e os substituíram pelo empresário Gary Kurfirst. Todo esse pessoal ajudou a construir o monstro que era um show dos Ramones. Da iluminação ao fundo de palco, do equipamento à camisetas e ao som, um show dos Ramones era um trabalho de equipe. Vamos dar uma olhada dentro dessa máquina.

**Monte:** Ao longo dos anos, tivemos várias equipes de roadies, começando comigo, o Mickey Leigh e o Arturo. O Mickey foi embora cedo para tentar sua carreira de músico, enquanto o Arturo e eu ficamos até o fim. Os Ramones tentavam conseguir sempre os mesmos roadies, mas claro que o salário não era bom, então era difícil algumas vezes. Quando você faz show atrás de show, você quer no canto do palco alguém que você conheça, goste e que vá fazer um maldito trabalho bem feito. O Johnny era muito frugal. Ele não dava aumentos ou promoções ou bônus para a equipe. Nunca. Eu tomava conta da equipe e ele nem sequer sabia disso. Eu mesmo dava bônus a eles. Era um saco, mas tínhamos pessoas boas e dedicadas trabalhando para nós e é importante mostrar algum respeito por eles. O show depende dessas pessoas. Não se pode tratá-los como escravos. O Johnny dizia que poderia arrumar um macaco para fazer o que um roadie faz. Bom, você não pode pagá-los com bananas!

**John Giddings:** É difícil explicar a camaradagem que você sentia ao dirigir um ônibus ladeira acima para um festival de merda, com uma área de backstage de merda, com um lixo de buffet. Era simplesmente engraçado. Você precisava lidar com isso com senso de humor.

**CJ:** O que a banda e a equipe tinham em comum era que todos eram uns esquisitos fodidos. Era uma banda de excluídos.

**John Markovich:** O Monte era o pai, nós éramos os filhos. Ser da equipe era como sermos irmãos.

**Arturo:** Era a equipe que fazia toda a festa e ficava louca.

**Monte:** O Matt Lolya [também chamado de 'Little Matt'] era nosso segundo roadie de guitarra. O Tommy o ensinou a tocar guitarra e o trouxe para o grupo.

**Little Matt:** Cresci em Forest Hills. O Tommy Ramone era meu vizinho. A ex-mulher do Johnny costumava ser minha babá. Éramos amigos, mas não passávamos tempo juntos. Tinha ouvido por aí que os Ramones estavam procurando um roadie. Meu primeiro show com eles foi em Salisbury Beach, Massachusetts, com o DMZ abrindo. Quando me chamaram para ir com eles em minha primeira turnê oficial, tinha combinado de fazer uma viagem atravessando o país com meu camarada Big Matt Nadler. Dei um ultimato a eles e disse que só ia se eles levassem o Big Matt também. Eles disseram OK. O primeiro show deles que fizemos juntos foi no New Yorker Theater, em Toronto, com os Dead Boys. Eu era uma criança, 21 anos, e foi demais.

**Vera:** Naquela época, tínhamos o Big Matt e o Little Matt. Todos os chamavam de "Os Matts". Eu pensava que "Matt" era uma outra palavra para roadie. Foi uma vergonha quando descobri que eram os nomes deles.

**Little Matt:** O Mickey me ensinou como fazer praticamente tudo: como empilhar os Marshalls e como transportar o equipamento. Tínhamos aquelas enormes caixas de PA e uma pequena mesa Yamaha. Durante o show, eu ficava no meu lugar e, de repente, um Marshall explode. Troco para o cabeçote reserva e tento entender, por processo de eliminação, que porra está acontecendo, com o Johnny se inclinando sobre mim e gritando "Conserta!". Se ele quebrasse uma corda durante uma música, ele não parava porque ia demorar muito tempo. Ele me fazia rastejar de joelhos com alicates de arames para pegar a corda e tirá-la para que ele pudesse continuar tocando.

**John Giddings:** Um dia, ouvi um solo vindo de um dos alto-falantes. Pensei: "De onde está vindo isso?". Dei uma volta e vi um dos roadies tocando sem se preocupar com nada. Foi brilhante!

**Johnny:** O Matt tocava essas pequenas linhas harmônicas em "Time Has Come Today" e "We Want the Airwaves". Havia essas partes de segunda guitarra com as quais eu geralmente não me importava, mas nessas músicas elas eram necessárias. Tocávamos essas músicas porque estavam no disco novo, mas eventualmente nos livramos delas.

**Little Matt:** Tínhamos um grande show na Queens College e, na noite anterior, eu estava no CBGB. Eu estava com a namorada do Dick Manitoba e acabei indo para casa com ela depois do bar. Durante a noite, fui até a geladeira pegar algo para beber e tinha um frasco de metadona. "Caralho, vou tomar isso." Fui embora na manhã seguinte, dirigi o caminhão de volta até Forest Hills, fui a um bar na 108th Street, bebi, joguei sinuca e voltei ao meu apartamento para dormir. Eu nunca acordei. Entrei em coma. O Monte e o Danny ficaram me ligando. Finalmente, o Monte veio até minha casa para ver onde estava o caminhão, entrou pela janela e chamou a ambulância.

**Monte:** Íamos sair em turnê naquele dia e tinha que pegá-lo em seu apartamento de porão no Queens. Fiquei batendo na porta e acabei quebrando-a. Ele estava deitado na cama, num semi-coma. Ele foi para um tratamento intensivo e o show atrasou. Ele quase morreu.

**Little Matt:** O Monte era como um pai, sempre me alertando para não usar drogas. Mas eu tive uma overdose, acordei três dias depois no hospital e quase tive que amputar minha perna. Se você dorme do jeito errado sobre sua perna, você pode cortar a circulação. Como estava em coma, dormi do jeito errado. Não existe segurança do trabalho se você é um roadie. O show tem que continuar. Meus pais me deram aquele velho sermão "o rock 'n' roll está te matando", o que é besteira. Eu usava drogas porque era um viciado e não porque era um roadie.

**George Tabb:** Acabei trabalhando com eles em alguns shows. Eu tocava em uma banda chamada False Prophets e abrimos para eles algumas vezes, então o Johnny me conhecia. Eles estavam dando autógrafos na Tower Records e o Johnny me perguntou o que eu ia fazer naqueles dias. "Ficar por aí", eu disse. "Quer ser roadie dos Ramones?" "Sim, vai ser demais!" Alguns dias depois, minha mãe me disse: "O Monte, dos Ramones, está no telefone".

**Monte:** Precisávamos de alguém rapidamente para cobrir algumas datas e o Johnny gostava dele, então demos uma chance.

**George Tabb:** A equipe ficava tipo: "Ele não vai durar três dias". E eles estavam certos. Não tinha ideia de com o que estava me envolvendo. Meu primeiro show foi logo que o Marky voltou, em um superclu-be em Nova Jersey, Club Bené. Todos esses garotos punks nas mesas comendo frango. O Johnny disse: "Você vai ser técnico de guitarra. Sabe usar um afinador Strobo?". Eu fiquei, tipo, "Johnny, essa coisa tem uns 20 anos e nem é mais tão precisa. Use um afinador digital que a guitarra vai ficar perfeitamente afinada". "Não, você deve usar o afinador Strobo!" Fiquei louco aprendendo a usar aquela coisa. Então estraguei a guitarra do Johnny no camarim. Estava colocando cordas na Mosrite dele, mas ninguém me contou que as cordas mantinham as coisas no lugar. Se você tira as cordas, o braço e a ponte se soltam e a ponte caiu no duto do ar-condicionado. O 'martelo dos deuses' estava em pedaços no chão! Não tinha ideia de como colocar a ponte no lugar. O Johnny chega, vê todas as peças e diz: "Você não tirou todas as cordas, né?". "Hum... sim." "Você não deveria fazer isso." "Eu nunca soube disso!" Meu amigo e eu ficamos sentados lá tentando pescar a ponte com chiclete antes que ela descesse mais pelo duto do ar-condicionado. O Johnny estava calmo, no entanto. Ele queria aquilo feito. Finalmente conseguimos, colocamos as cordas na guitarra e a levamos para o palco. Estava perfeitamente afinada. Mal sabe ele que eu usei um afinador digital.

**Monte:** Em 1977, decidimos que precisávamos de um técnico de som. Era simplesmente demais para eu fazer tudo que fazia e ainda trabalhar no som toda noite. Eu não era profissional, então quanto mais complicado ficava, mais claro ficava que precisávamos acertar aquilo. Então veio o John Markovich, o 'Pequeno Terror'. Finalmente, pude seguir em frente e ser empresário de turnês em tempo integral e me mudar para a van da banda. Chega de viajar com a equipe e chegar cedo para arrumar tudo.

**John Markovich:** Eu tinha uma empresa de som e estava trabalhando em quatro casas de show. Os encontrei pela primeira vez em 1977 no Tomorrow Club, que virou o Agora, uns três meses antes de eles irem para a Inglaterra pela primeira vez. Mais tarde, ouvi dizer que eles precisavam de um técnico de som para uma turnê de duas semanas. Duas semanas viraram 22 anos.

**Tommy:** Basicamente, contratamos sua empresa de som e ele veio junto.

**John Markovich:** Uma vez que subi a bordo, usávamos meu PA que, coincidentemente, era o mesmo que o deles. Quando a banda foi ficando maior, acrescentamos mais iluminação e mais equipamento.

**Bubbles:** Eu era técnico de iluminação em uma empresa chamada Central Lighting Systems em Nova Jersey, quando era adolescente no final dos anos 1970, início dos 1980. Uma das contas que me deram foram os Ramones. Trabalhei em alguns shows, e um dia, do nada, o Monte me ligou e disse que iam fazer um show em Lido Beach, Long Island, e se eu poderia cuidar da bateria. Eu tinha 16 anos. Depois de afinar a bateria e preparar a linha de fundo naquela primeira noite, a banda começou a tocar e virei para o Monte e disse "OK, e agora?". O Monte avisou: "Ah, você tem que entrar com a máscara de Pinhead segurando a placa, no fim". Então virei o Pinhead.

**Monte:** A banda tinha uma música chamada "Pinhead", inspirada no filme *Freaks* e nos quadrinhos *Zippy the Pinhead*. Depois que incluímos o personagem Pinhead no filme *Rock 'N' Roll High School*, virou tradição o roadie de bateria colocar a máscara de Pinhead e dançar em cima do palco durante a música, com a placa 'Gabba Gabba Hey'.

**Johnny:** Estávamos em Cleveland com Roy Buchannon em 1977 e nosso show tinha sido cancelado por causa da chuva. Fomos assistir ao filme *Freaks* e escrevemos uma música sobre pinheads. Agora que tínhamos uma música do Pinhead, precisávamos de um Pinhead. Um roadie chamado David Moon era o Pinhead original.

**Bubbles:** Mais tarde, decidi dar um passo além, e fui eu quem reinventou o Pinhead e o deixou mais com jeito de personagem, uma parte do show, com o vestido. Até então, era só a máscara. Tinha uma garota no Ritz que fez o vestido. A estreia do vestido foi no Tivoli em Copenhagen, na Dinamarca. Eu ficava falando para todo mundo que tinha uma surpresa. Coloquei a roupa, subi ao palco e foi um arraso. A partir disso, eu criei a dança idiota.

**Monte:** Algumas vezes, deixávamos convidados serem o Pinhead. O Eddie Vedder foi o Pinhead várias vezes. Uma noite, quando o Bubbles tinha cortado sua mão em um ventilador de palco em Rochester, Nova York, teve que ser levado às pressas para o hospital e não estava lá no fim do show, [então] eu fiz o Pinhead. Essa foi a única vez em que fiz o Zippy. Entrei, entreguei a placa e saí. Nada de dancinhas para mim. Eu disse "NUNCA MAIS! Não faço Pinheads e nem conserto janelas". Bati o pé. Cara, aquela máscara fede!

**Marky:** O Bubbles era bom. Ele era meio pesado, mas sabia dançar. Nós o chamávamos assim porque ele tinha uma personalidade alegre, o que eu gostava. Era fácil lidar com ele.

**Bubbles:** Foi o Dee Dee quem me colocou o apelido de Bubbles, porque eu estava bebendo champanhe e gostava de banho de espuma. Além disso, eu estava sempre alegre, independente de qualquer coisa. O Johnny costumava gritar comigo por qualquer motivo e eu aceitava. Isso o deixava ainda mais nervoso. A equipe costumava me chamar de Garoto Presunto porque eu estava acima do peso numa época. Eles entravam em brigas, mas eu não entrei nessa porque sabia que a banda estava crescendo para outros níveis e a coisa toda estava mudando em outros países, então uma coisa grande estava para acontecer. Quando começamos a ir mais e mais para outros países, fiquei mais preocupado com nossa aparência como uma organização profissional. A equipe representa a banda antes de ela chegar. Estamos lá antes da chegada deles e estamos lá depois que eles vão embora. Temos que lidar com todo mundo envolvido na produção e com os fãs. Como estávamos indo cada vez mais para outros países, vi a necessidade de uma coordenação maior com os festivais, podendo deixar o Monte mais focado nos negócios. Alguém precisava ficar focado no gerenciamento da parte de negócios e técnica.

**Monte:** Grupos maiores têm gerentes de turnê, empresários de turnê e um gerente de palco, gerente de produção – todas essas coisas diferentes. Tentava fazer o máximo que podia e ficava agradecido a qualquer um que pudesse ajudar nesse sentido.

**Bubbles:** Criei todo um negócio para o microfone da bateria. Minha técnica de microfonar a bateria não usava pedestais, então o Marky tinha um kit de bateria com um visual bem limpo. Todos os microfones ficavam escondidos ou montados dentro da bateria. O microfone ficava dentro da bateria e ligado a uma caixa de som. Eu desenvolvi tudo isso. Isso era um grande problema toda vez que íamos fazer uma turnê europeia.

**Monte:** Em "Pinhead", a banda canta "Gabba Gabba, we accept you, we accept you, one of us" [Gabba Gabba, nós te aceitamos, nós te aceitamos como um dos nossos]. Aquelas palavras vão me assombrar para sempre. Elas se tornaram um convite para que cada fã, louco ou maníaco tentasse ir ao camarim e ficar perto da banda. Em qualquer parte do mundo, existem esses fãs loucos que querem ir a qualquer lugar atrás da banda. Eventualmente, essas pessoas passavam tanto tempo com a banda que se tornavam amigáveis, traziam presentinhos e a banda os deixava ficar ali. Provavelmente, mais do que deveriam. Existem dois tipos de fãs. Aqueles que ficam tão próximos que entram na lista de convidados e viram amigos, e aqueles que compram ingressos, vão a vários shows, ficam com o público e não vão ao camarim para nos incomodar.

**CJ:** A banda atraía os loucos, os excluídos e os rejeitados pela sociedade, e um show dos Ramones era o único lugar onde eles poderiam se sentir aceitos.

**Bubbles:** Essas são as pessoas que colocam dinheiro em nossos bolsos e comida em nossas mesas. Então qual o problema em ser legal com elas se elas estão tirando um tempo para vir de todo canto do mundo para ver a banda? Elas não podem chegar perto da banda, mas elas se sentem próximas se conseguirem falar com a gente. Se não fosse por essas pessoas, a banda não estaria onde está hoje.

**Monte:** Alguns desses esquisitos, opa, superfãs passaram a fazer parte da equipe.

**Little Matt:** O Rick Weinman era um fã caipira de Long Island que pegamos na estrada. Ele nos seguia por milhares de milhas em seu Trans Am preto. O Johnny pegava carona com ele para descansar da banda.

**Bubbles:** Nós o chamávamos de Rick 'Ropie' porque ele tinha apliques no cabelo. Era um negócio tão vagabundo que dava para ver aquelas cordinhas amarradas ao seu cabelo. Ele tinha um rabo de cavalo, então sempre pareceu que ele tinha uma cabeleira cheia, mas quando ele tirava o chapéu, não tinha nada em cima. Apliques e dente lascado – que visual. Éramos tão chatos que chegou um ponto em que ele tirou tudo.

**Little Matt:** Costumávamos brincar tanto com o aplique malfeito do Rick que, uma vez, o fizemos chorar. Não sabíamos que ele estava deitado no fundo e o Tim e eu fizemos essa música sobre o seu aplique, dizendo como dava para ver que seu cabelo estava amarrado com um pedaço de corda. Então começamos a chamá-lo de Ropie [cordinha] e ele odiava isso. Quando ficávamos bêbados, o chamávamos de Ropie na cara dele. Era como uma iniciação. Mas o Rick era um filho da puta desagradável, então não nos sentíamos tão mal.

**Monte:** O Rick gostava de fazer segurança de camarim porque ele gostava de machucar pessoas. Ele empurrava os pobres garotos com força e os abordava só por diversão.

**Johnny:** Ele empurrava as pessoas de cima do palco. Eu o deixava irritado. Uma vez, ele socou um garoto no público. Então eu o puni e o fiz ficar sentado no camarim na noite seguinte. O Rick poderia pegar um garoto, socá-lo na cara e deixá-lo engasgando com sangue. Eles levavam o garoto embora e eu dizia: "Ah, Richard, não queria que você socasse o garoto na cara. Amanhã, você vai ficar sentado no camarim enquanto estivermos tocando. Você será punido por isso, Richard". Eu não percebia como poderia deixá-lo irritado até que ele fizesse alguma loucura.

**Monte:** Eu o chamava de Demoníaco. Ele era o distribuidor de dor do Johnny. Ele torturava pessoas. Ele me torturava como um louco. O Johnny e o Rick eram colegas de tortura. Eles se amavam e tinha uma espécie de simbiose. Os dois emanavam problema.

**John Markovich:** Um dia, alguém disse para o Johnny: "Os caras da sua equipe estão se comportando como babacas". O John disse: "Ótimo, estão fazendo o trabalho deles".

**George Tabb:** A equipe sempre carregava um baú misterioso. Um dia perguntei para um dos caras: "O que tem no baú?". Ele disse "Não conte para ninguém" e abriu o baú, revelando um monte de armas automáticas. Era a coleção deles. Eles andavam por aí com um arsenal de armas na estrada.

**Monte:** Esses caras eram durões. Eu estava sempre gritando com eles. Não sabia que eles tinham armas. Eu teria sido mais simpático.

**John Markovich:** Eu sempre dizia que poderíamos pegar nossa pequena organização e encarar qualquer um. Poderíamos competir com as maiores produções porque, com o Monte, o Arturo e eu, estávamos pau a pau com as melhores.

**Monte:** Uma vez que conseguimos um bom agente na Europa, fez toda a diferença. Mais ou menos em 1978, tínhamos fechado com o John Giddings que agora trabalha com U2, Iggy Pop e Rolling Stones.

**John Giddings:** Tinha marcado para eles no Canterbury Odeon com os Talking Heads, onde conheci a Linda Stein. Tinha colocado os Adverts e X-Ray Spex e ela entendeu que eu conhecia mais de punk que os outros agentes. Meu trabalho era desenvolver um público e torná-lo cada vez maior. Representar os Ramones era um cartão de visitas para mim. Eles eram a banda mais legal do planeta. O jeito como eles sempre andavam com suas jaquetas de couro e iam ao camarim sem falar com as pessoas – era muito intimidador. Havia uma aura que os cercava. Parecia que eles poderiam descer o cacete em você. As pessoas os viam como não amigáveis, mas eles eram tímidos. Eles eram caras muito simpáticos e consistentes. Voltamos a Londres e marquei um show à meia noite e eles nem fizeram passagem de som. Eles simplesmente subiram ao palco em frente a 2.000 pessoas e destruíram. Tínhamos feito um show em Paris no mesmo dia e estávamos exaustos. Isso mostra o quanto eles eram bons.

**Monte:** O Danny e a Linda arranjaram um excelente contador bem no início chamado Ira Herzog ou 'Tio' Ira como eu o chamava. Ao lado do Johnny, ele era o cérebro por trás do dinheiro. Ele olhava todos esses contratos e lidava com todo o dinheiro. Se precisássemos de dinheiro na estrada ou se precisássemos que mandasse dinheiro, eu falava com ele. Eu apresentava meus extratos bancários para ele fazer o balanço no fim da turnê.

**Ira Herzog:** Por volta de 1976 ou 1977, fui entrevistado pelo Peter, irmão do Tommy Erdelyi. Eles estavam sempre na estrada e havia royalties que precisavam ser repartidos – de publicação, royalties mecânicos etc. Como tinham um excelente empresário de turnês, a contabilidade era muito bem feita. O Monte cuidava do que estava acontecendo na estrada. Ele se reportava a mim com sua agenda, qualquer conta que precisou ser paga com cheque, qualquer dinheiro que tenha sido necessário, e repassávamos tudo quando ele voltava.

**John Holmstrom:** O que me impressionava a respeito da banda era como eles se preparavam antes do show. Sempre antes de subir ao palco, eles se aqueciam como atletas. Nunca tinha visto e nunca vi nenhuma outra banda fazer isso. Eles respeitavam tanto o show que nunca ficavam chapados. Nada de drogas ou álcool antes do show. Você não poderia fazer um show como o dos Ramones se estivesse chapado.

**Monte:** É por isso que eles eram uma máquina. Você precisa preparar as engrenagens antes de começar a corrida.

**Cheetah:** Eles tinham dois Fender Champs e uma bateria de pads completa no camarim, e passavam o repertório duas vezes entre a passagem de som e o show. Sem público, sem grandes amplificadores, sem nada. Só pads de treinamento e pouco volume. Não dava para acreditar. Os Dead Boys ficavam sentados segurando cervejas e olhando.

**Monte:** O Joey ia para outro cômodo para fazer seus exercícios vocais e escalas para aquecer a voz. A banda tirava sarro dele, então ele tentava achar um lugar onde ninguém pudesse escutá-lo. Ele também carregava um vaporizador em viagens para soltar sua voz. A princípio, ele respirava a fumaça de uma chaleira, mas no Capital Theater, em Passaic (Nova Jersey), de algum jeito a chaleira explodiu em sua cara. Corremos com ele para um hospital, onde ele foi tratado. Ele voltou e fez o show com os cremes que deram a ele pingando de sua cara. Depois disso, alguém deu um vaporizador para ele.

**Bubbles:** Eu costumava ter que ajustar seu pedestal de microfone e só eu sabia como deixá-lo perfeito para o Joey, com a quantidade certa de fitas. Fiz uma extensão sob medida para sua altura.

**Monte:** O pedestal de microfone do Joey era seu apoio, sua muleta. Também o ajudava a se manter de pé, porque ele não tinha um equilíbrio muito bom. No início, ele usava pedestais de microfone de base redonda, mas depois ele mudou para os tripés. Tínhamos que carregar um bom número de pedestais porque ele os quebrava. Além disso, o Joey precisava se ouvir em cima do palco e isso era um grande desafio. Não era fácil porque você estava lidando com amplificadores Marshall ligados no dez, aquelas caixas enormes de baixo explodindo e esse pobre sujeito tentando acompanhá-los. Se ele não conseguia se ouvir, tinha que forçar a voz e não aguentaria fazer a turnê inteira. Era sempre culpa do técnico de monitores se o Joey não conseguisse se ouvir no palco, e ele ficava bem áspero com eles. O Joey até escreveu sobre isso na música "All the Way" do disco *End of the Century*.

"Feedback's blasting at my ears makes me so high/I love all the monitor men but why are they alive?" [Microfonia explodindo nos meus ouvidos me deixa doido/Adoro os técnicos de monitor, mas por que eles estão vivos?]. O Joey também fala de mim: "Monte's making me crazy/It's just like being in the Navy" [Monte está me deixando louco/É como estar na Marinha].

**Jimmy Markovich:** O Joey, às vezes, era uma pessoa difícil de agradar. O pior era fazer a passagem de som, porque ele dificilmente cantava, porque queria poupar sua voz, então não podia ser muito alto para ele. Eles estavam detonando nos instrumentos e ele gritava para que eu aumentasse seu volume.

**Bubbles:** No padrão tradicional de rock, 99% das bandas têm monitores e mixers do lado esquerdo do palco. Os Ramones sempre os colocavam no lado direito do palco porque esse era o lado do Johnny no palco. Mesmo em grandes festivais, tínhamos que mudá-los.

**Monte:** O Johnny só gostava de tocar guitarras Mosrite. Eventualmente, fomos até o criador, Semi Mosrite, e ele pegou algumas de graça. Ele as merecia. Ele tornou aquela guitarra popular depois dos Ventures, então fizeram um modelo especial para ele.

'Tio' Ira Herzog e Monte

Ele começou com os amplificadores Mike Matthews Freedom e depois mudou para Marshalls.

**Johnny:** No primeiro show que fiz com os Marshalls, eu ensurdeci todo mundo, porque eu não sabia que só precisava de metade da potência para um clube daquele tamanho.

**George Tabb:** Do lado do John no palco tinha um Marshall para que ele pudesse se ouvir e um gabinete de baixo. Do lado do Dee Dee tinha um gabinete de baixo Ampeg para que ele pudesse se ouvir e um Marshall para ouvir o Johnny. Então você tinha todos esses Marshalls dos quais não saía som, apenas decorativos.

**Monte:** Desde o começo, o Johnny queria guitarras afinadas. Ele era obcecado por afinação e mesmo nos primeiros shows ele não deixava a banda começar até que todo mundo estivesse afinado. Finalmente, quando ganhamos algum dinheiro, ele comprou um afinador Strobo. Ele usou aquela coisa durante anos, mesmo quando já estava ultrapassada.

**Johnny:** Achava que era feio uma banda afinar as guitarras em cima do palco.

**Monte:** No começo, eles tocavam meia hora, mas com o passar do tempo eles passaram a tocar mais tempo e ficaram mais intensos. Eles só paravam por uns dois segundos, se enxugavam, bebiam alguma coisa, e recomeçavam. Era menos de um minuto, mas, assim que paravam, parecia uma hora. Eles queriam que a intensidade fosse contínua. Eles poderiam tocar um repertório de uma hora praticamente sem respirar e absolutamente atingir o público. Era lindo. Todo o show era sutilmente coreografado. Eles andavam para frente em algumas músicas e para trás em outras.

**Johnny:** Deveria parecer espontâneo, mas sempre fomos realmente cuidadosos em manter tudo simétrico e não deixar o palco parecer muito grande. Tentávamos aproximar um pouco as colunas de PA e manter uma certa distância da linha de amplificadores até a frente do palco, para que não ficássemos muito para trás. Tudo deveria parecer certo visto da mesa de som. Tudo foi cuidadosamente medido. Visualmente, era tudo bem calculado.

**Arturo:** No início, carregávamos apenas as [luzes adicionais] especiais, uma máquina de fumaça e o núcleo do sistema de iluminação. Usávamos o sistema de iluminação da casa e às vezes acrescentávamos uns spots. Qualquer banda que chega à cidade toca com o mesmo sistema de iluminação e vai parecer a mesma. Queríamos que o show dos Ramones parecesse diferente, então eu insistia para que levássemos umas luzes para que os garotos chegassem e dissessem "Uau, nunca tinha visto isso antes". Queríamos que o show parecesse único.

**Johnny:** Toda vez que houvesse uma mudança na iluminação que não fosse programada, eu o avisava depois do show. Sempre observava se as mudanças de iluminação estavam em conjunto com todo o resto.

**Monte:** O show de palco foi desenvolvido ao longo dos anos, enquanto tentávamos coisas diferentes. O Arturo tinha vários fundos de palco diferentes, incluindo a parede de tijolos e as colunas romanas, e experimentava diferentes esquemas de iluminação.

**Johnny:** Um dos fundos de palco tinha colunas romanas. Eu provavelmente não sabia desse. E disse: "De onde vocês tiraram essa porcaria?"

**Monte:** Teve um ponto em que o Johnny queria que ele e o CJ crescessem um pouco. Eles tocaram em um palco em que havia pequenos degraus nas laterais e ele gostou daquilo. Durante um curto período, eles tentaram subir em cases de viagem, mas eles eram muito bambos. O Arturo construiu essas caixas de metal para o palco com degraus nele para que o Johnny e o CJ pudessem subir no momento certo, tudo coreografado. Ele até instalou uma luz nelas, que era um efeito bacana, mas eles as abandonaram depois de um tempo.

**Johnny:** Tínhamos certas ideias ou víamos algo em algum lugar, como luzes sob plataformas que apontavam para cima. Vi isso num clipe do Motörhead e disse que precisávamos de luzes como aquelas.

**Monte:** Uma coisa que tentamos durante um curto período foram pirotecnias em

"Today Your Love, Tomorrow the World". Tínhamos bombas que explodiam durante o refrão do fim. "Today (BOOM!) your love, tomorrow the world! (BOOM!)" Aquilo não durou muito tempo. Tínhamos um show no New York Palladium, eu fiz BOOM! e estourei todas as válvulas dos amplificadores. Era uma explosão e estava preparada para explodir muito perto deles. Fomos um pouco showbiz por um momento.

**Johnny:** Foi a última vez que usamos. Eu não gostava daquilo. Não gosto nem mesmo da fumaça, mas ela é necessária para dar textura à iluminação.

**Monte:** Barricadas eram sempre um problema para nós. Tinha que especificar para os promoters que precisávamos de uma boa grade para proteger a banda do público. Fomos de não ter nenhuma, a uma que não era construída corretamente, até exigirmos uma barricada boa e forte em todos os shows. Às vezes, eles traziam uma de compensado e a pregavam, mas aquilo não funcionava. Os garotos a empurravam, ela lascava e quebrava. Eu tinha que especificar uma boa barreira de impacto. Os promoters demoraram um tempo para entender esse conceito, principalmente na Europa. Pensamos em carregar nossa própria barricada, mas era muito volumoso e caro.

**John Giddings:** Monte dizia a eles que a grade era um porcaria e eles diziam: "Temos essa barreira há dez anos". Certamente ela se partiria em dez segundos. Todos subestimavam como era o público dos Ramones. O público era insano.

(Foto CJ Ward)

## 6.
# MONDO BIZARRO
## – A VIDA NA ESTRADA E A ANATOMIA DE UMA TURNÊ

Sair em turnê é, ao mesmo tempo, como tirar longas férias e começar em um emprego sem-fim. Você viaja e vê o mundo, mas só através dos vidros escuros de uma van ou de um ônibus. Você tem a oportunidade de conhecer gente interessante e ir a lugares fascinantes, mas sempre está de saída e nunca consegue respirar fundo e relaxar. Johnny via isso como um mal necessário para vender discos e criar um nicho, enquanto o resto da banda via isso como uma festa interminável. Para Monte, era trabalho puro e simples. Ele tinha um trabalho a fazer nas circunstâncias mais estranhas, cercado por imbecis, loucos e arruaceiros raivosos. Todos os aspectos da estrada tinham que ser planejados com antecedência ou você acabaria numa cidade estranha sem o equipamento ou a equipe que precisava para fazer o show acontecer. De ser pago a assinar contratos, passando por alimentar a equipe e a banda e cair na estrada, todos os aspectos da produção caíram sobre os ombros de Monte.

**Monte:** A seguir está uma lista de algumas das minhas funções como empresário de turnê, de como organizá-la e colocá-la em prática.

1. O agente de agendamento me passa as datas da turnê e informação de contato dos promoters.

2. Faço contato com o promoter para obter informações sobre a casa de shows (endereço, horário de chegada, horário do show, informações sobre a banda de abertura), passo mapa de palco e pego recomendações de hotéis.

3. Certifico que quaisquer adiantamentos de depósito tenham sido feitos na agência de agendamento pelos promoters.

4. Faço orçamento da turnê. Passo pelas diárias, pagamento da banda e da equipe, custo de transporte com combustível e pedágios, dinheiro para gastos diversos, pagamentos de iluminação e PA. A cada semana, pago as diárias e um salário.

5. Monto uma equipe de acordo com o tamanho da turnê.

6. Preparo transporte para a banda, a equipe e o equipamento.

7. Reservo hotéis. Envio a eles as listas de quarto. A cada dia, ligo para o hotel do dia seguinte.

8. Monto a rota da turnê e preparo nosso itinerário e credenciais de backstage (o Arturo cria o design das credenciais e faz um lote). Eu mesmo faço o itinerário da turnê. Grandes bandas iriam a uma gráfica e fariam esses itinerários pomposos, enquanto eu fazia o meu próprio para economizar dinheiro.

9. Preparo transporte aéreo para turnês em outros países. Você precisa programar transporte aéreo para turnês em outros territórios com bastante antecedência.

10. Converso com a gravadora e preparo a imprensa.

11. Agendo aparições em lojas.

12. Reúno todos os suprimentos pré-turnê.

Suprimentos pré-turnê são muito importantes, principalmente na Europa. Uma equipe de estrada é como um exército. Preciso me certificar de que a equipe tem tudo o que precisa, que o roadie de bateria tenha baquetas e peles, os roadies de guitarra tenham cordas, e por aí vai. É melhor ter suprimentos de sobra. Com a quantidade de turnês que fizemos, o equipamento precisava estar em boas condições, então investimos em bons cases de transporte desde o início, alguns dos quais precisaram ser feitos sob medida. Também me certificava de que todos os amplificadores haviam sido revisados antes de uma turnê. O rider é um elemento muito importante em qualquer turnê. O rider é uma lista de todos os requisitos que a banda precisa para o show e é mandado antecipadamente para os promoters e donos dos clubes pelos agentes. O roteiro de palco e o mapa de palco são enviados ou transmitidos por fax junto com o rider. Todos os itens do rider devem ser fornecidos ou devem dar uma explicação razoável para justificar sua ausência. Os Ramones nunca pediram nada extravagante e éramos compreensíveis se os promoters não cumprissem todas as exigências, desde que ficasse claro que eles estivessem dando o melhor de si. Se você pede algo estúpido, você faz todo o rider parecer estúpido e eles vão ignorar as outras coisas. A banda pedia uns lanchinhos, pizzas, água, toalhas, cerveja, frutas e por aí vai, mas na metade das vezes, nem chegava a tocar nelas e a equipe vinha e eliminava tudo que havíamos usado nos camarins. Eles eram bem meticulosos. Eles esperavam do lado de fora até que saíssemos e aí pegavam tudo e levavam para o ônibus da equipe. Era a bonança deles.

**Tim McGrath:** Os Ramones foram a primeira banda que eu soube que cobrava dos clubes pelos monitores e transporte. Era para financiar o ônibus da turnê. Eles os faziam pagar pelos incidentes, além da garantia.

**Monte:** Pedíamos uma certa quantidade de pessoas para virem carregar e descarregar o equipamento com nossa equipe. Às vezes, não apareciam pessoas o suficiente ou eles iam embora cedo e nossa equipe ficava presa fazendo tudo. Existem boas casas de show, bons promoters, donos de clubes, e os maus. Geralmente, universidades e faculdades eram boas porque tinham um monte de voluntários. Às vezes, pegávamos equipes de sindica-

# RAMONES
## MAIN STAGE SETUP

Main stage size  - - - - - - - -  40 ft.  x  25 ft.  x  minimum  4 ft.
( 12 m.  x  7.6 m.  x  minimum 1.2 m. )

P.A. wings      - - - - - - - -  16 ft.  x  16 ft.
( 4.8 m. x  4.8 m.)

**P.A. WINGS MUST BE  THE SAME LEVEL AS THE MAIN STAGE.**

P.A. and lighting desk platform - - -  16 ft.  x  12 ft.  x  2 ft.
( 4.8 m.  x  3.6 m.  x  .6m. )

---

**\*\*\*** Purchaser must supply a **STRONG CRASH BARRIER** for the front of the stage.
It must run the full length of the main stage and P.A. wings.

This barrier must be **STURDY** and **ADEQUATELY  BRACED** against the stage. **\*\*\***

---

NO **BOTTLES CANS OR GLASS CUPS**  ARE  ALLOWED IN THE MAIN HALL .
>>> PLASTIC OR PAPER CUPS ONLY. <<<

---

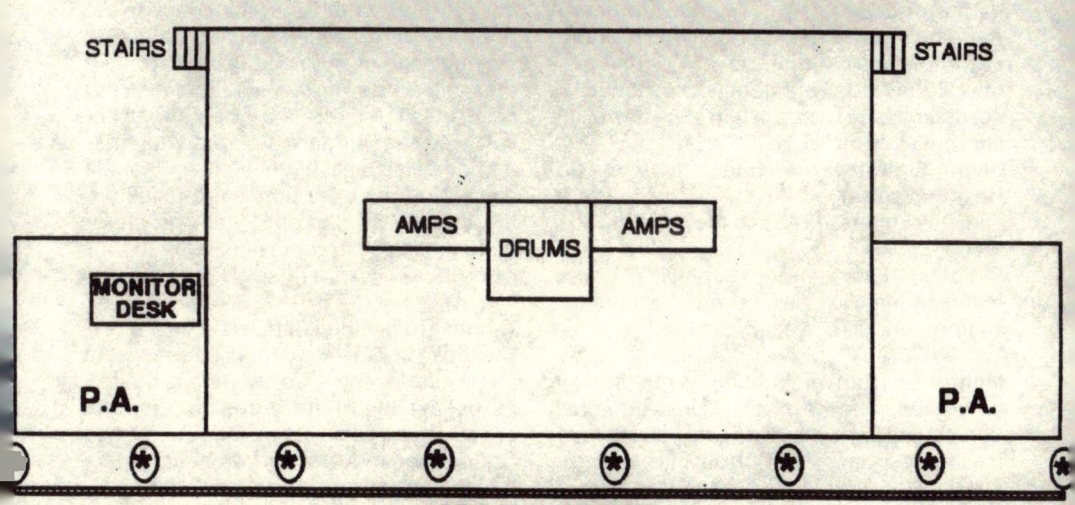

tos, o que poderia ser bom ou não. Por um lado, eles eram profissionais e faziam um ótimo trabalho; por outro lado, eles tinham intervalos pré-programados e isso pode ser irritante e sair caro quando você tem orçamento e prazos apertados.

**CJ:** Havia uma regra: nada de bebidas antes do show. Estávamos na Austrália e eu estava terrivelmente zonzo com o fuso horário. Fui até o lobby, tomei um gim tônica e fiquei bêbado para caralho. O Johnny ficou, tipo: "Você sabe a porra da regra, isso e aquilo". Eu podia fumar maconha. Eu podia fumar cigarros. O acordo era: se perdesse um show, perdia o pagamento da semana.

**Monte:** O Johnny viu o que estava acontecendo com essas outras bandas e percebeu que não dá para fazer todos esses shows e ir para a próxima cidade se você vai ficar indo a festas e enchendo a cara. Claro, o Dee Dee saía, fazia essas coisas de qualquer jeito, fumava como um louco e usava todas as drogas que podia – ele era assim. Mas tentávamos manter isso sob controle. Nunca tínhamos bebidas pesadas no rider e não deixávamos a equipe encher a cara antes do show. Uísque com Coca era minha bebida preferida, mas só depois de terminar o trabalho. Apesar de que tínhamos bastante cerveja no nosso rider. Até o Johnny gostava de uma cerveja depois do show. Eles gostavam de cerveja em garrafa; latas ficam com gosto de metal. Nada de jarras. A banda queria Budweiser ou Miller. Em alguns países, Budweiser e Miller são consideradas cervejas importadas e são muito caras.

**Bubbles:** Era sempre cerveja. "Monte, Monte, queremos mais cerveja." Estávamos sempre tentando acabar com ele.

**Monte:** Só tinham bebedores de cerveja na equipe, como a maioria dos roqueiros. Cerveja era importante na estrada. Tentávamos manter um grupo sóbrio, mas a equipe queria suas cervejas antes de fazer o carregamento. Você não quer a equipe andando por aí bêbada durante o dia, mas, quando a equipe quer sua cerveja, você dá cerveja a eles. Era assim que eles eram. Inicialmente, tentamos dizer que você não pode tomar cerveja quando está fazendo o carregamento, mas não funcionou e desistimos nesse sentido. Eles gostavam de suas Heinekens, mas o Johnny não gostava daquela porcaria

importada. Ele gostava de cerveja americana. Em uma época, a equipe não estava só ganhando mais e dirigindo um ônibus (enquanto a banda andava de van), mas eles estavam ganhando cervejas melhores. Então, de uma forma estranha, valia a pena ser roadie dos Ramones.

**Bubbles:** Se o Monte recebesse ligações antes de um certo horário pela manhã, ele dizia "Se é sobre a cerveja, dê logo cerveja para eles", porque nós não iríamos abrir e descarregar o caminhão até que tivéssemos uma caixa de cerveja. Sempre tínhamos cerveja, de qualquer forma, mas era o princípio da coisa. Sabíamos exatamente quanto tempo levaria para preparar o show e o quanto poderíamos procrastinar antes de tomarmos uma cerveja. O Monte pegava o telefone para falar com o promoter e gritava, "Dê logo as cervejas para eles, senão eles não vão descarregar".

**Monte:** Uma coisa engraçada que pedíamos no rider era Yoo-hoo. Por algum motivo, essa foi uma das coisas que o Johnny acrescentou no rider desde o início. Ele provavelmente fez isso porque o jogador de baseball Yogi Berra fazia comerciais do Yoo-hoo, então ele colocou isso no rider. Um fã fez uma camiseta na qual o Johnny está tocando guitarra em frente a uma garrafa de Yoo-hoo. Era uma de suas camisetas favoritas. Yoo-hoo é um achocolatado sem gordura que tem vitaminas e minerais. Droga, fiquei viciado naquela coisa. No início, era uma coisa local, então quando falava com algum promoter de Idaho, eles perguntavam: "Que diabos é Yoo-hoo?". Eu era flexível.

**Johnny:** Toda noite, tínhamos que ir à versão local do 7 Eleven depois do show para pegar um lanche e voltar para o quarto. Eu pegava meu leite e uns biscoitos de chocolate ou coisa assim. Os outros caras ficavam andando por ali. Voltávamos para o hotel, nos sentávamos para assistir TV e tomava leite com biscoitos.

**Monte:** Perguntávamos ao promoter onde havia algum 7 Eleven na saída da cidade ou próximo ao hotel, e pegávamos uns lanches ou revistas. Isso começou por acaso, mas eles ficaram obcecados. Depois de mais ou menos uma década, sabia que tinha que fazer isso. Eles sabiam que eu sabia, mas

DATE: APRIL 19

D-2758

VENUE: ARCADIA
2005 GREENVILLE AVE
DALLAS, TX
(214) 826-7607   823-3363

PROMOTER: ANNY EATON   (214) 871-1560-1522   BARRY

HOTEL: DAYS HOTEL CONVENTION CENTER
1011 SOUTH AKARD ST.   IN: 4/19   OUT: 4/20
DALLAS, TX. 75215   ANE MICALIZZI   $45 AR
(214) 527-7607 421-1083   I 35 SOUTH - I 30 EAST CADIZ-EXIT

TRAVEL INFO: I 75 NORTH   KNOX HENDERSON EXIT (CENTRAL EXP)
RIGHT HENDERSON — LEFT ROSS   LEFT GREENVILLE
(I G35 EAST - I 75 - 45 SOUTH)

LOAD IN: 2 PM   DOORS OPEN: 7 PM

SOUND CHECK: ___   STAGE MANAGER: CLINT BIRDWELL

STAGE TIMES: 8   9:30 PM   (214) 528-4044

SUPPORT ACT(S): TROUBLE   BARRIER: PIT

CAPACITY: 933   STAGE SIZE: 28 X 40 X 4

POWER: ELECTRICIAN: OK   SOUND & LIGHTS: JAM SOUND

CREW: 4   HOUSE LIGHTS

DRESSING ROOM: DOWNSTAIRS   JEFF PALMER — BERNARD BROWN

HOSPITALITY: $140   8 PM PIZZA   (214) 241-4334

PARKING: BACK DOOR   SPOTS: & COMS: 2 SPOTS

GUESTS: JOHN AUSTIN +4   PROMOTION:   5 PM
  JULIE NIEMAN +1   JULIE ALLISON +1   8 PM INTERVIEW MB CROSS
  BARRY BONN - PHOTO   JERRY BROKINGTON +1   BOWLING ALLEY AFTER SHOW
  KEVIN VILDMAN +1 PHOTO   DAN MATHERSON +1   DAN MATHERSON   WARNER BRO
  KELLY DONOVAN +1   THE EDGE KDGE   214 234-6200

mesmo assim eles vinham e me enchiam toda noite. "Monte, encontre um 7 Eleven, precisamos parar". Então eles ficavam metade do tempo andando por ali sem comprar nada. Uma vez, no início, estávamos andando no mercadinho de um posto de gasolina no Texas. Estávamos dirigindo havia muito tempo e os caras estavam travados, depois de passar o dia inteiro sentados. Dá para imaginar a aparência deles, empilhados na van, fedidos e duros. Eles estavam andando pelo posto de gasolina confusos como zumbis, como alguém saído de *A Noite dos Mortos-Vivos*, quando a atendente vira para mim e diz: "É muito legal da sua parte tomar conta desses garotos retardados". Rachei de rir. A banda estava indiferente.

**Vera:** Uma vez, fomos a uma fazenda de cobras no Texas. Éramos um grupo bem estranho. Alguém perguntou ao Monte, "Quem são essas pessoas?". Ele disse que estava nos transportando, que éramos um bando de retardados, e o cara acreditou. Depois de passar horas sentados, dá para imaginar a nossa aparência, todos deformados e quebrados. A princípio, me senti insultada, mas depois todos rimos.

**Monte:** Comer na estrada é um desafio interessante. Não é tanto por não poder comer; é a qualidade do que se come. É muito fácil comer besteiras e pizza o dia inteiro, porque é isso o que tem, na maior parte do tempo. Ao mesmo tempo, também não dá para comer uma comida boa e cara sempre que der fome, porque você tem que controlar seus gastos. Pizzas locais eram sempre uma aposta, então pedíamos no Domino's o tempo todo. Não era ótima, mas pelo menos era consistente. Descobríamos certos restaurantes na estrada que gostávamos e tentávamos encontrá-los ao longo do caminho. Cracker Barrel e Bob Evans eram dois dos nossos favoritos. Descobrimos com o Cracker Barrel que se você é de uma banda conhecida, geralmente todos os garçons e funcionários nos conheciam, você conseguia refeições grátis em troca de fotos autografadas. Eu levava pilhas de fotos promocionais exatamente por esse motivo. Eu falava com a diretoria nacional e, na manhã seguinte, sabíamos onde estava o Cracker Barrel mais próximo.

**Johnny:** Eu ficava ansioso por certas comidas em alguns lugares na estrada. Skyline Chili em Cincinnati, comida Cajun na Louisiana, tortas de caranguejo no Boathouse em Norfolk, Virginia. Adorávamos pegar burritos no La Cumbre em San Francisco e sempre íamos ao Los Tacos em Hollywood, próximo à Santa Monica Boulevard. Virou uma obsessão. Uma vez fizemos uma escala de avião voltando da Austrália, e tínhamos quatro horas, então alugamos um carro e fomos até o Los Tacos.

**Monte:** Era uma barraquinha de merda, mas eles adoravam a comida de lá. Era só o que eles falavam antes de irmos a Los Angeles. Uma vez, estávamos em Denver e eles decidiram dirigir direto para Los Angeles e ir ao Los Tacos. E isso é mais de 1.500 km, cara! Eles gostavam de comida mexicana e esses eram os tacos que eles mais gostavam no mundo. Não tão irônico, a empresa que publicava suas músicas se chamava Taco Tunes.

**Johnny:** Raramente como lá, agora que moro perto.

**Monte:** Fazíamos longas viagens dirigindo, cara. Às vezes, tinha que brigar com os agentes e dizer "Não podemos fazer essa viagem". Às vezes, tínhamos que mudar a rota para que a banda ficasse mais confortável. Afinal, eles estavam viajando de van. Era proibido fumar na van. Isso era difícil para o Tommy porque ele fumava muito. Esse provavelmente é o motivo que o fez deixar a banda! O Johnny e eu éramos rígidos com a proibição de fumar.

**Johnny:** Nunca tivemos um acidente. Passamos 22 anos e raramente fomos multados.

**Monte:** Sou louco por mapas. A beleza da AAA (Associação Automobilística Americana) é que eles te dão um mapa para qualquer lugar no país de graça. Eu colecionava todos os mapas da AAA das cidades para onde íamos antes da turnê, e xerocava o mapa do centro da cidade ou de onde quer que ficasse o clube, e desenhava as rotas, caminhos, melhores lugares para carregar e descarregar, pontes baixas etc., e os entregava para a equipe. Deus que me perdoe se eu entrasse na contramão ou virasse no lugar errado: o Johnny me daria uma canseira. Ele estava tão acostumado comigo correndo e chegando rápido aos lugares que, assim que encontrávamos um congestionamento, ele dizia: "Monte, vamos achar uma rota alternativa". Ele não tinha paciência alguma.

**Kevin Patrick:** Qualquer coisa que desse errado e que fugisse do controle de qualquer um, como um engarrafamento ou coisa do tipo, havia sempre comentários do tipo "Muito bom, Monte" ou "Não deveríamos ter vindo por esse caminho", como se ele tivesse a obrigação de saber.

**John Giddings:** Era como [o filme] *Quanto mais idiota melhor* na van.

**Monte:** Cada um tinha sua própria fileira na van. Eram quatro fileiras. O Johnny andava na dianteira, depois o Marky, o Joey e o Dee Dee, ou depois o Richie e o CJ. O Johnny adorava ouvir jogos de baseball e isso deixava a banda maluca. A partir dos anos 1980, o Joey e o CJ levavam seus walkmans ou o Johnny ouvia os jogos em seu rádio transistor, então não fazia diferença. Geralmente concordávamos com músicas antigas como opção para a van. Era um lugar comum e ninguém se incomodava tanto. Apesar de que, no fim, isso meio que deixava as pessoas loucas.

**Vera:** Uma vez dentro da van, existiam regras não escritas. Basicamente, as mulheres deviam ficar caladas. Essa era uma regra.

**Monte:** Não parávamos muito durante as viagens de van. Tínhamos que acordar bem cedo e fazer uma longa viagem até Cleveland ou algum lugar parecido, que ficava a uns 450 km de distância, com cinco ou seis caras. Então se você parar toda vez que alguém precisa mijar, você nunca vai chegar a lugar nenhum. Principalmente o Dee Dee e o Joey, que tinham bexigas pequenas. Então eu acabei comprando uma dessas garrafas hospitalares para urina e eles mijavam nelas durante a viagem. Mas isso era um pé no saco também. Aquilo era horrível e precisava esvaziá-las. O Johnny nunca usou. "Onde está a garrafa de mijar, Monte?" Consigo escutar isso até hoje. De vez em quando, o Dee Dee derramava sua garrafa, quando ele não colocava a tampa direito e molhava todo o chão e suas malas. Todo mundo ficava tão nervoso. Mas pelo menos não tínhamos que parar.

**Eddie Spaghetti (Supersuckers):** A primeira vez que vi os Ramones foi em um estacionamento e imaginei que eles estivessem fazendo a turnê de van. Achei estranho *Os Ramones* fazendo turnê de van. Minha imagem deles era de que eles eram grandes estrelas do rock. Você não pensa nos *Ramones* como uma coisa de baixo nível, mas como intocáveis.

**Monte:** Mais tarde, na turnê do Lollapalooza, a banda tinha uma van e a equipe tinha um ônibus. A equipe precisava disso porque eles precisavam estar lá de manhã cedo, montar e dormir no caminho. Mas era engraçado: a lendária banda anda de van, enquanto a equipe está num grande ônibus de turnê de dois andares. *

**Howie Pyro:** O D Generation abriu para eles por algumas semanas e nós viajávamos de ônibus, o que era loucura. Às vezes, eu ia na van deles, que era absolutamente a coisa mais esquisita na qual você podia entrar. Era como ser jogado numa sala de borracha com um bando de gente que ficou ali a maior parte de suas vidas. Você está observando animais. Eles ficavam em fileiras completamente separadas. Eles passavam por bairros e tiravam sarro de todo mundo pelas janelas. Era como a porra de um ônibus escolar maluco para adolescentes podres e horríveis.

**Monte:** Uma das desvantagens de viajar de van é que era bem mais fácil de ser invadida. A primeira vez que descobrimos isso foi em outubro de 1977, em Chicago.

**Little Matt:** Foi o último show da turnê com o Iggy Pop e a banda voltou para casa de avião. O Monte, o Big Matt e eu íamos dirigindo para casa. Acordamos naquele dia, e a van e o equipamento tinham sumido. O Monte e a banda nos puniram fazendo com que pegássemos o ônibus da Greyhound de Chicago para casa. Naquela época não tínhamos seguro, e não imaginei que alguém levaria o veículo inteiro. Tudo havia sumido.

**Johnny:** A van da Sire também. Foi quando perdi minha guitarra azul e, quando voltamos para Nova York, comprei a guitarra branca.

**Little Matt:** Tínhamos que voltar para Nova York e comprar todo o equipamento novo. Foi uma experiência traumática. Depois de ter as coisas roubadas pela primeira vez, tínhamos que fazer algo para dar segurança ao caminhão. Tivemos essa ideia brilhante de pegar uma enorme barra de metal e travar os eixos.

**Jimmy Markovich:** Então, em Los Angeles, em 1983, acordamos um dia e alguém havia levado todo o caminhão Ryder cheio de equipamento.

**Little Matt:** Estávamos hospedados no Holiday Inn na Hollywood Boulevard, e tínhamos dois Ryders: o caminhão do som e o do equipamento. Um quarto não tinha vista para o estacionamento. Recebi uma ligação do cara da iluminação: "Matt, olhe pela sua janela, o caminhão sumiu". Eu fiquei, tipo, "Vai se foder" e desliguei na cara dele. Ele liga novamente uns dois minutos depois: "Matt, não estou brincando. O caminhão sumiu". Então o Monte ligou: "Matt, o caminhão sumiu". Eu não tinha colocado a barra de travamento. Por sorte, estava consertando a guitarra do Johnny no meu quarto, então ele não perdeu sua Mosrite branca. Desde então, virou um ritual levar as guitarras para o hotel depois do show. Quando me dei conta, estávamos na Hollywood Boulevard comprando novos equipamentos porque tínhamos um show no dia seguinte em Santa Barbara.

**Johnny:** Fomos à Guitar Center e compramos praticamente todo o equipamento que eles tinham, e conseguimos chegar ao próximo show a tempo.

**Monte:** Você não faz ideia de como é difícil repor tudo que você precisa – de palhetas a amplificadores – em um dia. Foi insano. Tiramos os Marshalls diretamente das caixas e os colocamos no palco.

**Little Matt:** Só que muitas coisas não funcionaram. Válvulas estavam estragadas, botões com defeito. Mas conseguimos arrumar. Quando chegamos a Portland e Seattle, o Monte fez uma ligação e eles encontraram o caminhão só com as partes de cima dos cases de viagem da Anvil, que sozinhos valem alguns milhares de dólares. Levaram os amplificadores Marshall, mas colocaram os cabeçotes de volta no caminhão. Então eu voei sozinho de Vancouver para L.A., peguei o caminhão com todos os cabeçotes e encontrei os caras em Denver.

**Monte:** Houve uma vez em que o Matt disse que alguém havia arrombado o caminhão e roubado algumas guitarras.

**Little Matt:** Hmm, na verdade, o que aconteceu é que as guitarras nunca foram roubadas. Esquecemos de fechar a traseira do caminhão na noite anterior no Palladium e saímos dirigindo, então elas devem ter caído. Fui preguiçoso e esquecido uma vez. Foi uma dessas coisas quando nós três estávamos entrando no caminhão pela manhã e todos pensaram que o outro tinha fechado a porta traseira, mas ninguém o fez. Mas era meu trabalho fazer isso. Um caminhão me deu um sinal luminoso na estrada para avisar que a porta traseira estava aberta. A Fender Mustang do Johnny, que ele usava em "I Wanna Be Your Boyfriend", sumiu. Foi isso que aconteceu. Eu não fui despedido por isso. Você podia se livrar de muita merda.

**Arturo:** Costumávamos tomar muitas pílulas e esse é o tipo de coisa que você faria no fim da noite.

**Monte:** Em março de 1985, nosso caminhão foi roubado de novo. Estávamos tocando no L'amour, um clube no Brooklyn. O Little Matt morava no Brooklyn, então ele voltou para casa com o caminhão depois do show. Quando ele acordou no dia seguinte, o caminhão tinha sumido. Ele esqueceu de colocar a barra outra vez. Demos queixa na polícia e, por ter sido um crime maior, e por causa do custo do equipamento, a polícia fez um boletim especial. Por sorte, eles encontraram nosso caminhão imediatamente e, por mais sorte ainda, só perdemos um rack de efeitos de PA.

**John Giddings:** Uma vez, na Espanha, pegamos um carro no aeroporto. Fomos para o local do show e a equipe tirou as guitarras e as colocou no chão. O carro deu ré em cima das guitarras e ficamos todos malucos. O motorista disse "Não tem problema", entrou novamente no carro e passou por cima delas de novo para irmos embora.

**Little Matt:** No set do filme *Rock 'N' Roll High School*, roubamos as pegadas de marcação e as colamos na lateral do nosso caminhão. Estávamos dirigindo para Salt Lake durante uma nevasca e saímos da estrada. O Arturo, o Big Matt e eu descemos e puxamos o freio de emergência. Estávamos rodando pelo leito do rio quando vimos o caminhão atolando. Não podíamos sair porque tinha cinco metros de neve ao nosso redor. A banda passa por nós e sabe que é o nosso caminhão por causa das pegadas, e o Johnny falou para o Monte: "Não, não pare, não pare". Eu não tinha dinheiro e íamos precisar de dois reboques para nos tirar dali. Se fosse pelo Johnny, eles nunca teriam parado. Eles teriam passado direto. Essa era a mentalidade do Johnny: "Deixe-os aí. É culpa deles por terem saído da pista". Mas ele ia falar merda se não chegássemos ao show a tempo. Mas o Monte parou e me deu dinheiro.

**Monte:** Teve um período, quando começamos a ficar grandes nos EUA, que tentamos [usar] ônibus de turnê. Na Europa, a gravadora pagava e fornecia o ônibus, e uma equipe maior, então sempre viajávamos com estilo. Em nossa própria casa não tínhamos tanta sorte e era muito caro. Tínhamos que ser criativos e aprender a fazer turnês de maneira econômica. Muitas bandas novas começam e vão direto para os ônibus de turnê, e todo o dinheiro vai embora. Eles odiavam ter que dormir em ônibus, então ficávamos em hotéis. Isso fazia uma turnê de ônibus ficar ainda mais cara, porque estávamos pagando pelos quartos de hotel, o ônibus, o combustível, o motorista e um quarto para ele. Quando começamos a fazer turnês fora dos EUA, tivemos que começar a ir para os shows de avião. Usávamos uma empresa de frete aéreo de entretenimento chamada Rock-It Cargo (mais tarde, Sound Moves) para fazer o transporte do equipamento, quando fazíamos turnês em outros países. Com o passar do tempo, o avião passou a ser um meio de transporte bem comum para a banda.

**Marky:** Muita gente não queria se sentar ao lado do Joey no avião. Eu me sentia mal. Muita gente achava que ele tinha uma aparência incomum e não queria se sentar ao lado dele. Isso provavelmente o fazia se sentir mal. O Monte era o único que sentava do lado dele. Mas então precisávamos nos sentar na classe econômica, que era pequena naquela época. Ele ficava espremido naqueles pequenos assentos com os joelhos na altura do peito. Mais tarde, passamos para a classe executiva, o que foi bom para ele.

**Monte:** Depois de anos voando pelo mundo, você vai pegando alguns truques pelo caminho, pequenas manobras para deixar o voo um pouco mais fácil de tolerar. Por exemplo, comida de avião é notoriamente ruim, certo? Bem, aqui vai um truque para evitar essa tragédia. Você liga com antecedência e pede suas refeições especiais, que eram sempre boas, e você as recebia antes de qualquer outra pessoa. O Joey sempre precisava de uma refeição especial, então ele podia ter peixe ou um prato vegetariano. Claro, quando os outros integrantes da banda viam que estávamos recebendo essa comida quentinha uma hora antes deles, diziam: "Que diabos está acontecendo?". Você também aprende a fazer malas leves e ficar só com a bagagem de mão. Você quer entrar e sair rapidamente dos aeroportos e não ter que esperar pelas malas. E tem a arte de combater a zonzeira do fuso horário. Você não sabe o que é isso até que aconteça com você. Você faz um voo noturno e chega lá de manhã, aí todo mundo corre para o hotel e vai dormir imediatamente. Eles acordam mais tarde naquele dia, mas não conseguem dormir quando a noite chega. Você está completamente acordado e são três da manhã. Você dormiu no horário errado, bobão! Você precisa mudar seu relógio corporal, mas não sabe disso. Consequentemente, no dia seguinte você está parecendo um zumbi. O truque é se forçar a ficar acordado. Não tire um cochilo. Então, quando a noite chegar, você vai dormir. Você está tão cansado que dorme a noite inteira e acorda no horário. Ta-da!

**Marky:** O Dee Dee e eu voamos da Austrália para o Japão e ficamos malucos no avião. Estávamos bebendo muito e causando transtornos. Ele estava fazendo uma pirâmide com as latas de cerveja. Alguém disse algo para a minha mulher e eu disse alguma coisa para a Vera, então o Dee Dee e eu começamos a nos bater e estávamos prontos para começar uma briga no avião. Precisamos ser dominados. Uma vez, vindo da Califórnia depois do *Rock 'N' Roll High School*, estávamos tomando Quaaludes, [e] ele caiu um lance inteiro de escadas [do avião].

**Monte:** Evitar a área de fumantes costumava ser um truque, mas nós, não fumantes, não precisávamos lidar com isso, graças a Deus. Lembra da área de fumantes *versus* a área de não fumantes no avião? Pois é!

A área de fumantes ficava uma fileira na frente da sua. Era uma tortura! Todo mundo ficou feliz quando proibiram o cigarro em aviões. Mas esse foi o pior dia da vida do Dee Dee. Ele se escondia no banheiro e fumava, antes que eles acabassem com isso. Normalmente, ele tomava um Valium e apagava. Obrigado Deus, pelo Valium.

**CJ:** Quando entrei para a banda, ainda tinha a área de fumantes e eu me sentava no fundo com a equipe, fumando e bebendo. Fumávamos uma tonelada de erva antes de entrar no avião e fazíamos bagunça, começávamos guerra de travesseiros ou jogávamos comida uns nos outros. Se alguém dormisse, o cobríamos totalmente com lixo.

**Monte:** Parte do meu trabalho era fazer reservas em hotéis, registrar a banda, fazer uma ronda geral e dar baixa na manhã seguinte. Como viajávamos muito, muitas vezes de volta às mesmas cidades, me certificava de conseguir bons acordos nos hotéis. Parte do desafio era conseguir bons quartos por um preço razoável. Desenvolvi o *Sistema de Nota de Hotéis* como uma lista de todos os benefícios que eles poderiam nos oferecer.

### Sistema de Nota de Hotéis

Máquina de café no quarto; secador de cabelo no banheiro; telefone na recepção e no quarto; telefone no banheiro; TV no banheiro; roupão para hóspedes; suprimentos de banheiro de qualidade; chuveiro e banheira separados; cortinas blackout e cortinas nas janelas; toalhas grandes e felpudas; cesta de frutas completa na chegada; minibar.

Claro, quanto mais dessas coisas você conseguia no quarto, melhor o hotel. No entanto, se você tiver muitas dessas coisas, você provavelmente está em um hotel fora da nossa faixa de preço! No começo, os caras tinham que dividir quartos para economizar dinheiro, mas eu não precisava porque tudo o que tinha que fazer era dirigir. Essa foi uma das primeiras coisas que pedi. Muitas vezes, o Johnny se certificava que não estávamos no mesmo hotel que as outras bandas que iam tocar com a gente. Havia muito barulho e festas acontecendo, então não conseguíamos dormir. Claro, o resto da banda queria farrear, mas ele queria dormir. Colocava as equipes em andares diferentes ou até mesmo em hotéis diferentes, porque eles farreavam muito. Ao contrário do que você deve estar pensando, os Ramones não faziam muita quebradeira em hotéis, principalmente porque eles teriam que pagar por isso. Não éramos como o Led Zeppelin, que tinha uns US$10 mil extras para gastar se eles quebrassem o quarto. Eles aprenderam rápido que se você estragasse alguma coisa, tinha que pagar.

**Monte:** Sempre gostei do Hampton Inn, porque eles tinham café da manhã continental. Para mim, era ótimo, porque tinha que levantar cedo de qualquer jeito para acordar todo mundo e dar baixa, então fazia tudo isso e tinha tempo para tomar café. Isso dava um gás extra no meu motor. Dizem que o café da manhã é a refeição mais importante do dia, e eu concordo com eles, independente de quem 'eles' sejam.

**Gene 'The Cop' (Motorista da van, Assistente de turnê):** Uma lembrança interessante de hotel aconteceu em um Howard Johnson próximo ao aeroporto de Los Angeles, em 1983. Havia uma briga num quarto próximo ao nosso às três da manhã, e dispararam um tiro. Um cara foi baleado nas costas pela namorada e estava caído morto em seu quarto, ao lado do nosso. Ligamos para a recepção para reclamar.

**Monte:** Quando estávamos saindo de manhã, tropeçamos em outra cena de assassinato. Um cara havia sido baleado na noite anterior enquanto estávamos todos dormindo, e passamos pelo quarto dele quando estávamos saindo. Havia sangue por toda parte e policiais em todo o lugar. Por sorte, e surpreendentemente, eles não nos pararam para nos interrogar.

**CJ:** Se aparecêssemos em um hotel e eles não tivessem os quartos preparados, se não pudéssemos entrar, pegar as chaves e ir para a porra do quarto, o Johnny ficava tipo "Monte, você não fez a porra da ligação?". Então o Johnny ficava gritando sobre os horários e então o Joey gritava porque não tinha peixe no cardápio, não tinha piscina, não tinha academia. Era como ser babá de crianças muito especiais.

# RAMONES ROOMING LIST

1) Hotels must be MODERN FIRST CLASS DELUXE and no less than FOUR (4) STARS

2) All rooms must have PRIVATE BATHS WITH SHOWERS

3) Breakfast extras should be paid for by the PROMOTER

4) Hotels should have CABLE TV with CNN or ENGLISH CHANNELS, a SWIMMING POOL and FITNESS EQUIPMENT

5) The group must have Preregistration. Please make KEYS AVAILABLE IN ENVELOPES with a COPY OF THE ROOMING LIST FOR EACH ROOM with the room numbers next to the individual names.

6) All INCIDENTAL BILLS should be on INDIVIDUAL FOLIOS with ONE MASTER BILL for rooms and tax only

7) Single rooms must be NON SMOKING with LARGE DOUBLE BEDS.

8) Please place all single rooms on a different floor from the twin rooms

9) The rooms are to be GUARANTEED for LATE ARRIVAL.


## SINGLE NON SMOKING ROOMS

1- MONTE MELNICK   (Tour Manager)

2- JOHN CUMMINGS

3- CHRIS WARD

4- MARC BELL

5- JEFF HYMAN

6- JOHN MARKOVICH

7- ARTURO VEGA


## TWIN ROOMS

1- RICHARD WEINMAN
   JAMES MARKOVICH

2- MITCH KELLER
   JEFF GOLDEN

# 7.
## ADIOS AMIGOS
– TOMMY, MARKY E RICHIE FAZEM
A TROCA DE BATERISTAS

Em 1978, os Ramones estavam fazendo turnês sem parar, apanhados numa espiral implacável de shows, festas sem fim e convulsões emocionais que superavam até a pior novela. Tommy teve o bastante. Cheio das turnês, cansado de tanto assédio e abusos de seus colegas de banda e ansioso para voltar ao confinamento seguro do estúdio de gravação, onde ele realmente se sentia em casa, Tommy deixou o grupo. Entra Marc Bell, um veterano das baquetas desde sua adolescência quando detonava no power trio Dust. Nascido em 15 de julho de 1952, no Brooklyn, Marc era filho de um estivador liberal. Ele foi criado em Flatbush e, quando se formou na Erasmus Hall High School, ele tinha feito dois discos com o Dust. A mãe de Marc cuidava do acervo musical da Brooklyn College, então ele tinha acesso a montes de discos. Em 1972, Marc já havia trabalhado em estúdio com o produtor dos Rolling Stones, Andrew Loog Oldham, e tinha gravado um disco com os grandes blueseiros Johnny Shines e David Bromberg. Quando chegou à cena *underground* de Nova York para tocar com Wayne County and the Backstreet Boys e os Voivods de Richard Hell, Bell já era um peso pesado local.

Johnny, Marky, Joey e Dee Dee

**Tommy:** A gente não estava se dando tão bem na época do *Road to Ruin* e eles estavam me deixando louco. No começo, a banda se dava muito bem. Havia problemas, mas nada sério. Quando caímos na estrada, as coisas rapidamente ficaram ruins. Mas eu gostava de trabalhar em estúdio, onde estava no comando, mas aí tínhamos que voltar à estrada e eu era mal tratado. Então passava de estar no topo e comandando, a ser constantemente abusado mentalmente. Eu estava à beira de um ataque de nervos e eles achavam isso hilário. Não sabia disso naquela época, mas eu estava sofrendo de depressão. Então disse que não aguentava mais aquilo.

**Johnny:** Ele veio e nos contou que estava tendo um colapso e todos nós rimos.

**Tommy:** Eles sempre tinham uma paranoia de que eu iria tomar conta, o que eu não tinha intenção de fazer. Eles negavam sobre qual era o meu papel na banda e ainda negam. Eles estavam tentando criar uma fantasia do que os Ramones eram, e parte dessa fantasia era que minha contribuição não contava ou coisa assim. Eles precisavam disso para sua psique. O Joey e o Dee Dee meio que sentiram que eu estava saindo e disseram: "Não vá". Expliquei para eles que precisava fazer aquilo. Eles tentaram me convencer a ficar, não muito, mas tentaram. O Johnny ficou surpreso e chocado, mas não fez cena. Eu disse: "Não quero mais fazer turnês. Não preciso tocar bateria. Posso mostrar a alguém como tocar desse jeito e vocês podem ir para a estrada com ele, e eu vou só trabalhar com vocês em estúdio". Tudo estava funcionando bem e então, no último dia, eles me descartaram. Trabalhamos no *Road to Ruin* durante um longo período: vários meses. Trabalhei muito naquelas músicas e, supostamente, eu teria um quarto dos créditos de composição. Bem no último dia, o Johnny veio até mim e falou: "Você não vai receber pela publicação". A desculpa deles era que eu receberia royalties de produção. Recebi alguns, mas não muitos.

**Arturo:** Eu não podia acreditar quando o Tommy foi embora. Por que alguém sairia dessa banda nesse momento? Achei que foi completamente irracional. Estávamos todos enlouquecendo. Por que achar que com você é diferente?

**Johnny:** Fiquei chocado porque ele não deu nenhum sinal de que ia sair. Não podia imaginar porque alguém deixaria a banda. Fiquei um pouco preocupado no que diz respeito à química da banda. Sentia que me dava bem com o Tommy e que ele entendia o que estávamos fazendo. Não sabia o que ia acontecer.

**Clem:** O Tommy era uma grande parte da banda. Porque ele não era um baterista, mas entrou e fez o que tinha de ser feito. Ele fez algo praticamente altruísta. Ele apenas fez. Sempre o menciono como influência em revistas sobre bateria, tanto por enxergar as coisas de um jeito um pouco diferente quanto pela maneira de tocar bateria.

**John Holmstrom:** Ele era mais do que só um baterista. Ele era o empresário, o general, ele produziu os quatro primeiros discos e criou a sonoridade dos Ramones. Eles desmoronaram quando ele deixou a banda. Ele era a cola que unia os Ramones.

**Johnny:** Uma vez que começamos a tocar com o Marky, senti que estaríamos bem no que diz respeito à sonoridade da banda.

**Marky:** O Wayne County foi a pessoa que me mostrou o primeiro disco dos Ramones. Eu estava no andar de cima do Max's, onde ele estava brilhando como DJ e tinha o primeiro disco dos Ramones. Eu tinha os visto ao vivo, mas ainda não era fã. Mas quando ouvi o disco, pensei: "Que merda é essa?". Nunca tinha escutado nada como aquilo. Estava fazendo todas essas coisas técnicas – tercinas, batidas duplas, compassos diferentes – e quando ouvi aquilo soube na hora que aquilo ia mudar as coisas. Não importava o quão simples era. Foi como uma onda forte, um trem, eletricidade, um muro caindo em cima de você. O Richard Hell tinha algo, mas os Ramones tinham algo especial.

**Sylvain:** O Marky era um bom baterista. Eu costumava vê-lo no Dust. Eles eram músicos muito respeitados. Na verdade, ele fez teste para o New York Dolls depois que o Billy Murcia morreu em 1972.

**Marky:** Já tinha visto os Ramones duas vezes no CBGB. Descobri através do Dee Dee

Danny Fields fazendo fotos promocionais, Poughkeepsie, Nova York, 1978. (Fotos Roger Risko)

que o Tommy estava deixando a banda. Ele perguntou: "Você entraria para os Ramones?". Pensei na turnê Richard Hell/Clash que fizemos, em como o Richard Hell odiava fazer turnês e não sabia lidar com as cuspidas e o *slam dancing*. Ele estava mais para poeta e escritor. Então pensei nisso e respondi "Acho que sim". Mais ou menos um mês depois, estava esperando o Johnny vir me falar sobre minha situação na banda. Ele veio até mim e disse: "O Danny e a Linda querem que você faça um teste, mas acho que você está dentro".

**John Holmstrom:** Eles testaram um baterista atrás do outro e todos ficaram se exibindo.

**Marky:** Fui até lá e havia uns 20 bateristas naquele sofá enorme. Sentei atrás da bateria e toquei "I Don't Care", "Sheena is a Punk Rocker" e "Rockaway Beach". Pouco tempo depois, recebi uma ligação. Uma vez dentro, ensaiávamos no estúdio Daily Planet e conheci o Monte. O Tommy sentava atrás de mim na bateria e tocávamos o *Road to Ruin* e o repertório de show. Tive que mudar meu estilo de tocar. Isso era a simplicidade mais simples possível.

**Johnny:** Ele se encaixou. O Tommy mostrou seu estilo e o Marky pegou bem rápido. Ele tocou as partes do Tommy e colocava sua própria maneira de tocar dentro do estilo do Tommy. Estava claro que o Marky era um baterista melhor, mas perdemos alguém com a inteligência do Tommy.

**Marky:** Meu primeiro show com eles foi em Poughkeepsie, Nova York. Estava um pouco nervoso, mas superei. Depois do show, o Dee Dee estava bem feliz. Ele sabia que eu estava na banda, então agora ele tinha alguém com quem beber e farrear. Depois disso, levei o Johnny para um canto e disse: "É isso que quero para o disco. A princípio, quero metade do que vocês ganham. Não espero ganhar o mesmo tanto, ou mesmo três quartos. Sei que vocês formaram a banda, então não seria justo receber o mesmo que vocês. Só me dê a metade". "Não." Eu falei: "John, vocês têm que fazer assim. Nesse ponto, se eu sair da banda e vocês tiverem que conseguir outro baterista, vai ser ridículo. As pessoas já sabem que eu estou no grupo". Então consegui meus 50% do que eles ganhavam para aquele disco e, depois, isso subiu.

**Monte:** Foi difícil para o Marky. Eles o tratavam como um coadjuvante, já que ele não era um membro original. A princípio, os fãs e amigos ficaram um pouco perplexos, mas ele se encaixou rapidamente e se tornaram bem parecidos. O Marky foi o cara da festa por muito tempo, até perder o controle de sua bebedeira. Depois de um tempo, ele estava sempre bêbado e começando a foder as coisas. A banda estava ficando nervosa.

**Johnny:** Ele bebia muito, mas isso só se tornou um problema mais tarde, quando acordava de ressaca e com um temperamento desagradável.

**Little Matt:** A bebida preferida do Marky era cerveja. Ele era um grande alcoólatra e não dirigia, então eu tinha que levar o Marky para os ensaios e ver se ele estava bem. É uma contradição, né? O Johnny contratou um alcoólatra apesar do fato de não gostar de bebida e ser tão rígido com todo mundo. O mais louco foi quando ele teve uma loja de bebidas. Ia de bicicleta até a esquina da Avenue M com a Ocean Avenue e lá estava o Marky trabalhando atrás do balcão. Era como uma criança dona de uma loja de doces. Foi aí que ele ficou mais fora de controle.

**Monte:** Voltamos de um show em Cleveland e estávamos ficando nesse famoso hotel de rock chamado Swingos. Vi o Marky virar 15 double martinis e ainda andando, contando piadas e sendo o cara da festa. Não podia acreditar que alguém conseguia beber tanto! Cara, ele enxugava! No dia seguinte, tínhamos entrevistas na TV e no rádio e, quando estávamos a caminho, tínhamos que parar a cada dez minutos para ele vomitar. Ele sabia que tinha ido longe demais daquela vez. Mas só piorou. As coisas começaram a ficar realmente ruins na época em que tocamos no US Festival [enorme festival de três dias ao ar livre, no meio do deserto de San Bernardino, organizado pelo fundador da Apple Steve Wozniak] em 1982. Tocamos no dia da new wave e fazia mais de 38ºC.

**Marky:** Na noite anterior ao show, estava tomando rum 151. Eu estava muito bêbado e literalmente caindo pelos corredores.

No dia seguinte, tocamos no meio do deserto, num calor de 40ºC, e eu estava morrendo. Ainda estava chapado da noite anterior. Pensava, "Quando essa porra vai acabar?". Apesar disso, eu toquei bem e isso é o mais importante. Durante o bis, todos tivemos que respirar ar fresco em um tanque.

**Monte:** Uma vez, depois de um show em Columbus, Ohio, tínhamos que dirigir até Virginia Beach e ele decidiu ficar para trás com uma amiga. "Não se preocupem, minha amiga vai me levar. Estarei lá." Ele ficou bêbado na noite anterior e dormiu o dia inteiro.

**Marky:** Tínhamos uma noite livre, então pensei que podia beber. Quando percebi, estava bebendo com Roger Maris do New York Yankees. A banda seguiu na manhã seguinte para o show em Virginia Beach e eu ia pegar uma carona para encontrar com eles. Quando eu finalmente acordei, falei para essa groupie, "Vamos para o show". Ela respondeu: "Eu não sei dirigir". Estávamos tão chapados na noite anterior que ela esqueceu que não sabia dirigir e prometeu que me levaria. "Então como vamos chegar lá, caralho?" Comecei a surtar. Fomos para o aeroporto e tentei alugar um avião particular, mas o cara sabia que eu estava louco e provavelmente pensou que eu ia pilotar o avião. Não consegui chegar, então o show foi cancelado. Tive que pagar as diárias de todo mundo por aquele dia.

**Monte:** Perder aquele show foi um dos últimos pregos no caixão para ele, mas a gota d'água veio quando estávamos gravando *Subterranean Jungle* em Long Island com o produtor Richie Cordell e Glen Kolotkin. Achávamos que o Marky estava bebendo durante as sessões, mas ninguém tinha certeza.

**Marky:** Eu tinha uma garrafa de vodka na lata de lixo. O Dee Dee a encontrou e ficou acenando com ela para todo mundo. "Olha o que eu achei." O Dee Dee, meu bom amigo, me denunciou. Isso ainda vinha do show que eu tinha perdido. Foi isso.

**Monte:** Uma vez que soubemos que ele estava bebendo escondido no banheiro entre os takes, percebemos que ele estava bem mal e que tinha que sair. O Dee Dee, pelo menos, sempre funcionou e nunca perdeu nenhum show. E quando você está mal comparado ao Dee Dee, você sabe que foi longe demais.

Richie, Joey, Dee Dee e Johnny, 1983. (Foto George DuBose)

**George DuBose (Fotógrafo):** O diretor artístico Tony Wright conseguiu o trabalho para fazer a capa do *Subterranean Jungle* e me contratou para fazer as fotos. Eu disse que deveríamos ir até a 57th Street com a 6th Avenue, onde o trem B chegaria vazio à estação e ficaria parado por uns 20 minutos. Fazíamos a foto, descíamos e esperávamos pelo próximo trem para fotografar de novo. O Monte me disse que o Marky era um alcoólatra e que ele seria chutado da banda. Então tive que fazer umas fotos em que o Marky estava sozinho olhando pela janela e o Joey, o Johnny e o Dee Dee estavam sentados entre as portas.

**Marky:** Eles ficavam falando para eu me sentar na janela, longe dos outros caras. Gostei da foto, mas sabia que tinha alguma coisa. Fui para casa e, uma semana depois, recebo uma ligação do Joey e do Dee Dee dizendo "Mark, não podemos ficar mais com você na banda. Você fodeu tudo. Você devia tentar conseguir ajuda", o que eu fiz. Naquele ponto, fiquei aliviado porque não precisava mais lidar com a contínua animosidade entre o Joey e o Johnny ou com as besteiras do Dee Dee, que era viciado em cocaína e fumava maconha sem parar. Então, agora eu tinha todo o tempo do mundo para beber. Fechei as cortinas, não atendia o telefone e comecei a beber.

**Monte:** O nova-iorquino Richie Reinhardt [também conhecido como Richie Beau] tocava no The Shirts e no Velveteens e namorava essa garota, Annie Golden, vocalista do Shirts e uma das estrelas do filme *Hair*. Ele era um cara agradável e nos dávamos bem. Sempre pontual, sem drogas, sem problemas. Um alívio se comparado ao comportamento do Marky antes de ser chutado. Além disso, era um ótimo baterista. Ele estava na banda havia algum tempo e tudo estava bem. Ele fez sua estreia em um show em Utica, Nova York, em 1983. Ele gravou três discos – *Too Tough to Die*, *Animal Boy* e *Halfway to Sanity* – e fez cerca de 400 shows, então ele certamente deixou sua marca na banda. Tivemos bons momentos.

**Joey:** Pelo que eu entendo, ele salvou a banda. Ele [foi] a melhor coisa que aconteceu com os Ramones. Ele trouxe a alma de volta à banda.

**Bubbles:** O Richie era um cara muito legal. Ele gostava de golfe. Era calmo, fazia o que tinha que fazer e, se alguma coisa quebrasse, ele ria e levava numa boa. Entretanto, acho que ele nunca saiu com o resto da banda.

**Ed Stasium (Produtor, engenheiro):** O Richie era um baterista de jazz. Não achava que ele se encaixava na banda.

**Little Matt:** O Richie era o tipo de cara que ficava com a equipe porque sabia que ele não era realmente visto como um integrante da banda. Ele era um funcionário e não ganhava tanto quanto os outros. Aquilo o deixava chateado. No fim da turnê, o Johnny saía com um bolo de notas de cem e o Richie com uma mixaria. O Richie queria mais dinheiro porque seu nome estava na camiseta. "Vamos simplesmente tirar a porra do seu nome da camiseta. Eles não compram a camiseta só porque está escrito 'Richie'." E foi isso que disseram para ele. Ele sempre estava arrasado por dentro. Ele pensou que compor músicas ajudaria, mas na verdade, não.

**Johnny:** Não tinha o que reclamar do cara. Bom baterista, cantava, escrevia músicas. Ele não batia na bateria como os bateristas costumam fazer.

**Little Matt:** O Richie e eu estávamos jogando pinball e apostando cerveja, num pub na Bélgica, antes de um show. Estávamos bêbados. Esse garoto tinha uma mobilete e o Richie perguntou se podia andar nela. Ele sai andando por um campo, acerta um buraco de toupeira, sai voando e fode sua mão. Eu estava morrendo de rir. O Johnny disse: "Você tem que tocar".

**Monte:** Por sorte, tinha um médico que o enfaixou e ele tocou assim mesmo. Ele tinha que tocar. Era um festival grande. Ele quase não terminou o show. Ele era um guerreiro e se manteve quieto, então conseguiu escapar da fúria do Johnny. Como ele não era um drogadinho, o Dee Dee também raramente o aterrorizava. Geralmente, ele se sentava no fundo e assistia às faíscas voando entre os outros caras. Ele e sua namorada Annette se casaram durante a turnê e, depois disso, ele começou a ficar um pouco mais ciente de sua situação. Ele provavelmente começou a pensar mais sobre seu futuro e então percebeu que ele nunca seria um sócio igualitário nos Ramones e que eles não dariam suas merecidas recompensas. Por fim, o Richie e a banda tiveram uma discussão sobre merchandising. O Richie sentia que deveria receber uma parcela maior e ele estava certo. Pelo amor de Deus, o nome dele estava na camiseta! Dê a ele uma parcela. Além disso, o salário dele era menor do que de todos os outros.

**Johnny:** Ele veio falar comigo alguma coisa sobre dinheiro. Eu disse: "O que você está me pedindo é muito". De repente, ele volta querendo um aumento ainda maior. Achei que ainda estávamos negociando. Acredito que o que aconteceu foi que o Joey estava em algum bar e disse a algumas pessoas, enquanto estava bêbado, que íamos tirar o Richie da banda. Não íamos fazer isso.

**Monte:** Ele não estava feliz com a porcentagem que recebia e com a maneira que eles dividiam o dinheiro. Eles eram rígidos e não iam se mover um milímetro. Ele não era um membro original, é verdade, mas eles poderiam ter sido melhores com ele na questão da divisão. Ele simplesmente não estava feliz. Estávamos tocando no clube Jag, em East Hampton, em 1987 e, enquanto a banda estava tocando, essa enorme limusine estacionou em frente a entrada do backstage. Quando eles terminaram de tocar e foram em direção ao camarim, o Richie saiu do palco e foi direto para a saída, entrou na limusine e foi embora em meio a uma nuvem de poeira. Essa foi a última vez que o vimos. Nenhum aviso, nada. Tínhamos grandes shows pela frente no Ritz, e tentamos fazê-lo tocar, oferecemos mais dinheiro, mas não [adiantou].

**Little Matt:** Eles finalmente cederam e dariam o que ele queria para fazer aqueles shows no Ritz, tipo 500 dólares por noite ou coisa assim, mas ele já não conseguia mais encará-los. Uma vez, eles disseram que iam fazer os shows com outro baterista para não ter que cancelar. Ele não podia encará-los.

**Monte:** Gostava do cara, mas o que ele fez foi errado. Você não sai quando tem shows para fazer. Acho que ele pensou: "Me ferraram, então vou ferrar vocês. Que se foda". Então eles tiveram que cancelar alguns shows enquanto procuravam por outro baterista.

**Arturo:** Ele desertou, pura e simplesmente.

**Monte:** O Richie lavou suas mãos para aquilo tudo, tanto que ele nem foi pegar seus royalties por quase uma década. Ele tinha cheques acumulando no escritório do Ira e ninguém nem sabia onde ele morava para enviá-los pelo correio. Eles ficaram lá por anos.

**Gary Kurfirst:** Ele sentia que era um compositor e parte integral da banda, mas não era aceito como um membro da banda. Ouvi do Joey que a namorada dele queria que ele saísse da banda.

**Monte:** O Richie escreveu "Human Kind" e a não lançada "Smash You" no *Too Tough to Die*; "I'm not Jesus" e "I Know Better Now" no *Halfway to Sanity*; e "Somebody Put Something in my Drink" no *Animal Boy*.

**Clem:** [Eles] me ofereceram a vaga de baterista dos Ramones antes do Marky, quando Tommy estava saindo. Na época, tive uma reunião com o Gary Kurfirst em seu escritório, mas disse: "Estou no meio de um lance com o Blondie". Na segunda vez que me ofereceram o trabalho, foi quando voltei da estrada depois de uma turnê com o Eurythmics em 1987. O Richie tinha acabado de sair e eles tinham shows para fazer no Ritz. Eu disse que estava dentro. Quando comecei a me envolver, pensei: "Sim, isso pode ser bem legal". Falei com o Gary que não ia fazer isso de maneira permanente; só até acharem outra pessoa.

**Monte:** Quando o Richie saiu, o nome do Clem Burke apareceu imediatamente. O Gary disse: "Você pode colocar qualquer um para tocar essas músicas". Ah, claro!

**Clem:** O Gary disse que seria fácil, mas eu sabia que não seria assim. Sabia que os Ramones não eram fáceis. O Tommy foi uma grande influência para mim quando o via tocar no CBGB. As músicas não eram tão fáceis de tocar e o Tommy definitivamente tinha um jeito para a coisa. Isso tem muito a ver com o fato de ele não ser um baterista. Tocar bateria não era a vida dele. Ele só estava tentando fazer parte da banda, fazê-la funcionar e manter a batida.

**Andy Shernoff:** Você pensa que as músicas são muito fáceis de tocar, mas existem sutilezas no jeito que eles tocam. Ninguém consegue fazer uma guitarra soar como o Johnny.

**Clem:** Todas as músicas deles são como trava-línguas, então uma batida no prato na hora errada é um desastre. Eles eram bem fanáticos com isso. Meu estilo está mais relacionado ao jazz. Eu meio que me entrego mais ao momento. Sou mais influenciado por Keith Moon ou Elvin Jones. Não acredito em necessariamente tocar exatamente a mesma coisa na mesma hora todas as vezes. Em uma performance ao vivo, isso pode ser extremamente entediante. Não sei se conseguiria fazer aquilo continuamente sem nenhuma improvisação ou variação sobre o tema. Mas foi isso que os fez ser o que são.

**Monte:** O Clem era um bom amigo e um ótimo baterista. Ele apareceu na cena junto com a gente e adorava a banda. Ele queria ser um Ramone desde o início. Ele pegou sua jaqueta de couro e fizemos um teste com ele. Mas ele só fez dois shows e simplesmente não funcionou. Não foi culpa dele. Ele era um outro tipo de baterista.

**Chris Stein:** O Clem é o Sr. Firula. Ele não consegue tocar tão reto quanto os Ramones. Seu estilo é todo explosivo, que é exatamente o oposto do que eles querem.

**Clem:** Eu provavelmente era um músico melhor do que eles estavam acostumados e não sei se, na verdade, eles poderiam me acompanhar, para ser sincero. O Dee Dee era demais, mas ele não tocava o baixo com precisão. Ele estava interpretando quando estava em cima do palco, o que eu entendo, porque é como eu me sinto quando estou tocando. O Johnny gostava das coisas sendo exatas. Essa é a sua visão, seu conceito.

**Johnny:** O Dee Dee estava ficando louco. "Precisamos ter o Clem na banda!"

**Clem:** Eles me deram umas fitas, mas nunca ensaiei com eles. Foi um batismo de fogo. Eu tinha as fitas. Tinha as músicas. Sou muito ligado à química da banda, mas naquela época a banda não tinha química. Eles se odiavam. Aquilo criou uma anti-química. Talvez aquilo fosse parte do charme deles.

**Monte:** Ele realmente não se encaixou. Ele vinha com seu cartão American Express Platinum, colônia e ternos Armani e então colocava a jaqueta de couro e subia ao palco.

**George DuBose:** Uma vez que ele estava na banda, eles decidiram fazer uma sessão para novas fotos de divulgação. O Clem chegou usando jeans preto e uma camiseta Chanel com aqueles dois Cs dourados. Eu falei: "Clem, você sabe com que banda está sendo fotografado? Você vai usar essa camiseta?". Ele trocou a camisa.

**Clem:** Havia uns repórteres para entrevistá-los e eles me disseram: "Você faz as entrevistas. Você fala com eles". Naquela hora, todos nós conversamos.

**Ida Langsam (Relações públicas):** Foi um trabalho corrido. Eles estavam todos desconfortáveis com os outros porque estavam tentando incorporar o Clem rapidamente ao negócio. Ouvi uma parte da discussão sobre qual seria o nome dele. Ele não podia ser Clem Burke porque todo mundo era Alguma Coisa Ramone. Clemmy Ramone soava idiota, então eles iam chamá-lo de Elvis Ramone.

**Clem:** Então fizemos alguns shows desastrosos e foi isso. Tive a sensação de que o Johnny não estava muito satisfeito com o resultado.

**Chris Stein:** O Johnny me disse: "Fiquei o show inteiro olhando para os meus pés e pensando 'Minha carreira acabou'".

**Johnny:** Me senti mal. Ele é um cara tão legal. Só não estava funcionando.

**Clem:** Foi muito prematuro. Fui convidado numa segunda-feira e, na outra semana, estava na *Rolling Stone* e fiquei tipo "Opa!". Gostaria que tivéssemos ensaiado. Me importo muito com ensaio e pré-produção. Para o Johnny, tocar guitarra é como cortar madeira – sempre que não é necessário, ele não faz. Se tivéssemos entrado em uma sala e ensaiado como uma banda por (digamos) uma ou duas semanas, as coisas teriam sido muito melhores para todo mundo. Obviamente, isso não ia acontecer, sendo que as pessoas na banda não se falavam. Nessa época, o Marky estava sóbrio e isso criou um ambiente para que ele voltasse.

**Monte:** Ao mesmo tempo em que ele estava tocando, chamamos o Marky de volta e estávamos ensaiando escondido com ele. Eles não queriam contar para o Clem, porque ele era um cara muito legal.

**Clem:** O Monte me contou. Ele me ligou e disse que iam usar o Marky de novo. Ele me deu algum dinheiro e foi isso. Foi agridoce. Eu gostei de tocar com eles. Sentia que não estávamos preparados como uma banda para ir e fazer shows quando fizemos. Não tenho ressentimentos quanto a isso. Foi muito interessante ver o outro lado.

**Little Matt:** De repente, o Marky está de volta e sóbrio. A melhor parte é que ele era a mesma pessoa, a mesma personalidade.

**Tim McGrath:** Um dos momentos mais poderosos da banda foi quando o Marky voltou. O Marky é o baterista dos Ramones por excelência. Esse cara é uma casa de força.

**Marky:** O que me fez parar de beber em 1983 é que eu estava dirigindo [bêbado] e apaguei ao volante. Em vez do meu pé estar no freio, ele pressionou o acelerador e fui direto para a porra da vitrine de uma loja. Isso era às três da tarde e as colegiais católicas uniformizadas estavam saindo da escola para pegar o ônibus. Poderia ter matado alguém. Estava dirigindo de chapéu, camisa havaiana e anzóis. Parecia um maníaco. Não tinha carteira, nem documentos, nem nada disso, então dei o cartão do meu corretor de seguros para o policial. Fui a júri e o juiz disse: "Não importa o que você fez, não vai poder dirigir por dois anos". Por sorte, o seguro da loja pagou pelos danos. Comprei outro Cadillac logo depois disso. Pouco depois, o Little Matt e eu estávamos chapados, dirigindo pela Ocean Avenue no Brooklyn. Quando percebi, a fiação da ignição fez uma faísca. Perguntei para o Matt, "Você deixou um cigarro cair?". Pulamos fora e o carro foi consumido por chamas. Parecia um carro atacado pela máfia, ardendo em chamas.

**Little Matt:** Até hoje não sei se eu tinha deixado cair uma cinza do meu cigarro no banco do carro ou não.

**Marky:** Nesse ponto, eu disse: "Vou me afastar por um tempo". Fui para esse lugar em Long Island por duas semanas. Sentia-me bem, mas saí e comecei a beber novamente. No fundo, sabia que havia algo que poderia me ajudar. Então tentei parar por conta própria. Fui para a casa dos meus pais, olhei para o quintal e vi essa forma aparecer. Era a porra de um dinossauro e ele vinha sorrindo na minha direção. Eu virei a cara para esfregar a porra dos olhos e ele ainda estava lá. Saí correndo da casa dos meus pais, fui para a minha casa e me escondi debaixo das cobertas. Tudo que eu via eram insetos, cobras e animais voadores. Então me afastei novamente por um tempo e, finalmente, me livrei daquilo.

**Monte:** O Marky sabia que precisava fazer alguma coisa. Essa era uma oportunidade que ele teve e, apesar de ter levado um tempo, ele se recuperou. Quando ele mudou, não dava para acreditar porque ele estava muito envolvido naquilo. Ele realmente mudou de vida. Ele percebeu o quanto estava fodido e entrou para o AA e levou a sobriedade a sério. Eles perceberam que ele tinha mudado de vida e isso foi ótimo. Então, plim-plim, ele está de volta ao grupo. Conversei com ele algumas vezes enquanto ele estava no King Flux com o ex-guitarrista dos Plasmatics, Richie Stotts. Eles eram uma banda de heavy metal que dava mais abertura para seu estilo e ele estava tocando muito bem.

**Marky:** A namorada do Richie Ramone era minha amiga e me disse que ele havia saído. Liguei para o Monte para descobrir o que tinha acontecido e, então, tive uma reunião com o John. Voltei para a banda, mas agora o Joey estava bebendo e cheirando coca. O Joey e o John definitivamente não estavam conversando nessa época e não sei em que planeta o Dee Dee estava. Ele estava envolvido com drogas psicoativas, maconha, usando uniformes Adidas, tênis e correntes de ouro. Ele estava em sua fase rap.

Clem (Elvis), Johnny, Dee Dee e Joey, 1987. (Foto George DuBose)

# 8.
## HEY HO LET'S GO
### – DROGAS, BIRITAS E TROTES

Como toda banda, os Ramones gostavam de se divertir na estrada e se envolver nas mais loucas desventuras e trotes ao longo do caminho. Apesar de Johnny e Monte serem extremamente corretos, Joey, Marky e CJ adoravam sair para beber e farrear, e Dee Dee era um furacão de drogas e álcool. Eles passaram tempo com uma abundância de celebridades, estrelas do rock, freaks, esquisitos e groupies ao longo dos anos, e cruzaram com todo tipo conhecido de substância nesse processo. Além das escapadas noturnas e das atividades ilegais, a banda e a equipe acharam outro jeito de aliviar o estresse da estrada – trotes. Como alunos desregrados da quarta série, os Ramones e companhia gostavam de nada mais que orquestrar uma boa brincadeira e assistir à queda da vítima. Infelizmente, Monte geralmente era o alvo das brincadeiras da banda e, como em seus instrumentos, após anos e anos de turnês, eles se tornaram profissionais.

**Monte:** Tem um motivo para aquela frase 'Sexo, Drogas e Rock 'n' Roll'. Obviamente, é um bando de caras, então todos querem fazer sexo, seja com as namoradas ou com groupies. Drogas praticamente fazem parte do caminho na estrada e quase todo mundo quer usá-las o máximo que pode. Mas estamos todos aqui por um motivo – a música – e era isso que a banda mais levava a sério.

**Marky:** Havia muitas drogas com a equipe. Cocaína, Quaaludes, maconha, bebida.

**Monte:** Como a maioria das equipes de estrada, a equipe dos Ramones era formada basicamente por maconheiros. Nada demais, certo? Bem, mais tarde, descobri que eles estavam contrabandeando drogas para outros países, nas partes ocas dos pedestais de bateria. Cara, se soubesse que aquilo estava rolando, teria matado todos eles. Poderíamos ter a turnê inteira cancelada por causa disso. O Dee Dee pelo menos tinha a delicadeza de me pedir para conseguir umas paradas para ele quando chegasse aos lugares. Eu conversava com o promoter e organizava para que ele levasse algumas drogas quando fossem nos buscar. Mas a equipe não queria esperar: eles queriam ter suas drogas assim que chegassem ao show.

**John Giddings:** Uma vez, o Monte me levou ao Mudd Club em Nova York. Fiquei chocado quando entrei no banheiro e havia mulheres cheirando cocaína nas privadas.

**Monte:** Quase todo mundo usava coca. Eu não gostava de Quaaludes, pílulas ou nada disso. Talvez um pouquinho de maconha. Fico feliz de ter sobrevivido àquilo. Com todas aquelas viagens que tinha que fazer, o que você faria a não ser dar uma cheiradinha e pisar fundo? Uma vez, estava muito doido de pó, era 1h da manhã, tinha 15 pessoas na van e eu pensei: "Ai, caramba, se acontecer alguma coisa comigo, vou matar todo mundo". Então parei com aquilo. Estamos falando de dois mil shows. Eu não teria sobrevivido se farreasse toda noite. Não conseguiria. Era minha responsabilidade garantir que a equipe chegasse, que a banda chegasse e que tudo estivesse bem. Eu era responsável. Era um grande trabalho. Mas com a banda, bem, a história é diferente.

**Johnny:** Eles faziam coisas pelas minhas costas porque sabem que eu sou antidrogas e tudo mais. As pessoas escondiam as coisas de mim. Vejo pessoas usando drogas e bebendo quando a carreira delas está em jogo. Todos eles recebem essa única chance na vida de ter sucesso.

**Clem:** O Johnny costumava nos dar sermões sobre não ficar chapado antes dos shows no CBGB. Estávamos em um carro estacionado em frente ao CBs e ele dizia: "Vocês não deviam fazer isso, vocês vão ter que tocar".

**Johnny:** Temos que encarar isso como um trabalho. Temos que estar o mais sóbrio possível e trabalhar duro, não decepcionar os fãs.

**Monte:** O Dee Dee fumava muita maconha. Assim como a equipe. Quando íamos ao Canadá, sempre revistavam a van com cachorros. O Dee Dee sempre deixava a maconha com ele e não a jogava fora. Então o que fazíamos? Descíamos na última parada antes de atravessar a fronteira e o Dee Dee enfiava sua maconha em alguma árvore próxima, indo para os fundos. Íamos para o Canadá, tocávamos e voltávamos, desenterrava a maconha e voltávamos felizes para casa. Claro, enquanto estávamos no Canadá, ele conseguia mais maconha. O Dee Dee era sempre um maníaco. Ele desaparecia depois dos shows, saía por aí e ficava chapado com todos os tipos de drogas. O Joey também gostava muito de festas. Ele adorava beber. O Marky era um alcoólatra. O Tommy e o Johnny não eram muito de festas. O Johnny sabia o que estava acontecendo. Para manter a banda por todos aqueles anos, ele precisava ter todas aquelas regras que ele tentava reforçar, apesar disso ser difícil com o Dee Dee. O Johnny não dava atenção às suas besteiras. O Dee Dee ouvia o Johnny. Ele não tinha medo do Johnny, mas o Johnny era o chefe.

**Arturo:** O Tommy dizia que eu deveria aprender a tocar baixo, caso o Dee Dee tivesse uma overdose.

**Little Matt:** O Dee Dee era tão mão de vaca, cara. Se tínhamos coca, o Dee Dee perguntava: "Posso cheirar uma carreira?". Fazíamos cinco carreiras e o Dee Dee ia cheirar a dele e acabava com as cinco. "Opa, sem querer." Então começamos a fazer coisas como o jogo "Vamos ver quanta coca conseguimos esconder do Dee Dee". Ele era muito irritante.

**Johnny:** Quando o vício do Dee Dee foi ficando mais sério, o problema ficou pior. Teve um momento, bem no início, em que ele estava sóbrio durante os shows, mas ele começou a aparecer chapado de pílulas ou bêbado. No começo estávamos sóbrios o tempo todo, pelo menos quando fazíamos um show. Mas mesmo quando estava muito mal, o Dee Dee sempre tocava. Ele nunca cancelava. O Dee Dee esteve na estrada com hepatite e ainda assim tocou bem.

**Little Matt:** O Dee Dee era um cara tão festeiro que nós às vezes nem queríamos sair com ele. Por exemplo, em Nova Orleans, terminamos relativamente cedo e voltamos para o hotel às 23h. O Richie, o Joey e eu íamos sair pela cidade quando ouvimos uma batida na porta. Olhei pelo olho mágico e vi que era o Dee Dee. Então o Joey e o Richie foram para a varanda e fingiram que não estavam lá. Eu tirei minhas roupas, desfiz a cama e, quando o Dee Dee entrou, ele disse: "Ei, Matt, o que você está fazendo?". "Ah cara, estou cansado e vou dormir." Me livrei dele. Assim que ele foi embora, saímos de bar em bar. De repente, lá está o Dee Dee em um dos bares. Por sorte, ele estava tão fora de si que eu acho que ele nem percebeu que nós mentimos e o abandonamos.

**Monte:** Além das drogas que ele usava por conta própria ao longo dos anos, mais para o final ele também estava tomando remédios para seu desequilíbrio químico, depressão e remédios para acabar com a dependência de outras drogas! Ele tomava remédios para acalmá-lo, remédios para parar de beber, quatro tipos diferentes de drogas psicotrópicas para estabilizá-lo, dentre outras. Uma vez, em Liverpool, ele estava tomando tantos remédios que ele se perdeu. Ele entrou surtando no quarto do hotel com as mãos cheias de comprimidos. Ele as jogou para cima e havia pílulas espalhadas por todo o quarto. Mas nada funcionava. Nada o mantinha estável. Num minuto, ele era um cara legal e, então, se transformava num monstro e, então, em um gênio no minuto seguinte. É assim que ele era. Ele escrevia 20 canções de uma vez. O que quer que ele fizesse, ele fazia intensamente.

**Tommy:** Na verdade, a banda era um lugar muito bom para o Dee Dee porque nós o mantínhamos sob controle, com uma disciplina rígida a maior parte do tempo. Ele tinha que sair e fazer suas coisas por conta própria.

**Monte:** As drogas não eram a única coisa que os caras tinham para se distrair na estrada.

**Warren Cohen (Motorista da van):** O Johnny adorava dar trotes. Uma vez, ele colocou camisinhas sob o queijo de uma pizza. O técnico de bateria do Marky, Charlie, que era o cara mais simpático do mundo, chegou e pediu uma fatia. Observamos com horror quando o Charlie mordeu e começou a mastigar a borracha, lentamente percebendo que havia algo muito errado. Ele cuspiu e ficou muito nervoso e a banda rachando de rir. O John adorava rir da desgraça dos outros, mas eram só coisas inofensivas.

**Marky:** O Dee Dee fumou charutos por um tempo. Ele os enfiava em sua bunda, e os jogava para que os roadies pegassem. Eles pegavam, cheiravam e tinham cheiro de merda.

**Johnny:** Eu passava trotes no Marky também, mas ficava entediado porque ele não sabia onde estava. Eu dizia: "Não dê baixa no hotel, vamos ficar aqui até amanhã". Ele pensava que tudo que eu falava era mentira, então ele dava baixa no hotel e descia com suas malas. Ele fazia o oposto de qualquer coisa que eu dissesse. Ele pensava que eu estava fazendo uma brincadeira com ele. Eu estava. Ele ainda não sabia disso, e achava que estava sendo mais esperto do que eu.

**Gene the Cop:** O Marky era um cara ótimo. Em toda turnê que fazíamos, eu dizia para ele: "Você tem que falar com o Monte sobre o reembolso da sua passagem de avião". Ele dizia: "Monte, tenho que pegar o reembolso da minha passagem. Eu quero o dinheiro". Depois da quinta vez que ele repetia, o Monte dava um tapa e dizia "Quantas vezes você vai cair nessa? Estamos dirigindo do Canadá para Nova York. Não vamos de avião! Por que você ainda escuta esses caras? Eles estão brincando com você como se fosse um brinquedinho de lata". Quando vinha a próxima turnê, fazíamos a mesma coisa de novo.

**Monte:** O Marky nunca sabia em que cidade ele estava. Estávamos em Cleveland e dizíamos a ele que estávamos em Detroit, e ele nunca saberia dizer. Ou ele estava fora de si ou não se importava.

**Gene The Cop:** Na Carolina do Norte, tem um lava-rápido de topless. O Johnny e eu decidimos ir, mas não contamos ao Marky. Quando paramos, o Marky acordou. "Meu Deus, essas garotas estão de topless." O Marky saiu correndo e pegou umas notas de 1 dólar para dar para as garotas. Não conseguíamos tirá-lo de lá.

**Marky:** Eu era o garoto do bico de frango. Eu pulava em cadeiras e mesas, arqueava as costas e abria meus braços como uma galinha. Todo mundo no lugar rachava de rir.

**Monte:** O Marky era um cara divertido e tinha uma ótima personalidade. Em seus dias de bebedeira, ele ficava louco. Teve uma época em que a banda apostava que o Marky comeria qualquer coisa e ele comia. Ele devorava baratas e formigas em apostas.

**Marky:** Apostava com as pessoas que eu poderia comer qualquer tipo de inseto – baratas ou qualquer coisa que aparecesse. Percevejos eram bons. Pegava uma mosca com a mão e comia. Pegava um inseto e dizia: "Ei, pessoal. Acham que consigo comer isto?". "Não, você vai passar mal", eles diziam. "Quanto vocês querem apostar?" Então pegava o dinheiro deles e comia o bicho. Não me importava. Nunca fiz isso quando era criança. Foi só mais tarde que descobri que comer insetos era divertido.

**CJ:** Ele estava comendo insetos no Havaí por 5 dólares cada. Uma vez, achei um besouro em um monte de merda e tinha filhotes nele. Levei até ele e disse "Se comer isso, te dou 50 pratas". Ele disse, "É? Arrume mais umas pessoas para dar mais 50 pratas". Quando o Monte ficou sabendo, ele disse: "Estão malucos? Se ele comer isso e passar mal, não vai conseguir fazer o show!".

**Gene The Cop:** Um dia, eu disse: "Marky, que tal um pouco de comida de gato? Você comeria comida de gato?". O Marky falou: "Claro". Então saímos e compramos a comida de gato mais nojenta que achamos, com moela e fígado de galinha. O Marky comeu, mas, mais tarde, quando estava no palco tocando, seu estômago começou a incomodar. Mais tarde naquela noite, ele cagava um vermelho vivo porque a comida não bateu bem.

**Marky:** Chamávamos o Monte de 'Lamby' [Cordeirinho] porque o John tinha um amigo chamado Lamby e fazíamos o som de ovelha bem alto. Quando o Dee Dee fazia, ele ficava maluco, surtava e ameaçava de nos jogar para fora da estrada. Rachávamos de rir.

**Vera:** O Dee Dee e o Marky começavam fazendo todo tipo de barulhos de ovelha. Não sei como o Monte aguentava. Eles faziam olhos de ovelha e de cordeiro e faziam "Baaaaaaa. Baaaaaaa". O Monte ficava gritando "Parem com isso! Parem com isso!". Eles eram homens crescidos. Era do-

entio, mas era muito engraçado. Eles o colocavam no limite.

**Little Matt:** O Johnny colocava algo em cima da porta para que, quando abrisse, acertasse o Monte na cabeça. Eu tive essa ideia idiota de colocar mel nos números da senha de sua maleta e ele ficou bravo comigo. Ele disse: "Não mexa com os números".

**Monte:** Comecei a levar algemas comigo. Algemava minha maleta à pia ou a um cano quando não queria carregá-la. Algumas garotas devem ter pensado: "O que esse cara está fazendo?".

**Johnny:** No Japão, compramos uma enorme cabeça de peixe e o Marky disse: "Vamos colocá-la no quarto do Monte". Dissemos à arrumadeira que havíamos deixado algo no quarto e o Marky a colocou na mala do Monte. Eu disse: "Marky, isso é maldade. Você não pode fazer isso com as roupas dele. Por que não coloca embaixo do travesseiro?". Ele foi e colocou embaixo da pia e pôs um cigarro na boca dela.

**Monte:** Então é por isso que minhas roupas ficaram cheirando a peixe durante um tempo. Não conseguia descobrir o porquê. Qual a diferença entre um empresário de turnê e um assento sanitário? O assento sanitário só tem que lidar com um cuzão de cada vez!

**Arturo:** Tudo que eles faziam era quase infantil, mas podia te irritar. Eles nunca faziam nada totalmente malvado, mas talvez cruel de uma maneira infantil. Nada violento, no entanto. Não havia ódio envolvido. Eles eram implacáveis.

**Monte:** Os caras da equipe também adoravam fazer brincadeiras. Uma das mais conhecidas foi o 'No Melnicks'. Acho que alguém estava bravo comigo e decidiu escrever 'No Melnicks' num papel e colocá-lo na porta do quarto, como se eu não estivesse autorizado a ir lá. Pouco depois, em todo clube que íamos via isso escrito nos camarins, banheiros e outros lugares estranhos. Alguém da equipe escrevia isso em algum lugar obscuro para ver quanto tempo eu demoraria para perceber. Uma vez, estava no teto, a uns 6 metros de altura!

**John Markovich:** Eu escrevi isso no papel higiênico do quarto do Monte e o enrolei de volta para que ele não percebesse até a hora em que estivesse limpando. Ninguém sabia quem era, mas fui eu quem fez isso.

**Monte:** Por fim, a banda entrou na brincadeira e achou que era demais, então colocaram no clipe de "I Wanna Live". No vídeo, as palavras 'No Melnicks' aparecem no Diamond Vision Screen da Times Square. O Richie também tinha um pequeno cartaz escrito 'No Melnicks' em frente ao bumbo no clipe de "Something to Believe In". O diretor Bill Fishman também aparece correndo na minha frente no clipe de "I Wanna Be Sedated" com um cartaz 'No Melnicks'. Eles adoravam dificultar as coisas para mim. Eu era tipo a válvula de escape para a equipe e a banda. Faz parte do meu trabalho, é para isso que estou aqui.

**Mickey:** Não gosto da maneira como o Monte foi tratado durante todos aqueles anos, como ele foi mandado pelo Johnny. Todos se aproveitavam do fato de que o Monte aceitaria tudo que eles fizessem. Por que ele fazia isso? Às vezes, eu ficava bravo com ele por isso, mas ele aceitava o abuso.

**Monte:** Em tantos anos de turnês com os Ramones, também conhecemos muita gente interessante, desde fãs desagradáveis até rock stars e celebridades impensáveis. O Georgia Terrace Hotel era o famoso hotel onde ficávamos em Atlanta quando tocávamos no Agora Ballroom. Fica em frente ao Fox Theater, onde foi a estreia de ...E o vento levou, o mesmo hotel onde todo o elenco ficou. Num show no Agora em 1983, Amy Carter[6] veio nos ver na passagem de som. Ela era uma fã. Seus agentes secretos vieram, analisaram o local, falaram comigo e, então, a apresentaram à banda. Ela ficou com eles no camarim e assistiu ao show.

**Joey:** Aposto que a coleção de discos da Casa Branca ficou bem melhor depois disso.

**Monte:** Uma das maiores celebridades que já ficaram com a banda foi ninguém menos que The Boss em pessoa, Sr. Bruce Springsteen. Estávamos tocando no Fast Lane, em Asbury Park, em 1978 e, assim que a banda subiu ao palco, fui andando até o fundo do bar e ali estava o Bruce Springsteen sentado sozinho assistindo ao show. Imaginei que ele ficaria ali por umas três ou quatro músicas e iria embora, já que é preciso ter um certo gosto para a banda, mas ele ficou o show inteiro e adorou. No fim da noite, ele ainda estava no bar,

então fui até ele e perguntei se ele queria ir ao camarim conhecer a banda. Eu o levei e o Joey disse, "Ei, por que você não escreve uma música para nós?", e ele escreveu.

**Daniel:** No dia seguinte, o Bruce escreveu uma música para os Ramones chamada "Hungry Heart". Ele a tocou para seu empresário, John Landau, que disse "Você está maluco. Isso é bom demais". Foi o primeiro single nº 1 do Springsteen.

**Monte:** Estávamos em Wilmington, Delaware, tocando nesse clubezinho de merda chamado Mad Monk, e a Julia Roberts e o Kiefer Sutherland estavam na cidade filmando Linha Mortal. Era noite de folga deles e eles estavam namorando, então eles vieram ao show.

**Rick Johnson (Fã):** Eu estava ali no mezanino. Olhei para baixo e percebi o Kiefer sentado ali com essa garota em seu colo, olhando para o outro lado. Fui até lá e disse "Oi, sou Rick Johnson, um amigo dos Ramones", mas é claro que eu não era naquela época. Ele disse que era um grande fã e que adoraria conhecê-los, quando essa garota se virou e era a Julia Roberts. Isso foi logo antes de Uma Linda Mulher, então ela ainda não era tão conhecida. Ela disse: "Também quero conhecer os Ramones". Fui até o andar de baixo e disse ao Monte que a Julia e o Kiefer estavam no andar de cima e que queriam conhecê-los. Ele disse para levá-los ao camarim antes do show. Ela estava de olho no CJ.

**CJ:** Eles vieram ao camarim e eu estava trocando de roupa para o show, então estava sem camisa. Foi estranho. O Kiefer parou para falar com o Johnny, e a Julia se virou e veio direto na minha direção. Ela ficou falando sobre minhas tatuagens e as mãos dela estavam em mim. Eu fiquei tipo "O-lá!". A convidei para um bar na vizinhança depois do show, onde eu estaria com a equipe, relaxando depois de tocar. Ela disse que talvez chegasse tarde, porque teria que dispensar o Kiefer primeiro. Agora as coisas estavam ficando interessantes. Ouvi dizer que ele é um alcoólatra notável, então acho que ela sabia que no fim da noite ele estaria destruído e ela teria que ficar de babá. Então subimos ao palco e os vi na frente durante a primeira música, "Durango 95", quando um skinhead enorme acertou o Kiefer na parte de trás da cabeça. A última coisa que vi foi a Julia o ajudando a ir embora. Pensei: "Bem, acho que não vou vê-la hoje à noite".

[6] Filha de Jimmy Carter, ex-presidente dos Estados Unidos (1977-81) e Prêmio Nobel da Paz (2002).

# 9

# TUDO (E MAIS UM POUCO)
## – JOEY E JOHNNY

Joey Ramone sempre foi um personagem excêntrico. Ele tinha uma aparência peculiar, agia de modo estranho e falava de um jeito engraçado. A maioria das pessoas dizia: "Ah, o Joey é assim". Mas aqueles que eram próximos a ele sabiam que havia algo mais, algo mais profundo. Ao longo de sua vida, ele se sentiu obrigado a repetir as coisas, a levar adiante pequenas ações que só ele parecia perceber. Se ele tocasse algo, precisava tocá-lo de novo. Se entrasse por uma porta, precisava sair por ela novamente. Se movesse algo, precisava colocá-lo de volta no lugar. "Joey é assim." Isso deixava Johnny maluco. Isso deixava Monte maluco. Algumas pessoas pensavam que ele era retardado, outras simplesmente pensavam que ele estava agindo como uma diva, mas seus amigos sabiam que havia algo dentro de seu cérebro que o fazia agir daquele jeito, mas ninguém tinha um nome para isso. "Joey é assim."

Transtorno Obsessivo-Compulsivo (TOC): Um transtorno de ansiedade caracterizado por obsessões ou compulsões recorrentes e persistentes. Obsessões são ideias intrusivas, pensamentos ou imagens que são sentidas como sem sentido ou repugnantes. Compulsões são comportamentos repetitivos e sem propósito aparente, os quais o indivíduo geralmente reconhece como sem sentido, e dos quais o indivíduo não tem prazer, apesar de aliviar a tensão.

(Foto Aime Josephs)

As pastilhas para garganta Olbas eram um dos muitos rituais de turnê do Joey

**George Seminara:** Muitas vezes, quando você encontra estrelas de cinema ou artistas, eles nunca são o que você quer que eles sejam. O Joey era o mais próximo daquilo que qualquer um iria querer que seu herói do rock fosse. Ele era aconchegante e amigável, mas ainda assim um rock star.

**Monte:** Ele andava pela vizinhança o tempo todo e era uma verdadeira celebridade. Em Nova York, ele era como um herói, todos o amavam. Você poderia andar ao seu lado na rua e ele conversaria com você. Algum estranho poderia aparecer e dizer 'Oi' e ele teria uma conversa de uma hora com ele se você não o tirasse dali. Esse é o tipo de cara que ele era.

**Kevin Patrick:** De muitas formas, o Joey era a pessoa que você espera ou quer que ele seja. Ele era bem próximo ao que você via. Não era teatro.

**Monte:** O Joey era um cara único, com certeza. Mas não era só sua personalidade que o fazia interessante: eram suas ações. Para aqueles que o conheciam melhor que o fã comum, havia peculiaridades dele que eram difíceis de não perceber.

**Danny Fields:** Ele tinha que tocar o alto da escada ou mudar os móveis de lugar. Uma vez, estávamos sentados na van em frente à casa do Arturo esperando para ir a algum lugar, quando percebi o Joey subindo e descendo as escadas. Claro que ninguém falou sobre aquilo. Era tipo "Cada um protege sua própria fraqueza", onde você mantém seu próprio escudo e se protege. O que mais eles poderiam fazer? Começar algum tipo de análise psiquiátrica do que ele estava fazendo?

**Monte:** No começo, as pessoas diziam: "Se você algum dia conseguir descobrir o que tem de errado com o Joey, vão colocar o seu nome nisso". Nunca soubemos que diabos era aquilo. Por que ele agia tão estranho? Ele sabia que havia algo errado. Ele não conseguia entrar e sair pela porta. Ele precisava fechar a porta cem vezes. Ele precisava subir e descer as escadas, atravessar a rua muitas e muitas vezes, de uma esquina para a outra. Ficou tão ruim que uma vez estávamos voltando de uma turnê e ele disse que precisava voltar ao aeroporto para tocar em alguma coisa. Eu falei: "Vá em frente e pegue um táxi. Não vou te levar de volta". Então ele pegou um táxi até o aeroporto,

tocou em alguma coisa e voltou. Se não fosse assim, ele não se sentiria bem.

**CJ:** Quando o meu quarto ficava ao lado do dele, eu o escutava acendendo e apagando as luzes a noite inteira, abrindo e fechando a porta a noite inteira.

**Monte:** Ele tinha um óculos que gostava e não o trocaria por nada. A receita dele devia ter uns 15 anos.

**George Seminara:** O apartamento do Joey parecia que tinha sido atingido por um furacão. Pilhas de discos, CDs espalhados pela casa toda, letras escritas em milhares de pedaços de papel, comida na mesa. Não era sujo, era um chiqueiro.

**John Giddings:** Eu só o achava estranho. Ele entrava e saía do elevador dez vezes antes de realmente ir a algum lugar. Teve um momento estranho na Espanha quando o Joey não conseguia decidir quando atravessar a rua. Ele descia da calçada, voltava para a calçada, descia da calçada e assim foi até que esse motorista ficou entediado de tanto esperar e o acertou. Só esbarrou nele, mas foi muito estranho.

**Joan Tarshis (Jornalista):** Ele me dava um abraço quando saía de seu apartamento. Então eu já estava no meio do corredor e ele me chamava, e eu tinha que voltar para outro abraço. Isso sempre acontecia umas três ou quatro vezes.

**Warren:** O Joey funcionava de acordo com seu próprio relógio. Ele nunca era pontual e tudo com os Ramones era como no exército. O Monte e o Johnny mantinham um ambiente muito bem estruturado. Ou você era pontual ou recebia *O Olhar*.

**Monte:** Tínhamos um lugar central de encontro, de onde saíamos de viagem com a van, em frente ao apartamento do Joey na East 9th Street, no East Village. Qualquer horário que eu dizia para o Joey que ia buscá-lo, eu marcava com a banda uma hora mais tarde porque esse era o tempo que ele levava para ficar pronto e tocar em tudo. Era um inferno colocá-lo na van. Ele nunca olhava para relógios.

**Bubbles:** O Monte dizia "Estamos saindo" e o Joey dizia "Tenho que voltar até a por-ta mais uma vez". Uma vez, pousamos na Inglaterra e o Joey não queria sair do avião porque ele disse que precisava ir em casa e voltar até a porta mais uma vez. Eu falei: "Você está louco, porra? Vamos sair. Estamos na Inglaterra. Saia do avião".

**Angela Galletto (Ex-namorada do Joey):** Ele não queria fazer isso. Ele não tinha opção. Ele precisava fazer. Eu o levava ao médico e, quando chegávamos em casa, ele dizia que precisava voltar para o centro. Depois de duas horas no trânsito, precisávamos voltar. As coisas não estavam bem ali. Foi quando percebi que isso não era uma brincadeira dele.

**Tommy:** Não sabíamos o que era, mas estávamos cientes disso. Sabíamos que era uma doença, mas não sabíamos nada sobre ela. Não havia um nome para isso naquela época.

**Monte:** Finalmente, jornais e revistas começaram a publicar matérias e vimos um especial na TV sobre TOC, Transtorno Obsessivo-Compulsivo, e percebemos que era isso que ele tinha. Fomos a médicos e eles o colocaram sob medicações que o ajudaram – não 100%, mas bem melhor. Sempre havia toques aqui e ali, mas o Prozac ajudou muito. Às vezes, ele ficava sem as receitas e pedíamos para nos mandarem por FedEx, na estrada.

**Joan Tarshis:** Ele tinha essa lista de coisas que ele tinha feito errado em sua cabeça e que não podia consertar. Eu sabia quando a lista ficava longa e perguntava: "Como se sente?". Ele dizia: "Tem muitas coisas que não consigo consertar". Tentei fazê-lo continuar com o Prozac, mas ele não gostava porque acabava com sua criatividade. Ele dizia que se sentia entre a cruz e a espada. O remédio mantinha tudo calmo, mas assim ele não podia criar. Finalmente, ele escolheu criar e parou de tomar o remédio de uma vez por todas.

**Monte:** Com o TOC, se você não fizer algo direito, você tem que refazer até sentir que está certo. É toda uma coisa química. Era um inferno entrar e sair de hotéis, aeroportos e coisas assim.

**Warren:** Sem o Monte na estrada, não acho que o Joey teria sobrevivido.

**George Tabb:** O Joey ficava vagando pelo quarto do hotel e dizia ao Monte: "Estou entediado. O que posso fazer?". Então o Monte pegava o pedestal de microfone, colocava no meio do quarto e dizia "Joey, pratique sua postura com o microfone em frente ao espelho". O Joey ficava ali por uma hora e praticava como segurar seu pedestal de microfone, hipnotizado.

**Monte:** Não entrava na cabeça do Johnny que se eu não o ajudasse, ele não iria para a estrada e não haveria banda.

**Johnny:** Eu ficava ressentido com isso, e então tornava as coisas mais difíceis para o Monte ou pegava no pé dele. Sentia que ele era amigo do Joey e não se importava com o resto de nós. Mas, no fundo, sabia que ele precisava fazer o que ele fazia. Eu sabia que o Joey tinha TOC, mas não sabia como se chamava. Obviamente, era um tipo de distúrbio mental que ele tinha que o obrigava a fazer esse tipo de coisa, mas, ao mesmo tempo, muitas vezes sentia que era uma atitude de diva. Metade das vezes era psicossomático. Sempre era antes de uma turnê, quando estávamos começando um disco. Eu entendo que ele tinha problemas de saúde, mas você não pode ter um resfriado toda vez antes de começar um disco ou uma turnê, não importa o quanto você esteja doente. Isso é algo que é trazido à tona. Sempre olhei para isso tipo "Não posso ficar doente. É impossível. Tenho um trabalho a fazer".

**Monte:** A banda sempre usava calças jeans com furos. Esse era o estilo deles. Eles as usavam até acabar. O Joey, por causa de seu TOC, também não gostava de trocar de cueca, então ele as usava até acabar. Literalmente. Ele as usava até que não sobrasse nada além da tira de elástico e então ele usava só a tira de elástico. Ele usava meias até que elas ficassem tão imundas e horríveis que não dava para ficar no mesmo lugar que ele quando ele tirava os sapatos. Isso virou um grande problema para nós. O Joey também tinha um nervo ruim no pé e não sentia a parte de baixo do pé. Ele se cortava, não sentia os cortes e ficava andando descalço ou com meias sujas, então seu pé infeccionava o tempo todo. Ele estava sempre indo ao pronto socorro por causa do seu pé. Tivemos que cancelar algumas turnês por causa disso. Sua infecção no pé se transformou em uma infecção óssea.

**George Seminara:** Quando ele teve infecção no pé, ele não tinha sensibilidade nas pernas. Ele ficava andando pela casa sem sapatos.

**Angela:** Ele machucava o pé e não percebia até que eu falava "O que é isso no seu pé?". Nessa época, já era mais que um corte. Tínhamos que ir a hospitais o tempo todo.

**Monte:** Em turnê na Europa, seu pé inchou e infeccionou e tive que levá-lo a diferentes hospitais. Um deles ficava na Iugoslávia, que estava se dividindo em cinco países menores naquela época. Éramos provavelmente a última coisa que eles esperavam ver entrando pela porta da frente! Por fim, ele percebeu que se ele se cuidasse melhor, as coisas ficariam sob controle. Isso deixava o Johnny maluco, e ele não é o tipo de cara que você quer levar ao limite.

**Daniel:** Quando você estava no universo dos Ramones, você não queria se desentender com o Johnny. Quando o Johnny fica com aquele olhar, você não quer ficar no camarim.

**Monte:** Quando o Johnny liga aquela coisa, ele irradia uma vibração desconfortável no ambiente. Você nem precisa estar conversando com ele para sentir um calafrio.

**Tommy:** Uma vez, eu estava conversando com o Johnny no camarim e olhei em seus olhos. Suas pupilas eram as menores que eu já tinha visto na vida, o que é um sinal de agressividade. Não acho que ele estivesse nervoso comigo, mas era assim que ele levava.

**Jimmy Markovich:** Você só se sentava com o Johnny e ele nem precisava dizer uma palavra. Você se sentia desconfortável. Você ficava na lateral do palco, ele te olhava e fazia um buraco em você. Ele era realmente temperamental. Isso geralmente tinha a ver com o que estava acontecendo com as ações da bolsa, se ele tinha perdido ou ganhado dinheiro. Ele acompanhava muito isso.

**Tommy:** O Johnny era um maníaco por controle. Ele gostava de ser melhor que as outras pessoas. Ele quer ter mais dinheiro que a pessoa ao lado e ficar no melhor lugar. Para conseguir todas essas coisas, ele precisa não ser muito agradável com as pessoas. Ele pode ser muito agradável. Quando alguém o conhece e ele está de bom humor, ele vai realmente te conquistar. Ele tem isso. Faz parte dele.

Ele é um cara legal. O Johnny é muito divertido quando ele quer ser. Ele é muito espirituoso, altamente inteligente, muito rápido e pode ser divertido. Você não consegue esquecê-lo. Mas se ele se virar contra você, cuidado.

**Kevin Patrick:** Uma das últimas vezes que eles tocaram em Nova York, eles fizeram vários shows no Coney Island High, um pequeno clube gerenciado pelo Jesse Malin do D Generation. O Johnny tinha criado uma regra de que cada um só poderia levar um convidado ao camarim no andar de baixo. O John decidiu que eu era seu convidado, mas o Monte e o Joey também tinham me convidado. Então o Marky apareceu com a Marion e percebeu que não havia ninguém no camarim além de mim, então subiu e trouxe outro amigo. O John disse: "Não, então a Marion tem que sair". "Por quê? Todo mundo tem direito a um convidado e só tem uma pessoa aqui." John disse: "O Kevin é meu convidado". "Mas o Monte disse que o Kevin era o convidado dele", o Marky reclamou. O Johnny respondeu na cara dura: "Não importa se todos escolhemos o mesmo convidado, você não pode convidar mais pessoas". Essa era a lógica do Johnny. E é lógico. Todo mundo tem direito a um convidado e a regra é essa. Ele fez o Marky colocar essa pessoa para fora.

**George Seminara:** Quando fiz o vídeo *Lifestyles of the Ramones*, perguntei ao Johnny: "Se pudesse escolher qualquer lugar para fazer sua entrevista, onde seria?". Eu podia ouvir o triunfo em sua voz quando ele me desafiou, "Quero ser filmado no banco de reservas do Yankee Stadium e quero estar com o Dave Righetti". Você sabe, como um desafio. Eu disse "Tudo bem". O que ele não sabe é que eu havia filmado os Yankees e conhecia a organização, então peguei o telefone e os convenci a filmarmos no banco de reservas, com Dave Righetti de uniforme. Mas ele ainda não estava feliz.

**John Giddings:** O mais engraçado nos Ramones é pensar que eles são uma banda de esquerda e descolada, e então perceber que o Johnny é mais de direita que Átila, o Huno.

**Monte:** O Johnny não era necessariamente um racista *per se*, mas ele era bem pró-bran-

co. Ele tolerava outras raças – ele precisava – mas era bem claro que ele não gostava delas. Na verdade, ele carregava um cartão da KKK e fazia piadas sobre negros o tempo todo. Algum cara passava em frente à van e ele dizia: "Passe por cima dele, Monte. É um preto a menos". Ele estava brincando, é claro, mas tinha um ar de seriedade nisso. O Johnny era sério com tudo em um certo nível. Não sei se era real.

**Marky:** Importa se isso era real ou não?

**Johnny:** Uma vez, um garoto me deu um cartão plastificado que dizia "O motivo de você ser branco hoje é porque seus ancestrais praticaram a segregação" e usava isso como uma citação. Ele provavelmente fez isso por conta própria e plastificou. Achava isso engraçado.

**Jimmy Markovich:** Um dos caras da iluminação era negro e ele estava no camarim tomando uma cerveja, foi até o Johnny e disse oi. O Johnny disse: "Quem trouxe o negão?". Ele tem sorte de não ter sido morto.

**Little Matt:** O Johnny desenhava Hasidic[7] Montes em quadros negros.

**Marky:** O John tirava sarro do Joey o tempo todo. Eu não fui criado daquele jeito. "Lá vem o garoto judeu de 2 metros de altura andando pela rua. Judeuzinho." Maldito preconceituoso. Um cara negro passava na frente da van e o John ficava "Olha aquele vagabundo! Passe por cima".

**Monte:** Coloque dessa forma: a única coisa que o Johnny já me deu de presente de aniversário foi uma foto autografada do Charlton Heston como Moisés.

**Tommy:** Quando eu estava na banda, e desde que eu o conheço, nunca o ouvi dizer nada antissemita ou racista, nem nada do tipo.

**Arturo:** Não acho, de jeito nenhum, que o Johnny seja racista. Ele é conservador. De uma forma ou de outra, a maioria das pessoas podem ser racistas em alguns momentos em relação a certos assuntos, seja por meio de pensamentos, ideias ou sentimentos. Para algumas pessoas, você será considerado racista por isso. Mas o John não julgaria as pessoas pela pele.

[7] *Judeus ultraortodoxos*

**Monte:** De onde você acha que veio essa reputação?

**Arturo:** Ele é conservador, mas não é racista. Existem diferentes níveis de conservadorismo e alguns conservadores extremistas são racistas, mas você não pode colocar todos os conservadores no mesmo grupo e assumir que todos são racistas. Nunca houve isso – nem naquela época, nem agora.

**CJ:** O Johnny falava merda só porque sabia que irritava as pessoas.

**Marky:** Eu não brinco com essas coisas. "Os pretos, os chicanos, os judeuzinhos", a porra do tempo todo. O Joey e eu odiávamos esse fanatismo de merda.

**Danny Sage (D Generation):** Ele estava só brincando, sendo um idiota para ser engraçado. Ele fazia isso para irritar as pessoas. Ele com certeza não é racista. Era despretensioso. Se ele percebia que te incomodava, ele fazia ainda mais. Tem algo de engraçado num cara que vai gastar esse tipo de energia só para te incomodar.

**CJ:** Veja, estávamos na van juntos o dia inteiro. Todos falando besteira; enchendo o saco uns dos outros. Você tem que analisar o contexto. Somos cinco caras meio loucos juntos, o dia inteiro, a noite inteira. Quebramos a tensão com humor, tiramos sarro uns dos outros e de outras pessoas. Não é sério.

**Monte:** Ironicamente, o Arturo é gay, o que nunca incomodou o Johnny. O mais engraçado no Johnny é que ele é esse cara todo pró-América, mas tínhamos um empresário gay e um iluminador gay. Vai entender. Mas a posição de direita e pró-América do Johnny foi colocada à prova várias vezes ao longo dos anos. Por exemplo em 1985, quando Ronald Reagan, o presidente preferido do Johnny, foi criticado na imprensa por ter visitado um cemitério alemão que tem túmulos de combatentes nazistas. O Joey e o Dee Dee escreveram uma música sobre o tema chamada "Bonzo Goes to Bitburg".

**Gary Kurfirst:** Ele me disse que queria escrever algo noticioso. Estávamos assistindo à CNN e vimos uma reportagem sobre o Ronald Reagan visitando o cemitério de Bitburg. As pessoas estavam fazendo passeatas com cartazes e, num deles, estava escrito "Bonzo goes to Bitburg". Gravamos a música inteira antes que o Johnny visse a letra e ele disse: "Vocês não podem chamar meu presidente de macaco!".

**Johnny:** Acho que o Ronald Reagan foi o melhor presidente da nossa época.

**Monte:** Desnecessário dizer que o Johnny não gostou nem um pouco disso. Era ruim o suficiente eles terem gravado essa música como um single, mas quando eles quiseram colocá-la no *Animal Boy*, ele os fez mudar o nome para "My Brain is Hanging Upside Down (Bonzo Goes to Bitburg)".

**Johnny:** Geralmente, nos mantínhamos longe da política. O Dee Dee era um conservador americano, e escrever uma música daquelas não é o tipo de coisa que ele faria. Não sei o que estava passando pela cabeça dele. Ele estava tentando escrever uma letra politizada, que tendia para a esquerda e o público europeu. Ele estava pensando de maneira comercial, o que é ruim e fora dos padrões dele. Não gostei da música e havia problemas com o título. Não acho que deveríamos escrever comentários políticos. Fazíamos comentários sobre os comunas no início, mas nos mantínhamos longe de problemas reais. Só queríamos ser divertidos e engraçados. Tínhamos músicas como "Commando", que é uma música pró-Vietnã, ou "Today Your Love, Tomorrow the World", mas fazem parte do passado. Elas foram feitas muito depois que a guerra havia acabado. Eram engraçadas. Foram influenciadas por filmes de guerra. Problemas políticos contemporâneos eram coisas que deviam ser discutidas pelos hippies.

> I'm a shock trooper in a stupor, yes I am
> I'm a nazi schatze y'know, I fight for fatherland
> (Sou um guerrilheiro em estado de estupor, sou mesmo / sou um queridinho nazista e luto pela pátria mãe – "Today your love, tomorrow the world")

**Monte:** Quando o Seymour escutou aquela música no primeiro disco, ele surtou. "Vocês não podem fazer isso! Por favor, tirem essa parte. Vocês não podem cantar sobre nazistas! Eu sou judeu, assim como todas as pessoas da gravadora". Eles mudaram. Eles não estavam dizendo - "Entre para o partido nazista" ou algo parecido. De qualquer forma, era uma piada. Mas aquela palavra deixava as pessoas nervosas e desconfortáveis.

**John Holmstrom:** O Seymour não lançaria o disco a não ser que eles mudassem a letra. Era uma piada óbvia.

**Monte:** Era só o Dee Dee falando sobre seu passado, sua infância em Berlim. Ele também diz "Garotinho alemão sendo forçado/Garotinho alemão em uma cidade alemã". As pessoas podem interpretar isso de duas maneiras diferentes, mas certamente incomodou muita gente.

# 10.
# ESTRADA PARA A RUÍNA
## – GAROTAS, AMOR E PROBLEMAS

Ao longo dos anos, os integrantes da banda tiveram diferentes namoradas e esposas. Tommy se manteve com sua namorada de longa data, Claudia. Da mesma forma, Marky sempre teve Marion. CJ era um jogador e sempre teve todas as garotas que quis. Dee Dee namorou algumas loucas antes de conhecer Vera Davie, que o ajudou a se limpar e salvar sua alma por um tempo, até eles se divorciarem e ele conhecer Barbara Zampini, sua última esposa. Quando era muito jovem, Johnny foi casado com uma garota chamada Rosana, mas se divorciou quando a banda ainda não era nada, e namorou uma garota chamada Roxy, antes de se apaixonar por Linda Danielle, que estava namorando Joey. Joey nunca tinha se apaixonado até conhecer Linda, e ficou com o coração partido quando ela o trocou por Johnny (ainda mais quando ela se casou com Johnny em 1995). Seu feitiço só foi parcialmente quebrado quando ele conheceu Angela Galletto, cuja irmã Camille era namorada de Monte. Mas Angela também o deixou, e ele voltou para a rua dos solitários. Joey não só nunca perdoou Johnny por tomar seu único amor verdadeiro, como os dois dificilmente conversaram novamente. Esse foi um acontecimento chave na história dos Ramones, que marcou para sempre a dinâmica pessoal entre eles e criou uma sombra permanente sobre a amizade de Joey e Johnny. Joey manteve sua raiva guardada, só a mostrando para amigos próximos e em suas músicas. Há um boato de que "KKK Took My Baby Away" foi escrita sobre o encontro amoroso de Johnny e Linda, afinal Johnny era conhecido por ter um cartão de membro da KKK. Johnny nega que seja racista ou que Joey tenha escrito a música sobre ele, dizendo que Joey a tinha escrito muito antes. Apesar disso, sua rivalidade foi um ponto de mudança na carreira da banda em todos os sentidos e deixou marcas em todos os seus movimentos desde então. Somado a isso, a crescente frustração por a banda não ter tanto sucesso quanto deveria levou Joey a se apoiar na bebida e em drogas para aliviar sua dor, e Johnny a expressar sua agressividade de outras formas.

30 CENTS  © 1983 News Group Publications Inc.  Vol. 182, No. 233  AMERICA'S FASTEST-GROWING NEWSPAPER  ABC AVERAGE SALES EXCEED  960,000

# ROCKER FIGHTS FOR LIFE

## Superstar stomped in 10th St. rage over woman he loves

**LATEST: PAGE FIVE**

★ Punk superstar Johnny Ramone and his blonde lover, Cynthia Whitney. He's fighting for his life in a Greenwich Village hospital after being stomped by another rocker during a jealous fury.

# FASHION AVENUE'S BACK IN BUSINESS

**LIGHTS! ACTION! PAGE FOUR**

Linda e Joey

**Danny Fields:** Era muito fácil lidar com os Ramones. Eles eram monogâmicos. Eu costumava trepar muito na estrada, a Linda Stein costumava trepar muito na estrada e os roadies costumavam trepar muito na estrada, mas a banda não. Eles tinham namoradas. Era um prazer ter as garotas tomando conta dos caras.

**Johnny:** Sempre fui contra ter namoradas por perto. A banda se entende melhor quando não tem outras pessoas ali. Não importa o quanto a gente se desentenda, nos entendemos melhor se não houver ninguém por perto. Nos comunicávamos um pouco. Garotas são a causa da derrota da maioria das bandas. Não funciona com elas por perto. Ao mesmo tempo, o Dee Dee ficava mais calmo ao ter sua mulher na estrada, então era uma decisão difícil.

**Danny Fields:** Sou como o Johnny. As garotas não importam. Elas são substituíveis. Ela tem peitos bonitos, ela é uma garota, coloque-a no fundo do caminhão.

**Tommy:** Quando levávamos nossas namoradas para a estrada, o Danny dizia: "Nenhuma banda leva suas namoradas para a estrada! Vocês precisam se divertir". A verdade é que já éramos meio velhos naquela época. Se fôssemos rock stars de 19 anos, teríamos feito loucuras, mas não éramos.

**Monte:** Todos os caras da banda tiveram uma namorada louca em algum momento, apesar de que o Dee Dee atraía as mais piradas.

**Chris Stein:** Eu era dono desse prédio na 1st Street com a 1st Avenue por volta de 1969, e todas essas pessoas iam lá. Era um prédio bem normal, com famílias polonesas e essa merda toda, e eles morriam de medo de nós. O Tommy se mudou para lá. Depois, o Dee Dee esteve lá com sua namorada Connie por um tempo. Eu estava morando com a Debbie [Harry] no lado oeste, então ouvia todas essas histórias sobre o que estava rolando. As pessoas estavam reclamando porque o Dee Dee estava mijando no hall de entrada ou a Connie o trancava para fora e ele ficava gritando.

**Monte:** A Connie era a namorada prostituta, volátil, louca, movida a drogas do Dee Dee, na cena punk rock de Nova York. Ela dava trabalho. Eles brigavam o tempo todo.

**Sylvain:** A Connie costumava vender seu corpo nas ruas.

**Clem:** O Dee Dee tinha brigas com a Connie em que eles arrastavam um ao outro em frente ao CBs e ficavam loucos.

**Danny Fields:** A Connie era um terror. Eu a adorava. Ela era interessante e, como o Johnny diria, a maioria das garotas não são interessantes o bastante para comentar.

**Sylvain:** A Miss Connie tinha sido namorada do Arthur Kane do New York Dolls. Tínhamos shows marcados no Max's Kansas City por seis noites seguidas e, então, voaríamos para Hollywood para mais seis dias de shows no Whisky. Doze shows totalmente esgotados. A Connie exigiu que ela fosse para L.A. conosco. Quando dissemos que não, ela tentou cortar o polegar dele enquanto ele estava dormindo para que ele não conseguisse tocar. Ela o tirou da jogada. Coitado.

**Chris Stein:** Eu tinha medo dela. Mas o Dee Dee era um maluco. Ele encorajava esse tipo de comportamento.

**Monte:** Uma vez, a Connie o esfaqueou durante uma briga. Tínhamos que ir para uma turnê na Europa, então ele ficou o tempo todo andando com uma bengala. Ele sentia tanta dor que começou a tomar Valium. Eu disse para ele não levá-los no avião. Eu imaginei que ele seria pego na alfândega porque ele não tinha receita.

Eu o vi no aeroporto quando estávamos quase prontos para embarcar e pude perceber que havia algo errado. Então peguei a bengala dele, tirei a ponta de borracha e saiu todo aquele pó. Mal sabia ele que, enquanto ele estava andando, os comprimidos foram triturados e transformados em pó. Joguei aquilo fora e devolvi a bengala para ele. Ele ficou bem chateado.

**Johnny:** Eu não tinha quase nada a ver com a Connie. Não desgostava dela. Não era muito agradável com ela, mas em algum lugar lá no fundo, até que gostava dela. Havia muita loucura acontecendo em volta de nós, então ela não parecia pior que o resto do grupo.

**Sylvain:** A Connie era louca, mas o Dee Dee também era.

**Monte:** A Connie acabou morrendo de uma overdose de drogas.

**John Holmstrom:** As namoradas eram uma 'zona proibida' – existia uma regra não falada de que você não falava com as namoradas da banda. Lembro de conversar com a Roxy, namorada do Johnny, pela primeira vez depois de vê-la por perto havia anos. Ela não era muito de conversar.

**Monte:** A Roxy era uma alcoólatra e um grande problema. Ela dava trabalho e eles sempre brigavam. Você pode vê-la no clipe de "Rock 'n' Roll High School", com a Vera e a Linda.

**Vera:** O John e a Roxy não socializavam muito com os outros integrantes da banda. Ela se resguardava. Quando conversava com ela, quando o Johnny não estava por perto, ela era mais amigável, mas perto dele, [ela] era bem reservada.

**Little Matt:** Ela sempre usava óculos escuros. Testemunhei incidentes com socos na van e coisas do tipo. A Roxy era quieta e cheia de hematomas.

**Marky:** O Johnny batia nela. Olhos roxos, cara inchada.

**Chris Frantz:** Naquela época, ele era mau como uma cobra.

**John Holmstrom:** Eu estava conversando com o Johnny em frente ao seu apartamento na East 10th Street, que ficava bem perto do Paul's Lounge na esquina da 10th Street com a 3rd Avenue. Cada um tomou uma direção e então um cara chutou sua cabeça. Se eu fosse do tipo que anda devagar, talvez pudesse ter ajudado. Eu pensei que se fosse uma grande briga, alguém no Paul's teria escutado. Não tenho certeza de quem avisou a polícia. Ouvi dizer que o Johnny viu a Roxy com outro cara, começaram a brigar e o cara chutou a cabeça dele com bota de biqueira de aço. Se o cara tivesse chutado com mais força, ele estaria morto. Ele precisou fazer uma cirurgia no cérebro.

**Monte:** O que o estava matando é que tiveram que raspar seu cabelo. Ele sempre teve muito orgulho do seu cabelo e ficava sempre se olhando no espelho e o mantinha meticulosamente arrumado. De repente, ele está careca e tem que fazer shows. Então ele fez alguns shows com um boné de baseball.

**Andy Shernoff:** O Joey se desenvolveu tremendamente ao longo dos anos. Ele ganhou mais conhecimento e confiança. As garotas estavam constantemente se apaixonando por ele, mas geralmente eram garotas loucas.

**Danny Fields:** Mais tarde, o Joey adquiriu autoconfiança, se tornou criativo, passou a ser adorado e conheceu pessoas como ele. Ele saiu completamente daquele personagem corcunda e inseguro que conheci.

**Monte:** Para um cara tão esquisito, o Joey nunca teve problema para conseguir garotas. Ele encontrava essas garotas na estrada ou em clubes na região de Nova York e elas se apaixonavam por ele, faziam tudo que ele queria e então ele ficava entediado e as dispensava. A única que o deixou de cabeça para baixo foi uma garota da cena chamada Linda Danielle. Eles se apaixonaram e foram morar juntos.

**Little Matt:** A Linda era uma franguinha do Max's Kansas City e estava sempre na cena. Eu a via o tempo todo. Ela era muito amigável, mas nunca gostei dela. [Ela] sempre ficava de olho no prêmio.

**Monte:** Percebi que a Linda sempre ficava olhando para o Johnny, apesar de ser a garota do Joey.

**Arturo:** A Linda gostava muito do Joey, mas acabou virando mais uma amizade. A Linda gostava do Joey, e também o amava, mas precisava de algo mais sério. Tinha alguma coisa em ser a namorada do Joey que a fazia sentir como se não estivesse em um relacionamento sério. Eles não foram feitos um para o outro. Ela não tinha nada de negativo para falar sobre o Joey, ele só não era o cara certo para ela.

**Monte:** Por fim, ela trocou o Joey pelo Johnny. Em um certo ponto, eles tiveram uma ligação e ela largou o Joey. Não tenho certeza se ela terminou com o Joey primeiro, antes de começarem a namorar ou não, mas pouco depois Joey estava na sarjeta, e ela estava com tesão pelo Johnny. O Joey ficou acabado. Isso o afetou profundamente. O Johnny sabia que isso era ruim e manteve a Linda totalmente escondida desde então. Ela não ia a muitos shows e, se fosse, ele a escondia no fundo; ela não ia aos bastidores. Ele saía para encontrá-la e ia embora assim que acabava.

**Little Matt:** Todos sabíamos. A Linda ia aos shows e ficava na mesa de som onde o Joey não poderia vê-la, e não no camarim. O Johnny tinha o hábito de ir embora rápido porque ela ia encontrá-lo do lado de fora, depois do show. Não consigo acreditar que ninguém tenha contado ao Joey ou mesmo deixado um bilhete para ele. O Johnny ficava se esgueirando pelos hotéis com ela, tentando mantê-la escondida porque ele sabia que, se o Joey a visse, seria muito doloroso.

**Arturo:** A Linda ficava comigo na mesa de iluminação durante os shows.

**Marky:** A animosidade entre o John e o Joey era intensa. O John estava o traindo com a Linda pelas costas dele, colocando a mão dentro do vestido dela dentro do ônibus de turnê com o Joey sentado logo ali. A Linda não tinha consideração nenhuma pelo Joey, e parecia não perceber o que poderia acontecer se eles continuassem com isso na frente dele.

**Arturo:** O Joey sabia que eles estavam se encontrando, e tentou fazer com que ela parasse de falar com o John, quando ele suspeitou de algo, mas ela disse imediatamente que não iria parar. Eles terminaram porque ela estava saindo com o John, mas a atração entre ela e Johnny passou a ser mais significativa e satisfatória para ela do que o que ela tinha com o Joey.

**Monte:** Quando você e Linda se apaixonaram?

**Johnny:** Bem no início. Basicamente quando ela apareceu.

**Monte:** Você simplesmente soube que ela era a escolhida?

**Johnny:** Sim.

**Monte:** Foi frustrante ter que ficar esperando que ela e Joey terminassem?

**Johnny:** Ah, sim, mas não aceito nenhum tipo de derrota, então era só uma questão de tempo. Ela dizia: "Não posso sair com você"; mas eu a ignorava e respondia: "Você não sabe o que está falando".

**Monte:** Foi uma situação de ponderação no começo entre querer estar com ela e não querer jogar isso na cara do Joey?

**Johnny:** Sim. Ninguém sabia o que estava acontecendo entre nós dois. Se alguém soube depois disso, provavelmente foi você, Monte. Você provavelmente pôde ver algumas coisas acontecendo.

**Monte:** Quando vocês deixaram de se preocupar em esconder?

**Johnny:** Não queríamos magoar ninguém. Eu nem mesmo fui morar com ela durante um tempo. Não queria magoar o Joey de jeito nenhum. Tinha que fazer o que tinha que fazer. Mas ninguém queria fazer nada com ninguém.

**Monte:** Vocês estavam apaixonados. Fazem filmes sobre o quanto as pessoas lutam quando estão apaixonadas. Você pode ver isso pelos dois lados e faz muito sentido vocês terem se apaixonado. E você se casou com ela, então não foi só um lance.

**Johnny:** Exato. Você veio me encontrar no aeroporto com a Linda quando meu pai morreu. Estávamos fazendo o disco com o Phil Spector e ela insistiu em ir ao aeroporto também. Eu pensei: "Uau, essa garota é muito legal comigo". A partir de então, eu soube. Talvez eu estivesse vulnerável porque meu pai tinha morrido.

**CJ:** Nunca perguntei e nunca soube. Costumávamos nos encontrar em frente à casa do Joey quando íamos sair em turnê. Um dia, entrei na van e perguntei ao Joey "Como está a Linda?" e ele não me respondeu. Perguntei ao Monte o que estava acontecendo e foi aí que fiquei sabendo da história do Johnny com a Linda.

**Monte:** Ficou pior com o passar dos anos. Eles continuaram trabalhando juntos, mas aquilo incomodou o Joey por anos – do minuto que ela o deixou até o dia que ele morreu.

**Joey:** O Johnny passou dos limites comigo no que diz respeito à minha namorada naquela época, de quem ele por acaso gostava um pouco demais, criando um conflito total comigo em nossa situação delicada chamada Ramones. Ele destruiu a relação e a banda bem ali, entre outras coisas.

**Monte:** Eles foram amigos durante um bom tempo, até o Tommy sair.

**Tommy:** Começamos a mexer no *Rocket to Russia*. Quando eu estava na banda, eu era o porta-voz. Fazia praticamente todas as entrevistas. O que aconteceu foi que, depois que eu saí, houve uma briga pelo poder; porque, enquanto eu estava na banda, o Johnny podia manipular uns contra os outros. Enquanto eu estava na banda, o Joey estava praticamente sozinho. Quando eu saí, o Joey era amigo do Dee Dee, então eles podiam se juntar. O Joey começou a se impor mais. O Johnny começou a pressionar mais e mais. Ele não era agradável.

**Johnny:** A minha relação com o Joey começou a deteriorar bem no início, desde quando o Tommy saiu da banda [e já estava terminada quando Linda entrou na história]. O Tommy era uma zona de transição. No começo, nós nos entendíamos um pouco, mas as diferenças começaram a surgir no fim da época do Tommy. Passamos por alguns probleminhas quando o Tommy estava saindo, no início de 1978. O Joey estava começando a odiar o Tommy sem motivo nenhum. O Joey começou a ter um ressentimento dele por ser o porta-voz e havia uma briga por poder. Naquela época, o Joey e eu não concordávamos com nada e foi ficando progressivamente pior. Se eu dissesse "Cara, o tempo está muito bom", o Joey dizia "Eu acho que está uma porcaria". Descíamos do palco e eu dizia "Ah, esse foi um bom show" e ele dizia "Foi ruim". Era como se não pudéssemos concordar em nada. Nem mesmo quais músicas deveriam estar no disco – nada.

**Tommy:** O Joey cansou de se sentar na última fileira da van e fez sua jogada de poder. O John não podia acreditar que alguém iria realmente questionar sua autoridade. E o John não podia mais jogar uns contra os outros porque eu não estava por perto. Então esse foi o início. Então, uma namorada foi com o outro. Você está falando de pessoas com egos inacreditáveis.

**Johnny:** Então começamos a ter mais problemas com o Joey. Não conversávamos durante o *End of the Century*. Isso começou a criar um certo atrito na banda. Ele começou a falar com o Phil Spector sobre fazer um disco solo e eu não estava totalmente satisfeito com a direção da banda naquele álbum. Internamente, as coisas começaram a deteriorar por volta de 1979.

**Marky:** Mais tarde, a Linda não tinha nada a ver com isso. O Joey sabia que o cara era um fanático. Tenho certeza de que ele viu algumas coisas que não gostou e vice-versa e isso se espalhou pelo grupo.

**Monte:** A amizade morreu depois do incidente com a Linda, apesar de terem seguido em frente pelo bem da banda, assim como um casal que fica junto pelos filhos. Eles ainda precisavam trabalhar juntos. Ei, quantos casamentos duram 22 anos?

**Daniel Rey:** O Joey certamente era ressentido em relação a isso. Uma vez que você fodia o Joey, ele guardava rancor por um longo tempo. E isso era algo grande para guardar rancor.

**CJ:** É sobre ela que ele escreveu todas as músicas. "She's The One", "KKK Took My Baby Away" – elas são todas sobre a mesma garota. Ele estava vidrado nela. Mas isso tem a ver com seu comportamento obsessivo-compulsivo. Joey se envolvia em algo e ele entrava *totalmente* naquilo.

**John Holmstrom:** Ficou difícil sair com o Joey porque tudo que ele falava era sobre suas amarguras. Ele nunca acertava; sua amargura com o Johnny, sua amargura com a coisa punk. Toda a história da Linda era inacreditável. Ficou simplesmente difícil ficar perto daquela banda e não era mais divertido. Eles eram as pessoas mais simpáticas e profissionais nos anos 1970 e, então, tudo começou a ir por outro caminho.

**CJ:** O Joey teve seu coração partido e nunca se recuperou. Não acho que alguém poderia substituir aquela garota. Ter seu coração partido é um saco, mas você tem que aproveitar a vida. Se você pensar que nunca vai se apaixonar de novo, então pelo menos saia por aí, transe e se divirta. Você não pode ficar parado se sentindo mal por aquela que foi embora. Mas era assim que funcionava a cabeça do Joey.

**Jann Uhelszki (Jornalista, *Creem Magazine*):** O Joey talvez estivesse um pouco obcecado pela Linda. Esse foi o grande amor da sua vida. Aquele foi o momento definitivo da vida deles, aquele triângulo. Fez com que eles não fossem uma banda.

**Johnny:** O Joey fez disso um problema maior porque ela o trocou por mim. Se ela não tivesse feito isso, ele não teria ficado falando sobre ela e o quanto ele a amava, porque ele não estaria obcecado por isso.

**George Tabb:** O Monte era um tradutor entre o Johnny e o Joey, o que era meio engraçado porque eles estavam próximos. Eles literalmente conversavam através dele.

**Johnny:** Nós não conversávamos. De vez em quando, tentávamos fazer um esforço para nos entendermos um pouco. Estávamos nos dando mais ou menos bem no disco *Too Tough to Die*. As coisas funcionavam melhor em estúdio se estivéssemos conversando um pouco, de alguma forma. Você sabe, porque assim poderíamos estar na mesma frequência. No último disco, poderíamos até mesmo estar conversando um pouquinho.

**George DuBose:** Parecia que enquanto o Dee Dee estava lá, eles pegavam no pé do Dee Dee. Então o Dee Dee saiu e eles começaram a pegar no pé do Joey. Era esse tipo de dinâmica de ódio acontecendo o tempo todo. Parecia que sempre havia alguém ouvindo merda do Johnny e dos outros garotos. Não acho isso muito legal. Era assim que eles passavam o tempo.

**Johnny:** Era OK se o Joey e eu não estivéssemos nos falando, desde que o Dee Dee e eu estivéssemos conversando e [continuássemos] amigos, para que pudéssemos escrever as músicas juntos. Quando o Dee Dee e eu não estávamos nos falando, aí era bem difícil. Às vezes, quando começava uma turnê, eu me esforçava e ia dizer oi para o Joey, mas percebi que não havia esperança.

**Monte:** De algum jeito, toda essa tensão nunca chegou ao palco. Quando eles estavam no palco e fazendo as coisas dos Ramones, era para isso que eles viviam. Eles sabiam que tinham uma coisa boa juntos. No fim, eles não se suportavam, mas subiam lá, faziam o show e você nunca perceberia nada. Essa é a mágica dos Ramones. É por isso que eles se toleravam, porque estar nos Ramones era uma coisa especial e quando você sobe no palco, em frente a um público como aquele, não existe nada como aquilo. É por isso que muitos usam drogas quando não estão no palco, porque eles querem substituir aquela sensação. Não existe uma droga boa como aquela.

**Bubbles:** Assim que aquela música de introdução começava, não importava a briga que houvesse antes uns com os outros, não importava o quanto as coisas estivessem ruins nos bastidores, o show sempre decolava sem nenhum problema. Esse é o lance: quando a banda começava a tocar, tudo parava, toda a merda. Focávamos em dar ao público o que ele queria, que era 150% pelo que eu sei.

**Gene The Cop:** É um negócio. Se você compra uma casa, você não precisa gostar do seu vizinho, mas você não vai simplesmente embora. É uma máquina e ela precisa continuar funcionando. Se o Marky e o CJ não estivessem na banda, tenho certeza que alguém teria aparecido e tomado seus lugares.

**Johnny:** Você não precisa gostar de todo mundo que trabalha com você.

**Jann Uhelszki:** Era uma grande franquia. Eles não eram idiotas.

**Kevin Patrick:** Mais perto do fim, parecia haver esse problema pacífico e não resolvido na banda.

**Harvey:** Ninguém fumava junto um cigarro antes do show; não havia muitas refeições da banda junta. Nenhuma camaradagem ou amizade; nada daquela baboseira de irmandade do MC5. Mas uma banda realmente precisa de tudo isso para fazer seu serviço? Se você deve ao seu público a melhor performance que pode fazer, é isso que conta, certo? Claro, eles não passavam muito tempo com conversinhas, jogando cartas ou azarando garotas. Mas, talvez por eles não colocarem para fora nenhuma energia em seu departamento de relação interpessoal, você tem um show melhor em cima do palco. Eles podiam economizar suas energias para o palco e, como resultado disso, eram uma unidade melhor. Eles iam lá e detonavam com as guitarras. Assim, e daí que eles não passavam tempo juntos? Talvez seja por isso que eles conseguiram seguir em frente – *porque* eles não se comunicavam.

**Monte:** Talvez o Joey se mostrasse inteiro no palco, mas aqueles de nós que eram próximos dele sabiam que aquilo o estava consumindo por dentro.

**Marky:** O Joey estava bebendo muito na época em que eu voltei para a banda. Ele ficava no Cat Club bebendo e querendo cocaína. Era estranho ver o Joey usando coca. Ele não era exatamente um Hércules e aquela coisa faz estragos no seu corpo. Eu já estava sóbrio há quatro anos quando voltei para o grupo, então fiquei pensando nesse cara que me ligou e disse "Não queremos mais você por causa do seu problema com bebida" enchendo a cara e cheirando coca. Pensei, "Merda, tenho que voltar para isso? Que merda eu estou fazendo? Estou de volta à mesma merda de antes". Era ainda pior por causa da situação do Joey. Foi ele quem me ligou para me despedir da primeira vez.

**Monte:** Depois da Linda, quando o Joey estava farreando muito, ele conheceu uma garota chamada Angela Galletto, a irmã de uma garota que eu estava namorando chamada Camille. Conheci a Camille na estrada, no hotel Tropicana nos anos 1970, quando estávamos gravando *Rock 'n' Roll High School*, nos anos loucos e selvagens. Farreamos e nos divertimos. A Angela tinha terminado com o namorado e morou conosco por um tempo e conheceu o Joey através de mim. Eles moraram juntos por um tempo e ficaram bem próximos. Ela foi a única outra garota por quem ele se apaixonou.

**Angela:** A primeira vez que eu os vi foi no Roxy, quando eles estavam gravando o filme. Eu os achei muito estranhos. O Joey estava fazendo exercícios vocais e ele abanava os braços para cima e para baixo como um pássaro e fazia barulhos esquisitos. Me mudei para Nova York uns meses depois, e a Camille e o Monte vieram me resgatar desse cara com quem eu morava e com quem eu estava tendo problemas. Então fui assistir aos Ramones no My Father's Place, e andei na van com eles. O Monte me passou todas as regras. "Não fale com o John, certifique-se de que não precisa ir ao banheiro porque não podemos parar, você não pode sentar na fileira do John, simplesmente fique com o Joey." Então o Joey me chamou para encontrá-lo no CBGB uma noite. O Blondie estava tocando. Olhei para baixo e vi o Joey desacordado embaixo da mesa. Fui até o Arturo e perguntei: "O que eu faço?". Ele me entregou uma ampola e disse: "Veja se consegue fazê-lo tomar um pouco disso". Eu dei um pouco para que ele pudesse se levantar novamente. Acontece que essa foi a primeira vez que o Joey e eu usamos coca. Esse foi o início do nosso grande lance com as drogas. Depois disso, estava com ele o tempo todo. Começamos a conversar e tudo mais, ele era tão divertido. Ele tinha uma personalidade incrível. Os Ramones não eram nada para mim. Eu não conhecia os Ramones, eu não sabia quem ele era. Simplesmente gostava dele. Nos divertíamos juntos. Eu era bem careta antes daquilo e, de repente, ficou divertido. Eu estava morando com o Monte e a Camille e ficava indo e voltando da casa do Joey e, finalmente, fui morar com ele. Isso foi por volta de 1981, 1982. Morei com ele por cerca de cinco anos. Ficamos noivos e ele me deu um anel de diamante.

**Joan Tarshis:** A Angela aliviou um pouco da dor causada pela Linda.

**Monte:** Ele queria se casar com a Angela, mas ele realmente não conseguia se comprometer. Ele sempre achava que existia algo melhor por aí. Ele não conseguia ficar com uma pessoa e isso incomodava as garotas.

**Joey:** Não sei se já superei a situação [com a Linda].

**Angela:** Ele estava bebendo demais e estava fora do meu alcance. O problema é que eu não conseguia acompanhá-lo. Ele queria sair toda noite. Eu o deixei por volta de 1987. Conheci outra pessoa. Mas ficamos sempre indo e voltando depois disso. Ele era meu melhor amigo. Depois que o deixei, ele me ligava todos os dias dizendo que tinha parado de beber e que não ia mais usar drogas.

**Monte:** Minha relação com a Camille se deteriorou também. Ela conhecia a cena de backstage, mas assim que eu ia para a estrada, ela não conseguia pensar em outra coisa. Ela não conseguia entender que eu estava lá trabalhando. Ela pensava que eu estava farreando, mas é um trabalho duro. É difícil manter uma relação quando você está viajando. Eu enviava cartões postais e presentes de tempos em tempos ou mandava dinheiro para pagar as contas, mas não funcionou e seguimos nossos caminhos. Mas, mesmo depois que a Angela e o Joey terminaram, eles mantiveram uma relação. Perto do fim dos Ramones, eu levava o Joey até Woodstock para visitar a Angela e sua irmã, Mary. Elas tinham uma casa enorme com 43 hectares e uma piscina coberta. Ele gostava de ir lá perto das festas de fim de ano. Uma vez, estávamos voltando do feriado de Ação de Graças no meu pequeno Honda Civic 1980. Ele estava no banco da frente com suas pernas espremidas e, de repente, ouço esse 'bip, bip' e esse enorme carro dos anos 1960 para e lá estava Debbie Harry. Ela estava acenando e sorrindo. Ela estava rindo do Joey no banco da frente porque ele estava todo espremido. Ela acelerou e foi embora.

**Angela:** O Joey passava todas as festas de fim de ano com a minha filha Raven e eu. Eu tive a Raven com um outro cara que conheci no interior do estado. Ele queria fazer parte da vida da Raven porque ele não podia ter filhos. Na verdade, ele queria ter estado na sala de parto comigo, mas o pai disse "Sem chance". O Joey a adorava e ela era louca por ele. As pessoas pensavam que ela era filha dele.

**Shira:** O Joey era uma pessoa diferente lá. Ele segurava a mão da Angela. Os olhos dele brilhavam quando a Raven o chamava. Sentávamos todos na varanda dos fundos e ficávamos olhando os veados.

**Monte:** O Joey amava a menina como se fosse filha dele.

**Shira:** O quanto ele e o Monte eram próximos? Só pense no fato de que eles se apaixonaram e namoraram irmãs, e de que ambos têm afilhadas dessas irmãs.

**Monte:** Mais adiante, a Camille se envolveu com drogas e morreu. A filha dela, Tara, é minha afilhada. Somos muito próximos. Foi um período difícil, mas segui em frente. Como em seu relacionamento com a Linda, Joey manteve seu amor pela Angela por algum tempo. Ele saiu com várias outras garotas, mas nenhuma delas foi muito próxima. Basicamente, ele farreou com elas e as manteve como amigas. No começo, o Joey só tomava cerveja e fumava um baseado de vez em quando. Ele não farreava tanto. Na época que o Marky voltou, a confusão com a Linda tinha acontecido, ele estava cheirando coca e enchendo a cara de álcool. Ele virou uma bagunça. Se você escutar a mensagem que ele deixou na secretária eletrônica do radialista Howard Stern, aquele era o Joey nos dias de bebedeira. O Joey percebeu que precisava parar quando se machucou uma noite quando estava apresentando a banda Raging Slab, no Wetlands. Ele estava bêbado, não conseguia enxergar e caiu do palco. Foi aí que ele percebeu: "Tenho que parar com isso".

**Joey:** Eu estava muito chapado. O palco era muito alto. Me machuquei bastante. Rompi ligamentos do tornozelo. Isso aconteceu três dias antes de uma turnê, então foi um inferno porque eu estava engessado até o joelho. Ter sofrido aquele acidente mudou tudo para mim. [Ele] me fez ver a luz. Nos anos 1980, eu estava começando a farrear um pouco demais.

Mais tarde, me envolvi com certas drogas. Depois que terminei [com a Linda], comecei a ficar chapado com cocaína por algum motivo e gostei daquilo. Minha namorada também gostava.

**Monte:** Anos depois que seu pé cicatrizou, ele ainda usava a tornozeleira por causa do TOC. Fazia parte do seu ritual para subir ao palco e o Bubbles ou eu o ajudávamos nisso. Depois daquela queda, ele decidiu parar de beber, cortar as drogas e buscar uma vida mais saudável. Ele nunca tinha se cuidado de verdade até largar o álcool. Ele comia muita junk food, ele era um largado, suas roupas estavam sempre sujas e fedidas e ele sempre ficava doente. Seus amigos tentavam ajudá-lo a levar uma vida direita. James 'Jamie' Foster era o quiroprata/homeopata do Joey. Ele mudou sua dieta e começou a se encontrar regularmente com o Jamie. O Jamie dava ao Joey uma dieta de vitaminas, farinhas e suplementos. O Joey ia ao consultório do Jamie ou Jamie fazia consultas em casa.

**Dr. James Foster (Quiroprata):** Entrei na vida dele em 1988. Eu era seu quiroprata e amigo. O Joey ouviu falar de mim pela cunhada do Marky. O Joey queria mais do que ficar sóbrio; ele queria descobrir o potencial de sua saúde. Depois do seu primeiro tratamento, ele disse que sua voz nunca estivera melhor e queria mantê-la. O tipo de trabalho que fiz com ele foi guiá-lo para um estilo de vida mais saudável que incluía ajustes quiropráticos, suplementos, dietas customizadas, medicação e massagem.

**Rachel Felder:** A bebida mais forte que o Joey que eu conheci bebia era frapuccino. Ele adorava o café Sumatra da Starbucks. Ele era um grande fã de sushi. O Joey gostava de fazer coisas bem comuns, como ir ao cinema.

**Joan Tarshis:** Ele também parou de fumar sozinho quando parou de beber e não precisou participar de nenhum tipo de programa para isso. Quando ele ficou sóbrio, isso não afetou sua personalidade. Não acho que ele fosse um alcoólatra. Ele era uma pessoa que bebia muito e passou por um longo período ruim. Ele sempre foi responsável e sabia o que tinha que fazer.

133

**James Foster:** O Joey gostava de suco fresco de legumes, chás de ervas e um shake de proteína e ervas que inventamos juntos. Ele gostava dos shakes antes de se apresentar, porque não sentia o estômago pesado e nem fome.

**Monte:** O Joey pagava a passagem de avião para o Jamie para várias casas de show ao redor do mundo. Teve um período em que o Joey carregava uns 30 frascos de remédio e várias farinhas de proteína. Então, para economizar tempo e espaço na bagagem, eu criei pacotes de vitaminas com o necessário para um dia e me certificava de que ele teria o número suficiente de kits para toda a turnê.

**CJ:** O Joey estava começando a ficar sóbrio quando eu entrei na banda. Ele estava sempre tentando se manter saudável, mas o problema é que é impossível fazer isso na estrada, a não ser que você esteja ganhando fortunas e possa pagar para pessoas te acompanharem. Então, na maior parte do tempo, sua dieta era um inconveniente para todo mundo. Era um estorvo, mas ele estava tentando mudar seu estilo de vida.

**Monte:** Em algum momento, percebi que o grupo não ia funcionar se eu não ajudasse esse cara. Então virei tipo um assistente do Joey e a banda ficou ressentida porque eu estava dando um tratamento especial a ele. Eu sabia que se não fizesse isso, ele não ia para a estrada. Tinha que me certificar de que ele tinha tudo o que precisava antes das turnês, senão seria mais difícil para mim. Fazia parte do planejamento da turnê. A cada ano, tinha mais e mais coisas. Ele não conseguia fazer nada sozinho. Ele era assim – brilhante em alguns aspectos e meio lento em outros. Sua mãe tomava conta de suas finanças, pagava suas contas e limpava seu apartamento quando ele estava em turnê. Ele nunca limpava sua casa. Era uma bagunça, um chiqueiro.

**Joan Tarshis:** Alguns de seus amigos ficavam pensando o que ia acontecer quando a Charlotte morresse. Quem tomaria conta do Joey?

**Charlotte:** Sempre fiquei feliz pelo Monte estar por perto. Acho que ele era um ótimo amigo para o Joey. Ele era [sua] outra mãe.

**Monte:** Eu era como a mãe do Joey. Ele brigava com a sua mãe e brigava comigo, mas ele sabia que eu precisava forçá-lo ou ele não faria. Às vezes não era agradável, mas que diabos. Se era isso que eu precisava fazer para colocá-lo na estrada, que seja. Os caras da banda certamente não fariam isso. Tem uma música que ficou de fora do *Adios Amigos* chamada "A Perfect Day", em que o Joey canta "It was a perfect day today, the house was pulsating/It was a perfect day, till Monte he turned into Satan" [Hoje foi um dia perfeito, a casa estava radiante/Foi um dia perfeito até o Monte se transformar em Satã]. Às vezes, ele ficava puto comigo porque precisava gritar com ele. Depois de um tempo, tenho certeza que ele não dava valor àquilo, mas sabia que era um mal necessário. Ele dizia: "Porra, sai daqui" e, no dia seguinte, me pagava o jantar. Ele cuidava de mim. O Joey e eu éramos bons amigos. Ele comprava coisas para mim e me convidava para a ceia de Natal. Uma coisa sobre o Joey: ele tinha um coração enorme.

**CJ:** Sei que ele sentia falta das festas. A parte chata desse estilo de vida é que você não acha outra coisa para focar suas energias, para te ajudar a relaxar e trazer um pouco de alegria para sua vida, você é como um alcoólatra sem beber. Você é um desgraçado sofredor. O Joey não conseguia relaxar. Ele estava sempre preocupado com o que ia comer e beber. Ele ficou tão preso naquilo que ficou sofrendo depois de um tempo. Você quer fazer o que é bom para a sua saúde, legal, mas você também precisa cuidar da sua mente.

**Monte:** Mais tarde em sua carreira, uma vez que estava sóbrio, uma coisa que o Joey se certificava, era que tínhamos que ficar em hotéis que tinham piscinas. Ele tinha seus pequenos rituais. Ele entrava na piscina e nadava um pouco, então entrava na sauna para cuidar da voz.

**Joey:** Para encontrar paz na mente, eu ia à piscina do hotel onde estávamos e nadava pela manhã. Aquilo me relaxava e inspirava. Tive muitas ideias na piscina.

**CJ:** Uma vez, estávamos em turnê na Europa e o Joey estava realmente doente.

Turnê japonesa, 1980

Tínhamos uma agenda ridícula e o Joey estava sem voz. Eu disse: "Joey, você está fazendo isso há tanto tempo, por que você não diz a eles que não? Você é o Joey Ramone. Você pode dizer não. E daí se você voltar para casa com alguns milhares de dólares a menos no bolso?". Ele não disse nada. Joey foi forçado muito além do que deveria... muito, muito além.

**George Seminara:** Por volta de 1994, o Joey me ligou um dia e perguntou: "O que você sabe sobre câncer?". "Existem muitos tipos de câncer. Sobre que tipo você quer saber?" Tivemos uma longa conversa sobre todos os tipos de câncer e terminamos falando do tipo Hodgkin's. Sabia que havia algo acontecendo.

# 11.
# RAMONES MANIA
## – RÁDIO, VÍDEOS, IMPRENSA, GERENCIAMENTO

Uma vez que os Ramones tinham feito um disco e a gravadora escolhido um single, eles tinham que gravar um clipe e falar com a imprensa. Então ficava a cargo da gravadora promover o disco com as rádios e com a MTV, e do público aceitá-lo ou rejeitá-lo. Enquanto os Ramones eram os queridinhos dos críticos e passaram no teste do tempo como uma atração durável e respeitável, o rádio e as vendas dos discos sempre foram exageradamente frustrantes. "Do You Remember Rock 'n' Roll Radio", "I Wanna Be Sedated", "Rockaway Beach" etc? Nenhuma delas chegou ao topo das paradas. Algumas delas não viraram nem singles. A banda nunca teve um hit, nunca foi abraçada pelas rádios ou pela MTV e, consequentemente, nunca teve grandes vendas. Era um ciclo vicioso que amaldiçoou a banda até a sua morte. A banda não só estava bem ciente desse atoleiro como quase foi derrotada por ele em diversas ocasiões quando seus integrantes iam e vinham. Exceto Joey, o eterno sonhador, que sempre achou que seu próximo disco seria um sucesso esmagador. Johnny e os caras aceitaram seu destino como ícones cult e estavam perfeitamente felizes cultivando seu nicho, mas Joey queria mais. Ele sabia que tinham apelo e sentia que, um dia, iriam invadir o *mainstream* sem ter que se vender. Entra Gary Kurfirst e a Overland Productions.

**Ira Herzog:** A Sire Records foi vendida para a Warner Brothers em 1976, então os Ramones estavam, basicamente, na Warner dessa época até o fim dos anos 1980. No entanto, nunca houve um esforço completo da gravadora na divulgação, do mesmo jeito que eles faziam para alguém como a Madonna, que também estava na Sire e para quem tudo era possível. Havia uma verba para promoção, que era meio pequena, e quando saía da gravadora, não ia para frente.

**Tommy:** Gostaria que eles tivessem colocado algum dinheiro em rádio. Éramos tão diferentes. Eu tinha um senso de entusiasmo genuíno, mas não via resultados. Não vi nenhuma execução no rádio e poucos anúncios grandiosos. Aparecíamos bastante na imprensa e fizemos músicas bem amigáveis para o rádio no *Rocket to Russia*, mas não tocávamos no rádio. Não existe motivo para que aqueles discos não fossem tocados. Não estavam sendo promovidos.

**Danny Fields:** Todo mundo pensa que "I Wanna Be Sedated" foi uma música nº1, mas não chegou nem ao Top 100. O rádio os odiava. Eles eram veneno. Sabíamos que, independente do que a Warner fizesse, eles nunca chegariam ao rádio e suas tentativas eram fúteis. Não podemos culpar a gravadora porque eles queriam continuar tentando, mas era a coisa do punk rock e todos pensavam que eles faziam parte daquilo. Eles estavam à frente de seu tempo.

**Arturo:** O punk era muito novo, e a parte de negócios – rádio, gravadoras e promoters – não tinham ideia de como lidar com uma banda como os Ramones. Não havia um precedente.

**Danny Fields:** O rótulo punk estava atrapalhando a banda no rádio. As rádios não conseguiam compreender a densidade e o estilo do som. Não combinava com o que eles já estavam tocando; era revolucionário. Você não pode ser revolucionário se você tem um hit, mas você precisa do rádio, mas a música que eles tocavam e a imagem deles não eram aceitáveis. Quem precisa de gente vomitando no estúdio? É como um estigma. Eles tinham essa maldição.

**Rodney Bingenheimer (DJ da K-ROQ):** Eles eram muito rápidos e suas músicas só duravam um minuto.

**Big Al:** Os Ramones tinham uma sonoridade nova, rock de três acordes como uma metralhadora, e isso era repulsivo para algumas pessoas. Eles eram um fenômeno porque vieram das ruas.

**Joey:** O rádio virou um grande negócio. Hoje, eles só se preocupam com dinheiro. Nos anos 1960, definitivamente a época mais inovadora da história do rock 'n' roll ou do rádio, eles tocavam de tudo e os DJs eram pessoas descoladas que nos apresentaram os Beatles e gente assim. Hoje, os DJs não poderiam ser mais indiferentes e o rádio é totalmente estéril.

**Johnny:** Eles querem músicas limpinhas e empurrar mediocridade para o público. Estávamos tentando ser reais, [tentando ser] nós mesmos e não colocar um monte de roupas forçadas. O rádio é como a televisão. Tudo que eles querem é enfiar merda no público.

**David Lee Roth (Van Halen):** Havia apenas uma rádio em cada cidade que poderia realmente tocar os Ramones. Rádios FM não tocariam. Mesmo se um disc jockey quisesse tocar, ele não poderia. Você era um sortudo se a K-ROQ em L.A. tocasse Ramones ou Sex Pistols. Mas não havia uma K-ROQ em cidades como Omaha, ou Des Moines, ou Toledo.

**Kevin Patrick:** Acho que os Ramones foram banidos pelo rádio. Não conscientemente. Eles representavam uma revolução que esses programadores odiariam ver acontecendo, porque você precisava realmente conhecer e entender de música.

**Joey:** Eles estavam tentando nos esconder embaixo do tapete... porque não nos encaixávamos e não queríamos nos encaixar.

**Monte:** Parte disso tem a ver com o fato de a Sire nunca escolher os singles certos. "Sheena is a Punk Rocker" esteve no Top 40 do Reino Unido, mas não conseguiu chegar às rádios dos Estados Unidos. Era muito frustrante. "Rockaway Beach" é uma música de verão incrível e não foi nem mesmo lançada durante o verão!

**Johnny:** Eles sempre escolhiam as músicas que menos soavam como os Ramones.

**Monte:** Para muitas pessoas, os Ramones pareciam uma piada: "Qual é a dessa banda de Cartum?". Os Sex Pistols diziam "Anarquia no Reino Unido" e eles realmente queriam dizer aquilo, mas os Ramones faziam piada com os nazistas e sobre cheirar cola. Era uma coisa engraçada e alegre. Mas as rádios e as gravadoras não sabiam separar as duas coisas.

**Dee Dee:** "Now I Wanna Sniff Some Glue" não é, na verdade, uma música sobre ficar chapado. O verso seguinte é "Now I wanna have somethin' to do" [Agora eu quero algo para fazer]. Veja, é sobre ser um garoto e estar entediado.

**Johnny:** Bandas tentam dizer coisas para atrair atenção para eles. Nunca fizemos isso intencionalmente. Nós meio que nos censurávamos sobre o que pensávamos que era certo e errado. Originalmente, não queríamos fazer "Chinese Rock" porque era sobre heroína. Achamos que aquilo não era bom, mas tudo bem cantar sobre LSD porque não conhecíamos mais ninguém que ainda usava LSD. Achávamos que aquilo estava extinto. Conhecíamos pessoas que usavam heroína. Sempre tentamos, de algum jeito, ser de bom gosto, e nunca tentamos sair por aí ofendendo de propósito. Isso acontecia de maneira muito natural.

**Joan Jett:** Isso provavelmente se resume a dinheiro, porque eles certamente tinham hits. As pessoas os amavam em todos os lugares. Se alguém tivesse colocado muito dinheiro nisso, teria dado certo. É uma coisa triste de dizer, mas é assim que os negócios funcionam.

**Gary Kurfirst:** Eles não tinham nenhum hit, mas não foi por falta de esforço ou de dinheiro gasto com eles. É só porque as rádios não queriam tocá-los.

**Danny Fields:** Foda-se o rádio. Rádio é a coisa mais estúpida e o meio mais de homem branco que existe. É feito pelas merdas mais idiotas e as formas mais covardes de todo o show business.

**Jimmy Markovich:** As outras bandas da época, como The Clash, ficaram maiores porque mudaram seus estilos e ficaram mais comerciais. Os Ramones eram contra isso, o que é meio engraçado porque, o tempo todo, sua música era guiada por um pop bem pegajoso e comercial. Mas, naquela época, aquela velocidade, volume e ataque de guitarra não eram sinônimos de pop.

**Joey:** Somos a única banda que continua com a ideia original. Todos os outros ou foram fazer o som do Bruce Springsteen, do Elvis Costello ou foram tocar disco ou reggae. Nunca seguimos o caminho do Clash. Nunca quisemos tanto assim entrar nas discotecas. Isso é besteira.

**Johnny:** Eles seguiram esse caminho e foram tocar disco music para chegar lá. Fazemos o que acreditamos e temos nossa integridade. Não somos loucos. Se eu tivesse pensado que gravar uma versão disco de uma música dos Ramones venderia discos, eu ainda não teria feito isso. Queria que as pessoas nos aceitassem pelo que somos. Não queria um hit que não soasse como a banda. Queria lançar "Psycho Therapy" e ter um hit.

**Danny Fields:** Eles ficaram famosos sem aparecer nas rádios ou na televisão e esse é o tipo de fama que não dá para traduzir em vendas de discos.

**Monte:** Durante muito tempo, ralamos para ir a toda e qualquer entrevista em rádio que a gravadora conseguia para nós. Corríamos entre a passagem de som e o show e íamos a qualquer programa que nos aceitasse. Mesmo assim, não nos incluíam em seus repertórios, nunca pareceu nos trazer nada. Mais tarde, a banda ficou menos entusiasmada em dar entrevistas. Para que se incomodar?

**Danny Fields:** Não renovaram comigo e com a Linda porque eles não estavam vendendo discos. Nosso contrato de cinco anos terminou em 1980 e eles ainda não tinham um hit. Eles pensaram que talvez um outro empresário ajudasse. Ficou por conta dos três integrantes remanescentes decidirem pela renovação ou não. O Joey e o Dee Dee votaram por um novo empresário, e o Johnny votou para continuar comigo. Eu teria ficado. Eles não podiam me culpar por não venderem discos, mas, se havia algo a mais para tentar, por que não?

**Marky:** O Joey e o Dee Dee queriam [o empresário dos Talking Heads e B-52's] Gary

Kurfirst, porque eles queriam mudar o pêndulo do poder. Agora eles tinham um aliado, em vez do Danny e do Johnny dando todas as ordens.

**Gary Kurfirst:** Uma vez, estava trabalhando com os Talking Heads quando eles abriram para os Ramones no Orpheum Theater, em Boston, e foi um fiasco. Os Ramones não deixaram os Heads usarem sua iluminação, que era a única iluminação do lugar. Eles disseram que eram seus efeitos especiais. Então os Talking Heads tocaram com as luzes da casa acesas. Eu disse para o Johnny: "Quem diabos vocês pensam que são?". Acho que ele ficou impressionado com aquilo. Alguns anos mais tarde, em 1978, o advogado deles me ligou e disse que a banda não estava satisfeita com o Danny e a Linda e se eu estaria interessado. Eu disse 'Não', porque eu gostava do Danny e da Linda, eles eram meus amigos e faziam um ótimo trabalho. Cerca de um ano depois, ele ligou novamente e disse, "Eles estão saindo definitivamente e, se você não assinar com eles, eles vão assinar com outra pessoa". Nesse ponto, eu disse: "Eu topo".

**Monte:** O Gary era um bom homem de negócios e tinha um ótimo gosto musical, mas ele raramente estava lá no dia a dia. Ele raramente ia aos shows.

**Danny Fields:** A Linda e eu os mandamos para o mundo todo. Tivemos um incrível sucesso na turnê europeia e ele conseguiu pegar do ponto em que deixamos. O que o Gary precisava fazer? Ele não poderia arruinar isso. Mas ele também nunca conseguiu colocá-los no rádio, então me senti secretamente vingado.

**Monte:** Vingança, retaliação... eu gostaria de um aumento.

**Danny Fields:** Queríamos ver o sucesso traduzido em dinheiro.

**Monte:** Os Ramones nunca venderam toneladas de discos, mas eles vendiam com consistência. Por isso eles eram capazes de continuar. Uma das coisas que os ajudou a sobreviver foi que a imprensa os amava, então eles conseguiam se manter em evidência, apesar da falta de hits. Na estrada, eu sou o contato da imprensa. Se alguém quiser entrevistar a banda, tinha que falar comigo. Nos EUA, marcávamos entrevistas pelo telefone do hotel ou pessoalmente na passagem de som. Quando íamos para outros países, os promoters faziam coletivas de imprensa com a banda toda. Isso era um fiasco porque o Johnny não queria se sentar ao lado do Joey, então precisava haver uma zona intermediária entre eles. Depois de algumas coletivas de imprensa, acabamos com aquilo porque a banda achava que uma pessoa ia tomar conta de tudo. A imprensa queria falar com o Joey, mas o Johnny não gostava que ele falasse pela banda. Então, mais tarde, eles passaram a fazer só entrevistas individuais. Os dividíamos em quartos separados.

**Johnny:** Como tínhamos o Tommy como porta-voz no início, eu queria tentar manter o Joey e o Dee Dee longe das entrevistas. Sentia que eles não eram muito inteligentes. Estávamos ficando presos a essa imagem de bobos, então queria que alguém inteligente falasse por nós. O Tommy era o melhor representante para falar.

**Ida:** Tempos depois, o Joey começou a fazer a maioria das entrevistas e o Johnny não gostava daquilo. Claro, o motivo era que todos iam atrás do Joey porque o Johnny não queria dar entrevistas.

**Monte:** Quando a MTV estava chegando a Nova York, eles imploravam para fazermos coisas. Mas assim que ficaram grandes, eles ignoraram os Ramones e baniram seus vídeos. Fizemos muita coisa no início [da MTV em Nova York] e eles nunca retribuíram o favor. Os ajudamos a construir uma reputação e então eles ficaram enormes, e nunca tocaram nossos vídeos. Isso é um saco.

**Shira:** O Joey tinha um bode enorme com a MTV, que reclamava de ter muita violência no clipe de "Psycho Therapy", mas exibia "Jeopardy" do Greg Kihn e "Thriller" do Michael Jackson, que tinham muito mais tripas que o clipe dos Ramones.

**Joey:** [O clipe de] "Psycho Therapy" foi banido nos Estados Unidos inteiro. Também não era exibido em Londres e na Europa. Eles disseram que era ofensivo. Ele ficou um tempo na MTV, mas foi cortado. Não tinha nada de violento no clipe. É altamente artístico. Isso é censura.

**George Seminara:** Em meu primeiro trabalho real de direção para os Ramones, fui a um ensaio deles para conhecê-los e falar sobre "I Believe in Miracles". O Johnny disse: "Me diga qual é o seu conceito". "Conversei com o Joey", eu disse, "e vou reunir uma lista de milagres". "Caguei para o que o Joey disse. O que *você* quer fazer?" "O que eu preciso saber é: o que são milagres para você?" Johnny disse: "Isso é o que importa para mim. Um milagre é o tiro ouvido ao redor do mundo". Ele me disse, "Não gosto de fazer clipes, mas temos que fazer um porque o contrato diz que sim. Saiba de uma coisa: não desperdice meu tempo". Tinha tudo preparado para filmá-los tocando a música com várias câmeras. Eles chegaram às dez da manhã, passaram pela maquiagem, e estavam prontos às 10h30, mas o Johnny não sabia tocar a música. Fizemos oito takes de ponta a ponta e eu disse "OK, é isso". O Johnny falou: "Espero que esse clipe seja lançado porque você é meu diretor preferido. Nunca terminei isso tão rápido na minha vida. Muito obrigado". Para "Merry Christmas (I Don't Wanna Fight Tonight)", eles chegaram e saíram em 25 minutos e então gravei as cenas de comédia pastelão mais tarde. O Johnny ficou extasiado: "Garoto, você vai fazer todos os clipes daqui para frente. Contanto que sejam bons, o trabalho será sempre seu". [O 'tiro ouvido ao redor do mundo' refere-se a um dos mais memoráveis jogos do World Series da história do baseball. Em 1951, Ralph Branca do Brooklyn Dodgers deu o home run a Bobby Thompson do New York Giants no final do novo turno de uma partida de melhor de três que encerrou o jogo histórico].

**Monte:** O clipe de "Something to Believe in", de 1986, era uma paródia de "Hands Across America", "We Are The World" e todas as músicas de caridade da época. O chamamos de 'Ramones-Aid'. Tínhamos todos esses rock stars fazendo participações especiais – de Ted Nugent e Cheap Trick a Fishbone e Circle Jerks. Nesse clipe, você pode me ver algemado a um policial. Apareço em todo o clipe ao vivo de "I Wanna Live". Você pode me ver dirigindo a van e ajudando o Joey a se preparar para o show. Você também pode me ver no clipe de "Touring".

**Gary Kurfirst:** Recebi uma ligação do produtor do filme *Cemitério Maldito*, que perguntou se tínhamos alguma música para o filme. Eles enviaram o script e pedi para que o Dee Dee o lesse. Ele disse: "Não vou ler isso. Só me diga sobre o que é". No dia seguinte, ele veio com a música. Ele era muito prolífico.

**Dee Dee:** O Stephen King criou um personagem no livro chamado Dee Dee e também costumava se registrar em hotéis com o meu nome, como um pseudônimo.

**Joey:** Ele era um grande fã da banda, e o sentimento era mútuo.

**Monte:** O Stephen queria muito se encontrar com os Ramones, mas o único jeito de levá-los ao Maine era se tivesse um show. Então ele os colocou para abrir para o Cheap Trick no único lugar da cidade, que era um auditório enorme. Ele morava lá em cima em Bangor, no Maine. Depois do show, os Ramones foram convidados a irem até a sua casa, mas ele não convidou o Cheap Trick. Eles ficaram putos. Ele tinha essa enorme mansão vitoriana assombrada, bem no meio da mata.

**George Seminara:** O clipe de "Pet Sematary" [1989] foi o maior pesadelo para fazer. A temperatura estava abaixo de zero e todos estavam drogados. Alguém da produção fez o milagre da multiplicação ao contrário, então aquele rolo de 120 metros de filme 16 mm só iria durar dez minutos. Grande erro. Então eu só tinha dois rolos de filme para gravar a coisa toda! Saímos para filmá-los andando por um cemitério como o de *A lenda do cavaleiro sem cabeça*. Havia uma lápide com a inscrição 'Melnick'. Um fato engraçado: no cemitério onde o Joey está enterrado agora, no caminho para o seu túmulo, tem uma lápide Melnick verdadeira.

## 12.
## SEUS HITS MAIS DURÕES
**– FAZENDO DISCOS, PHIL SPECTOR, ROCK 'N' ROLL HIGH SCHOOL**

A vida de um rock star não é apenas fazer shows e andar pelos palcos do mundo. Parte das atribuições do dia a dia de um músico em atividade é fazer discos, ensaiar e compor músicas. A cada ano (mais ou menos) a banda se reunia para criar material para um novo disco. Obviamente, não havia problemas nesse departamento, considerando que os três primeiros discos foram todos gravados em um intervalo de 18 meses entre 1977 e 1978. Mais tarde, no entanto, especialmente quando Dee Dee saiu, reunir material se tornou um pouco mais desafiador. Existem muitos fatores na produção de um disco. Você precisa escrever as músicas, ensaiar, gravar demos, escolher um produtor, se reunir com a gravadora para discutir a direção criativa e subsequente promoção e marketing, gravar o disco, mixá-lo, masterizá-lo, criar uma arte, prensá-lo, lançá-lo e, então, fazer turnê durante um ano para promovê-lo. Levando em conta a falta de comunicação entre os integrantes da banda, a responsabilidade caía sobre Monte para planejar tudo com antecedência, colocar todos ali e criar um ambiente onde o trabalho poderia acontecer.

THE RAMONES

**Monte:** Uma das muitas partes do meu trabalho era levar e buscar a banda a ensaios e sessões de gravação. A cada um ou dois anos, eles se reuniam para trabalhar em um disco. Isso começa com ensaios onde cada um levava qualquer música ou ideias que tivessem escrito na estrada ou em casa. Eu era o responsável por levar a banda, a equipe e o equipamento para os vários estúdios de ensaio e gravação. A banda e a gravadora escolhiam o produtor, eu entrava em contato, trabalhava numa agenda e íamos fazer o disco.

**Daniel:** Para os Ramones, isso se tornou algo pragmático a fazer. Eles tinham um tanto de dinheiro para fazer a gravação e eles sabiam que, se conseguissem fazer por menos que aquilo, poderiam dividir o restante do adiantamento. O Johnny sabia que se ele gastasse 60 mil dólares para fazer um disco, ia vender o mesmo tanto que um disco de 300 mil, então para que se importar? Você não precisa de tanto dinheiro para fazer um disco dos Ramones.

**Johnny:** Operávamos com um orçamento limitado, então precisávamos continuar fazendo dinheiro. Era restritivo de certa forma, mas isso fazia parte do charme da banda.

**Monte:** No início, todos eles colaboravam nas músicas, então todos tinham os créditos de composição. Depois de um tempo, o Joey e o Dee Dee estavam escrevendo o grosso do material e trazendo músicas. Mais tarde, eles disseram "Sem chance, cara", e pegaram créditos individuais.

**Joey:** Tudo dizia que tinha sido composto pelos Ramones, mas é uma mentira. Havia um acordo que todas as músicas eram escritas pelos Ramones, mas não era o caso. Queríamos que as pessoas vissem a banda como uma unidade, como um *front* unido.

**Daniel:** O Joey era bem cuidadoso com suas letras. Ele escrevia uma estrofe e um refrão e então levava meses para escrever a segunda estrofe. Ele era um cara único. O Dee Dee era o oposto. Ele escrevia uns versos brilhantes do nada, e um verso era esquisito. Dizíamos isso e ele lançava mais um verso no ato. Não dava para fazer isso com o Joey. O Joey tinha um violão de três cordas (e às vezes cinco), e ele o afinava do seu próprio jeito. Ele escrevia muitas partes intrincadas, mas não conseguia tocá-las. Ele

podia escutá-las em sua cabeça, então ele me explicava e eu tocava. Ele não sabia o que eram, mas ele não relaxava até que as escutasse exatamente como em sua cabeça. O Dee Dee era incrível. Ele sentava e escrevia umas quatro músicas em uma hora. Três delas seriam bobas e ridículas, mas uma delas seria um clássico. O Joey era o oposto. Ele tinha uma melodiazinha em sua cabeça e ficava com aquilo por um mês.

**Andy Shernoff:** As coisas entravam nas cabeças deles e saíam de maneiras diferentes, de um jeito quase infantil. Isso é algo que todo grade artista aspira: inocência infantil. Claro, eles ficaram mais sofisticados com o tempo, mas aquele primeiro disco é como um bando de canções de ninar com batida rock.

**Dee Dee:** Até hoje não sei como escrevemos todas as músicas que fizemos. "Sheena is a Punk Rocker" é uma música perfeita, com a oitava intermediária e tudo mais. Não sabíamos como fazer aquilo. Simplesmente aconteceu.

**Johnny:** Fizemos o primeiro disco, mais um dentro de seis meses e mais outro seis meses depois. Tínhamos as músicas dos três primeiros álbuns quando gravamos o primeiro. Já tínhamos 30 ou 35 músicas e as gravamos na ordem cronológica em que as fizemos. Não queria que o segundo disco fosse caído por termos escolhido as melhores músicas para o primeiro, e usando as sobras no segundo disco. Para muitas bandas, o segundo disco nunca é tão bom. Eu dizia: "Vamos gravá-las na ordem em que as escrevemos".

**Tommy:** Fazer o primeiro disco em 1976 foi caótico porque o orçamento era muito baixo e os engenheiros não sabiam o que diabos fazer. Eles tinham basicamente gravado jazz naquele estúdio, que era o Plaza Sound, no sexto andar do Radio City Music Hall. A NBC Radio Orchestra tocou lá.

**Johnny:** Tínhamos rédeas soltas. Simplesmente entramos e tocamos as músicas. Ninguém nos incomodou. Tocávamos a música e eles diziam: "Quer vir aqui e escutar?". Eu respondia: "Não, se ficou bom, vamos passar para a próxima". Acho que fizemos cinco músicas em sequência desse jeito, antes que eu as escutasse. Por que desperdiçar tempo? Se você diz que está bom, está bom. Fizemos o disco por US$6.500 e eu provavelmente gravei minhas partes em dois dias.

**Tommy:** Olhando em retrospecto, é um ótimo disco lo-fi, quase avant-garde. Ele capturou nossa musicalidade naquele período. Obviamente que os álbuns que vieram depois não soavam daquele jeito, porque queríamos seguir em frente. Em 1977, estávamos compondo o *Leave Home* em ensaios, quartos de hotel e começamos a ficar bem produtivos. Nesse ponto, estávamos trabalhando juntos, compondo juntos; muitas das músicas estavam sendo escritas por todos nós. Entramos em contato com Tony Bongiovi porque tivemos um desentendimento com o Craig Leon, que produziu o primeiro álbum. Queríamos um engenheiro, mas ele queria ser o produtor. Então eu coproduzi com o Tony, e o Ed Stasium foi o engenheiro. Novamente, fomos rápidos, mas, dessa vez, eu tinha o controle. Pensei que estávamos indo em direção a uma sonoridade pop. Queríamos que soasse bom para nós.

**Ed Stasium:** Nunca tinha ouvido falar dos Ramones quando trabalhei com eles pela primeira vez. O Tony me chamou para ser o gerente chefe nesse estúdio que ele estava construindo, que se tornou o famoso Power Station. O primeiro projeto em que o Tony se enfiou foi o segundo disco dos Ramones, *Leave Home*. Esse foi o início da relação que durou, entre idas e vindas, até o *Too Tough to Die* [1984]. Fiz nove discos com eles.

**Tommy:** O Ed e eu trabalhávamos bem juntos. A comunicação era boa e nossos talentos se completavam.

**Monte:** Se eu era o quinto Ramone, o Ed logo se tornou o sexto.

**Johnny:** Na época do segundo e terceiro discos, o Ed estava bastante envolvido.

**Ed Stasium:** O Tony e o Tommy produziram o *Rocket to Russia*. Fizemos as gravações no Media Sound e mixamos no Power Station, o primeiro disco completamente mixado lá. A sala grande ainda não tinha sido construída, então usamos a sala de controle e gravamos alguns vocais lá. Não havia equipamentos externos em lugar nenhum, exceto um harmonizador. Para fazer o reverb do disco, usamos uma escadaria no lado leste do prédio. Era literalmente uma antiga usina de energia, um enorme prédio com paredes de 30 centímetros de espessura e elevadores. Eu dei o nome do estúdio.

**John Holmstrom:** O Danny fez a foto da capa do *Rocket to Russia*, uma tentativa óbvia de recriar a atmosfera do primeiro disco. Eu fiz a contracapa e as ilustrações que aparecem ao lado dos nomes das músicas na parte de dentro.

**Ed Stasium:** Então fui para a estrada com a banda e gravamos uma porrada de shows na Inglaterra. Gravamos em Manchester, Stoke-on-Trent, Aylesbury e outros. Gravei uns seis ou sete shows, mas escolhemos o do Rainbow porque foi um ótimo show em todos os sentidos. Usamos o caminhão da Island Records, que havia sido usado pelos Stones e o Zeppelin, e tinha um console Helios.

**Monte:** Sou o técnico de som FOH [front of house] no *It's Alive*, gravado no Rainbow Theatre em Londres na véspera do Ano-Novo. [*It's Alive* não foi lançado até 1979 e, ainda assim, não foi lançado nos EUA até 1995.]

**Ed Stasium:** Quando eles fizeram as gravações do *It's Alive* no Rainbow Theatre, na véspera do Ano-Novo de 77, o Elton John foi à festa loucão, fantasiado com seu uniforme de motoqueiro nazista gay. Ele tinha um pingente da águia alemã da SS e meio quilo de cocaína em seu bolso, e dava montinhos de coca para todo mundo nessa coisa que ele tinha pendurada no pescoço. Então eu cheirei cocaína com o Elton. Na verdade, ele segurou a coisa enquanto eu cheirava. Foi um grande momento da minha vida. Eu era um grande fã do Elton John. Eu pensei: "Caramba, estou cheirando cocaína com o Elton John!".

**Tommy:** Tiramos um tempo de folga para compor o quarto disco, *Road to Ruin*, em 1978. Escrevemos uma parte dele no loft do Arturo. Nessa época, a banda começou a escrever individualmente. Cada um trazia suas músicas. Nesse período, eu parei de tocar bateria e comecei a treinar o Marky.

**Ed Stasium:** Trabalhamos no *Road to Ruin* por três ou quatro meses. O Tommy e eu coproduzimos esse disco. O Marky chegou e era, tecnicamente, um baterista muito melhor que o Tommy. O Tommy tinha um sentido muito bom e inventou a batida dos Ramones, por assim dizer. Ele foi o criador, mas o Marky tocava melhor.

**John Holmstrom:** Quando eles fizeram o *Road to Ruin*, o Tommy disse: "Se não tirarmos um hit desse disco, nunca vamos ter um".

**Tommy:** Eu esperava que todos os discos que fizemos fossem hits.

**Ed Stasium:** Não tinha mais aquela sensação ao vivo do *Leave Home* ou do *Rocket to Russia*. Passamos alguns meses no estúdio e começamos a experimentar. Ele estava a quilômetros de distância dos outros e não havia limites. *Road to Ruin* não era mais a banda que você via no CBGB. Foi uma tentativa comercial descarada de ter um disco de sucesso. Os Ramones continuaram fazendo o que eles faziam, mas, nessa época, eles queriam acrescentar mais coisas ao cardápio. Todos os solos, todas as partes extras de guitarra, todas as coisas a mais, as coisas em "I Wanna Be Sedated", as palmas, aquilo era o Tommy e eu. O Johnny vinha e dizia "Gosto disso" ou "Não gosto disso" e, se ele não gostasse, tirávamos aquela parte. Todos na banda queriam dar um passo à frente.

**Johnny:** Lançamos o *Road to Ruin* e foi um fracasso. Então as pessoas começaram a dar nome aos bois, pela nossa falta de sucesso.

**Ed Stasium:** Fui convidado a me juntar à banda por volta de 1978. Eu vinha tocando as partes de guitarra nos discos e, às vezes, tocava solos na lateral do palco, então a Linda e o Danny me perguntaram se eu estava interessado em me tornar um Ramone, mas eu não queria aquilo.

**Monte:** No quinto álbum, a banda decidiu tentar algo diferente. Passamos muito tempo em Los Angeles ao longo dos anos e começamos a fazer umas gravações lá. Na primeira vez que chegamos lá, ficamos fascinados com as pessoas famosas. Fizemos todas as coisas idiotas de turista que você espera que alguém da Costa Leste faça, como ir à Disneylândia. Quase não entramos porque tínhamos um visual muito estranho e havia uma regra sobre cabelo comprido naquela época. Nos anos 1970, eles não gostavam de cabelos compridos e eram rígidos quanto a isso no lugar mais feliz da Terra. Eles encrencaram com o Johnny, mas entramos e eles se divertiram bastante. O Joey adorava parques de diversão, fliperamas e pinball.

**Tommy:** Los Angeles era estranha para nós. Fomos a um carrinho de cachorro quente e, ao meu lado, estava o Jonathan Winters comendo um hot dog. Estávamos no estacionamento de uma House of Pancakes e lá estava o Chuck Berry saindo de Mercedes.

**Monte:** Em nossa primeira viagem, eles abriram para os Flamin' Groovies no Roxy em 1976, e mandaram um repertório de 15 músicas em 30 minutos. No ano seguinte, voltamos e tocamos no Whisky com o Blondie.

**David Kessel (Músico):** Quando meu irmão e eu ficamos sabendo que os Ramones iam tocar no Roxy na Sunset Strip, juntamos um grupo de pessoas e os levamos para assistir ao show. Depois do primeiro set, gritamos e berramos tão alto que eles fizeram um bis. O primeiro show deles em Los Angeles.

**Chris Stein:** A primeira vez [que eles] foram a L.A., foi muito simbólico. Era o fim da cena glitter. Todo mundo usava calça boca de sino, echarpes e toda aquela porcaria e tudo aquilo morreu imediatamente. Aquilo mudou rapidamente. Assistimos a todos aqueles garotos mudando das calças boca de sino e toda aquela porcaria para a coisa punk.

**Rodney:** Todo mundo se ligou no estilo dos Ramones e isso mudou toda a cena punk de L.A.. Já havia uma coisa punk acontecendo com os Berlin Brats e The Germs, mas os Ramones trouxeram aquele negócio de Nova York e CBGB com eles. Não era agressivo; era punk-pop.

**Brendan Mullen (Jornalista):** Enquanto a maioria das bandas e punk rockers de L.A. eram influenciados pelos Stooges ou glams aficionados por Bowie, e gritavam fidelidade ao punk londrino o mais alto que podiam, as bandas de Nova York eram muito mais ariscas e, inicialmente, tentavam se

# CALL SHEET

**8th** DAY OF SHOOTING

DATE **December 6, 1978**

SHOOTING CALL **6:30 a.m.** NO. **307**  DIR. **Allan Arkush**

PICT. **Rock N' Roll Highschool**

LOC. **Mt. Carmel (7011 S. Hoover)**  PHONE: **753-1533**

LOC.  PHONE:

| ATMOSPHERE AND STANDINS | | |
|---|---|---|
| School board members | | 6:45 a.m. |
| T.V. cameraman | | 4:30 p.m. |
| 80 students | | 6:30 a.m. |
| 30 parents | | 6:30 a.m. |

**SET:** Ext. Front School steps / Ext. School Courtyard / Ext. School Grounds / Ext. School Grounds / Ext. School Grounds / Ext. School Grounds / Ext. School Grounds / Ext. School Grounds / Ext. School Window

**SCS.:** 72 / 125 / 126, 127 / 130 / 132 / 142 / 145 / 147 SECOND UNIT

**Pages:** 3/8 / 2⅝ / 7/8 / 3/8 / 2/8 / 3/8 / 1/8 / 15/8 SECOND UNIT / ¼8

| CAST AND DAY PLAYERS | PART OF | MAKEUP | LV. | Set | D/N | D | D | D | D | D | D | D | N | D |
|---|---|---|---|---|---|---|---|---|---|---|---|---|---|---|
| Dey Young | Kate | 6:15 | | | | X | X | X | | | | | | |
| P.J. Soles | Riff | 6:15 | | | | X | X | X | | X | | | | |
| Mary Whitehead | Ms. Togar | 6:30 | | | | | | X | X | X | | X | X | |
| Loren Lester | Hansel | 6:45 | | | | | X | X | X | | X | | | X |
| Daniel Davies | Gretel | 6:45 | | | | | X | X | X | | X | | | X |
| Vincent Van Patten | Tom | 7:00 | | | | | X | X | | | | | | |
| Clint Howard | Eaglebauer | 7:00 | | | | | X | X | | X | | | | |
| Paul Bartel | McGree | 7:00 | | | | | X | X | | | | | | |
| Joey Ramone | Joey Ramone | 1:00 | | | | | | | | | X | X | | |
| Johnny Ramone | Johnny Ramone | 1:00 | | | | | | | | | X | X | | |
| Dee Dee Ramone | Dee Dee Ramone | 1:00 | | | | | | | | | X | X | | |
| Marky Ramone | Marky Ramone | 1:00 | | | | | | | | | X | X | | |
| Don Steele | D.J. | 4:30 | | | | | | | | | | | X | |
| Ann Chatterton | Stunt double-Togar | 1:00 | | | | | | X | | | | | | |

| DEPARTMENT | SPECIAL INSTRUCTIONS |
|---|---|
| WARDROBE/MAKEUP | STUNT DOUBLE for Ms. Togar |
| SFX | Burning Pile of Records |
| Art | Banner (R N' R HS), lighter fluid, concert photo, Togar's speech, brief cases, pile of records, tarp, podium, firehose, glasses, pitcher w/ water, Bromo Seltzer |

NEXT DAY

| NO. | ITEM | LV. | NO. | ITEM | LV. | NO. | ITEM | LV. |
|---|---|---|---|---|---|---|---|---|
| X | CAMERAMAN | | X | MAKEUP MAN | 6:00 a.m. | X | CAMERA TRUCK | |
| | OPERATOR | | | EXTRA MAKEUP MEN | | | INSERT CAR | |
| X | ASSISTANT | | | HAIR STYLIST | | | STANDBY CAR | |
| X | ASSISTANT | | | EXTRA HAIR STYLIST | | | SPECIAL EQUIPMENT | |
| | EXTRA CAMERA | | | BODY MAKEUP WOMAN | | X | WATER TRUCK | |
| | EXTRA OPERATOR | | | | | | BUSSES: | |
| | EXTRA ASSISTANT | | X | COSTUMER (Men) (WOMEN) | 6:00 a.m. | | | |
| | PHOTO FXS. REP. | | | COSTUMER (Women) | | | | |
| X | KEY GRIP | | | EXTRA COSTUMER (Men) | | | PICTURE CARS & TRUCK | |
| X | 2nd GRIP | | | EXTRA COSTUMER (Women) | | X | Ramone mobile | |
| X | EXTRA GRIPS | | | | | | | |
| | CRANE & CREW | | X | GAFFER | | | TRUCKS: | |
| X | CRAB DOLLY | | X | BEST BOY | | | | |
| X | CRAFT SERVICE MAN | | | LAMP OPERATOR | | | | |
| | LANDSCAPE MAN | | | LOCAL #40 MAN | | | SCHOOLROOM TRAILERS | |
| | PAINTER | | | PROPERTY MAN | | | DRESSING RM. TRAILERS | |
| | PROP MAKERS | | | ASST. PROP. MAN | | | | |
| | PLUMBER | | | EXTRA ASST. PROP. MEN | | | | |
| X | MECH. EFFECTS MEN | | | SET DRESSER | | | SOUND MIXER | |
| X | SCRIPT SUPERVISOR | | | DRAPERY MAN | | | SOUND RECORDER | |
| | EXTRA ASST. DIR. | | | FIXTURE MAN | | | BOOM OPERATOR | |
| X | STILLMAN | | | WARDROBE RACKS | | | CABLE MAN | |
| | REGISTERED NURSE | | | MAKEUP TABLES | | | EXTRA CABLE MAN | |
| X | FIREMAN | | X | HOT LUNCHES | | | P. A. SYSTEM | |
| | FIRE WARDEN | | | BOX LUNCHES | | | PLAYBACK MACH. & OPER. | |
| | MOTORCYCLE POLICE | | | DINNERS | | | WRANGLERS | |
| | POLICE PERMITS | | X | GAL. COFFEE | | | LIVESTOCK: | |

ASSISTANT DIRECTORS Terry Olson, Caren Singer
UNIT PROD. MANAGER Mark Radcliffe

ENTERPRISE PRINTERS phone: 876-3530  3

colocar o mais longe possível da cultura punk de Londres e de Los Angeles.

**Joan Jett:** Os Ramones estavam lá no alto e sempre vão estar. [Eles] sempre foram referência para todas as bandas de L.A.. Eu diria que isso é bem próximo ao que acontecia em todo o país. Aquele primeiro disco criou um parâmetro. Ele influenciou muita gente, no que diz respeito à atmosfera. Era uma música contagiante, canções contagiantes e era enérgico e divertido. Era uma música feliz.

**Monte:** Quando você é jovem e está numa banda que está acontecendo, Hollywood é o lugar para se estar. O Sunset Marquee foi o hotel em que ficamos quando fomos a L.A. pela primeira vez. Era um hotel de rock, mas de boa qualidade. O Tropicana estava um degrau abaixo. Havia lugares que eram notórios hotéis rock 'n' roll como o Hyatt (Riot) House, e havia o Tropicana. Aquele lugar era realmente um hotel rock 'n' roll, cara. Enquanto o Marquee era um lugar legal com quartos reluzentes, o Tropicana tinha acesso externo aos quartos e era muito mais barato. Por algum motivo, eles pintaram a piscina de preto, o que eu nunca entendi. Ninguém nadava porque não dava para ver o que tinha nela. Havia músicos e drogas por toda parte! O Tom Waits morava nos fundos e não era raro encontrar o William Burroughs ou o Sam Shepard por ali. O Dee Dee se esbaldava lá, farreando e bebendo. Além disso, tinha o Dukes, a melhor comida da cidade. Ótima comida, barata e todo mundo estava lá. Era um lugar pequeno e sujo e, na maioria das vezes, você mal conseguia uma mesa.

**Brendan:** O Tropicana virou um lugar para roqueiros de Nova York com baixo orçamento, como Johnny Thunders, Blondie, The Cramps, Dead Boys e os Ramones.

**Marky:** Rolava muita safadeza no Tropicana.

**Vera:** Todo mundo ficava por ali. O Stiv Bators estava por lá de manhã para o café. Ele ficava do lado de fora, perto da piscina, com o Rickie Lee Jones e o Chuck E Weiss. O Tom Waits morava lá. Todas as bandas que vinham, tinham ouvido falar do lugar e queriam ficar ali. Era barato e era um lugar rock 'n' roll.

**Monte:** Em Nova York, você anda a pé, mas em L.A. você tem que dirigir. Um dia, o Joey

e o Dee Dee decidiram dar uma volta em Hollywood, então fui com eles. Depois de dez minutos, a polícia nos parou.

**Joey:** Na primeira vez que estive em L.A., passei a noite na cadeia. Eu era suspeito. Fui preso por não prestar atenção no tráfego. Os policias estavam me prendendo e começaram a me empurrar, então eu disse para irem se foder. Eles me algemaram e encontraram alguns comprimidos de vitamina na minha jaqueta. Eles acharam que tinham me pegado. Era vitamina E, mas eles pensaram que era LSD ou coisa assim. Eles são como a SS, como a porra da Gestapo. Um bando de porcos fascistas. Em L.A., até os carros da polícia parecem saídos dos anos 1950. São um bando de sádicos. É como a Sociedade John Birch ou coisa assim.

**Monte:** Foi durante uma de nossas viagens a L.A. que conversamos com o diretor Allan Arkush sobre estrelar um musical rock 'n' roll que ele estava desenvolvendo com Roger Corman, o famoso produtor de filmes B, chamado *Rock 'n' Roll High School*.

**Allan Arkush (Diretor do filme *Rock 'N' Roll High School*):** A gênese original do filme foi quando estava sonhando acordado no colégio, em 1966, com minhas bandas preferidas – como os Stones ou os Yardbirds – invadindo a minha escola e assumindo o comando. Na época em que estava trabalhando com o Roger Corman, eu já tinha trabalhado no Filmore East e tive essa ideia de um filme rock 'n' roll chamado *Heavy Metal Kids*, baseado em uma música homônima do Todd Rundgren. A ideia foi transformada num filme de colégio de segundo grau chamado *Girls Gym*, mas o Roger decidiu que já que *Car Wash - Onde Acontece de Tudo*, e *Até que Enfim é Sexta-feira* fizeram sucesso, poderíamos finalmente fazer um filme musical. Transformei *Girls Gym* em *Disco High*, mas não gostava de disco music, então o convenci a fazer um filme rock 'n' roll e, finalmente, se tornou *Rock 'N' Roll High School*. Tivemos uma reunião com Todd Rundgren, mas ele achava que deveria ser um drama como o filme *Se...* de Malcolm McDowell, que era uma de nossas inspirações. Então abordamos o Cheap Trick e a Warner nos empurrou o Van Halen e o Devo, mas quando alguém falou dos Ramones, tocou uma campainha na minha cabeça. Eu costumava ler sobre eles no jornal *Village Voice*, já tinha ouvido a banda no programa do Rodney Bingenheimer e adorava o *Rocket to Russia*. Fazia total sentido. Calhou de o Danny e a Linda estarem em L.A. e, quando fui encontrá-los, os olhos deles brilharam. Os Ramones num filme do Roger Corman – o que poderia ser mais perfeito? Eles estavam tentando aparecer nacionalmente e, naquela época, o punk tinha um verdadeiro estigma. O fato de ser uma comédia e new wave foi muito atrativo para eles. O Roger foi facilmente convencido. Além disso, eles eram baratos, então ele comprou. Então fui a Nova York para vê-los ao vivo. Eles tocaram no Hurrah's com os Talking Heads. O Joey saiu do palco e tinha que beber esse elixir e foi daí que tirei a ideia daquela coisa de comida saudável. Na noite seguinte, tivemos um jantar no apartamento do Seymour na Central Park West e ele pediu essa beleza de refeição italiana. Eles se sentaram, olharam para aquilo e disseram "Comida italiana? Cadê a pizza?", e foram pedir pizza. Foi daí que tirei a ideia da brincadeira com a pizza no filme. Contei todas essas coisas para os roteiristas e eles colocaram tudo no script.

**Johnny:** A filmagem foi muito estressante. Tinha algumas loucuras acontecendo na minha vida pessoal naquele período. Tínhamos que acordar cedo e esperar até às 10h da manhã. O Monte tentava nos levar até lá um pouco mais tarde, mas eles insistiam que estariam prontos pra nós às 7h ou 8h da manhã. Era um filme rápido e de baixo orçamento, [mas] mesmo assim parecia lento. Eles pagaram 5 mil dólares para a banda inteira, então basicamente não poderíamos bancar a estadia lá. Tínhamos que tocar em nossos dias de folga.

**Little Matt:** A banda ainda precisava fazer dinheiro, então fazíamos shows entre as filmagens, algumas noites no Whisky, San Francisco, Phoenix, etc. Tocamos com o Eddie Money em Reno no dia 29 de dezembro, com o Rick Derringer no Santa Cruz Civic Center no dia 30 e, na virada do ano, com os Tubes no San Jose Civic Center. Então voltávamos para casa e a banda ia filmar. A equipe tinha a opção de ir para as filmagens e, na maioria das vezes, dizíamos 'foda-se' e partíamos.

**Marky:** Quando fizemos *Rock 'N' Roll High School*, as pessoas ficavam dando pílulas e porcarias para o Dee Dee e eu, através das grades, e havia bebidas lá. Havia fãs do lado de fora do Tropicana à noite. Eles iam lá depois das filmagens. Tomávamos um Quaalude com café às 6h30 da manhã. Aquela nossa cena, entrando no carro e entrando no teatro foi gravada às 7h da manhã após uma noite de bebedeira, drogas e groupies. Quando vejo o filme, consigo dizer quando estou de ressaca e quando o Dee Dee está chapado. Quando vejo o filme, eu sei o que fiz na noite anterior. Isso foi quando o Dee Dee estava tomando pílulas e bebendo, o que o levaria a fazer uma lavagem estomacal. Aquilo foi louco.

**Vera:** Uma noite, Danny, Joey, Dee Dee e eu decidimos passar o tempo no Tropicana. A Linda e eu fomos pegar um refrigerante na loja da esquina e, quando voltamos, eles tinham ido embora. Eles estavam farreando com um bando de gente, se embebedando. Então o Dee Dee enlouqueceu no estacionamento e teve uma overdose de Quaaludes, Tuinals e álcool. Alguém chamou a polícia e eles acabaram levando-o para o Cedars-Sinai Hospital de Los Angeles para fazer uma lavagem estomacal. Eles o levaram para a cadeia por má conduta.

**Little Matt:** Estávamos com os Dead Boys e o Dee Dee estava bebendo metadona e tomando comprimidos. Eu tinha ido ao Los Tacos, mas quando voltei, o Dee Dee tinha sido preso e estava sendo arrastado para fora do Tropicana. As cenas ao vivo de *Rock 'N' Roll High School* foram gravadas no Roxy. Ficamos lá por 20 horas infernais fazendo a mesma coisa várias vezes. Enquanto isso, o Markovich e eu estávamos tomando 'Ludes' [Quaaludes]. Depois de um tempo, os 'Ludes' te deixam louco e você fica acabado. Então, basicamente, achamos o filme muito fodido e nada engraçado. Ficamos entediados.

**Johnny:** A cena do show levou umas 18 horas para ser gravada. Eles trocaram o público três vezes. O público da manhã entrou de graça, o da tarde pagou 2 dólares e o da noite foi 5. Então os figurantes tinham que pagar. Me senti mal porque esses garotos tiveram que pagar 5 dólares e tivemos que tocar as mesmas cinco músicas várias e várias vezes. Então, quando acabou, eu disse que queria tocar mais músicas, e tocamos mais algumas. Então eles nos desligaram.

**Monte:** Uma das pessoas que entrou no filme foi o Rodney Bingenheimer. Rodney era o "prefeito" da Sunset Strip e o Sr. Rock 'n' Roll. Ele era (e ainda é!) um DJ na rádio new wave local K-ROQ e sempre foi legal com a banda. Ele costumava ficar na House of Pancakes na Sunset Boulevard, e fazia seu programa todas as manhãs com suas groupies na cabine, ao seu lado. A banda sempre ia ao seu programa de rádio, e ele ia a todos os shows. O Joey o adorava, e a banda sabia que ele era um dos únicos caras que tocava Ramones no rádio.

**Rodney:** As pessoas me falavam sobre eles desde quando eu tinha o meu clube, o Rodney Bingenheimer's English Disco. Então fui a uma coletiva de imprensa do Bay City Rollers, conheci o Danny e ele me deu uma das primeiras demos da banda. Então, quando fiz o meu primeiro programa *Rodney On the ROQ* na K-ROQ, eu o toquei. Eu estava tocando Ramones no rádio desde antes deles terem um disco lançado.

**Monte:** O Rodney fez uma participação na cena em que a banda chega ao show num Cadillac rosa conversível, enquanto a superfã Riff Randell espera na fila para comprar ingressos. Ele faz o motorista. Eu queria fazer esse papel, já que eu realmente dirigia para a banda na vida real, mas eles deram o papel para ele. Em vez disso, interpretei o promoter. Eu aparecia na tela, abria a porta do carro e andava atrás deles com o empresário enquanto eles tocavam "I Just Want to Have Something to Do". Então eu posso ser visto no corredor do backstage mais tarde, quando um fã deixa sua cocaína cair no chão.

**Allan:** Quando íamos queimar todos aqueles discos no final, fomos até a pilha e não achamos muitos discos clássicos lá, como Dylan, The Who e Stones. Descobrimos que o Joey tinha vasculhado os discos e pegado os que ele queria. "Vocês não podem queimar esses. São bons álbuns!" Dissemos: "Joey, vamos comprar os discos para você, mas precisamos queimar esses!". Estávamos olhando os negativos dessa cena do filme em que eles vão à escola e o Dee Dee vira para mim e diz "Parece que somos de outro planeta". Eu ri, "Exatamente". Esse era o tema do filme. Você se identifica com a música que mexe com você e você se torna parte de uma sociedade diferente daquela em que você está. Você se torna parte de uma pequena sociedade que gosta daquela música e que se veste e age como aquelas pessoas. Principalmente através da mentalidade suburbana da Riff Randell. O *Village Voice* nos criticou por sermos tão suburbanos, porque os Ramones eram um produto do Lower East Side em Nova York, e essas pessoas da Califórnia os transformaram em um fenômeno new wave. Eles também ficaram ressentidos que o filme não foi lançado em Nova York. Havia um cara que trabalhava na distribuição do Corman que, por algum motivo, não gostava de mim ou do filme, e queria fazer o lançamento em Drive-ins no Texas e no Novo México em abril, antes do lançamento do disco. Queríamos lançá-lo em julho de 1979, quando a Sire iria lançar o disco e fazer um grande lançamento em Nova York, L.A. e San Francisco. Desnecessário dizer que o lançamento foi fraco. O filme só decolou depois que Siskel e Ebert deram uma boa cotação e o chamaram de um ótimo filme de Drive-in, e depois que um dono de cinema em Chicago o exibiu à meia-noite, junto com *Madrugada dos Mortos* e *Grease*. Finalmente conseguimos fazer uma divulgação boca a boca, com uma grande estreia em Nova York e começamos a fazer negócios. Ele ganhou uma nova vida em vídeo e na TV a cabo e, recentemente, em DVD, e é o filme de maior sucesso de Roger Corman de todos os tempos.

**Marky:** Bem depois, eles vieram nos procurar para uma sequência, mas declinamos.

**Joey:** Fizemos o original, isso é bom o bastante.

**Allan:** Depois que terminaram o filme, eles passaram bastante tempo em L.A. no Tropicana, e foi aí que eles começaram a gravar com o Phil Spector.

**Monte:** O Phil Spector era um esquisito notório com ouvidos mágicos, que criou a técnica de produção chamada "Wall of Sound" [Parede de som] e acumulou uma tonelada de hits com gente como os Beatles, Ben E. King, Gene Pitney, Darlene Love, Glen Campbell, The Righteous Brothers, Ike e Tina Turner e as Ronettes (que tinha sua esposa Ronnie Spector), e muitos outros. A banda era muito fã de sua música, especialmente o Joey, que estava extasiado com ele.

**David Kessel:** Phil Spector é o punk rocker original. Meu irmão Dan Kessel e eu fomos músicos de estúdio do Phil Spector por anos, e éramos grandes fãs dos Ramones. Convencemos o Phil a ir conosco ao Whisky-A-Go-Go para ver os Ramones quando eles vieram novamente à cidade, em 1977. Eles alternavam com o Blondie como atração principal. O Phil gostou do Joey e da banda.

**Monte:** O Phil é um cara intimidador e ele parecia o demônio com seu cavanhaque, sua capa e suas armas. Ele era um cara pequeno, mas sabia como ter uma aparência intimidadora, com seus guarda-costas e sua comitiva. Ele se aproximou e disse: "Gostei de vocês, caras". Ele sorriu e tirou umas fotos com o Tommy e até o Johnny veio e conversou com ele. Para o Joey, é claro, isso era importante.

**David Kessel:** Na viagem seguinte dos Ramones para L.A., Dan e eu os levamos ao lendário estúdio Gold Star em Hollywood para gravar algumas faixas. O lendário DJ e criador de tendências Rodney Bingenheimer e Harvey Kubernick estavam lá, mas os instrumentos dos Ramones não. Recebemos uma ligação avisando que o caminhão com o equipamento havia quebrado. Ligamos para o Phil Spector e tocamos para ele o que havíamos feito. Sua resposta imediata foi de que deveríamos pegar umas pizzas e levar os Ramones até sua mansão em Beverly Hills. Paramos no Piece 'O' Pizza na Santa Monica Boulevard, e então fomos para a casa do Phil.

**Vera:** Fomos todos à casa do Phil e lá estava o Vovô Monstro sentado em sua cadeira, bêbado e com um chapéu de cowboy. O Marky ficou maluco. "Vovô! Vovô! Vovô!" Esperamos quase uma hora até que Phil fizesse sua entrada, o que é o padrão dele. Ele assume o controle quando entra. Ele tocou todas as músicas das Ronettes várias vezes e nos fez assistir esse filme, *Magia Negra*, repetidamente. Eram cinco da manhã quando eu finalmente disse para o Dee Dee, "Podemos ir para casa agora?". Ele perguntou ao Phil se poderíamos ir para casa, mas o Phil queria uma explicação do por que queríamos ir embora. Todos estavam com medo de pedir para ir embora. O John foi o único que foi embora. [*Magia Negra* é um filme

de terror de 1978, dirigido por Richard Attenborough, com Anthony Hopkins como um ventríloquo cujo boneco comete assassinato].

**Marky:** Phil e eu fomos ao Whisky, ao Roxy e ao Troubadour em seu Cadillac Deville 78 para beber com o seu guarda-costas, George Brand. Ele tinha essa maldita tabela de vinhos Manichevitz para as festas de fim de ano, o que era um saco. Então apresentei a ele um Bowler, um vinho italiano.

**Andy Paley (Músico):** O Phil não fazia um disco há tempos. Era como um retorno dele.

**Harvey:** Até o seu trabalho com os Ramones, o Phil não tinha trabalhado com muitas bandas independentes. Eram vocalistas com seus músicos de estúdio. Os Ramones eram um grupo que escrevia a maioria de suas músicas, também tocavam em todos os seus discos e eram ajudados pelo Ed Stasium. Toda a dinâmica dele trabalhando com eles era um pouco diferente do que ele havia feito antes. Era um desafio para ele.

**Ed Stasium:** Eu saía para jantar no Hamburger Hamlet na Sunset com o Phil cinco vezes por semana. Ele ficava falando sobre como este seria o maior disco no qual já havíamos trabalhado, o maior da carreira de todos nós. Que os Ramones seriam a maior coisa desde os Beatles. Ele estava convencido disso.

**Harvey:** O Joey estava emocionado. Trabalhar com o Phil Spector no Gold Star não passou despercebido [para ele]. Ficamos no corredor e eu disse a ele que foi ali que o Richie Valens e o Eddie Cochran gravaram e onde o The Who fez "I Can See For Miles" e "Call me Lightning", e ele pirou. Ele levantou seus óculos e disse "Uau". Agora, isso deve ter conflitado com o Johnny, que havia se comprometido a "concordar" com o Joey de vez em quando.

**Johnny:** Eu fui totalmente contra desde o início. O Phil havia se aproximado de nós para o *Rocket to Russia* e o *Road to Ruin*. Então, depois de quatro discos, havíamos falhado em alcançar a popularidade que esperávamos. Pensei que precisávamos trabalhar com o Phil porque seria nossa única chance. Talvez isso nos fizesse tocar [no rádio]. Eu também perdi na votação para a capa do disco. Tiramos algumas fotos sem as jaquetas. O Joey e o Dee Dee começaram a colocar a culpa nas jaquetas de couro pela nossa falta de sucesso. O Marky

W WORLD PICTURES INC.

6 North Robertson Blvd.
ite 509
s Angeles, Calif. 90048
l: (213) 659-7140

ovember 22, 1978

Dear Joey, Johnny, Dee Dee, Marky and Company;

Welcome to Rock 'N Roll High School! Attached you'll
find lots of information about who we are, what we're
doing, and when and where we'll be doing it.

The cast and crew as well as Allan and myself are
very excited about your involvement in this project
and we all want it to be FUN. We're aware that this
is a new experience for you, and encourage you to ask
us any questions you may have. The hours will be long
and hard, therefore anything that we can do to insure
your comfort will be done - just ask. We all look
forward very much to meeting and working with you.

Regards and Gabba Gabba Hey,

Mike Finnell
Producer

votou comigo pelas jaquetas de couro, mas disseram que o voto dele não contava, então eram dois contra um. Isso foi o Dee Dee e o Joey tentando tirar o poder de mim.

**Ed Stasium:** Ninguém conseguia entender o que o Phil estava fazendo no estúdio. Ele estava trabalhando com o seu engenheiro de longa data, Larry Levine, e eles tinham essa comunicação bizarra entre si. O Phil tocava as gravações em um volume tão ridiculamente alto que ninguém podia dizer nada. Ele tinha um jeito de conversar com o Larry em que ele batia o pé no chão, pulava para cima e para baixo e tinha essa estranha linguagem de sinais. Se ele quisesse mais reverb em alguma coisa, ele passava a língua na mão. Ele ficava cuspindo no console, gritando e xingando. Então ele ia ao banheiro e voltava uma pessoa completamente diferente. Havia o Phil Bom e o Phil Mau. Ele se vestia com capas e tal. Havia o Phil Bom com seu chapéu de John Lennon e suas lentes de contato, e então o Phil Mau emergia das trevas.

**Harvey:** Muito disso está baseado no álcool. Havia o Phil das 20h, o Phil das 21h, o Phil das 22h, o Phil das 23h e, oh-oh, o Phil de depois da meia-noite.

**Ed Stasium:** As sessões eram esgotantes, principalmente para o Johnny, que odiava o Phil. O Joey amava o Phil. Estávamos lá havia horas e o Johnny se encheu de fazer o mesmo take várias vezes. Tenho um pequeno diário e ele tocou "This Ain't Havana" tipo umas 353 vezes. Repetidamente, em volumes absurdos. Claro, começávamos essas sessões às 22h, o que era ridículo. A gota d'água foi a infame introdução de "Rock 'n' Roll High School". O Johnny fez parecer como se tivesse ficado lá por oito horas, mas provavelmente foram umas duas horas. Mas era um tempo interminável para fazer um acorde.

**Joey:** Os Ramones nunca tocaram "Baby I Love You", o cover das Ronettes. Foi tudo com seus comparsas de antigamente, o que foi legal. Tipo Steve Douglas estava no sax, Jim Keltner na bateria e todos aqueles caras que tocaram naqueles discos antigos [também conhecidos como o Wrecking Crew]. O Phil me convidou para ir à sua casa, sentou ao piano e a tocou. Eu a cantei quando estava aprendendo a maneira como ele queria que eu cantasse. Então, quando eu estava no estúdio gravando, o Larry Levine disse: "Ele soa como a Ronnie [Spector]".

**Ed Stasium:** Depois das sessões de "Rock 'n' Roll High School", o Johnny disse: "Estou caindo fora. Eu desisto". Ele ia abandonar antes disso, mas aí seu pai morreu e ele teve o bastante. Eu era a ligação entre Spector e gravadora. O Seymour queria que ele fizesse o disco para que a banda me colocasse como diretor musical. As malas do Johnny estavam feitas e ele disse que não voltaria antes de três ou quatro dias de gravação. Precisamos fazer uma reunião em que eu tive que ser o Henry Kissinger do rock 'n' roll. Convenci o Johnny a ter uma reunião com o Phil, e disse ao Phil: "O Johnny não aguenta mais isso. Precisamos fazer uma reunião ou o Johnny vai embora". Então o Phil foi ao quarto do Joey no Tropicana e fizemos uma grande reunião. Tive que participar de toda a conversa e dizia: "O Johnny não pode mais trabalhar assim". E o Phil falava: "Prometo que vou ser bom, Johnny". O Johnny acabou ficando.

**Marky:** Estávamos no estúdio e o Dee Dee queria ir embora depois de um longo dia. O Phil virou para o Monte e disse: "Me dê as chaves". O Monte se recusou e isso enfureceu o Phil. Ele começou a bater os pés no chão e a socar a mesa de gravação porque as coisas não estavam do seu jeito. Não éramos os Righteous Brothers, ele não podia nos forçar. Éramos os Ramones. Ele tinha uma arma, mas e daí? Eu cresci no Brooklyn e conheci vários malandros, *greasers* e *hitlers*, então ele não me assustava.

**Monte:** Ele tinha uma arma e dizia: "Vocês não vão sair daqui durante algum tempo", mas ele nunca a apontou.

**Marky:** Eu nunca vi o Phil apontando a arma para o Dee Dee ou outra pessoa. Eu poderia não estar lá, mas nunca fiquei sabendo que ele tenha feito isso. Uma vez, ele ficou mostrando [a arma], mas nunca a apontou. Existe uma diferença.

**David Kessel:** Tinha uma arma. Grande merda. Você já esteve em uma gravação de rap recentemente? Eles têm lançadores de granada, bazucas e AKs. Adivinhe? Elas são legais. A América foi fundada com armas, carne e álcool.

153

**Monte:** Depois de sete semanas, empacotamos tudo, voltamos para Nova York e deixamos o Phil e o Larry mixarem o álbum. O Larry teve um ataque cardíaco no meio da mixagem.

**Joey:** Foi como um experimento do Frankenstein. Todos na banda odiaram trabalhar com o Phil, mas eu gostei porque foi muito retardado. Foi tão louco que foi meio prazeroso. Eu estava trabalhando com um mestre. Aprendi muito.

**Harvey:** *End of the Century* [1980] foi um disco que ou os fãs rejeitavam, ou abraçavam. O objetivo do Phil foi fazer o disco mais popular deles e, falando em paradas, ele teve sucesso. Algumas daquelas faixas, como "Baby I Love You", ajudaram a banda a estourar na Europa e os colocaram no *Top of the Pops*.

**John Giddings:** Uma vez perguntei ao John, "Como foi trabalhar com o Phil Spector?". E ele disse: "Sei lá. Nunca entrei no estúdio".

**Johnny:** Fico feliz de ter feito o disco com o Phil Spector. Ele é um produtor lendário. Não fico feliz com o disco, mas acho que ele provavelmente foi a jogada certa naquele momento. Sempre senti que tínhamos uma certa diversidade no que fazíamos. Podíamos fazer uma balada, uma música pop ou uma música punk. Achava que aquilo era diversificado o bastante. Como não tínhamos sucesso, alguns integrantes da banda pensavam que tínhamos que fazer alguma mudança. Eu era contra a mudança, porque pensava que o mais importante era deixar nossos fãs felizes e, se você conseguir conquistar novos fãs, ótimo. É muito importante manter sua base de fãs feliz. Havia problemas internos que diziam respeito a esses assuntos – a imagem e a direção da música. Isso provavelmente começou no *End of the Century* e piorou no *Pleasant Dreams*. Os discos sempre ficavam melhores quando a banda não estava preocupada em conseguir novos fãs, mas sim em fazer um bom álbum.

**Monte:** Graham [Gouldman] era do 10cc e havia composto hits para o The Hollies e os Herman's Hermits, e escreveu "For Your Love" dos Yardbirds, uma das preferidas dos Ramones. O Joey gravou os vocais com o Graham no Strawberry Studios em Stockport e Droking, na Inglaterra, e foi para esse sítio no intervalo para relaxar.

**Johnny:** Eu imediatamente soube que teríamos problemas quando o Graham disse: "Seu amplificador está zumbindo muito, você precisa abaixar o volume". Eu disse, "Lá vem. Isso vai ser um problema. Ninguém nunca havia dito aquilo para mim antes".

**Monte:** O Graham decidiu gravar as faixas de vocal na Inglaterra e, claro, eu tive que ir com o Joey para as sessões. Durante nosso voo para o Reino Unido, fomos parados no aeroporto. Os agentes da alfândega pegaram no nosso pé, e nos fizeram passar pelo detector de metais. Nos fizeram tirar as roupas para sermos revistados, abriram latas de espuma de barbear procurando por compartimentos secretos e tudo mais. Eles não acharam nada, é claro, mas eles sabiam quem ele era e acharam que tinham feito uma apreensão de drogas do próximo Keith Richards. Eles imaginaram que ele tinha que ter alguma coisa por causa de sua aparência. O Joey parece estar sob o efeito de algo 24 horas por dia, mas é o jeito dele.

**Marky:** Eu odiei a capa do *Pleasant Dreams*, aquele desenho idiota.

**Johnny:** Tínhamos uma capa melhor, que parecia com um cartaz de filme de terror, o que eu achei que era demais. A gravadora viu e disse que era a pior capa que já tinham visto. *Subterranean Jungle* [foi] basicamente uma experiência prazerosa, mas estávamos tendo problemas com o [baterista] Mark naquela época. Ele foi substituído quando as gravações terminaram. [Musicalmente, no entanto,] estávamos começando a voltar aos trilhos. O Dee Dee e eu estávamos ao menos nos falando nessa época.

**Monte:** Quando o Richie entrou na banda, eles estavam em turnê para promover o *Subterranean Jungle* e pensando em seu próximo disco, o *Too Tough to Die*.

**Dee Dee:** Tenho 'Too tough to die' tatuado... junto com um diabo e um tridente porque é assim que eu sempre me senti sobre nós. Sempre sentíamos que estávamos lutando por aquilo em que acreditamos, e nosso jeito de lutar era não desistindo. Principalmente durante aquele período no começo dos anos 1980. Estávamos passando períodos difíceis, mas não íamos nos entregar.

**Tommy:** Quando eles entraram em contato comigo para produzir o *Too Tough to Die*, fiquei muito feliz de falar com eles. Para mim, foi como se nunca tivesse saído, apesar deles terem mudado e se tornado, de certa forma, distantes, e havia atritos na banda. Mas, para mim, fazer o disco foi um trabalho como outro qualquer. Foi como se não houvesse passado o tempo entre o *Road to Ruin* e o *Too Tough to Die*. Passei meses ensaiando com eles para o álbum, trabalhando nas músicas, fazendo os arranjos. O Joey estava no hospital nessa época com problemas no pé, o resto de nós trabalhando – finalizando as músicas. Foi um trabalho duro. Não tínhamos tempo para diversão. O John não iria querer se divertir, de qualquer forma. Ele gostava de rigidez. Eles não queriam mais fazer músicas divertidas, eles queriam ser uma banda séria. Os tempos de diversão tinham acabado havia muito tempo. As músicas desse disco são sobre medo e perseverança.

**Ed Stasium:** O guitarrista do Eurythmics, Dave Stewart, era empresariado pelo Gary Kurfirst. O Gary disse: "Tenho uma ideia brilhante: vamos colocar o Dave para produzir uma música dos Ramones". Então estou no estúdio com o Dave e ele pega esse álcool que usávamos para limpar os cabeçotes, coloca um pouco na tampinha e bebe! Eu falei: "Dave! Você vai morrer com essa merda". Ele disse: "Ah, meu engenheiro em Londres faz isso o tempo todo". Ele estava fora de si e foi embora no meio da sessão.

**Monte:** O álbum mostrou um lado meio politizado do Dee Dee em suas letras, como "Planet Earth 1988" e "Danger Zone".

**Dee Dee:** Estava formando umas ideias sobre a necessidade de paz no mundo. Eu podia sentir muita violência e hostilidade no ar e precisava tentar dizer algo sobre isso.

**George DuBose:** No *Too Tough to Die*, eles queriam recriar uma cena de *Laranja Mecânica* em que esses delinquentes estão num túnel. Eu nunca vi o filme. Então estudei os túneis do Central Park. Encontrei um túnel próximo ao zoológico infantil que iria fazer a banda parecer maior que o túnel. Aluguei máquinas de fumaça, um furgão, tinha assistentes, tinha luzes piscando em todo lugar, dentro e fora, e a banda estava alinhada no túnel. Tive que colocar um plástico no fundo do túnel porque toda a fumaça que eu estava usando estava indo embora. Um dos motivos pelo qual eu consegui o trabalho foi porque trabalhei muito rápido na primeira capa que fiz para eles. Essa era a chave. Quanto mais rápido você trabalhar, melhor para eles.

**Johnny:** Dei uma hora para o fotógrafo. Não ia dar mais tempo para ele. Desde que você consiga naquela uma hora e não me incomode, você vai continuar fazendo todas as capas de disco.

**George DuBose:** Então, em uma das Polaroids que eu fiz, as luzes da frente não dispararam, mas as do fundo sim. Então você vê essas silhuetas negras, esse fundo enfumaçado e esse túnel todo preto exceto pela luz azul que vem de trás. O Tony viu e disse: "Isso está ótimo. Fotografe um rolo de filme assim". Então fizemos todas essas fotos: em algumas, você pode ver a banda claramente e, em outras, eles são só silhuetas. Quando mostramos as fotos para a banda, eles foram direto no rolo sem as caras.

**Johnny:** *Too Tough to Die*. Adoro esse. O disco inteiro é bom.

**George DuBose:** Era como as andorinhas voltando a Capistrano. Todo ano, eles me chamavam para fazer uma capa de disco e eu ficava feliz como um porquinho. Para o *Animal Boy* [1986], eles queriam entrar na jaula dos macacos no Bronx Zoo, e segurar um bebê chimpanzé em frente às grades. Então liguei para o Bronx Zoo e eles disseram que nem a pau, para esquecer. Contratamos o Zippy the Chimp, do *David Letterman Show*, e fizemos o Legs McNeil usar uma roupa de gorila. O colocamos em uma jaula e os Ramones do lado de fora segurando o Zippy. O engraçado é que o Zippy estava ficando nervoso enquanto o Joey o segurava. Ele não olhava para a câmera e ficava sacaneando com os caras. Eu não conseguia fazer a foto porque o chimpanzé estava fora de controle, então o treinador finalmente foi até o Zippy e deu uma pancada na cara dele. Um tapão no macaco!

**Monte:** Em 1986, fizemos o *Animal Boy* com o ex-baixista dos Plasmatics, Jean Beauvoir, outro cliente do Gary Kurfirst. O Jean tinha tocado com o Little Steven and the Disciples of Soul, e produziu e compôs com o KISS, John Waite, Debbie Harry e Lionel Richie, e tinha um contrato de singles com o Polar Studios em Estocolmo, que era do grupo ABBA. Joey e eu voamos até lá no meio do inverno para gravar os vocais e estava congelando! Todos os discos de ouro nas paredes impressionaram o Joey, e nós dois pensamos que o Jean era uma figura. Ele era esse cara negro e musculoso com um enorme moicano loiro. Uma visão e tanto.

**Daniel:** Minha banda Shrapnel começou a abrir para os Ramones no final dos anos 1970, e eu estava produzindo várias bandas novas no meu porão. O Johnny ouviu uma delas e falou: "Está melhor que nosso último disco". Ele sabia que me conseguiria por pouco dinheiro, e eu era a única pessoa que se dava bem com o Johnny e o Joey ao mesmo tempo. Então fui convidado para produzi-los em *Halfway to Sanity* em 1987. Ele foi gravado no Intergalactic Studios, em Nova York.

**Monte:** O Daniel era jovem, talentoso e desenvolveu uma relação com os integrantes da banda. Ele escreveu músicas em parceria com o Joey e o Dee Dee e, eventualmente, conquistou o respeito de todo o grupo e começou a produzi-los. Ele sempre foi profissional e um cara legal por completo.

**Daniel:** Ser um produtor não é só fazer um ótimo disco. Tem a ver com fazer isso no prazo e dentro do orçamento. Tem a ver com deixar os caras confortáveis e tornar isso uma experiência agradável para eles. Certos artistas gostam de um pouco de tensão quando entram em estúdio. O Johnny trabalhava melhor na base da tensão, estresse e discussões. Se ele chegasse e todos estivessem rindo de alguma coisa, ele dizia: "Que porra é essa que vocês estão fazendo? Estão desperdiçando tempo". O Johnny não queria estar lá quando o Joey estivesse, então tínhamos que fazer uns malabarismos. O Johnny sempre tinha um roadie com ele porque ele nunca afinou uma guitarra na vida. Colocar o Joey no estúdio era difícil, às vezes. O Joey gostava de ter algumas coisas por perto quando gravava, como mel, limão, água mineral Evian, descongestionante Sudafed e pastilhas para tosse.

**George DuBose:** Em *Halfway to Sanity*, eles queriam fazer alguma coisa em Chinatown. Então fui até lá e escolhi as locações,

peguei as autorizações, organizei os assistentes, os seguranças e tinha várias locações preparadas. Tinha preparado luzes numa escadaria que ia até uma porta dupla com escritas chinesas nas laterais. Fotografei em três rolos e o Johnny disse: "É o bastante". Eu falei: "OK, Johnny. Quer ir para outra locação?". E ele disse "Não". Então eu falei "Monte, a Warner Brothers me deu US$7.500, e não posso dar a eles três rolos de filme. Eles vão arrancar a minha pele". O Monte resmungou "Não se preocupe com isso. O Johnny não quer tirar mais fotos". Foi feito em 15 minutos.

**Andy Shernoff:** O Dee Dee estava na banda no *Brain Drain* [1989], mas não acho que ele tenha tocado baixo no disco. Eu toquei baixo nas músicas que fiz com o Joey. O Dee Dee tinha começado a fazer seu disco de rap mais ou menos nessa época e estava quase saindo da banda.

**Ed Stasium:** Apesar do Dee Dee mal estar na banda, ele contribuiu com várias músicas. Ele aparecia de vez em quando.

**Monte:** A pintura na capa do *Brain Drain* fazia parte da coleção do empresário deles, Gary Kurfirst. Ele era um ávido colecionador de arte. Houve uma tensão sobre essa escolha.

**John Giddings:** Você acha que eles fizeram dinheiro com shows depois de todos os gastos? O merchandise era que realmente fazia dinheiro. Eles tinham uma das melhores artes de camiseta de todos os tempos. Hoje, você sempre vê garotos com camisetas dos Ramones em Londres.

**Monte:** O merchandise era a vaca sagrada dos Ramones. Normalmente, o empresário leva uma parte disso, mas o Danny e a Linda nunca pegaram um centavo. O Gary achou que ia dar uma mordida e houve uma briga por isso. O Gary era esperto. Acho que ele falou para eles, "Já que vocês não vão me dar o merchandise, eu escolho as capas", e é por isso que existem aquelas capas bizarras como do *Brain Drain* e do *Adios Amigos*.

**Gary Kurfirst:** Chegou ao ponto em que eles simplesmente queriam fazer o disco e ir embora. Então eu surgia com ideias e as apresentava para a banda. Não tínhamos nenhuma arte para o *Brain Drain* e eu estava em Austin no estúdio de um cara. Ele tinha essa pintura e eu pedi que ele fizesse uma versão para uma capa de disco para os Ramones.

**Marky:** *Adios Amigos*, com dinossauros usando sombreiros na capa? Ótimo disco, capa horrível.

**Johnny:** Eu tenho uma certa relação com isso, porque me sentia como um dinossauro. Mas não sei como eles se encaixam com os chapéus mexicanos e tudo mais.

**Gary Kurfirst:** Era uma brincadeira. Era a hora dos dinossauros irem embora. Era uma pintura do Mark Kostabi. Os dinossauros estavam com chapeuzinhos de festa no original, e o fiz colocar sombreiros no lugar.

**Marky:** A desculpa do Gary era que, nesse ponto, ou eles iam gostar ou não. Isso é besteira. Você fica atrás de algo bom e força aquilo.

**Gary Kurfirst:** Em 1990, eu estava trabalhando como empresário havia 20 anos e queria uma saída para onde pudesse ter mais controle. Sentia que se fosse a cabeça da gravadora, poderia controlar e direcionar os fundos e não ficar à mercê dos outros. Por volta de 1992, o contrato dos Ramones com a Sire terminava e foi dito a mim que eles não queriam renovar. Pensei que poderia fazer mais para eles na Radioactive do que sendo o empresário deles na Sire. Tínhamos uma equipe pequena de cerca de 14 pessoas que amavam os Ramones e, para a MCA, eles eram um grupo de prestígio.

**Monte:** Depois do *Brain Drain*, a banda deixou a Sire e assinou com o novo selo do Gary Kurfirst, a Radioactive. Na época em que começaram a gravar seu primeiro disco pela Radioactive, *Mondo Bizarro* [1992], o Dee Dee tinha deixado a banda, mas ainda contribuía com músicas.

**Gary Kurfirst:** Nos álbuns seguintes, quando eles tinham pouco material, o que era frequente, eu trazia músicas do Dee Dee para eles.

**Ira Herzog:** Eles deixaram a Sire porque sentiam que não estavam tendo uma divulgação adequada, e foram para a Radioactive.

**George Seminara:** O Gary é um tubarão. Eu falei para eles, "Não é uma boa ideia ir para a Radioactive. Gary trabalha de outra maneira". Ele é um homem de negócios de merda. É isso que toda a indústria da música faz, na verdade – sugar as pessoas. Ele usava os Ramones como um caminho para assinar com outros artistas.

**CJ:** Essa foi uma das vezes em que levantei minha voz e fiquei pulando e gritando. Tínhamos uma oportunidade de estourar comercialmente. Tínhamos uma oferta da Epitaph e uma grande empresa de gerenciamento – garotos jovens e famintos que adoravam a banda e queriam se matar de trabalhar e teriam estourado com a gente. Eu disse: "Vocês deram a este selo e a este empresário o melhor disco de rock 'n' roll já feito e ele não conseguiu nada para vocês. Nesse ponto, vocês são a faca e o queijo deles. Eles não precisam investir nenhum dinheiro em vocês e vão vender uma quantidade X de discos, e eles vão ganhar uma quantidade X de dólares em cima de vocês. Vocês têm que fechar com alguém que vai sair por aí e conseguir alguma coisa para nós. Alguém cujo direcionamento será acompanhar a música que vocês estão dando a ele. Ir para o selo do seu empresário é um enorme conflito de interesses. Isso é ética de negócio, pura e simples. Você não se envolve em situações assim porque você não pode ganhar". Não consegui fazê-los enxergar isso. Eu queria ver os Ramones conseguir o que eles sempre quiseram. Foi muito frustrante. O que fez os Ramones serem ótimos é também o que finalmente os matou. Eles nunca quiseram mudar nada.

**Marky:** Havia mais publicidade na máquina Sire/Warner que na Radioactive/MCA. Os discos da Radioactive nem estavam mais disponíveis nos EUA! Devíamos ter ficado com o Seymour. O Gary não fez nada. Ele só queria fazer o contrato e não cumpri-lo. Ele tomou todo o tipo de decisões ruins. O Gary nos disse que o Adam Yellin, que produziu o Loco Live em 1992, supostamente era um grande fã. Quando perguntamos a ele, ele nunca tinha nos visto ao vivo. Ele estava fazendo um disco ao vivo e nunca tinha nos visto ao vivo. Um cara legal, mas não a melhor escolha.

**CJ:** Nesse ponto, eu tinha acabado de entrar para a banda e havia todo um barulho ao redor da banda e todo mundo ficava "É isso, vamos tentar as rádios e a MTV". Em *Mondo Bizarro*, eles pensaram que chegariam lá fazendo tudo soar bem e não funcionou dessa maneira. Achei que acabou soando bonitinho demais. Fizemos fitas demo de todas as músicas do disco. Eu tirei todas as músicas, ensinei para o Johnny e o Marky e as cantava. O Joey não ia ensaiar, então, quando fomos ao estúdio, eu poderia ter tocado as guitarras, baixo, bateria e cantado em todas elas. Todas as músicas que o Joey e eu sentíamos que eu soava melhor são as que eu cantei nos discos.

**George DuBose:** Eu estava fazendo umas fotos de bandas de rock refletidas em filme Dupont Mylar, que é um plástico prateado de um metro de largura, como uma grande folha de alumínio que você pode esticar como um espelho de parque de diversões. O CJ, o Johnny e o Marky estavam ensaiando. Eu estava mostrando a eles o meu portfólio e dizendo que realmente não tinha nenhuma ideia para essa capa de disco quando mostrei a eles essas fotos psicodélicas e

distorcidas de LSD. Eles gostaram delas. Perguntei: "Qual é o nome do disco?". "Mondo Bizarro", eles disseram. "Isso é perfeito." Para a contracapa do *Adios Amigos* em 1995, eles queriam ser baleados por um esquadrão de fuzilamento. Então tive que alugar rifles Springfield e sabres militares. Construí uma parede de estuque. Fiz buracos de bala na parede e areia no chão.

**Johnny:** Fomos até lá e concordamos em tirar uma foto, mas íamos todos olhar para o outro lado. A gravadora estava surtando, dizendo "Vocês concordaram em tirar uma foto". Eu disse: "Sim, concordei em tirar uma foto, mas não disse que íamos olhar para a câmera". Estávamos sempre tentando esconder que estávamos ficando mais velhos usando fotos mais escuras ou distorcidas. Estava preocupado de que a banda parecesse velha.

**Monte:** Você pode me ver na contracapa como mexicano dormindo sem camisa. Como aqueles mexicanos dormindo no chão em filmes de cowboy. Foi um barato.

# 13.
## SOMOS UMA FAMÍLIA FELIZ?
### – DEE DEE FORA, CJ DENTRO

Enquanto a banda continuava marchando, as relações se tornaram mais fragmentadas e os integrantes se tornaram mais distantes. Joey e Johnny estavam a milhas de distância, apesar de estarem separados apenas por algumas fileiras da van; Marky estava sóbrio o bastante para ver como a comunicação havia se deteriorado entre Joey e Johnny, então ele se desligou de todo mundo; enquanto Monte estava desesperadamente tentando manter as coisas sob controle. Dee Dee ficou cada vez pior: ele descobriu que era bipolar e estava tentando lidar com suas variações de humor, mas tinha ido longe demais e era um viciado em ser maníaco. Primeiro ele se ligou em drogas, e teve tantas overdoses que começou a tomar drogas medicinais para se manter longe das drogas pesadas, e então precisou de outras prescrições para se manter longe dessas também!

Transtorno bipolar: Um tipo de transtorno depressivo. Não tão prevalecente como outros distúrbios depressivos, o transtorno bipolar envolve ciclos de depressão e exaltação ou euforia. Às vezes, as mudanças de humor são rápidas e dramáticas, mas, geralmente, são graduais. Euforia muitas vezes afeta o pensamento, o julgamento e o comportamento social de forma a causar sérios problemas e constrangimentos.

Transtorno de personalidades múltiplas: uma doença dissociativa na qual o indivíduo adota duas ou mais personalidades distintas. Cada personalidade é uma unidade complexa e completamente integrada com memórias, padrões de comportamento e amizades sociais. A transição de uma personalidade para outra é repentina.

**Johnny:** Com o Dee Dee, sempre foi muito estressante e difícil ficar de bom humor. O Dee Dee piorou com o passar do tempo.

**Monte:** O Dee Dee voltava da turnê e ia para a desintoxicação. Ele ficava longe da heroína por um tempo e ia para a maconha. Durante um tempo, ele até parou de beber. Ele até tomou Antabuse, aquele remédio que faz você vomitar quando consome álcool. Ele se desintoxicou e, então, se casou com a Vera e se acalmou por um tempo. Ela conseguia controlá-lo.

**Bob Gruen:** Eu apresentei o Dee Dee para a Vera. Eu estava saindo com ela depois que me separei da minha mulher. Saímos algumas vezes e uma noite no Max's eu os apresentei, e eles se deram bem.

**Vera:** O Dee Dee veio até mim, se sentou ao meu lado no bar e pediu um drinque, que era exatamente o mesmo drinque que eu havia pedido: conhaque de amora com gelo. No início, o Dee Dee era um doce, tímido e falava macio. Eu o achei tão charmoso. Mas quando conheci o Dee Dee de verdade, aquele não era ele. Exatamente o oposto. Ele era bipolar. Começamos a namorar depois disso. Ele foi para a Inglaterra em turnê e, então, eu voei até a Califórnia para encontrá-lo em janeiro. Era minha primeira viagem para L.A. e minha primeira vez saindo em turnê com ele. Quando o conheci, ele ganhava uns 100 dólares por semana.

**Monte:** O fator de estabilidade na vida do Dee Dee era a Vera. Ela era boa para ele.

**Vera:** Dee Dee e eu nos casamos no fim de semana do Dia do Trabalho, depois da turnê com as Runaways. Fomos até o distrito dos diamantes para escolher uma aliança e fizemos o casamento em uma igreja católica, a St. John's na 1st Avenue. O Monte estava no casamento, assim como Joey, Tommy, Arturo, Linda, Danny e Seymour. O Johnny não foi. Achava que era uma péssima ideia. Ele achava que era a coisa mais estúpida do mundo. Ele pensou que estavam à beira de algum tipo de sucesso e que essa era uma jogada errada do Dee Dee. Na manhã seguinte, eles tiveram que ir para Helsinque para uma turnê. O plano era encontrá-lo em Londres em cerca de duas semanas. No dia em que voltamos da Europa, tive que ir ao hospital. Eles descobriram que eu estava com hepatite. O Dee Dee já estava com isso havia três meses e

passou para mim. Isso foi em outubro ou novembro de 1978 e eles estavam se preparando para o *Rock 'N' Roll High School*. Não queria que ele fosse sem mim, então fui para L.A., mas fiquei no hotel a maior parte do tempo.

**Bob Gruen:** Depois que eles se casaram, ela realmente limpou a vida dele. Ele frequentou o AA durante oito anos e estava realmente se mantendo sóbrio e direito. Eles passaram de alugar um apartamento para serem proprietários de um prédio, e endireitou a vida dele.

**Vera:** Quando o conheci, ele gostava de suas drogas e de se injetar. Nunca tinha conhecido ninguém que tomava heroína e era contra aquilo. Tentei fazê-lo fumar um baseado, em vez disso. Ele não era um grande fumante, mas, mais tarde, ele acabou se tornando um viciado. Ele substituiu uma coisa pela outra. Isso provavelmente salvou sua vida ou, ao menos, a prolongou.

**Little Matt:** A Vera fazia a velha coisa de "Não dê drogas para o Dee Dee", o tratando como se ele fosse uma criança. O Dee Dee era um cara crescido. Não nos culpe pelo que ele fez.

**Vera:** Ele ia ao AA e ao psiquiatra duas vezes por semana. Estávamos fazendo tudo o que podíamos. Então, de tempos em tempos, ele saía da linha.

**George Tabb:** Uma vez, depois de uma reunião dos Narcóticos Anônimos, o Dee Dee estava surtando, então ele colou uma fita na parte de trás do seu baixo que dizia "Sou uma boa pessoa". Ele precisava ser lembrado disso.

**Vera:** Moramos com o Danny por três meses até que nos mudamos para o Queens no fim de junho e arranjamos nosso próprio apartamento de dois quartos.

**Monte:** Ele tentou ser o Dee Dee caseiro. Comprou um Camaro com teto em forma de T e tentou ser uma pessoa normal. A Vera tentou acalmá-lo e isso ajudou bastante. Essencialmente, ele tinha dois lados. Um queria ser uma estrela do rock, e o outro queria ser o homem do lar com uma esposa e uma casa no Queens. Ele se casou e tentou levar essa vida dupla: ainda queria ser um rock star, mas ainda gostava de fingir que era um Zé Ninguém.

TO Monte From Your PAL The Cut creator The MASTer OF RAP

Dee Dee King

**Dee Dee King**

(Foto George DuBose)

**Vera:** Meus pais tinham uma casa enorme ao norte de Nova York e íamos para lá nos fins de semana no Camaro. Acabamos comprando nossa própria casa lá. Era absolutamente linda. Era como um retiro de fim de semana nas montanhas com uma vista espetacular. Ficava a cerca de 13 km de Albany. A vista era como a do filme *A Noviça Rebelde*. Ele gostava de comprar munição e sair atirando. Lá, ele tentou largar as drogas. Ele conseguia por um tempo, ou substituía a heroína por outras coisas. Comprar era uma delas. Relógios. Ele usava sete relógios em um braço de uma vez. O que é isso? Então ele entrou nessa coisa de rap. Eu ainda tenho todas as correntes de ouro dele, aquelas correntes enormes de rapper. Ele gastou milhares de dólares nessas coisas.

**Monte:** Uma vez que ele ficou sóbrio – bem, sóbrio para o padrão Dee Dee – ele entrou numa crise de meia-idade. Ele ficou obcecado em coisas como tatuagens.

**Vera:** Ele chegou em casa com aquele maldito escorpião tatuado. A princípio, achei que era uma lagosta e ele ficou muito nervoso. "Por que alguém faria uma lagosta?" "NÃO é uma lagosta!"

**Monte:** Durante um tempo, o Dee Dee foi um cara fanático por facas. Canivetes eram o grande lance. Todos gostávamos daquilo. Contrabandeávamos na volta da Europa, no transporte aéreo, junto com as ferragens de bateria. Havia milhões de peças de metal lá, então eles nunca iam olhar.

**Vera:** Havia facas em toda a casa, grandes facas, canivetes de bolso, facas antigas e uma tonelada de canivetes. Ele sabia que intimidava as pessoas quando estava com elas.

**Monte:** Em seguida, foram os relógios caros. Ele andava com cinco ou seis relógios novinhos de uma vez. Ele tinha começado a ouvir rap, nessa época, com seus fones de ouvido. Ele estava infeliz tocando com os Ramones e estava buscando outras coisas para se inspirar. Os outros caras odiavam rap, mas toleravam. Então, teve uma vez em que estávamos indo a Washington DC para um show, e ele aparece no aeroporto com um macacão de rap, correntes de ouro e tênis Adidas. Ele estava parecendo um roadie do Run DMC e nós estávamos indo para um show. O Johnny disse: "O quê, pirou?".

**Marky:** Ele dizia o tempo todo: "Eu sou negão, sou negro".

**Gary Kurfirst:** Em uma época, fiz um acordo com o Dee Dee em que eu o ajudaria na sua carreira solo se ele não saísse da banda. Eu sabia que o Dee Dee estava pensando em sair havia algum tempo. Eu pensei que adiaria sua saída ajudando em seu projeto solo, mas ele negou o acordo e saiu do mesmo jeito.

**Monte:** Ele fez seu disco solo de rap, *Standing in the Spotlight*, como Dee Dee King. Decidimos dar a ele essa válvula de escape e, talvez, ele colocasse isso para fora, mas ele realmente queria ser um rapper.

**Vera:** Ele adorava o Run DMC, Fresh Prince, LL Cool J. Quando estávamos fazendo o disco de rap com o Daniel Rey em Chinatown, fui comprar um refrigerante e lá estavam LL Cool J e sua turma. Disse a ele que o Dee Dee era um grande fã dele e ele sabia quem eram os Ramones.

**Marky:** O Dee Dee não estava funcionando nos Ramones nessa época.

**Monte:** No fim, ele era trabalhoso, terrivelmente trabalhoso.

**Little Matt:** O Dee Dee é o *Spinal Tap*. Ele viajava e tocava a música errada. O Dee Dee fodia com o tempo. Ele ficava viajando, tocava a música errada e o John ficava me olhando. Eu ficava do lado do Johnny no palco, e ele ficava, tipo: "Vá pará-lo!". Eu tinha que correr por trás do palco, colocar minha mão na dele e dizer "Dee Dee. Pare e escute a música". O Dee Dee olhava para mim e dizia "OK", mas ele fazia tudo de novo do mesmo jeito. O Johnny ia até ele depois do show e começava a gritar e jogar tudo na cara dele. Eu ia correndo para lá. Eu adorava aquelas brigas.

**Vera:** Em 1989, ele decidiu que não queria mais estar na banda. Eu falei: "Como assim, você vai sair da banda? Como vamos viver?". Pensei que era outra fase e que ia passar. Ele largou seu emprego. Ele não queria mais tomar remédios e nem ir aos médicos. Ele estava fazendo isso há 10 anos. Reuniões do AA, do NA, CA, pode escolher. Íamos todas as noites, todos os dias. Ele estava abrindo mão de tudo.

CJ, Joey, Marky e Johnny, 1989

**Gary Kurfirst:** Ele estava tendo problemas com sua esposa e com as drogas. Quando ele saiu da banda, fiquei muito nervoso com ele. Eu trabalhei duro com o Dee Dee. Quando o conheci, ele era uma bagunça. Eu disse ao Dee Dee que, se ele quisesse trabalhar comigo, teria que se limpar. Eu o fiz ir à academia todos os dias.

**Monte:** Era impensável substituir o Dee Dee, mas ele queria ter todo o controle. A banda estava controlando-o. Dee Dee deixou a banda porque ele se sentia muito restrito. Ele queria sair dos Ramones e ele não queria mais o Johnny dizendo o que ele deveria vestir, como cortar o cabelo e para onde ir.

**Marky:** Quando o Dee Dee saiu da banda, foi um choque.

**Andy Shernoff:** O Dee Dee era um maluco, mas nunca achei que ele iria sair.

**Arturo:** No fim, o Dee Dee era uma dor de cabeça. Nessa época, o Dee Dee mau era o Dee Dee que víamos a maior parte do tempo.

**Johnny:** Eles me ligaram dizendo "O Dee Dee está saindo. Venha até aqui para uma reunião". Eu disse que não queria ir. Eu falei: "Se ele quer sair, deixe que saia". Então eles disseram "Você precisa vir". Eu fui e o Dee Dee não deu as caras na reunião. Começamos a fazer testes o mais rápido possível.

**Arturo:** Se você era um fã e só nos visse uma vez por ano, você poderia achar que o Dee Dee estava num dia ruim. Mas aqueles de nós que estávamos lá todas as noites, sabíamos que o Dee Dee não estava colocando para fora toda a energia que ele costumava ter e estava puxando todo mundo para trás. O show tinha diminuído. Eu pensei que seria uma boa ideia se o substituíssemos nessa fase, de qualquer maneira.

**Monte:** No fim do seu período com a banda, ele estava muito triste no palco, não estava envolvido com aquilo. Ele queria fazer outra coisa. Ele estava no exército dos Ramones e ele queria uma dispensa. Ele não foi demitido. Ele disse "Tenho que ir". Foi difícil. Então foi isso e ele disse adeus. Percebemos que ele estava viajando e não estava mais se apresentando bem. Você só consegue fazer uma certa quantidade e, depois, acaba. É o rock 'n' roll. Você precisa estar envolvido com ele e senti-lo ou não fica bom. Mais ou menos na mesma época, sua relação com a Vera também deteriorou.

**Vera:** Se o Dee Dee quisesse fazer algo e você ficasse no caminho, impedindo-o de fazer o que ele queria, ele gritava com você. Não importava se era com o Monte ou comigo, ou quem quer que fosse a pessoa no comando, ele ficava desagradável.

**Johnny:** Me lembro que, uma vez, na van, ele começou a bater na Vera. Alguém me disse para pará-lo e eu falei: "Deixe-os em paz. É uma discussão doméstica". Havia tanta loucura o tempo todo que aquilo pareceu normal.

**Vera:** Nos separamos no final de 1989. Ele abandonou completamente sua medicação, que o impedia de ficar violento e que a bipolaridade progredisse. Ele tomava Buspar, Tofranil, Stelazine, Antabuse, Thorazine, pode escolher. Thorazine pode sedar um cavalo ou uma vaca, e ele tomava isso de mão cheia. Eu costumava me deitar acordada com um olho aberto observando esse cara para me certificar de que ele ainda estava vivo durante a noite. Ele me disse que queria mudar e que eu precisava mudar com ele. Mas a direção que ele estava tomando era totalmente inaceitável para mim. Eu disse a ele, "Se você não estiver medicado, você não pode voltar para mim. Você está colocando sua vida em suas próprias mãos". Nos divorciamos em 1995.

**Dee Dee:** Tentei levar uma vida suburbana, mas não pude lidar com aquilo.

**Vera:** Nos amávamos muito. Mas as pessoas mudam e, às vezes, as coisas não funcionam ou acontecem coisas que afastam as pessoas. Depois que ele saiu da banda, passou por um longo período em que era um solitário e viajava. Morou em diferentes lugares na Europa. Morou na Alemanha por um tempo, então foi para a Holanda, para Amsterdã. Então, ele finalmente foi para Los Angeles.

**Monte:** A parte bonita da saída do Dee Dee é que eles continuaram unidos criativamente e ele ainda trazia músicas para a banda. Eles se livraram do Dee Dee louco na estrada e mantiveram o criativo Dee Dee compositor. Ele continuou por ali porque ele sabia que estava ganhando dinheiro. Ele estava ganhando bons royalties com as músicas e percebeu "Que diabos, vou escrever mais músicas para eles". Ele estava ganhando com a publicação. Toda vez que dava músicas para a banda, o dinheiro entrava. Ele era esperto nesse sentido. Esse era o Dee Dee esperto – uma das muitas personalidades.

**Joey:** Funcionou bem para ele e para nós. Ele contribuía com músicas e não tínhamos problemas. Éramos todos bons amigos e nos dávamos bem. O Dee Dee é um ótimo compositor. Você precisa decidir o que é mais importante para você. Muitas pessoas não dão valor para as outras, mas nós não somos assim; por que senão, o que você tem? Claro que é bom ter sucesso, mas você não quer perder seus amigos de vista porque, senão, você não tem nada. Era isso que acontecia.

**Johnny:** O Dee Dee ainda ia precisar de dinheiro. Ele não ia sair completamente da banda. Era para benefício próprio.

Uma vez falei com o Dee Dee e disse a ele que era de seu maior interesse que os Ramones continuassem o melhor possível.

**Marky:** Quando o Dee Dee saiu, foi como o Paul McCartney saindo dos Beatles. Ele era uma parte muito importante da banda. Johnny e eu conversamos e eu disse: "O que vamos fazer? Vamos acabar com a banda?". O John disse, "Não, vamos conseguir outra pessoa". Quem poderia substituir o Dee Dee? Quem escreveria como ele?

**Johnny:** Todo mundo dizia: "Vocês têm que parar de tocar agora que o Dee Dee não está mais na banda". Mas eu já havia planejado tudo para encontrar alguém jovem que substituiria o Dee Dee, algum garoto que fosse fã do Dee Dee. Não ia deixar que isso me derrotasse de jeito nenhum. Eu vou encontrar alguém. Então, eventualmente, o Dee Dee continuaria a escrever músicas para a banda. Eu sabia que isso ia acontecer.

**Monte:** O Johnny disse que isso foi a última coisa que ele esperava que fosse acontecer, mas sabia que poderíamos superar. Era assustador. Pensei "Caramba, acho que já era". Imediatamente, colocamos um anúncio no jornal e espalhamos a notícia. O primeiro cara que apareceu foi esse garoto desconhecido chamado Christopher Joseph Ward.

**CJ:** Eu tinha 24 anos e já tinha ido pelo caminho errado quando entrei nos Ramones. Estava fodido com drogas e bebidas e era um garoto imprudente. Decidi organizar minha vida e tentei ser recrutado pela Marinha, mas o teste médico revelou um ruído cardíaco, então entrei para os fuzileiros navais. Os fuzileiros eram um monte de escudos humanos, então eles não se importavam se eu tinha pé chato, um ruído cardíaco ou um terceiro braço. No fim do treinamento, fiquei muito doente e tive 41º de febre. Na verdade, eu morri durante um minuto. Eles queriam me dispensar porque nunca descobriram o que eu tive. A medicação que me deram me deixou pior. Minha febre subiu tanto que eles estavam enfiando gelo na minha bunda por um cano para baixar minha temperatura corporal. Como os exames foram inconclusivos sobre o que eu tinha, eles não iam me dispensar. Enquanto isso, minha mãe havia sido diagnosticada com Síndrome de Lúpus, minha avó paterna

estava morrendo de câncer e meu pai havia perdido seu emprego na fábrica de aeronaves quando ela fechou. Eu disse isso para o meu comandante e pedi permissão para deixar os Marines, para me dedicar a assuntos familiares, mas eles não me deixaram ir. Disseram que estavam me mandando de navio para o Havaí para uma missão de merda enquanto eu esperava. Então eu disse "Foda-se" e saí sem aviso. Por fim, me senti mal por ter saído e voltei para os Marines, só para saber que havia sido readmitido em um turno de merda no Japão e colocado sob supervisão disciplinar. Eu disse "Foda-se" de novo, e desertei. Nesse meio-tempo, um amigo me ligou e disse: "Cara, os Ramones estão testando baixistas hoje. Você deveria ir lá e encontrá-los". Fumei angel dust antes de ir para a cidade, então eu estava completamente fora de mim. Nessa época, eu estava em casa havia alguns meses, então fiz um moicano e várias tatuagens. Eu parecia o De Niro em *Taxi Driver*. Cheguei, e o Johnny estava brincando com o seu amplificador e o Marky sentado atrás da bateria. Não havia mais ninguém lá.

**Johnny:** Assim que o CJ entrou, eu fiquei tipo: "Isso é exatamente o que eu estou procurando. Isso vai ser fácil".

**Marky:** Eu não percebi imediatamente. Ele era jovem e tinha uma certa energia, mas não era o Dee Dee.

**CJ:** Tocamos "I Wanna Be Sedated" três vezes e eu detonei. Eles disseram que iam me ligar. Voltei para casa pensando "Uau, aquilo foi demais". Liguei para todo mundo que eu conhecia e contei que tinha tocado com os Ramones. Nunca esperava que eles me ligassem de volta.

**George Tabb:** Encontrei com o Johnny na rua e ele me perguntou se eu queria fazer um teste. Fui até lá e vi uma fila imensa de caras esperando pelo teste. Tinham góticos, brancos, negros, caras com e sem barba, etc. Eles estavam criando nomes engraçados para todo mundo, chamando um cara barbudo de 'Rabino Ramone' ou um cara negro de 'Assustador Ramone'. Era meio retardado.

**CJ:** Menos de uma semana depois, voltei para casa depois do trabalho e minha mãe disse: "Ah, o Monte Melnick dos Ramones te ligou". O Monte disse para tirar mais duas músicas e voltar para um segundo teste. Toquei "Rock 'n' Roll High School", "Blitzkrieg Bop" e "Sedated" de novo. Depois, o Johnny me chamou de lado e começou a fazer várias perguntas, como quais bandas eu gosto e se eu tinha problemas com álcool ou drogas.

**Johnny:** Testamos umas 70 pessoas e fizemos o CJ voltar no meio do processo. Eu achei que esse era o cara certo, mas continuamos testando. Finalmente eu disse: "Quero aquele primeiro cara".

**CJ:** Um dia de manhã, acordei na casa dos meus pais e ouvi uma batida na porta da frente. Eram policiais e eles iam me levar por eu ter saído sem aviso. Na minha segunda noite na cadeia, esse guarda vem e me diz: "Ward, ligação para você". Pensei: "Ótimo, deve ser minha mãe e ela vai brigar comigo". Peguei o telefone e ouvi "Chris, aqui é o Johnny Ramone. Como vai?". Eu disse: "Desculpe. Devia ter avisado a vocês, mas não queria estragar tudo. Vou passar um mês na cadeia". Eu pensei que ele ia ficar muito puto: eles tinham uma turnê em duas semanas. Ele disse, "Cumpra sua pena e você terá seu emprego quando sair". Eu disse "Puta merda!". Contei para todo mundo na minha cela que eu tinha acabado de entrar para os Ramones, mas ninguém acreditou em mim.

**Monte:** O Johnny viu alguma coisa no CJ e ficava dizendo que ele era o cara. É disso que eu gosto no Johnny. Ele tem uma visão e conseguiu ver que poderia moldar esse garoto do jeito que ele quisesse. Ele era um garoto jovem e um grande fã dos Ramones. Ele acabou sendo uma ótima escolha e trouxe uma nova vida para a banda. Todos tinham que acompanhar o cara jovem e isso elevou o nível de energia. Eles tinham que tomar um ar e acompanhá-lo. Ele era jovem, boa aparência, estava em forma e tinha energia, então ele deu um chute no traseiro deles. O CJ entrou e – bum! – eram os Ramones de antigamente outra vez.

**Johnny:** O CJ era o que eu tinha imaginado quando a coisa toda aconteceu. Todo mundo estava falando, "Ele tem um moicano e é jovem" e isso e aquilo. Mas eu sabia.

**Monte:** Quando ele entrou para a banda, eles precisavam urgentemente de uma foto e não queriam gastar dinheiro, então a Ida disse: "Saia, arrume uma câmera e faça umas fotos". Então eu mesmo tirei as fotos.

Eles acabaram usando algumas das minhas fotos para divulgação. Foi um trabalho corrido, mas ficou bom.

**Ida:** Eles fizeram tudo tão casual, em vez de fazer de uma maneira profissional, sem pensar e planejar, como as outras bandas fazem. Era tudo assim: "Precisamos para ontem? Mande o Monte fazer".

**Johnny:** Eu disse para o CJ: "Se olhe no espelho quando estiver tocando. Quando me vir indo para frente, você vai para frente. Quando eu voltar, você volta. Quando estiver em casa, assista a vídeos do Dee Dee".

**CJ:** Meu primeiro show com eles foi em Leicester, na Inglaterra, em 30 de setembro de 1989, na turnê do *Brain Drain*. É como a primeira vez que você faz sexo; você não tem ideia do que está fazendo, só quer terminar logo. A abertura começou, subimos ao palco e minha cabeça fez 'Ding!' Deu um branco fodido. Tudo que tínhamos ensaiado voou pela janela. Era um show lotado e fiquei imediatamente coberto de cuspe e levando moedas na cara. Posso ouvi-las batendo no meu baixo. Cometi alguns erros, mas nenhuma tragédia. O público estava gostando, mas as pessoas na minha frente eram brutais. Essa garota subiu nos ombros do namorado com um cartaz escrito "Nós queremos o Dee Dee". Voltei para perto do meu amplificador, peguei uma garrafa d'água e – bum! – acertei bem na cara dela. Ela caiu dos ombros do namorado e foi isso. No fim da noite, as pessoas na minha frente estavam cantando "CJ, CJ!". Voltamos para o bis e eu estava coberto de cuspe. Dava para sentir o cheiro, então arranquei a camiseta e fomos fazer o bis. Quando descemos do palco, o Johnny grita comigo. "Qual o seu problema? Você nos viu tirando nossas camisetas? Por que você tirou sua camisa?" Eu fiquei, tipo: "Eu estava coberto de cuspe". Ele acabou comigo por isso, mas é assim que o Johnny conduz as coisas. Era mais que rígido.

**Monte:** O CJ caiu na estrada imediatamente e começou a levar uma vida de rock star. O que era ótimo nele, no entanto, era que, apesar de adorar a farra, se você disser para estar lá às duas horas, ele estaria lá às duas em ponto. Você dizia "Vamos" e ele ia. Ele era um cara jovem que tinha acabado de sair da vida militar e o Johnny gostava disso. Vindo depois do Dee Dee, ele era uma moleza.

**Johnny:** Eu olhava para ele e via como ele estava se esforçando e o quanto ele estava fazendo. Isso fez eu me empenhar mais. Tínhamos que acompanhá-lo. Ele acabou cantando mais e mais músicas, e foi se tornando uma parte maior da banda a cada disco.

**John Giddings:** Ele era como o novo garoto da cidade. Ele estava de olhos e ouvidos abertos. Queria aprender tudo. Ele estava mais interessado em entender como eram as coisas. Eles eram umas velhas nessa época. A banda o chamava de Bebê Ramone.

**CJ:** Via minha situação da seguinte maneira: eu tinha a vida que milhões de pessoas sonhavam. Se minha responsabilidade do dia é estar no saguão [do hotel] no horário e eu não consigo fazer isso, então eu sou um verdadeiro fodido de merda.

**Ida:** O CJ estava tão feliz de estar nos Ramones que eles poderiam ter feito qualquer coisa com ele. Como relações públicas, percebi que ele era um cãozinho querendo agradar. Tudo era novo para ele e ele estava muito animado.

**Shira:** O CJ me pedia para pedir para o Joey pedir para o Monte dar um ingresso para um amigo, porque ele tinha medo de pedir diretamente para o Monte. Eu pensava: "CJ, VOCÊ está NA banda!".

**Ida:** Ele se esforçou de verdade para substituir o Dee Dee. Havia uma energia renovada em relação ao que era quando o Dee Dee estava no jogo. Talvez, inicialmente, eles olhassem para ele como um empregado, para ficar parado ali e tocar, mas ele por fim os afetou de uma maneira positiva.

**Bob Gruen:** A ideia de substituir o Dee Dee é muito complicada. Ele era o cara do '1-2-3-4'. Ele era a base de todo o grupo. Ver um garoto entusiasmado lá em cima foi estranho, a princípio, mas, depois de um tempo, ele se encaixou. A banda não parecia velha ao lado dele e ele não parecia tão jovem perto deles, depois de um tempo. Eles pareciam uma unidade novamente e, depois de um tempo, *aquilo* eram os Ramones. Eles continuavam sendo a banda mais pode-

rosa no palco e estavam, repetidamente, conseguindo a maior resposta do público que você já tinha visto.

**Jimmy Markovich:** Ele era um músico melhor que o Dee Dee. Ele tinha muita energia e os fãs gostavam dele. As garotas *realmente* gostavam dele. O CJ conseguia todas as garotas bonitas.

**CJ:** Sempre tinha umas gatinhas me seguindo. Eu tive de tudo, de garotas lindas que pareciam supermodelos até essas jovens universitárias. O que viesse estava bom.

**Eddie Spaghetti:** O CJ deu uma sobrevida à banda, [algo] que eles não teriam sem ele. É uma pena, porque leio muito material sobre a história dos Ramones e, muitas vezes, ele é deixado de fora. Eu não entendo, porque ele está na última leva de discos e são bons discos. Ele é uma parte importante da persona deles nos anos 1990.

**Monte:** O CJ era confiável, pontual e um grande alívio para mim no que dizia respeito ao meu trabalho. Apesar de que isso não quer dizer que ele não causasse sua parcela de problemas também.

**CJ:** Em 1992, tínhamos voltado da França. Era noite de formatura e eu estava andando na minha Harley com minha namorada, quando um garoto bêbado nos deu uma fechada pela esquerda. Bati de cara com o para-brisa dele. Minha namorada voou 15 metros acima da minha cabeça e caiu inconsciente. Fui imediatamente para o hospital e levei 28 pontos na coxa. Arrebentei um monte de ossos da mão esquerda. Quebrei o nariz, levei alguns pontos no queixo e tive uma concussão. No dia seguinte, liguei para o Monte e contei para ele. Íamos voltar para a estrada em duas semanas para um grande festival na Alemanha que estava pagando um bom dinheiro. O Monte perguntou: "Droga. Você está bem?". Disse a ele que tinha quebrado o punho e que ligaria de volta quando voltasse do médico. Uns 20 minutos depois, meu telefone toca e o Johnny diz: "Que merda está acontecendo? Já falamos sobre andar de moto".

**Monte:** Ele decidiu que faria esse grande show que tínhamos na Alemanha. Estavam pagando muito bem para cancelar.

**CJ:** O médico disse que eu tinha uma fratura de ossos e que precisava engessar. "Não rola, amigo. Tenho um show em duas semanas que preciso fazer." Então ele não engessou, só imobilizou com uma tala e me disse para não mexer.

**Bubbles:** No caminho para a Alemanha, o CJ estava reclamando, então o Monte conseguiu um médico para nos encontrar no show e injetou analgésicos o suficiente para que ele aguentasse fazer o show.

**CJ:** Quando chegamos lá, eu estava sentindo tanta dor que estava insuportável. Além disso, eles ficavam adiando o horário do show, então os analgésicos estavam perdendo o efeito. Pedi para o médico local me dar outra dose de analgésicos para fazer o show, mas não o bastante para deixar minha mão dormente. Eu precisava sentir meus dedos para tocar. O cara injetou uma seringa inteira daquela merda no meu pulso e 'boom!', minha mão ficou paralisada. Não sentia nada. Então subimos ao palco e comecei a tocar, mas logo depois fiquei inútil, então o Johnny fez cortarem o som do baixo e eu fiquei fingindo que tocava. Não toquei uma nota. Estava tudo bem, até que eu notei que o mosh estava ficando violento e que a grade ia ceder.

**Monte:** Havia um problema com as barricadas. Essa barricada de aço estava soldada na frente do palco, mas ela começou a ceder e balançar. Tivemos que parar o show e colocar as pessoas para trás.

**CJ:** As pessoas estavam se machucando. Virou um grande desastre e eu tipo "Graças a Deus", porque nunca teria aguentado o show inteiro. Saímos do palco e meu pulso estava inchado e sem cor. Dois enfermeiros me pegaram e me levaram embora. Eles não faziam ideia de quem eu era e não falavam nada de inglês. Então eles me levaram para um hospital que parecia saído da porra de um filme de ficção científica dos anos 1950.

**Monte:** O CJ decidiu por conta própria entrar na ambulância e ir embora sem falar com ninguém. Ficamos todos tipo, "Cadê ele?". Alguém disse que o tinha visto indo embora. Teríamos que cancelar o show, mas como a barreira cedeu, colocamos a culpa nisso. Graças a Deus por aquela barricada de merda.

**CJ:** Ficamos três meses parados por causa do meu punho. Esse foi o máximo de tempo livre que tivemos durante todo o período em que estive na banda.

**Gene The Cop:** O CJ se encaixou musicalmente, mas acho que ele sempre se sentiu um coadjuvante. Ele tinha seus próprios amigos que iam aos shows e ele se separava e ia fazer suas próprias coisas.

**CJ:** Eles sempre me trataram bem, mas nunca me senti parte da banda porque tinha sido um fã durante muitos anos antes de entrar. Era impossível realmente me sentir parte da banda. Sentia uma certa atitude de pessoas que acompanhavam a banda há alguns anos e me tratavam como se eu fosse um novato. Tenho certeza de que era porque eu era jovem e bobão. Estava totalmente extasiado com tudo. Saí da cadeia para entrar numa das minhas bandas preferidas de todos os tempos, em apenas alguns meses.

**Monte:** No meio dos anos 90, o Dee Dee tinha se mudado para a Argentina com sua segunda esposa, Barbara Zampini [eles se casaram em 1997]. Fizemos um grande show lá e ele ia vir e se juntar a nós no palco, mas isso nunca aconteceu. Ele ia nos encontrar no nosso hotel, mas havia uma enorme multidão e muitos seguranças. Os seguranças não conheciam o Dee Dee, então ficaram dificultando a entrada dele no hotel. A banda estava lá dando autógrafos e não o viu. Ele sentiu que eles o estavam esnobando. Finalmente o colocamos na van e estávamos indo para o show quando ele surtou. Ele não aguentava mais. Pulou da van e saiu correndo. Poderia ter ido e tocado uma música, e as pessoas iam adorar. Ele era um grande astro na Argentina. Mas era o Dee Dee paranoico "Todo mundo me odeia". Não dava para racionalizar com ele naquela época.

**CJ:** O Dee Dee era propenso a exagerar suas reações quando sentia que não estava tendo o que merecia. Éramos tão grandes na Argentina e eles deviam tê-lo colocado em um terno, beijado seu traseiro e mandado garotas de programa ou o que ele quisesse. Se fosse o Bono do U2, eles teriam dado um bom quarto de hotel para ele. As pessoas não dão importância para muito do comportamento do Dee Dee, mas grande parte dele é justificável. Ele pode ter reagido como se estivesse fora de si, mas estava mesmo.

# the RAMONES

# WEST COAST

# BRAIN DRAIN

# WEST COAST

**JUNE 1989**

June 2, ----                              Hollywood.
June 3, ---- UNI. STUDIOS                 Long Beach.
June 4, ---- COUNTRY CLUB                 Reseda.
June 5, ---- Travel to San Jose.

June 8, ---- Travel to San Francisco.
June 9, ---- FILLMORE                     San Francisco.
June 10, ---- CREST THEATER               Sacramento.
June 11, ---- FILLMORE                     San Francisco.
June 12, ---- Travel
June 13, ---- STARRY NIGHTS               Portland.
June 14, ---- COMMODORE BALLROOM          Vancouver.
June 15, ---- 99 CLUB                     Seattle.
June 16, ---- Travel to San Francisco.
June 17, ---- STONE                       San Francisco.
June 18, ---- PHOENIX THEATER             Petaluma.
June 19, ---- ONE STEP BEYOND             Santa Clara.
June 20, ---- LA CASA
June 21, ----
June 22, ---- BACCHANAL                   San Diego.
June 23, ---- IGUANAS                     Tijuana.
June 24, ---- COUNTRY CLUB                Reseda.
June 25, ---- PARK PLAZA                  Los Angeles.
June 26, ---- Travel back home.

# 14.
## DURÕES DEMAIS PARA MORRER
### – OS ÚLTIMOS ANOS, DOMINANDO O MUNDO

Em meados dos anos 1980 e no início dos 1990, os Ramones tinham deixado a Sire para entrarem para a Radioactive do empresário Gary Kurfirst, uma subsidiária da MCA, e estavam desfrutando de sua recém-descoberta popularidade e adulação como padrinhos do punk rock. Mesmo assim, para todos os fins, eles ainda não tocavam no rádio e, geralmente, faziam shows em pequenos clubes nos Estados Unidos. Sua popularidade ao redor do mundo, no entanto, subia e eles ainda tocavam na mesma intensidade sem parar, atirando música após música na sequência, como um atirador de elite louco que tem algo a provar. A banda decidiu parar de fazer turnês longas, optando por economizar energia em viagens mais curtas. Mas o trem continuou a rodar, com Monte guiando.

RAMONES
TOUR DE MEXICO
PASS
ALL ACCESS

RAMONES
BRAZIL 1992

RIO
OR
DIE

ALL ACCESS

99X
BIG DAY OUT
SEPT. 10. 1995
THE RAMONES

RAMONES
SCANDINAVIA
1990

THE LONGEST DAY
RAMONES
MILTON KEYNES
BOWL
SAT. JUNE 22nd 3.00 pm

PHOTO access
DKB
COPENHAGEN

| Date | Town | 1990 |
|------|------|------|
| Scandinavia | | |
| Artists | RAMONES | |
| Authorized | DKB Concerts | |

1989 AUSTRALASIAN TOUR
RAMONES

HEY HO LET'S GO — EUROPE 1990
RAMONES
TOTAL ACCESS

RAMONES
PIZZA PIZZA HEY
PRESS PHOTO
AFTER SHOW
BACKSTAGE
ARTIST ALL AREAS
HEY HO LET'S GO!
ITALIAN TOUR 1992

EXTREMELY
BIZARRE
260
BERLIN BIZARRE '91

| 15.8.1993 | Waldbühne |
|-----------|-----------|
| p.m. | Running Order |
| 12:00 | Doors open |
| 2:00 | Hip young Things |
| 2:30 | c/o |
| 2:45 | The Bates |
| 3:45 | c/o |
| 4:00 | Slime |
| 5:00 | c/o |
| 5:30 | The Cramps |
| 6:30 | c/o |
| 7:00 | Siouxsie & t. B. |
| 8:15 | c/o |
| 8:45 | Ramones |
| 10:00 | Curfew |

LOS RAMONES
TOUR '94
ROSARIO 16-11-94
Estadio Cubierto N.O.B.
nombre
d.n.i.
función
acceso

**Monte:** Como a banda não viajava com luxo o tempo todo, eles decidiram não fazer turnês tão longas. Em vez disso, eles faziam uma ou duas semanas e voltavam. Perceberam que a maneira de sobreviver era fazer pequenas turnês e não sair por meses como antigamente, ou isso ia matá-los. Mesmo quando íamos para a Europa, voltávamos depois de algumas semanas. Soa maluco, mas funcionava e pagava. Quanto mais rápido saíssem do país, melhor. Esse é o motivo pelo qual eles duraram tanto e porque eu durei tanto tempo com o grupo. Nos organizávamos para fazer turnês de maneira civilizada para não nos destruirmos. Precisávamos fazer assim – senão nunca teríamos feito o tanto de show de fizemos.

**Johnny:** Fizemos turnês constantemente em 1977, 1978 e 1979. Tocamos de 100 a 150 shows por ano. Então percebi que um número confortável era 100 shows, uma quantidade igual de tempo livre e de shows que fazíamos. Saíamos por um mês e então voltávamos para casa e descansávamos por um mês. Era muito mais confortável; não parecia que estávamos trabalhando demais.

**Tim McGrath:** Chamávamos isso de turnê de guerrilha. Atingíamos o Texas e voltávamos para casa, íamos à Flórida e voltávamos para casa, etc. Os caras davam mais em um show do que a maioria das bandas dá em toda a carreira. Além disso, o Joey era frágil e sua voz precisava de descanso. Se eu estivesse agendando uma turnê, o Joey ligava e perguntava se não teriam mais que dois ou três shows em sequência, para economizar sua voz.

**Monte:** Na Europa, fazíamos essas viagens rápidas para os festivais europeus.

**John Giddings:** Os festivais escandinavos são como ir ao inferno. Você vê pessoas sentando nesses campos sujos, em cima de seu próprio lixo. Os Ramones tinham nojo daquilo. Eles pensavam que essas pessoas não tinham a mínima noção de higiene. No fim, você sentia que estava escapando daquilo. Quando eles terminavam de tocar, eles queriam dirigir centenas de quilômetros até o hotel do aeroporto e ficar lá. Eles dormiam um pouco, levantavam, pegavam um voo e davam o fora de lá.

**Jimmy Markovich:** Uma vez, houve um tumulto em Atenas, na Grécia. Sempre tocá-vamos no mesmo clube, esse lugar minúsculo onde tocávamos várias noites em seguida. Primeiro, as pessoas invadiram e destruíram o clube antes do show. Depois, enquanto estávamos tocando, eles deixaram gente demais entrar. Uma gangue tentou entrar e, quando os impediram, eles derrubaram a entrada. Quando entraram e perceberam que não havia para onde ir, havia uma parede sólida de pessoas, eles voltaram para fora e começaram a queimar carros e um ponto de ônibus. Foi insano. Aqueles foram os melhores dias.

**John Markovich:** Tínhamos a polícia e meio exército com tanques e metralhadoras como segurança num de nossos shows na Alemanha. Uma vez, lançaram gás lacrimogênio no Rio. Alguns garotos entraram com isso e, quando percebemos, o lugar inteiro estava cheio daquela coisa e tivemos que ir embora. De algum jeito, o ar-condicionado empurrou aquilo para longe do palco, em direção ao público, e eles puderam voltar uns 15 minutos depois. Foi intenso.

**Monte:** Tocamos em uma arena de touradas em Madrid. Geralmente, tínhamos uma barreira de seguranças em frente ao palco. Eu disse para o promoter: "Estamos prontos para começar o show agora. Onde está a segurança?". De repente, o maldito exército entra marchando com submetralhadoras e se alinha em frente ao palco. Não sei por que eles estavam lá, mas foi a melhor segurança que já tivemos. Mesmo assim, o público ficou maluco na frente deles.

**John Markovich:** Joey, Linda, Monte e eu fomos ao Portão de Brandemburgo, em Berlim, na Alemanha, no meio da noite, quando o muro caiu. Estávamos bêbados e fazendo barulho, e o taxista não queria ficar. Ele estava gritando "Temos que ir agora!". "Que se foda!", dissemos. De repente, ouvimos tiros de metralhadora vindo do muro na nossa direção. "Vamos dar o fora daqui!" Pulamos de volta no táxi e saímos correndo.

**Bubbles:** Sempre que íamos da Alemanha Oriental para a Ocidental pelo Checkpoint Charlie, em Berlim, eu mostrava o dedo do meio para a zona desmilitarizada quando passávamos. Eles me viam, com suas armas automáticas, e não podiam fazer nada a respeito. Só havia uma estrada que você poderia pegar para ir da Alemanha Oriental para a Ocidental e era tipo um corredor. Tinha tipo uns 150 km de extensão e eles não te deixavam parar. Era assustador.

**Monte:** Estávamos na Alemanha quando o Muro de Berlim caiu.

**Bubbles:** Todos pegamos picaretas e marretas e começamos a arrancar lascas e tirar pedaços do Muro de Berlim. Esses guardas com armas automáticas vieram até nós e disseram "Parem!". Eles não acharam que o muro estava realmente caindo. O CJ passou um dinheiro através de um buraco no muro e comprou um quepe e uma fivela de um cara.

**Jimmy Markovich:** Estávamos em San Sebastian, na Espanha, no início dos anos 80 nesse clube no alto de uma montanha enorme. Era o último show da turnê e o Joey, o Bubbles e eu fomos para esse after party no pé da montanha. Esse cara foi dirigindo por essa estrada sinuosa em que de um lado é a montanha e do outro são pedregulhos no mar. O motorista disse, tranquilamente, "Muita gente morre nessa estrada". Ficamos na festa por horas até que o Joey e eu ficamos entediados e conseguimos uma van para irmos embora. O motorista estava bêbado como um gambá, mas queríamos ir para casa, então dissemos "Que se foda". Estávamos fazendo uma curva quando ouvimos um pneu cantando, e avistamos um carro descendo pela nossa faixa. Evitamos uma colisão frontal com ele, mas acabamos batendo em um poste na lateral da estrada, quando deveríamos ter caído nas pedras. O poste salvou nossas vidas. Não estávamos usando cintos de segurança e o motorista tinha enfiado a cabeça no para-brisa. Tive que me esticar e tirar a van.

**Bubbles:** Não queríamos ser presos, então o Joey, o Jimmy e um bando de espanhóis empurraram a van batida para a beira da estrada, pulamos em um táxi e demos o fora.

**Jimmy Markovich:** Era uma rua movimentada e aconteceu de um táxi passar por ali, então nós três entramos e saímos dali. No dia seguinte, ouvimos falar que o motorista estava bem. Voltamos e conta-

mos para o Monte o que tinha acontecido e ele disse: "Vocês não deveriam ter saído". Deixei de ir a festas depois dos shows por causa de coisas como aquela. Essa era uma turnê em que o Dee Dee não estava bebendo nem usando drogas, então ele disse: "É isso que acontece quando vocês bebem". Dee Dee, o pregador.

**John Giddings:** Os Ramones eram maiores fora dos Estados Unidos. Tinha um alto nível de interesse no Japão porque eles eram ícones americanos. A coisa toda de personagens de Cartum era muito atrativa para os japoneses. Os Ramones tinham uma imagem forte e poderosa com aqueles cortes de cabelo e as jaquetas de couro.

**Monte:** As pessoas sempre me perguntam qual é o meu país preferido entre os que eu já visitei. Eu sempre digo que é o Japão, pelo fato de ser tão diferente de qualquer lugar para onde eu tenha ido. A língua e a escrita são tão interessantes. Na Europa, as pessoas se parecem com você e nosso idioma vem da Europa, então certas coisas são quase as mesmas. O Japão é como ir para Marte. A comida lá é outra coisa. Só pedimos sushi. Poderíamos tê-los feito importar hambúrgueres ou pizzas se quiséssemos, eles eram muito receptivos, mas os caras adoravam sushi e macarrão. É difícil até chegar ao país, então, quando você é um americano em Tóquio, que é uma cidade grande, com milhões de habitantes, você pode andar por horas e ser a única pessoa não japonesa por quilômetros. A cultura deles é única. O que eu gosto é que eles sentem que seu país é uma família e todos fazem parte dessa família. Eles mantêm as ruas limpas porque é a rua da família. Os japoneses também são muito organizados e regimentados, o que era perfeito para mim. Se quiséssemos qualquer coisa, eles faziam uma conferência e juntavam todo o pessoal para discutir e então o faziam.

**Vera:** O Japão era insano. Era como um bando de Dee Dees lá! Quando saímos do avião e esses garotos estavam no aeroporto, eles tinham os cortes de cabelo de tigela, cabelo preto e escorrido com olhinhos apertados e camisetinhas dos Ramones. Eles eram iguaizinhos a ele! São pessoas muito amáveis.

**Monte:** Os promoters e os fãs sempre nos compravam presentes ou deixavam uma garrafa de saquê em nossos quartos. Os japoneses costumam dar presentes e, por nós, tudo bem.

**CJ:** Eles te atendem e te fazem sentir um profissional. Muitos lugares não levam músicos a sério, o que eu consigo entender, mas no Japão eles te tratam com respeito.

**Monte:** Quando fomos pela primeira vez para o Japão, em junho de 1980, eu pensei que eles eram os fãs mais loucos do mundo. Eu pensei que eles seriam loucos maníacos. Ao invés disso, eles se sentavam e aplaudiam depois de cada música e nem se levantavam ou gritavam. Nada de dançar, nem nada. Muito controlados e muito quietos. Eu fiquei chocado. Isso não quer dizer que os shows não agitavam. Na verdade, uma vez, agitou até demais. Em junho de 1980, estávamos em Tóquio, uma das regiões mais propensas a terremotos no mundo. A banda estava no palco em um clube no oitavo andar de um arranha-céu e percebi as luzes balançando de um lado para o outro. Estava sentindo o chão balançando um pouco e percebi que era a porra de um terremoto.

**Vera:** Vi o camarote balançando para frente e para trás. Pensei que era por causa dos fãs. Não tinha ideia, até depois do show, de que estávamos em um terremoto! Eles tocaram o show inteiro. Não sei se eles sabiam.

**CJ:** Os fãs [japoneses] eram loucos pela banda. Enquanto você está tocando, eles estão explodindo o lugar, parece uma erupção, mas, entre as músicas, você consegue ouvir um alfinete caindo. Isso é porque eles são educados e prestam atenção em cada palavra sua.

**Monte:** Como o Johnny mantinha um registro de cada show em seu caderninho, ele sabia que estávamos tocando o show de número dois mil durante a turnê no Japão. O Hard Rock Cafe em Tóquio fez uma festa para nós. Dois mil shows? Jesus. Não conseguia acreditar que tínhamos feito tantos. Foi como uma enorme turnê para mim. No início, todo show era memorável, mas, mais tarde, tudo se tornou um borrão. Principalmente quando chegamos a meados dos anos 1980 e nos anos 1990. Foi um período estranho para os Ramones.

**Johnny:** Estávamos sozinhos. Não havia o movimento punk rock. Se havia alguma coisa, era muito *underground*. Foi uma década solitária. Aqueles foram os anos mais difíceis. Estávamos tão envolvidos em nosso próprio mundo que mal notamos. Foi difícil.

**Kevin Patrick:** A empresa de gerenciamento nunca estava lá para vê-los, mas eu ia o tempo todo. Eles me pediram para ser empresário deles por volta do final dos anos 1980, quando eu trabalhava na Island e tive um sucesso na Elektra/Asylum com o Georgia Satellites. Eu sabia que eles mereciam um sucesso muito maior e sempre me incomodou que eles não tiveram tanto sucesso no rádio quando deveriam. Os Ramones eram uma mão de obra confiável que estava lá todas as noites tocando em um certo nível, e isso tem um bom valor. Essa é uma ótima fundação para manter um negócio funcionando, mas tinha uma situação em que parecia que eles estavam trabalhando para os empresários e não o contrário. Eu sentia que eles mereciam muito mais. Eles sempre tinham esse ciclo de reverências por parte da imprensa, da indústria e outros meios, que ficavam venerando-os por serem tão importantes. Então como você lança um bocado de hinos em cada disco e não toca no rádio? O que está errado aí? Tive que recusar. Eu não era empresário e não queria ser o responsável por arruinar a carreira deles.

**George Tabb:** O Johnny viu a imagem do que eles deveriam ser. O resto dos caras queria crescer, mas o Johnny queria continuar como estavam. Ele sabia que se tornariam uma coisa cult e estava certo. Funcionou.

**Monte:** Então, o U2 nos abordou para nos juntarmos a eles para um show em Oviedo, na Espanha, em 1993. Eles eram grandes fãs e nos convidaram para tocar com eles num estádio, o que era sempre bom. Conversamos com eles no backstage e eles eram muito amigáveis. Eles estavam animados em nos ter na escalação. Estava caindo um temporal e os Ramones tinham que subir ao palco. Era um público enorme e, é claro, que eles não iam embora. Era assustador, mas eles tocaram porque sabiam que o U2 tinha o aterramento e o equipamento necessários.

**Little Matt:** O Bono veio até mim e disse: "Por favor, me apresente ao Joey. Ele é meu ídolo". Ele tinha 55 mil pessoas gritando cada uma de suas músicas e ele só queria conhecer o Joey.

**Eddie Spaghetti:** Foi oferecida uma turnê ao Supersuckers com o White Zombie, em 1995. O White Zombie era a atração principal e era muito popular na época. O público não estava respondendo ao nosso show, assim como às outras bandas que tocaram antes dos Ramones. De vez em quando, nos vaiavam, o que não era nada demais, mas, às vezes, os fãs do White Zombie vaiavam até os Ramones. Teve um show em que havia um garoto nos vaiando agressivamente. Então, os Ramones começaram a tocar e ele os vaiou também. Fomos até o empresário de turnê do White Zombie e dissemos, "Esse cara nos vaiar é uma coisa, mas agora ele está vaiando os Ramones e, se você vaia os Ramones, está vaiando o rock 'n' roll". Então o empresário foi até lá, arrancou o garoto do público e o chutou para fora do show por ter vaiado os Ramones. O pobre garoto teve que esperar no frio, sem sua jaqueta, sua mamãe vir buscá-lo, tudo porque ele não percebeu o que estava fazendo.

**Monte:** O Johnny e o Rob Zombie ficaram amigos depois daquela turnê. Ambos gostavam de filmes de terror. Em 1995, nos ofereceram uma turnê abrindo para o Pearl Jam. Enquanto algumas pessoas resmungaram, dizendo que uma banda com o status dos Ramones não deveria abrir para alguém como o Pearl Jam, nós estávamos animados. Finalmente, começaram a nos oferecer algumas turnês de verdade.

**Jann Uhelszki:** Eles não foram respeitados durante muito tempo. A turnê com o Pearl Jam mudou isso.

**Johnny:** Nesse ponto, eu já tinha aceitado o status de cult. Ver que as bandas se preocupavam com a gente era mais importante. O Pearl Jam nos convidou para uma turnê. O White Zombie nos convidou para uma turnê. O Soundgarden nos convidou para uma turnê. Ninguém nunca tinha nos convidado para uma turnê durante todo aquele tempo. Voltou a ser uma coisa boa naqueles últimos anos.

**Monte:** Em 1987, a banda fez uma turnê na América do Sul e se tornou enorme. Enorme como os Beatles. Eles rapidamente passaram de tocar em clubes para tocar em teatros; e depois em arenas e estádios. Os garotos lá se identificavam com eles.

**Johnny:** Cada vez que íamos para a América do Sul, ficávamos maiores. Na primeira vez, tocamos talvez num lugar para tipo umas 3 mil pessoas. Na vez seguinte, foram algumas noites em um lugar para 5 mil pessoas e, então, passamos para um estádio para 30 mil pessoas. Então, fomos para o Estádio do River Plate em Buenos Aires, na Argentina, onde tocamos para 52 mil pessoas. Negociei um esquema com eles para tocarmos em um clube pequeno em nosso dia de folga e disse: "Não fale com o empresário ou com a agência – só traga a grana".

**Little Matt:** O Dee Dee estava sentado do meu lado no avião para a América do Sul pela primeira vez, e estava realmente engasgando só de pensar em toda a cocaína que estava esperando por ele.

**Bubbles:** Na primeira vez que tocamos lá, estávamos todos na cafeteria do segundo andar do hotel. Havia varandas para a rua principal, onde uma multidão de fãs havia se aglomerado enquanto entrávamos. O Joey disse, "É bem legal lá no andar de baixo, né? Todas aquelas pessoas em frente ao hotel. Será que ainda estão lá?". O Joey se levantou, foi até a porta [da varanda], abriu e você escutava "Ahhh" vindo daqueles fãs lá embaixo. Ele fechava a porta e silêncio. Ele abria a porta outra vez e "Ahhh". Então fechava a porta e ria. Eu falei: "Não os irrite". Isso foi só o início da coisa na América do Sul. Ela só cresceu a partir desse ponto.

**Marky:** Eles não tratam qualquer banda daquele jeito. Havia algo especial com a gente que eles viram e gostaram. Algo com que, lá no fundo, eles podiam se relacionar.

**Monte:** Além de todos os clubes, teatros e arenas que tocávamos em todo o mundo, sempre havia aqueles lugares estranhos onde íamos tocar. Às vezes, um promoter organizava um show em um lugar onde geralmente não faziam shows de rock. Outras vezes, simplesmente tocávamos em lugares que você nem acreditava que existiam! No Chile e na Itália, tocamos em pistas de corridas de bicicleta, chamadas *velódromos*. Eram essas enormes pistas ovais no meio de uma arena. Também tocamos numa em San Sebastian, na Espanha. Esses shows foram estranhos porque montamos tudo bem no centro e os garotos ficavam à nossa volta e até acima de nós, nas vigas. Também tocamos em frente ao Castelo de Santo Ângelo em Roma, e no Rio Rhine.

**John Giddings:** Estávamos dirigindo até o Rio Rhine para o Bizarre Festival e eu olhei pela janela e disse: "Meu Deus, isso é lindo". O Johnny se virou e disse: "Eles deveriam asfaltar isso. Só para ficar mais acessível".

**Monte:** Em Estocolmo, na Suécia, tocamos em um estádio de hóquei. Eles montaram o palco bem em cima do gelo e colocaram tábuas sobre o gelo, onde os fãs ficavam. Na turnê do Lollapalooza, tocamos no Gorge em Washington. É lindo. Abrimos para o Mike Oldfield uma vez, em Barcelona, em 1980. Aquilo foi surreal. Como se juntar essas duas atrações não fosse estranho o bastante, tocamos nesses enormes degraus que subiam até o Palau Nacional. Eles colocaram o palco no alto dos degraus, então olhávamos para baixo e víamos todos os garotos lá. Havia mais de 100 mil pessoas. Quando voltamos para o hotel depois do show, ouvimos "Tubular Bells" do Oldfield em *O Exorcista* tocando ao longe. Uma vez, estávamos agendados para tocar, por algum motivo, na praça municipal de uma cidadezinha na Itália e uma família inteira estava organizando o show. O tio era o prefeito e o primo era o chefe de polícia. Eles montaram o palco no meio da praça e a banda tocou para a cidade inteira. Quando fui receber o pagamento, eles me deram um milhão de liras, o que naquela época valia uns mil dólares. Mas eram um *milhão* de liras! Você sabe como é contar um milhão de qualquer coisa? Eles me levaram até a prefeitura. Eu achei que fosse ser roubado.

**Little Matt:** Uma vez, tocamos no Riverboat em Nova Orleans. Eles tiveram que dar a volta e atracar mais cedo porque todos os garotos estavam dando moshes lá. Quando estávamos indo embora, conheci essa garota, com quem acabei tendo um lance. Ela acabou virando uma assombração e ficava me seguindo. Essa garota ligava no hotel procurando o pessoal dos Ramones e, de algum jeito, ela chegou ao Johnny. O Johnny, tenho certeza que foi de propósito, passou a ligação para o meu quarto, onde estava a minha esposa. Essa garota idiota disse para a minha esposa, "Ah, eu sou a namorada do Matt". O Johnny armou para mim.

**Monte:** Mais perto do fim, foi ficando claro que isso não ia durar para sempre. A saúde do Joey estava deteriorando e a banda mal se comunicava depois de anos de tensão. O Marky se ligou nisso rapidamente e formou seu projeto paralelo, The Intruders. O CJ seguiu seus passos. Pouco depois, entretanto, os relações públicas me advertiram para afastar o Marky das entrevistas porque ele estava falando demais sobre o seu projeto paralelo, The Intruders. Ele sabia que os Ramones estavam se separando e ele só falava nisso, e eles não gostaram disso.

**Ida:** Pelo que me lembro, nunca aconteceu um anúncio oficial de que eles estavam se separando. A banda estava falando sobre isso e fazendo pronunciamentos, mas nunca houve um pronunciamento "oficial". No Lollapalooza em 1996, eles já eram bem reconhecidos como os padrinhos do punk, mas na indústria, eles ainda eram vistos com inferioridade. A imprensa tinha desistido deles havia muito tempo, e sentiam que o tempo tinha passado, mas os Ramones não acompanharam.

**Monte:** Em 1995, o Joey deixou claro que o fim de seus dias de turnê estava próximo. Ele estava ficando cada dia mais doente e fazer turnês estava pesando sobre ele. A banda agendou uma última turnê nacional e começou a fazer alusões para a imprensa de que seria a última, mas aí apareceu o Lollapalooza e eles aceitaram. Depois disso, ninguém acreditou na gente quando dizíamos que estava acabado.

**CJ:** O Johnny nunca conversava com as bandas que saíam em turnê com a gente. No Lollapalooza, comecei a conversar com todo mundo imediatamente. Finalmente, eu consegui fazer o Johnny conversar com as outras bandas e, pela primeira vez em toda a sua carreira, acho que ele pôde apreciar o impacto que ele tinha.

**Monte:** Eles estavam olhando para o Johnny como um deus do rock. Enquanto isso, o Johnny estava roubando bebida dos camarins. O Johnny teve essa ideia brilhante de pedir bebidas *premium* no rider e levava todas as garrafas para casa e as estocava no bar de sua nova casa, em Hollywood Hills. Eis um cara com di-

This copy should be
surrendered to the
immigration authorities
upon arrival in Japan

## VISA APPLICATION FORM TO ENTER

Name in full __MELNICK__
(Surname)

__MONTE    ALEXANDER__
(Given and middle name)

Different name used, if any _____

Sex __MALE__    Marital status ( married    single __X__ )

Nationality or citizenship __U.S.A.__

Former nationality, if any _____

Date and place of birth __16    10    49__ : __NY    NY    U.S.A.__
(Day) (Month) (Year) (City) (Province) (Country)

Criminal record, if any __NONE__

Home address __150-16  21 Ave  WHITESTONE  NEW YORK__
Tel. _____

Profession or occupation __TOUR MANAGER__

Name and address of firm or organization to which applicant belongs __RAMONES    PRODUCTIONS__
__C/O HERZOG 65 E 55 ST NY NY 10022__  Tel. __751-4850__

Post or rank held at present __TOUR MANAGER__

Principal former positions _____

Passport    (Refugee or stateless should note the title of Travel Document) _____

No. __G-1431106__ Diplomatic, Official, Ordinary Issued at __N.Y. N.Y.__ on __5/76__

Issuing authority __US DEPT. OF STATE__ Valid until __5/81__

Purpose of journey to Japan __PERFORMANCE OF CONCERTS__

Length of stay in Japan intended __June 24 - July 6__

Route of present journey : Name of ship or airline __Japan Airlines__

Port of entry into Japan __Tokyo__    Probable date of entry __June 24__

Address of hotels or names and addresses of persons with whom applicant intends to stay
__Akasaka Tokyo__

Dates and duration of previous stays in Japan __NONE__

Guarantor or reference in Japan : Name __Hiroshi Asada, Tom's Cabin Prods,__

Address __3-40-15 Jingumae, Shibuyku, Tokyo  150  03 402 5463__

Relationship to applicant __CONCERT PROMOTER__

Persons accompanying applicant    Name        Relationship        Birthdate
and included in his passport

I hereby declare that the statement given above is true and correct. Also, I understand that immigration status and period of stay
to be granted are decided by the Japanese immigration authorities upon my arrival.

Date of application __6/2/80__

Signature of applicant __Monte Melnick__

(FORM No. 1-C)

nheiro suficiente para comprar uma loja de bebidas. Mas o que ele faz? Pede garrafas de biritas grátis e as leva pra casa. Era realmente uma ideia brilhante.

**Warren:** Uma vez, o Monte e eu estávamos andando em uma loja de autopeças e esbarramos numa luz intermitente que você coloca no teto do carro, como se você estivesse dirigindo um veículo de emergência. Nós a compramos e achamos que poderia ser útil algum dia. Um ou dois shows depois, estávamos presos no trânsito tentando chegar a um show do Lollapalooza quando o Monte se vira para mim e diz, "Faça isso". E eu, "Qual é, Monte, tem policiais por aí". Ele me disse para fazer, então liguei no isqueiro do carro e coloquei aquilo no teto como o Kojak. Fomos para o acostamento e fugimos do trânsito.

**John Giddings:** Eles ficaram mais relaxados mais perto do fim. Eles estavam mais confiáveis e não estavam mais tão nervosos. Eles amadureceram um pouco. O Johnny realmente ficou mais relaxado.

**Monte:** Depois do Lollapalooza, eles receberam uma oferta para irem para a América do Sul logo em seguida, por uma boa grana. O Joey disse que não, e o Marky e o Johnny ficaram putos: "Você está fazendo isso para tirar dinheiro dos nossos bolsos". Eles queriam fazer mais alguns shows, qual o problema? Foi por isso que o Marky ficou puto com o Joey. Achou que era um ataque pessoal contra ele. Eles não perceberam que ele simplesmente não estava bem o bastante. Isso sempre ficou no subconsciente deles – "Um dia, vamos fazer uma grande turnê".

**Andy Shernoff:** Havia uma conversa sobre fazer alguns shows por uma grana muito boa, mas o Joey não estava interessado até que sua parada solo fosse lançada – ele queria estabelecer sua careira solo, então o dinheiro teria que ser inacreditável.

**Johnny:** O Joey não queria fazer isso. Não sei o quanto ele estava doente naquela época, mas o que quer que fosse, era totalmente tratável com medicação. Eu ainda falo sobre isso com médicos e eles dizem que é totalmente tratável. Tínhamos acabado de fazer seis semanas de Lollapalooza e poderíamos ter feito mais dinheiro em uma semana na América do Sul. Naquele ponto, eu não via qual era a diferença.

**Jaan Uhelszki:** Não é que ele não estava a fim. Ele não queria ir por causa do Johnny. O Johnny queria ir pelo pagamento. Ele estava OK até aquele outono. Ele poderia ter ido. Ele estava no estúdio o tempo todo com o Daniel.

**Andy Shernoff:** O Joey me disse que poderia ter feito isso mais pra frente. Ele sabia que a grana seria boa, mas ele estava focado na sua doença e em seu disco solo.

**Joey:** Depois de fazer algo por mim, eu poderia considerar fazer algo por eles. Depois de 22 anos de turnês constantes com pessoas com quem você realmente não se importava, eu cansei. Eu definitivamente adorava alguns aspectos da banda, as apresentações ao vivo, os fãs, mas eu estava no meu limite. Era hora de ter uma vida e estou muito mais feliz agora.

# RAMONES

UNIV. OF SOUTH FLORIDA
Field near Olympic Stadium
Tampa, FL.
(813) 974-2637

RAMADA INN NORTH
820 E. Busch Blvd.
Tampa, FL
(813) 933-4011

LD-IN: 2 PM. DOORS:

at.  Tampa - Hollywood
0/27  245 mi.

HOWARD JOHNSONS
2601 N. Ocean Dr.
Hollywood Beach, FL.
(305) 925-1411

# TOO TOUGH TO DIE TOUR '84

DRS:        SET:

100 Ansin Blvd.
Hall
(305)

Same as above.

D-IN: 3 pm.  DOO  SET: 10:30 pm.

Hollywood          lm Beach
50 mi.

BOWERY              Same as above.
4833 Okeechobee
W. Palm Beach, FL.
(305) 689-2126

# 15.
# FIM DO SÉCULO
## – A SEPARAÇÃO, O RESCALDO, O FIM

Depois da tentativa abortada de reunião com o Dee Dee na Argentina, os Ramones o convidaram para se juntar a eles no grand finale no Palace, em Hollywood, em 6 de agosto de 1996. Eles haviam convidado os caras do Rancid, Soundgarden, Lemmy Kilmister do Motörhead e Eddie Vedder para tocar com a banda, e queriam que o Dee Dee fizesse parte disso. Ele estava indeciso quanto a isso até o momento em que subiu ao palco e esqueceu a maior parte da letra de "Love Kills". De modo revelador, ele disse perto do fim [da música] "Esse sou eu. É assim que eu sou", e deu de ombros para o público. Isso não tem preço. Depois disso, todos seguiram caminhos separados e vários projetos solo. Johnny se aposentou completamente, CJ continuou tocando em bandas, Marky fez o mesmo, Dee Dee continuou imprudentemente prolífico e lançou um bocado de discos solo, enquanto Monte tentou uma cartada como empresário. Todos (incluindo Tommy) se reuniram em duas aparições em lojas: uma na Tower Records, em Nova York, em 1997, para comemorar o lançamento de *We're Outta Here*! da Radioactive; e a outra, em 1999, na Virgin Megastore para a antologia *Hey Ho Let's Go!* da Rhino, e foi menos agitado e desconfortável do que antes. Com a elegibilidade para o Rock 'n' Roll Hall of Fame cada vez mais próxima, Joey continuou promovendo suas festas de aniversários e festas temáticas, gravando com Ronnie Spector das Ronettes (de quem ele era fã) e começou a trabalhar em seu esperado disco solo. Monte finalmente teve que tomar conta de alguém com quem ele não lidava havia muito tempo – ele mesmo –, enquanto observava um cardume de piranhas rondando o legado dos Ramones. Como um relógio, assim que a banda se separou o Tempo Pai começou a chamada, as verdadeiras brigas iniciaram e as facções começaram a se distanciar umas das outras. Até que fosse tarde demais.

**Monte:** O grupo não sabia que Joey havia sido diagnosticado com linfoma não-Hodgkin até 1994. Antes disso, ele dava pistas e sabia que alguma coisa estava errada. Eu vi os remédios que ele estava tomando e não parecia coisa boa. O mais difícil para ele foi tomar estamina. Não era fácil fazer um show dos Ramones, principalmente quando você está usando a pesada jaqueta de couro. E não acho que o Joey se sentia realmente confortável de confidenciar seus problemas com a banda, especialmente com o Johnny. Ele sabia que não poderia continuar fazendo turnês para sempre.

**George Seminara:** Queria fazer algo realmente grande para o último show dos Ramones. Eu propus que fizéssemos um show de graça na Times Square. Bloqueamos todo o tráfego, filmamos a porra toda, com umas 20 câmeras e chamamos seus amigos para vir e tocar. O Johnny vetou isso porque ele queria fazer em L.A., já que tinha se mudado para lá.

**Daniel:** É uma pena que eles não tenham feito o último show em Nova York. Mas eles fizeram alguns shows no Coney Island High pouco antes do fim. Vê-los pela última vez em um clube pequeno de Nova York foi incrível. É como eu gostaria de vê-los indo embora.

**CJ:** Foi ridículo. Somos a síntese de uma banda de Nova York e fizemos o último show em L.A. porque o Johnny morava lá.

**Johnny:** Fizemos o último show em L.A. porque a turnê terminava lá e eu já tinha me mudado para lá. Eu teria planejado isso um pouco melhor, feito algo um pouco maior e anunciado como sendo nosso último show e tocado no Universal Amphitheater.

**George Seminara:** Muitos fãs se sentiram realmente insultados e magoados por seu último show ter sido em L.A.. Mas era o início de uma nova vida para o Johnny. Ele é o Rei de L.A.. Ele agora mora em um adorável rancho nas montanhas. Ele moveu as janelas para que, matematicamente, tivesse espaço suficiente para seus pôsteres de filmes nas paredes. Tem um quarto do Elvis, um quarto de terror com uma cabeça e mãos humanas fossilizadas que o Nicolas Cage deu para ele.

**Monte:** O show foi uma das raras vezes em que eles permitiram que convidados aparecessem e se sentassem com a banda. Tim Armstrong e Lars Fredrickson do Rancid to-

caram "53rd & 3rd", o Ben [Shepherd] do Soundgarden tocou baixo em "Chinese Rock", [Eddie] Vedder cantou "Any Way You Want It" e o Lemmy tocou baixo e cantou "R.A.M.O.N.E.S.", uma música que ele fez sobre a banda para o Motörhead e que os Ramones acabaram fazendo um cover no *Greatest Hits Live*.

**CJ:** Foi uma grande, grande decepção. Levamos todas essas celebridades para o palco, o que eu gostei, mas foi uma estratégia muito barata para vender o vídeo. Muito "na cara". Achei que foi um grande erro.

**Gene The Cop:** Foi uma bagunça. Foi uma confusão colocar todo mundo no lugar na hora certa porque as músicas dos Ramones começam muito rapidamente e eles não param de tocar. Você praticamente precisava ficar na lateral do palco, os empurrar e dizer "Agora é sua vez. Vai!".

**CJ:** Uma coisa que eu gosto nesse vídeo é quando vejo o Lemmy e eu cantando e tocando juntos. Isso e a participação do Dee Dee, mas isso acabou sendo uma catástrofe. Ele fodeu com a música. E a banda não tocou músicas clássicas do Dee Dee como "Endless Vacation" ou "Wart Hog". Naquele show, ele disse que ia quebrar minha mandíbula, porque eu tinha dado uma entrevista e dito que costumava ir aos shows dos Ramones, ficava na frente do Dee Dee e cuspia nele. Ele viu isso como um desrespeito, mas não era nada disso. No começo dos anos 1980, quando você ia a um show, você cuspia em todo mundo.

**Monte:** Colocamos o Dee Dee lá para cantar "Love Kills", mas ele não queria fazer isso e virou uma briga. Ele era o Dee Dee insano e paranoico que você não quer ter por perto. Foi como estar na Argentina outra vez. Ele simplesmente não queria cantar. Finalmente, o convencemos a cantar e aí ele esquece a letra. Na passagem de som ele cantou bem, estava perfeito. Mas quando eles o chamaram ao palco, ele parecia um veado encarando o farol de um carro.

**Gene The Cop:** Nos bastidores, parecia que ninguém sabia o que fazer. Era como se o fim estivesse próximo, mas ninguém sabia o que fazer no fim. Não houve grandes despedidas. Cada um seguiu seu próprio caminho.

**CJ:** A forma como terminou, com cada um indo embora no fim da noite, meio que fazia sentido. Eu nem me despedi de ninguém.

**Marky:** É isso. Acabou. Não me despedi de ninguém. Queria ir embora dali. Fui embora, peguei um pouco de sorvete, voltei para o hotel e assisti TV.

**George Seminara:** Eles arranjaram uma outra pessoa que nem era fã para filmar o vídeo do *We're Outta Here!*, e acabou não ficando tão bom quanto deveria. Não tem nenhum close do Joey cantando, mas existem toneladas de tomadas artísticas por detrás dos amplificadores e coisas assim. Seu idiota! Se você está fazendo arte com os Ramones, você não está fazendo o trabalho direito porque os Ramones por si só são uma obra de arte!

**George DuBose:** Filmei a coisa toda com a minha câmera, mas então desembrulhei essa outra câmera bem antiga. Quando eles tocaram a última música, comecei a destruí-la no palco. Fiz um corte enorme na minha mão. O Johnny disse: "Por que você quebrou sua câmera?". Eu falei: "Se vocês estão se aposentando, então eu também estou".

**Johnny:** Acho que foi divertido, mas na hora foi bem agitado. Havia um certo stress [na hora] de fazer as pessoas entrarem e saírem de cena. Poderíamos ter feito isso de um jeito diferente. O Dee Dee ficou meio perdido na música. Queria que tivéssemos tido mais tempo para pensar numa maneira melhor. Foi isso. Eu terminei de tocar e fui embora. Não sentia muita coisa. Fiz isso por 22 anos. Se houvesse mais alguma coisa para fazer, eu teria feito.

**Joey:** Tenho sentimentos mistos sobre isso. Fizemos isso por mais de 20 anos e adorava fazer isso, mas tanto faz. A vida continua.

**Monte:** As últimas vezes que todos eles estiveram juntos foram em 1997 na sessão de autógrafos da caixa *We're Outta Here!* na Tower Records em Nova York, e em 20 de julho de 1999 na Virgin Megastore com a coletânea *Hey Ho Let's Go*. Tive que discutir com o Dee Dee por causa disso. Ele não queria estar lá. Tive que buscá-lo no Gershwin Hotel, e pensei que a melhor forma de chegar lá seria pegar o metrô bem ao lado do hotel e ir direto até a loja. Era hora do rush e levaria séculos para conseguir um táxi. Ele ficou puto comigo porque não tinha arranjado uma limusine para ele. Então ele chega na loja de discos e começa a discutir e gritar com o Tommy. Ele estava em um dos seus temperamentos estranhos. Eu o levei até a sessão de autógrafos e ele não era o Dee Dee agradável. Ele fez o que tinha que fazer e foi embora.

**Johnny:** O Dee Dee era torturante. Fui embora de lá o odiando. Nunca mais queria vê-lo, mas superei isso. Durante o evento, eu queria começar uma briga com ele, mas as pessoas ficavam me pedindo coisas quando eu tentava me levantar. Ele ficou sentado do meu lado o tempo todo, reclamando e resmungando. "Ah, eu vi que a sua foto vem antes da minha no encarte." Eu não tinha nada a ver com o encarte e ele nem estava mais na banda. Depois disso, eu me levantei e disse algo para o Joey. Perguntei como ele estava se sentindo e ele disse, "Bem. Por que você quer saber?". Ele não estava sendo amigável e eu disse "Ah, deixa para lá".

**Monte:** Depois do show no Palace, fui para casa e não tinha ideia do que faria pelo resto da minha vida. Tinha feito tudo o que podia pelos Ramones e agora estava acabado. Tentei começar uma vida normal, mas não sabia como. Finalmente, comecei a namorar essa garota, Shira, que tinha conhecido na estrada. Ela havia começado um fanzine sobre os Ramones chamado *Headbanger* e ficou amiga do Joey.

**Shira:** Quando me aproximei do Monte pela primeira vez, em meados de 1997, os Ramones haviam sugado a vida dele. O Monte estava na estrada quando o pai e a mãe dele morreram e ele nem conseguiu ir aos funerais, deixando sua irmã sozinha, aos pedaços. Ele estava na estrada quando sua namorada Camille lutou e perdeu a batalha para o seu vício em heroína, e quando ela eventualmente morreu de Aids e sua afilhada Tara foi adotada por sua irmã, Mary.

**Tommy:** De certa forma, a banda me separou do Monte. O Monte e eu éramos próximos e, então, não tão próximos nos Ramones. Tínhamos um relacionamento, mas, de certa forma, a banda mudou isso e ficamos alienados. A equipe de estrada e a banda eram coisas separadas. Eu achava aquilo perturbador, mas acho que o Monte nem percebeu. Ele estava com a equipe de estrada. Eu fazia parte da banda e ele da organização. Não havia muita comunicação. Ele estava ocupado fazendo o que tinha que fazer, e eu estava ocupado enlouquecendo.

**George DuBose:** Foi uma ótima ideia. O Monte tinha toda essa experiência em fazer turnês com bandas e conseguir shows. Eu tinha sido diretor artístico na Island Records e na PolyGram, e tinha uma boa pegada com gráficos e fotografia. O Marky pediu que o Monte o representasse. Conversamos e eu ofereci ajuda. Começamos uma empresa de gerenciamento chamada Search and Rescue.

**Monte:** Consegui o primeiro contrato para o Marky e o mandei para uma turnê europeia para divulgar o CD *Marky Ramone and The Intruders*.

**George DuBose:** O Marky fez uma boa turnê, mas, quando percebemos, ele estava falando mal de nós. O Marky ligava dizendo "Vocês nos colocaram em Detroit. Doze pessoas apareceram!". Ele estava ganhando 750 dólares por noite, mas reclamava das casas. Ele não queria dormir numa van, ele queria dormir em hotéis e queria pagar sua banda todos os dias. Ele veio dos Ramones, fazendo uma quantidade X de dinheiro, ficando nos melhores hotéis, viajando para os melhores lugares. Tentamos explicar para ele "Você não é os Ramones, você é o Marky Ramone". Quando ele foi parar num bar de country-western em Kansas City, ele desistiu da turnê.

**Monte:** Não funcionou. Gerenciamento não era comigo. Terminamos amigavelmente.

**Marky:** Os Intruders fizeram turnê por todos os lugares. Foi muito divertido. Não estávamos tocando em teatros para 3 ou 4 mil pessoas, estávamos tocando em clubes e eu estava gostando de voltar a isso porque me fazia tocar ainda melhor. As pessoas me analisavam ainda mais.

**Monte:** Os Intruders fizeram mais um disco em 1999 [*Answer to Your Problems?*], o Marky entrou para os Speed Kings, formando o Marky Ramone and the Speed Kings [*Legends Bleed, No If And Or Buts*]. Em outubro de 1997, o Dee Dee me procurou e pediu para fazer uma turnê – gerenciá-lo de novo. Ele tinha esse contrato de livro para lançar *Coração Envenenado: Meus Anos Com Os Ramones* [que foi relançado como *Lobotomy:*

*Surviving the Ramones*], e tinha umas datas na Inglaterra. Eu disse que sim, mas não tinha lido o livro. Antes de sairmos em turnê, ele perguntou se minha ex-namorada Shira poderia tomar conta do seu gato Orlando enquanto estávamos fora.

**Vera:** Ele adorava cachorros e animais. O Dee Dee teve uma tartaruga no Chelsea Hotel. Ele tomava banho de banheira com ela. Ele tomava uns cinco banhos por dia. Esse era outro transtorno compulsivo que ele tinha. Uma vez, a arrumadeira deixou a porta aberta e a tartaruga aproveitou para fugir. Uma vez, compramos uma gata para a minha irmã no Natal e a batizamos de Max. Ele adorava aquela gata. Eu a levei para casa e precisei sair para fazer compras, então deixei o Dee Dee sozinho com a gata. Voltei algumas horas depois e as sobrancelhas dela estavam queimadas. Ele estava fumando um baseado e acariciando-a, e ele queimou as sobrancelhas dela. Os gatos precisam desses pelos para se equilibrar, então a gata nunca mais foi a mesma.

**Monte:** No caminho para o Reino Unido, eu finalmente li o livro e fiquei chocado! Ele dizia que era eu quem tomava todas as drogas e ficava correndo pelos corredores do avião, vomitando e ficando louco. Ele diz que bateu na porta do hotel e eu apareço com um rabo de coelho, com um pó branco no nariz e uma garota na cama. Eu disse: "Meu Deus, cara – pelo menos você colocou uma garota no quarto!". Ele inventou todas essas histórias malucas. [Ele] escreve parte realidade e a maior parte ficção no *Coração Envenenado*. Ele gosta de escrever assim para que pareça que ele estava no controle, quando a verdade diz o contrário.

**Arturo:** Nada daquilo que ele escreveu é 100% verdade. Na cabeça dele, ficou indistinguível escrever algo que seja autobiográfico e escrever uma música ou o capítulo de um livro – não tem diferença. Todas as diferenças foram apagadas. Não foi intencional. Ele não fez assim para ser mais provocativo ou para chocar; foi mais uma decisão artística. Queria viver sua vida como sua arte. Sua vida e sua arte viraram uma coisa só. Não que ele estivesse mentindo, ele estava criando ao mesmo tempo em que deveria estar escrevendo a verdade. Sua ideia era criar uma literatura excitante.

**Monte:** Quando voltamos da turnê, o Dee Dee não pegou seu gato de volta. Então eu e minha namorada terminamos, e eu acabei ficando com o gato! Quando pegamos o Orlando, o Dee Dee estava morando em um quarto pequeno do Chelsea Hotel e fumando mais de 200g de maconha por dia. O pobre gato levou quase um mês para se desintoxicar. Ele ficava correndo e caindo pelas paredes, porque ainda estava cheio de maconha. Finalmente, ele se acalmou. O Orlando é o único gato que eu conheço que passou pela reabilitação.

**Johnny:** Estou satisfeito de não estar fazendo nada agora. De vez em quando, depois de semanas, pego a guitarra por uns 5 minutos e fico brincando. Eu toquei "KKK Took My Baby Away" com o Pearl Jam e subi ao palco com o KISS uma vez. Seria embaraçoso continuar tocando aquelas músicas. A não ser que você consiga a mesma resposta, como era antes, não faz sentido. Fiz isso por 22 anos. Não preciso disso na minha vida. Posso largar isso. Não tenho esse desejo de estar no palco depois da minha época de ouro. Eu teria parado em 1980 se pudesse bancar isso. Queria fazer isso por cinco anos, me tornar a maior banda do mundo e parar. Esse era o meu objetivo. Eu fracassei. Disse pro Eddie Vedder, uma vez, "Cara, queria ter vendido o tanto de discos que você vende" e ele disse "Mas você tem todo o respeito". Ainda me sinto diminuído, de alguma forma. Tenho o respeito, mas, ao mesmo tempo, quando comecei a banda, queria vender discos. Não me importo com o dinheiro porque não vou fazer nada diferente. Não importa quanto dinheiro eu tenha, vou viver todos os dias da mesma maneira. Só quero que as pessoas percebam como éramos bons.

**Monte:** Ironicamente, o Johnny se mudou para Hollywood e começou a levar a vida que o irritava tanto que o Joey levasse – a vida de rock star, indo a festas e inaugurações e conversando com celebridades. Rapidamente, o Johnny começou a se encontrar com o Eddie Vedder, Rob Zombie, os caras do Green Day e do Rancid, Nicolas Cage e Lisa Marie Presley. Na verdade, foi o Johnny quem apresentou a Lisa Marie para o Nicolas Cage. A Linda é cabeleireira e, de algum jeito, eles armaram para eles e eles ficaram juntos. Ele odiava que o Joey trocasse ideias com todos esses rock stars e amigos atores, mas é exatamente isso que ele faz agora.

**Johnny:** Todo mundo é tão legal comigo em qualquer lugar que eu vá. Eu disse para a Linda que ninguém nem saberia mais quem eu sou. Daqui a um ano ninguém vai nem querer falar comigo. Agora, eu tenho amigos como nunca.

**Tommy:** Acho interessante que ele tenha se tornado o Joey.

**Marky:** O CJ se casou com a minha sobrinha Chessa e tiveram dois filhos. Minha sobrinha tinha só 17 anos e ele tinha uma namorada havia dez anos antes disso.

**CJ:** Encontrei a Chessa, o Marky e sua esposa no Havaí quando ela tinha 13 anos. Desde a primeira vez que a vi, sabia que, algum dia, terminaria ficando com ela, apesar de ser treze anos mais velho. Anos mais tarde, no Lollapalooza, ela apareceu em L.A. quando tinha 17 anos, ficamos juntos e nos divertimos. Ela foi a outros shows, dormimos juntos e começamos a namorar. Fomos morar juntos, no mesmo prédio que o Marky e a Marion, e estava tudo bem até ela engravidar. Quando nos casamos no Havaí, já tínhamos um filho juntos. Ninguém da banda foi ao casamento. Ninguém da minha família foi, também. As únicas pessoas que foram para me ver foram o Ben Shepherd do Soundgarden e um amigo do Colorado. Quando a notícia da gravidez da Chessa vazou na internet, a coisa começou a azedar entre mim, o Marky e a Marion. Então, encontrei com o Marky em San Francisco em um show que ele estava fazendo e disse: "Você precisa ir ver seu sobrinho. Ele é da sua família. Ele é um garoto incrível e muito bonito". Toda vez que vi o Marky, ele sempre foi legal comigo, mas sempre fico sabendo que, depois, ele fala todo tipo de merda.

**Marky:** Eu a alertei:"Não faça isso. O cara bebe e ainda é imaturo. Tenha cuidado". E, então, eles tiveram um filho. Agora ela fica frustrada com o CJ não ser um pai capaz. Ele não é um pai delinquente, mas sempre volta para casa tarde e bêbado, e a deixa louca. E, então, ela teve outra filha. Todos temos problemas e é preciso duas pessoas para dançar tango. Lá no fundo, o CJ tem um bom coração.

**CJ:** Por mais engraçado e divertido que ele seja, no fundo, o Marky é um saco de bosta. Ele está sempre tentando foder com os outros para conseguir dinheiro ou o que ele quiser. Posso perdoar muita merda, mas ele é notoriamente um duas caras.

**Monte:** Mas, pelo menos, o Marky tem os Intruders e ficou nos Ramones tempo o bastante para construir um nome e ganhar algum dinheiro. O CJ foi deixado na mão.

**CJ:** Não tenho mais nem minha Harley. Tive que vendê-la por causa do divórcio. Vendi todos os meus prêmios da MTV, meus discos de ouro, meu equipamento musical – tudo se foi. Tudo o que eu tenho cabe em três caixas. Troquei meu disco de ouro do *Ramones Mania* com meu advogado.

**Monte:** Enquanto o racha crescia entre Marky e CJ, o Joey começou a trabalhar paralelamente em seu esperado disco solo com o Daniel Rey e o Andy Shernoff.

**Andy Shernoff:** Sempre fui amigável com o Joey, mas no fim dos anos 1980 e começo dos 1990, ficamos mais próximos porque comecei a tocar com ele e começamos a compor juntos. Fora dos Ramones, o Joey estava desenvolvendo sua própria personalidade. Ele vinha havia muito tempo falando sobre fazer um disco solo. Depois de um tempo, ele me convidou para compor músicas para os Ramones com ele. Sou coautor de duas no *Brain Drain* e duas no *Mondo Bizarro*. Joey e eu fizemos um show acústico no Bottom Line, em que contávamos histórias entre as músicas, tipo o *Storytellers* do VH1. Quando ele começou a dar festas em Nova York no Ritz, no Cat Club e no Continental, ele me chamou para fazer parte da banda.

**Monte:** Todos os anos da última década, mais ou menos, o Joey decidia fazer uns shows temáticos e tinha todas as suas bandas preferidas tocando – todo mundo desde os Dictators, The Independents, Ronnie Spector das Ronettes. Eu trabalhava com ele coordenando esses eventos. O Joey sempre ajudava as pessoas e as bandas. Ele desenvolveu um certo relacionamento com as bandas. Ele estava empresariando os Independents e, é claro, ele os colocava nos shows, o que deixava o Johnny maluco.

**Arturo:** Na época que a banda terminou, o Joey tinha algumas músicas e canções na cabeça. Ele sabia que queria compor certas músicas em certos estilos que não poderia fazer com os Ramones, que o Johnny não aceitaria, e não fariam sentido, de qualquer forma. Então ele decidiu que ia fazer essa coisa. Ele queria fazer um disco solo havia muito tempo mesmo.

**Daniel:** Comecei a trabalhar muito com o Joey. Ele me colocava para produzir ou tocar guitarra em qualquer coisa que estivesse fazendo. Depois que os Ramones acabaram, ele finalmente teve uma chance de fazer um disco solo, o que ele queria havia décadas, então fomos direto para o trabalho.

**Andy Shernoff:** Ele mal podia esperar pelo lançamento do seu disco solo. O Joey estava aprisionado pelos Ramones, mas também tinha medo de sair. Por mais que ele ocasionalmente os odiasse, os Ramones eram confortáveis e o Joey tinha aquela coisa de TOC, então ele gostava da sua zona de conforto. Mesmo quando partiu para a carreira solo, ele usou gente como eu, o Daniel e o Marky, pessoas com quem ele podia se comunicar com facilidade. Ele poderia ter chamado o Pete Townshend para estar no seu disco solo. Ele poderia ter chamado qualquer um, porque todo mundo adorava o Joey.

**Marky:** A primeira vez que o Joey e eu nos desentendemos foi em 1978 ou 1979. Eles queriam que eu desse algumas entrevistas, mas eu estava longe por uns dias. Estava meio puto por causa das coisas do disco e queria esfriar a cabeça. Então, logo depois do Lollapalooza, quando a banda se aposentou – não terminou, se aposentou –, o Joey teve uma banda chamada The Resistance com o Andy Shernoff e eu. Eu já tinha umas 14 músicas escritas para a minha própria banda e não queria parar. Gostava de fazer turnês, tocar, ver o mundo. Quando comecei os Intruders, só queria colocar um disco na cesta dos Ramones e não fazer muito alarde sobre isso. Não estava competindo com os Ramones. O Joey ficou chateado porque eu não estava 100% ligado em tocar no The Resistance e ele achava que o vocalista dos Intruders o imitava. Ele disse que era um karaokê. Mais tarde, ele também falou no jornal sobre os Ramainz – minha banda com o Dee Dee, em que tocávamos músicas dos Ramones por diversão. Fiquei puto. Pensei: "Não importa o que eu faça, você vai menosprezar e criticar". Fiquei um pouco chateado com isso, porque o Joey e eu éramos os mais próximos no grupo e aquilo me magoou. Nesse ponto, nem sabia que ele havia sido diagnosticado com linfoma. Ele manteve isso como um segredo. Mas tinha a doença, então como ele poderia tocar sendo diagnosticado com linfoma? Por que ele se importava que eu estivesse fazendo outra coisa? Ele não poderia fazer turnês porque ele precisava de cuidados. Ao menos, me dá a satisfação de dizer "Boa sorte" ou "Arrebente". No fim, ele me ligou e me convidou para tocar em seu disco solo. Toquei e fizemos as pazes. Se você não se dá bem com alguém, você não o convida para tocar em seu disco solo.

**Andy Shernoff:** O Joey achava que o Marky era um grande baterista, mas eles não se davam bem no que diz respeito à personalidade. Originalmente, o Joey tinha o Frank Funaro, dos Dictators, no seu disco solo. Ocasionalmente, o Joey cantava "The Kids Are Alright" com os Dictators e o Frank imitava o Keith Moon direitinho. Gravamos algumas músicas com ele, mas o Joey ficava um pouco mais confortável com o estilo do Marky.

**Jaan Uhelszki:** O Joey escreveu uma música para o disco sobre a Maria Bartiromo porque tinha uma queda por ela. Por quê? Ele era um ávido telespectador da CNBC. O Joey era um gênio das finanças. Esse era um cara que passou a maior parte de suas horas acordado assistindo o noticiário financeiro, e comprava o *Wall Street Journal* e a *Business Week*. Ele me deu bons conselhos financeiros. Ele era realmente bom com o dinheiro. Ele se envolveu nisso depois que parou de beber e usar drogas. Colocou toda a sua energia em finanças. Ele estava fascinado com isso.

**Andy Shernoff:** O Joey estava doente nessa época e os remédios o deixavam apático, então não conseguia ser criativo. Ele gravava quando estava se sentindo bem.

**Joan Tarshis:** Quando ouvi o cover que ele fez de "What A Wonderful World", foi de partir o coração.

**Andy Shernoff:** Não acho que todo o disco seja um grande adeus ou nada disso. Na verdade, ele só menciona o hospital uma vez, "I Got Knocked Down (But I'll Get Up)" ["Fui derrubado (mas vou me levantar)"] e ele escreveu isso bem antes de ficar doente de verdade. Ele sentia como se não pudesse sair e não estava aproveitando a vida. Por mais que não amasse os Ramones, havia problemas. Ele estava finalmente fora dos Ramones e tinha essa doença que ameaçava sua vida, mas ele

sempre mantinha uma imagem forte e positiva, então "What A Wonderful World" era sobre esse sentimento. "Stop Thinking About It" é sobre uma garota, mas poderia ser sobre uma doença. "Mr. Punchy" é sobre tomar esteroides – ele precisava tomar várias drogas. Ele era um artista, então podia escrever em vários níveis e em metáforas.

**Jaan Uhelszki:** Não acho que ele estava trabalhando naquele disco pensando que não viveria muito. Acho que é mais no espírito de "I Wanna Live". Ele sabia que estava doente – ele não era idiota – mas ele tinha toda a intenção de vencer a doença.

**Monte:** Bem, o nome do disco é *Don't Worry About Me* [Não se preocupe comigo]. Acho que isso diz tudo.

**Dr. James Foster:** O Joey lidava com a realidade do câncer como o campeão que ele era. Sempre fazia o máximo que podia por dia. No que dizia respeito à sua música, ele adorava se infiltrar nela. Ele era incansável.

**Shira:** Muitas pessoas que ele amava morreram depois que o Joey ficou doente. A amiga da Charlotte, June, que era como uma mãe para ele; Andrea Starr, que trabalhava com o Gary Kurfirst; e seu pai, Noel. Ele ficou muito triste com tudo isso. Nos primeiros dias de sua aposentadoria, ele ligava e dizia "Preciso do meu Monte" e entrávamos no carro e íamos até a cidade para vê-lo. Depois dos Ramones, pude ver o quanto ele e o Monte eram próximos. Percebi porque o Monte frequentemente perdia a paciência e gritava com o Joey na estrada. Eu soube em primeira mão, porque alguém precisava fazer as malas para ele, limpá-lo e se certificar de que ele tinha comido. Vi o mal humor do Joey e sua fala sussurrada. Também sei que, a princípio, foi muito difícil para o Joey não ter o Monte por perto o tempo todo.

**Andy Shernoff:** No outono de 2000, ele estava se sentindo bem. Ele fez dois shows (CBGB e Continental) que foram demais. Apesar de seu pai ter morrido, ele estava se sentindo bem, fisicamente. Ele não estava com dores. Ele podia sair e aproveitar a vida.

**Daniel:** Sabíamos que ele estava doente quando a banda terminou, mas não o quão doente ele estava. Ele começou o tratamento e estava bem. É o tipo de doença que as pessoas podem superar e ele parecia bem otimista.

**Monte:** Descobri no final de 1994, início de 1995, mas sabia que havia algo errado bem antes disso. Eu via os comprimidos que ele estava tomando e tive uma pista antes de outras pessoas. Sabia que era coisa séria. Ele nunca me disse diretamente; [mas] estava aparente.

**Arturo:** Eu sabia que ele estava doente, mas ele sempre estava doente. Eu descobri sobre sua doença alguns meses depois que paramos de fazer turnês. Sabia que havia algo seriamente errado, mas ainda achava que tinha a ver com o seu pé, como uma infecção ou atrofia. Paramos de fazer turnês em agosto de 1996 e, no Natal, ele me disse o que estava acontecendo.

**George Seminara:** Ele nunca contou diretamente para a banda até bem no fim e, quando ele finalmente contou, eles não acreditaram. Eles pensaram que ele só estava desgastado porque estava sempre doente. A ideologia do Johnny era trabalho, trabalho, trabalho. Se você não ia trabalhar, você era um bebê ou um mentiroso.

**Marky:** É raro alguém lidar ou lutar contra o ataque destrutivo do câncer. Todos esperamos e rezamos pelo melhor para a pessoa, mas, na verdade, as chances não são boas. Você não vence. Mas ele sempre teve essa atitude de lutador.

**Danny Sage:** Ele ia para o hospital, começava a se sentir bem e eles o liberavam. E, então, ele estava se sentindo bem e todos pensavam que tinha sido a última vez e que ele estava derrotando o câncer, e aí ele ficava doente e tinha que voltar para o hospital outra vez.

**Rachel Felder:** Entre a medicação e o câncer, ele sempre tinha altos e baixos. Mas ele sentia que ia lutar com isso e tinha objetivos que queria alcançar. Queríamos ir juntos ao Japão. Ele adorava o Japão.

**Dick Manitoba:** Eu sabia que ele tinha problemas físicos e tal, mas nunca o vi como um cara que era guiado por isso, que era caracterizado por essas coisas. Ele era meio assim: "Tenho trabalho a fazer, tenho músicas para fazer e festas para organizar".

**Joan Tarshis:** Eu levei tipo uns quatro anos para tomar coragem e perguntar para ele que tipo de linfoma ele tinha. Eu rezei para não ser Hodgkin's. Quando finalmente tomei coragem, ele disse "Sei lá. Linfoma. Linfoma, linfoma".

**Daniel:** Foi assustador a primeira vez que ele fez quimioterapia. Foi muito difícil para ele. Ele estava muito bem antes disso.

**Monte:** Depois da quimioterapia, o câncer regrediu e o Joey estava se recompondo.

**Jaan Uhelszki:** Fisicamente, ele parecia ótimo. Ele tinha até uma barriguinha. Ele não parecia uma pessoa doente.

**Monte:** Ele estava bem no dia de Ação de Graças de 2000. Ele tinha começado a trabalhar no disco de novo, quando a pior coisa que poderia acontecer, aconteceu: Ele caiu no gelo em frente ao seu apartamento em dezembro e quebrou a bacia. Aquilo teve um efeito prejudicial para ele.

**Joan Tarshis:** Estou convencida de que ele morreu porque nunca trocou a prescrição dos seus óculos. De qualquer forma, ele era tão frágil, seus ossos eram tão frágeis e seus tornozelos eram do tamanho do meu pulso. Sempre achei que ele cairia porque ele não conseguia enxergar o chão. Quando ele quebrou a bacia, provavelmente não conseguia enxergar e o chão estava congelado.

**Andy Shernoff:** O remédio para o câncer enfraqueceu seus ossos, os deixaram mais finos e frágeis, então a queda que quebrou seu quadril realmente o machucou. Por causa da bacia quebrada, eles tiveram que interromper todo o tratamento do câncer para operar seu quadril e o câncer dominou.

**Johnny:** Quando tiveram que suspender sua medicação para arrumar seu quadril, foi aí que começaram os problemas. Uma vez que isso tinha começado a acontecer, eu sabia qual seria o resultado.

**Monte:** Ele nunca poderia se recuperar daquela operação no quadril. Foi doloroso nos últimos meses. Ele ficou no hospital por meses e odiava morar lá. Em um ponto, ele foi para casa por um tempo, no final de fevereiro de 2001.

**Andy Shernoff:** O médico falou para ele ficar, mas ele disse: "Quero ir para casa".

**Monte:** Eles gastaram muito dinheiro para modificar o apartamento dele com barras no banheiro e tal, mas ele só ficou lá por dois ou três dias até que ele precisou voltar ao hospital.

**Chris Stein:** O Joey me ligou quando estava no hospital pouco antes do fim, uma ou duas semanas antes de morrer. Perguntei se poderia ir visitá-lo, mas ele não queria que as pessoas o vissem todo capenga. Ele morreu algumas semanas depois disso. Ele estava meio que se despedindo de todo mundo.

**Danny Sage:** O Dee Dee estava muito preocupado com o Joey. Ele surtou de verdade quando ele ficou doente.

**Johnny:** Sabia que ele estava doente. Sabia que ele estava morrendo meses antes de ele morrer. Quando você sabe que alguém está morrendo, você se acostuma com isso, de algum jeito. Você sabe que é inevitável. A cada dia que passa, você se pergunta se ele ainda está vivo.

**Arturo:** A Linda mandou flores e um cartão para o hospital quando o Joey estava doente. Ela pode ter deixado de amar o Joey, mas nunca deixou de gostar dele. A Linda deixou bem claro para o John que ela não poderia ter sentimentos ruins pelo Joey. E o Johnny era muito ciumento. Ela nunca deixou de se importar com ele como amigo, mas o esqueceu completamente como amante. Ele nunca a esqueceu.

**Andy Shernoff:** Quando a Linda ia deixar o Johnny cinco ou seis anos atrás, ela estava ligando para o Joey. Ela acabou ficando, mas o Johnny ficou bem chateado, pelo que eu soube. O Joey ficou empolgado porque a Linda estava ligando para ele e porque o Johnny estava sofrendo.

**Marky:** Eu o visitei no hospital. Fui o único Ramone que o visitou lá. Fui até lá, levei os cookies de chocolate que minha mulher fez para ele e ficamos rindo da discussão que tivemos no *The Howard Stern Show*, rachando de rir. Qualquer coisa que o fizesse rir, para ver um sorriso em seu rosto. Eu estava indo vê-lo no hospital e estava nevando. Meu carro estava zigue-zagueando em toda a BQE [Brooklyn-Queens Expressway]. Eu entrei e a enfer-meira o pegou e o colocou em uma cadeira de rodas e o conduziu pelo corredor. Acenei para ele e ele acenou para mim. Essa foi a última vez que o vi.

**Angela:** Eu vi o Joey no dia em que ele morreu, domingo de Páscoa. Ele estava fora de si. Ele estava em coma. Comecei a gritar com ele, "Joe, acorde!". Ele acordou, pegou minha mão e voltou a dormir.

**Andy Shernoff:** Na última semana, sabíamos que ele estava indo embora. Ele não estava respondendo. Arturo, Mickey e sua esposa Arlene, Charlotte e seu amigo Larry e eu estávamos ao seu lado. O Mickey tocou "In a Little While" do U2 e vi seu rosto perdendo a cor.

**Joey:** [1989] Sempre curti a vida. Eu curtia minha vida quando eu não tinha nada. Eu meio que gosto da ideia de simplesmente ser feliz comigo mesmo. Nunca me preocupei com o que tinha. Nunca fui materialista. Talvez quando tinha 18 ou 17 anos, a ideia de ser um rock star e andar de limusine, talvez isso tenha sido excitante... Não existe nada que você realmente não possa fazer se colocar isso na cabeça. As pessoas podem ser mais ricas que você, ter mais influência ou estar em uma posição mais alta que a sua, mas você também pode chegar lá. Se você simplesmente acreditar em si mesmo e você souber que vai conseguir. Às vezes, é frustrante e, às vezes, parece uma montanha-russa e, às vezes, a vida é um saco, mas você tem que continuar forçando a porra toda. A vida é cruel.

**Monte:** O Joey morreu de câncer linfático no domingo de Páscoa, 15 de abril de 2001, aos 49 anos. A reação foi inacreditável. Foi notícia internacional e estava em todos os jornais e revistas. Houve uma vigília em frente ao CBGB. Foi inacreditável. Fiquei chocado com a atenção que a mídia deu. Quando o Dee Dee morreu, você viu isso rapidamente. Com o Joey, foi como se o presidente tivesse morrido.

**STOP THINKING ABOUT IT**

STOP THINKING ABOUT IT, STOP THINKING ABOUT IT
DWELLING IS DRIVING ME CRAZY
OBSESSING DON'T YOU KNOW WHERE THAT'S AT
YEAH, YOU DON'T KNOW WHAT YOU WANT

BUT YOU WANT IT

STOP THINKING ABOUT IT
THIS WORLD IS DRIVING YOU CRAZY
BABY DON'T YOU KNOW WHERE THAT'S AT
YEAH, YOU DON'T KNOW WHAT YOU WANT
BUT YOU WANT IT

OH YOU DON'T KNOW WHAT YOU WANT
BUT YOU WANT IT

STOP THINKING ABOUT IT

AHH NOTHING LASTS FOREVER
AND NOTHING STAYS THE SAME
FEELING NUMB ALL OVER
AND TOTALLY DERANGED
WHEN YOU FINALLY MAKE YOUR MIND UP
I'LL BE BURIED IN MY GRAVE

YOU DON'T KNOW WHAT YOU WANT
YOU DON'T KNOW WHAT YOU WANT BUT
YOU WANT IT

**Johnny:** Quando o Joey estava vivo, eu pensei que sempre havia uma chance dos Ramones fazerem algo, outra música ou algo assim. Quando ele morreu, eu pensei: "Cara, esse é o fim dos Ramones". Não vou fazer nada sem ele. Senti que era isso. Ele era meu parceiro. Eu e ele. Sinto falta disso.

**CJ:** Foi estranho. Não gostava de toda aquela coisa de cerimônia. Todos iam lá elogiar o Joey, mas ninguém falava nada real sobre ele. Todos falavam sobre a figura pública. Ninguém foi até lá dizer algo sobre o homem. Ninguém disse "O Joey era um cara talentoso pra caralho que, contrariando todas as previsões, chegou ao topo". Se o Joey não tivesse os Ramones, teria sido uma dessas pessoas que vivem em apartamentos imundos ou então num manicômio. A coisa pela qual ele deveria ser lembrado não é sua fama ou nada disso, mas sim que ele foi um homem que se fez por si próprio. A mesma coisa com o Dee Dee. Como ele era estranho e esquisito, as pessoas tendem a rir disso e não levar a sério, mas imagine como é difícil para uma pessoa como o Joey ou o Dee Dee – um maluco desgraçado que não consegue nem manter sua própria vida em ordem – conseguir algo como o que eles conseguiram. Quem diria que alguém com a aparência do Joey poderia ser o vocalista de uma banda e pegar um monte de garotas? Isso é o que passa despercebido.

**George Seminara:** O Joey é meu herói porque, com a aparência que ele tinha, desejar ser um rock star e conseguir, é incrível e inspirador.

**Joan Tarshis:** Ele era tão inspirador. Não consigo acreditar que ele subia ao palco com a bagunça que rolava em sua cabeça, o diálogo que ele tinha com ele mesmo. Eu ficava na plateia, olhando para ele e pensando: "Não sei como ele está fazendo isso". Eu sabia o que estava acontecendo na cabeça dele e que não era um lugar seguro para se andar sozinha à noite.

**Jaan Uhelszki:** O Joey era bem realizado, muito mais do que as pessoas saberiam. Tinha vários talentos e desenvolveu completamente vários deles. Ele era muito mais do que os Ramones aparentavam ser. Tinha uma sagacidade enorme, era insanamente engraçado e era ótimo com finanças. Eu pensava que ele era um sábio. Ele prestava atenção em vários detalhes da vida. Nada fugia dele. Ele podia parecer um gigante gentil, mas o cara tinha convicções.

**Andy Shernoff:** As pessoas amavam o Joey. Uma vez, no Japão, o Joey foi ver o Bob Dylan. A regra no backstage do Bob Dylan é "Nem olhe para ele". O Bob estava andando com o chapéu na cabeça e, se ele vier em sua direção, você tem que abrir caminho ou fechar a porta do seu camarim. Então o Bob vinha andando pelo corredor e todo mundo estava intimidado e olhando em outras direções, mas o Bob foi direto até o Joey, apertou sua mão e disse: "Ei, Joey, meus filhos adoram a sua música". Havia algo especial no Joey.

**Monte:** O Joey era um personagem especial. Ele tinha um coração de ouro e um talento que acompanhava isso. Para mim, ele era mais que um patrão – ele era um bom amigo. Ele era da família. Claro que foi extenuante e difícil lidar com todos os seus problemas mentais e físicos, mas, no longo prazo, vi o contexto que eram os Ramones. De uma maneira estranha e simbiótica, precisávamos um do outro. Só poderia haver um Joey Ramone e tenho orgulho de ter trabalhado com ele e de tê-lo conhecido. Vou sentir falta dele.

**Dick Manitoba:** Quando vou ao Yankee Stadium e ouço "Hey ho let's go", me sinto como um pai orgulhoso – tipo "Esse é o meu garoto!". Preparei o terreno para eles e fico feliz por eles. Se você odeia alguém, você pensa "Merda, por que eles deram certo?" e, claro, eu queria que eu estivesse sendo tocado no Yankee Stadium porque era um sonho meu, mas se não vou estar lá, gostaria que fosse alguém que eu amo, alguém de quem eu seja fã e amigo. Sempre fico tão orgulhoso quando eles tocam essas coisas. Se não sou eu, é minha escola.

**Monte:** O Joey morreu em abril e seu aniversário era em maio. A Charlotte e o Mickey decidiram fazer uma festa memorial de aniversário para o Joey depois de sua morte. A princípio, o Arturo estava envolvido. Todos se envolveram e estavam trabalhando para fazer acontecer. Cheap Trick, Blondie, the Dictators e D Generation tinham se oferecido para tocar no Hammerstein Ballroom, e tudo parecia bem. Mas o Arturo queria que alguns dos Ramones tocassem e, como continua amigo e ainda conversa com o Johnny, ele falou com o Johnny sobre tocar, mas sem falar com a Charlotte. O Johnny queria fazer uma banda de estrelas e assumir o controle. Na cabeça dele, era uma coisa dos Ramones. A Charlotte e o Mickey não ficaram felizes com aquilo. Eles queriam que o Johnny tocasse uma música dos Ramones com um microfone vazio, como um tributo. O Johnny disse "Nem fodendo".

**Gary Kurfirst:** Quando o Joey morreu, seus herdeiros assumiram, e seus herdeiros não eram apaixonados pelo Johnny. Então, estão acontecendo algumas disputas. Mas isso está melhorando.

**Monte:** Não acho que o Johnny percebeu que, quando o Joey morreu, ele teria que lidar com a Charlotte e o Mickey. Simplesmente não era mais uma coisa sua. Ele imaginou que haveria uma pessoa a menos para tomar decisões, mas não é assim que funciona. Então a Charlotte e o Mickey arranjaram um empresário, David Frey. No início, eram só os Ramones e não tinha nada a ver com mães ou esposas ou ninguém, mas tudo está diferente agora. O Johnny e o Arturo se esqueceram de que isso é uma corporação. Eles se esqueceram das regras da corporação. Quando um dos membros da corporação morre, alguém tem que assumir. Agora

você tem que lidar com a Charlotte e o Mickey. Então a Charlotte e o Mickey deram uma olhada no site do Arturo [www.official-ramones.com], onde ele estava vendendo todo esse merchandising, e cresceram os olhos. Desde então, [eles] criaram o www.Ramones.com. Quando o Arturo começou o www.officialramones.com, ele deu uma festa no CBGB e fez um concurso para os fãs no qual eles tinham que montar uma banda e dar um nome relacionado aos Ramones. Fiquei muito honrado que duas bandas criaram seus nomes inspirados em mim, The Melnicks e Monte's Revenge.

**Joan Tarshis:** Deve ter sido muito difícil para o Mickey ter sido irmão de um rock star quando ele também sempre quis ser um.

**Monte:** O Joey e seu irmão, Mickey, tinham uma relação de amor e ódio. O Mickey era mais novo e era um ótimo guitarrista e um talentoso compositor. Ele sempre tentou ter uma carreira de sucesso na música, mas nunca conseguiu acompanhar o sucesso do Joey. Por fim, ser o roadie do seu irmão foi demais para ele. Por que ele deveria ajudar a carreira do irmão se ele poderia estar trabalhando para si próprio, certo? Ele estava feliz de viajar pelo mundo e farrear, mas ele era um roadie de guitarra e o Johnny o tratava como tal. O Mickey era um músico. Ele tinha tocado no Birdland com o Lester Bangs, no The Rattlers, no Crown the Good e no Stop. Eles fizeram um EP em parceria chamado *Sibling Rivalry*, mas não foi um estouro e não ajudou a refazer sua relação conflituosa.

**Mickey:** Eu tinha uma banda com um cara chamado Frank Fayatta e, um dia, ele disse: "Arranjei um emprego como roadie dos Ramones". Eu pensei: "Ótimo, eles estão roubando minha banda". Outro motivo pelo qual eu fiquei puto com o meu irmão.

**Jaan Uhelszki:** Eles estavam sempre de mal, mas, no fim, o Joey tinha se reconciliado totalmente com seu irmão.

**Monte:** No início, o Joey sempre tentou colocar a banda do Mickey para tocar com eles, até o ponto em que o Johnny ficou puto. "O quê? A banda do seu irmão vai abrir de novo?" Essa era uma fonte de atrito entre o Johnny e o Joey. Aí, em 1992, houve uma briga sobre um comercial da Budweiser em que a voz do Mickey aparecia. Então, eles o venderam para veiculação nacional e todos receberam royalties, menos ele.

**Mickey:** Eu fiz backing vocals no primeiro disco, fazendo os "Oooohs" no refrão de "Blitzkrieg Bop". Eu estava trabalhando na área de jingles e sabia que algo não estava certo. Fiquei assistindo-o umas 20 vezes por dia e minha voz estava lá. Eu deveria estar recebendo alguma coisa. Eu trabalhava para eles por 60 pratas por semana e estava indo à falência. Esse era o momento em que talvez eles deveriam ter feito a coisa certa por todo o trabalho que eu fiz e por ter cantado nos seus discos e nem ter sido creditado. Eu deveria ter sido creditado – foi por isso que criei o nome Mickey Leigh. Cantei em seis músicas daquele disco.

**Tommy:** Todo o tipo de loucura está acontecendo agora. O Mickey se casou com a primeira namorada do Johnny, a Arlene.

**Monte:** Havia tantas disputas sobre os Ramones. Eu era o único que ficava na minha. Tudo isso manchou a cerimônia de premiação do Rock 'n' Roll Hall of Fame. Finalmente os Ramones receberam um tapinha nas costas da indústria. Eles incansavelmente se escravizaram por um quarto de século e, não apenas o Joey não estava lá para ver isso, mas as brigas internas continuaram e mancharam a coisa toda. Numa mesa, estavam o Johnny, Eddie Vedder, Kirk Hammet e Anthony Kieds. Na mesa ao lado, o Tommy, o Marky com sua esposa Marion, Arturo Vega e eu. Em outra mesa, estavam o Dee Dee, Gary Kurfirst, o CJ e outros. A Charlotte e o Mickey estavam em uma mesa bem lá na frente, longe de todos os outros. O Johnny não queria se sentar perto da Charlotte; o Dee Dee não queria se sentar perto do Marky; e o Arturo e eu não nos importávamos.

**Clem:** O Dee Dee estava bem chateado com o Hall of Fame e nervoso de ter que ficar perto de todo mundo. Ele estava surtado e não queria ir. Ele não queria se sentar com o Johnny.

**Chris Frantz:** O Dee Dee, o CJ e eu nos sentamos em uma mesa. Não fiquei na mesa com o David Byrne, então posso entender porque os Ramones não queriam ficar na mesma mesa.

**Monte:** Os Ramones subiram ao palco, fizeram seus discursos e saíram. Ninguém pegou o prêmio do Joey que ficou lá, o que foi um saco. A Charlotte e o Mickey ficaram bem chateados com isso. Eles tinham o direito de estar – foi uma cagada.

**Marky:** O Arturo e o Johnny nos aconselharam a darmos as costas se subíssemos lá e a Charlotte e o Mickey aparecessem. Achei aquilo muito baixo. Se eles não se davam bem, tudo bem, mas fazer aquilo era muito ruim. Então fomos lá para recebermos nossos prêmios e não havia ninguém representando o Joey. Ninguém disse para a Charlotte e para o Mickey subirem, e a estatueta ficou lá no palco. Eu agradeci ao John por ter me convidado para o grupo, ao Tommy por ter me ajudado com a bateria e, então, eu disse "Isso é para o Mickey e a Charlotte", mas ninguém disse mais nada. Quando estávamos indo dar uma entrevista, o Johnny falou: "Por que você estava bajulando o Mickey e a Charlotte?".

**Arturo:** Eu tinha certeza que a Charlotte ia se levantar. Acho que houve uma confusão e foi genuinamente um erro por parte dos organizadores. Acho que eles esperavam que a Charlotte fosse até lá e ela esperava que alguém a avisasse que deveria ir. Ninguém a avisou e, como ela já esperava algo negativo da banda, ela não queria ir até lá sem ter sido oficialmente convidada.

**Monte:** O Rock Hall não permitiu que o CJ fosse introduzido porque ele era relativamente novo na banda. Coincidentemente, o Richie me ligou nessa época e estava chateado por não ter sido convidado para o Hall of Fame e queria que eu conseguisse um ingresso, mas o que eu poderia fazer? Eles só dão uma quantidade limitada de ingressos e eles são caros. Eu estava conformado que não iria e disse isso ao Tio Ira. Uma semana depois, o Ira me conta que o Johnny vai usar o dinheiro da corporação para comprar ingressos para mim e para o Arturo. Foi como ganhar um relógio de ouro. Ei, eu trabalhei por 22 anos. Eu merecia isso.

**Clem:** Foi uma infelicidade a maneira como o CJ foi deixado de lado no fim do Hall of Fame. Não entendo isso. Eu também poderia estar lá.

**Monte:** O Green Day tocou algumas músicas dos Ramones e o Eddie Vedder do Pearl Jam os apresentou. Ele citou algo que o Johnny disse uma vez, quando ele perguntou por que as músicas dos Ramones são tão curtas: "Elas são músicas longas e complexas que são tocadas muito rápidas". Seus discursos de agradecimentos foram no clássico estilo Ramones – rápido, doce e direto ao ponto. O Johnny foi o primeiro, fez breves comentários antes de concluir com as palavras "Deus abençoe o presidente Bush e Deus abençoe a América".

**Marky:** O Johnny deveria ter agradecido ao Joey e ao Dee Dee por terem escrito todas as músicas, porque se eles não tivessem feito isso, não haveria Ramones. O Johnny deveria ter sido muito mais agradecido, porque eles nos ajudaram a fazer um bom dinheiro. Como você coloca alguém para baixo daquele jeito quando são eles que estão garantindo sua renda? Foi uma situação doentia.

**Monte:** O Tommy foi eloquente e articulado como sempre, mas só agradecendo ao núcleo central, ou seja, Seymour, Hilly, Arturo, CJ e a mim, mas também a influências iniciais como Iggy Pop, o MC5 e o New York Dolls (nenhum deles foram indicados), assim como os nova-iorquinos contemporâneos dos Ramones por criarem uma cena musical vital. Ele até mencionou que, mesmo quando não estavam se dando bem, eles eram verdadeiros irmãos. "A indicação dos Ramones", ele disse, "teria significado tudo para o Joey". O Dee Dee, parecendo esperto em um paletó vinho, foi o último Ramone a falar no microfone. Ele foi demais.

**Dee Dee:** (Discurso do Rock 'n' Roll Hall of Fame): Olá, eu sou o Dee Dee Ramone e, hum, queria me parabenizar e me agradecer e me dar um enorme tapinha nas costas. Obrigado, Dee Dee. Você é maravilhoso. Eu te amo.

**Monte:** Achei aquilo hilário porque ele realmente queria dizer aquilo. Foi o momento mais punk rock de toda a noite.

**Tommy:** Para nós, isso tem um significado de verdade, porque nunca vendemos muitos discos. Eles simplesmente não dão essas coisas para grupos que não vendem muitos discos, mas eles nos escolheram. Quando o Green Day nos encontrou no Rock 'n' Roll Hall of Fame – e eles eram milionários – eles se sentiram mal perto de nós, porque nós os inspiramos. O fato do Green Day fazer muito mais dinheiro do que nós é ótimo. Não me sinto mal com isso. Começamos algo que realmente significa muito para muita gente.

**Johnny:** Realmente não me importava, de uma maneira ou de outra. Talvez não me importasse porque achava que não fosse entrar e quisesse me proteger. Talvez me importasse. É meio ridículo, mas é legal. Tenho todos esses amigos que não sabem nada sobre os Ramones, mas sabem que estou no Rock 'n' Roll Hall of Fame, então, para eles, isso é especial. Vi a Lisa Marie Presley depois do Hall of Fame e ela disse algo do tipo "Vocês são maiores do que eu pensava". Mas não é nada demais. Para os fãs dos Ramones, isso não importa. Não concordo com metade das pessoas que estão lá.

**Monte:** Depois de formar uma banda chamada Chinese Dragons e tocar brevemente com GG Allin, o Dee Dee começou oficialmente sua carreira solo com o disco *I Hate Freaks Like You*, de 1995, que foi seguido pelo *Zonked*, em 1997. Ele formou uma banda cover de Ramones chamada Ramainz com sua esposa Barbara Zampini, o Marky e, brevemente, com o CJ, e lançou um disco ao vivo chamado *Live in NYC*.

**CJ:** Fiz alguns shows com o Ramainz. Um dia, o Dee Dee me ligou e começou a falar sobre isso. Eu disse: "Cara, eu ficaria honrado". Ele queria que fosse uma banda e que saísse em turnê, mas eu tinha minha outra banda. Eu vi aquilo como uma oportunidade de fazer shows com ele porque, depois de ouvir todas aquelas histórias, sabia que seria difícil lidar com ele. Por ele ser um ídolo e tudo mais, eu acompanhei os caras, não queria arruinar aquilo. Foi bom eu não ter ficado na banda porque continuei sendo amigo dele.

**Chris Stein:** Já leu o livro do Dee Dee, *Chelsea Horror Hotel* [2001]? É ótimo. Ele descreve sua relação com garotas como a Connie, garotas que tentaram matá-lo e por aí vai. Ele era realmente um cara da renascença.

**Dee Dee:** Eu morei [no Chelsea Hotel], entre idas e vindas, desde 1974. Eu compus as músicas dos Ramones [aqui]. Meus melhores trabalhos são feitos aqui no hotel porque é tranquilo; as paredes são bem grossas. Eu só queria privacidade. O hotel é um hospício, mas esse é o lugar onde me sinto mais seguro. Não importa aonde eu vá, o Chelsea sempre foi um lar para mim. Vi um suicídio aqui: uma mulher pulou do nono andar. Ouvi um barulho forte quando ela bateu em um táxi e caiu bem na minha frente. A mulher ficou deitada lá por três horas, coberta por um trapo, antes que a levassem embora.

**Chris Stein:** Vi o Dee Dee na região do Chelsea perto do fim, de cabelo branco. Passei por esse cara velho que era surpreendentemente esquisito e, então, percebi que era o Dee Dee.

**Sonny Vincent (Testors):** Estava tocando no Coney Island High com o Scott Asheton dos Stooges e Wayne Kramer do MC5, quando o Dee Dee entra no camarim e começa: "Não sei o que está rolando hoje. Digo 'sim' para todo mundo que eu encontro, mas todo mundo me responde 'não'". Parecia tão filosófico. Ele era muito complicado.

**Dee Dee:** Quando comecei a reaprender as músicas dos Ramones, aquelas que não tocava há muito tempo, me fizeram sentir muito bem. Parecia novo, porque não fazia aquilo há muito tempo. [Os Ramainz] podem nunca virar os Ramones, [mas] só estamos tentando deixar os fãs felizes. Acho que, talvez anos atrás, teríamos tentado ser o extremo oposto dos Ramones. Se você fica numa banda por 10 ou 20 anos, você quer mudar. Não sabia disso. Mas agora eu sei. Eu sou os Ramones. Eu sou o Dee Dee Ramone. Eu comecei a banda, a imagem, mas não conseguia manter a banda unida. Precisava do John e de todo mundo. Então eu saí, e estou sendo eu mesmo. Existem outras coisas que gostaria de poder fazer, mas nunca estarei apto para isso. Não sou um guitarrista tão bom. Às vezes, gostaria de tocar como o Stevie Ray Vaughan ou alguma coisa parecida, mas isso está fora do meu alcance.

**Barbara Zampini (Esposa do Dee Dee):** Eu tinha 14 anos quando quis tocar bateria, mas não tinha dinheiro para comprar uma bateria, então comprei um baixo. A primeira música que toquei foi "I Don't Care". Comecei a tocar junto com as músicas dos Ramones quando tinha 12 anos e, quando tinha 16, conheci o Dee Dee. Sempre amei o Dee

Dee. Surtei completamente quando o conheci. Não conseguia parar de tremer. Ele era como um deus pra mim. Eu era uma grande fã dos Ramones. Não conseguia entender porque ele queria passar o tempo comigo. Não achava que era possível encontrá-los, porque havia 50 mil pessoas como eu procurando os Ramones na Argentina. O Dee Dee fez alguns shows solo na Argentina. Ele estava do lado de fora, procurando sua guitarra e surtando. Ele achou que alguém a tinha roubado. Eu não falava inglês direito e não conseguia entender muito do que o Dee Dee estava falando. Não conseguia entender porque ele queria sair comigo. Era como um filme ou coisa assim. Depois de conhecer o Dee Dee, tive a sensação de "Nossa, eu me encaixo com alguém agora".

**Dee Dee:** Ela basicamente me perseguiu. Foi uma loucura, ela era muito jovem e eu disse isso a ela. Nunca fui desprezível com a garota e nem a coloquei em situações ruins.

**Barbara Zampini:** Conheci o Dee Dee no dia 4 de novembro de 1994 e nosso casamento foi em 12 de setembro de 1996. Nos casamos em Nova York. O Dee Dee não queria um grande casamento.

**Monte:** Em 2001, ele se juntou com o Chris Spedding para gravar um disco de covers dos Ramones e algumas inéditas chamado *Greatest & Latest*. Nessa época, ele tinha se mudado para Hollywood e estava se apresentando pela cidade com bandas contratadas.

**Dee Dee:** Eu gosto de estar ocupado. Mas, quando estou tocando em uma banda, isso me transforma num monstro, [pois tenho] que brigar com todo mundo o tempo todo. Brigar por isso e pegar aquilo e assustar os caras da banda e, sabe, a coisa toda, sabe? Eu estava pensando em talvez tocar com pessoas mais velhas. Mas não sobrou ninguém!

**Arturo:** Convenci o Dee Dee a começar a pintar. "Sei que você é um músico, que isso está no seu sangue e que você quer compor músicas, mas, por favor, comece a fazer outra coisa. Você está ficando velho demais para essa baboseira de punk. Comece a fazer algo que você possa fazer para o resto da sua vida e que vai te fazer feliz quando você tiver 70 anos. Pintar e escrever podem te fazer muito feliz e te dar muita satisfação." Falei com ele sobre o futuro e tentei fazê-lo entender que havia um futuro para ele.

**Sonny Vincent:** Uma vez, fui a um famoso estúdio de tatuagem chamado Hanky Panky e o Dee Dee entrou com uma de suas pinturas. Ele queria trocar uma pintura por uma tatuagem, mas eles não queriam. O Dee Dee não queria aceitar isso e eles o enxotaram de lá. Ele ficou "Cara, eles me enxotaram de lá. Eles acharam que eu era um junkie". E isso é verdade, porque conversei com outras pessoas naquela época e elas disseram: "Eu vi o Dee Dee Ramone ontem à noite e, cara, ele estava chapado. Que junkie". Mas, na verdade, ele estava totalmente careta naquela época. As pessoas o julgavam porque ele não estava com uma aparência tão fabulosa naquela semana.

**CJ:** Muitas vezes, o Dee Dee não recebia o respeito que merecia.

**Dee Dee:** Gosto de escrever. Terminei meu terceiro livro [*Legend of a Rock Star: A Novel*]. Escrevi muito nos Ramones, quando estava na banda. Quando saí, lancei quatro discos solo. Não posso simplesmente me forçar. Escrevi algumas músicas punk [novas] recentemente e elas se parecem mesmo com paródias das coisas que eu já fiz. Mas não quero fazer outra coisa. Continuo escrevendo sobre lobotomias e "a droga é minha amiga" e coisas realmente doidas. Não sei o que está fazendo eu me sentir assim, mas me sinto como se talvez tenha feito isso o bastante.

**Monte:** Ele lançou um fanzine feito a mão chamado *Takin' Dope* que ele ilustrava e escrevia – aquilo era realmente criativo. Ele o distribuía em L.A. e estava fazendo exposições de arte.

**Vera:** O Dee Dee parecia que não era muito letrado ou que não tinha um QI muito elevado. Ao contrário, ele tinha um QI bem alto e era muito mais profundo do que a maioria das pessoas pensa. Você pode ver isso em algumas letras de suas músicas. Ele tinha uma persona. Havia o Dee Dee que os fãs viam, mas, quando você conhecia o verdadeiro Dee, ele estava sóbrio e era muito mais inteligente do que muita gente sabia. Ele tinha muito talento em diversas áreas.

**Monte:** Um dos bordões do Dee Dee era: "Pobre Dee Dee. Pobre Dee Dee".

**Vera:** Ele era sempre a vítima.

**Clem:** Fiz um show com o Dee Dee uns dois meses antes de ele morrer, no Club Makeup em Hollywood. Ele parecia bem. Ele definitivamente não estava chapado. Ficamos juntos na passagem de som fazendo graça da cena e ele parecia bem. Essa é a ironia disso: ele parecia bem feliz no fim, antes de morrer. Ele tocou novamente no Makeup no mês seguinte – seu último show.

**Johnny:** Algumas semanas antes, encontrei com o Dee Dee e dei meu número de telefone pela primeira vez em 20 anos. Eu o encontrei para um almoço na Hollywood Boulevard.

**Dee Dee:** [2001] Talvez eu seja só um velho ranzinza. Dizem que você precisa viver o blues para tocar o blues. Acho que é a mesma coisa com o rock 'n' roll. Não consigo imaginar ninguém querendo ser um garoto de rua ou um viciado em drogas para ter as qualidades para compor essas músicas. Eu ralei muito para conseguir o que tenho. Arrisquei minha vida por isso. Não existem horários em uma banda de rock. Você simplesmente trabalha o dia inteiro, todos os dias, ano após ano. Mas eu não recomendaria isso agora porque existem muitas maneiras de entrar em problemas, ser morto, se machucar, acabar nas drogas [ou] acabar mentalmente indefeso, porque você não formou as defesas normais da vida. Uma vez que termina, você não se sente de volta à Terra e sendo um Zé Ninguém nas ruas, sabe? O que é errado, porque você acaba tornando a vida muito mais difícil. Foi o que aconteceu comigo.

**Monte:** Próximo ao fim, ele estava tentando se manter sóbrio, mas saía dos trilhos de vez em quando. É difícil explicar para o Dee Dee, "O que você está fazendo aqui? Você vai se matar". Eu realmente pensei que ele seria o primeiro a morrer, quando ele saiu. Mas ele havia ido tão longe que eu imaginei que ele fosse esperto o bastante para saber o que fazer com sua vida. Então, de repente, ele morre de overdose. Ele foi encontrado morto em sua casa em Los Angeles no dia 5 de junho de 2002. Ele teve uma overdose de heroína e, desta vez, ninguém estava por perto para socorrê-lo. [De acordo com a Associated Press, "O investigador encontrou parafernália para drogas que incluía uma única seringa no balcão da cozinha, e estamos lidando com isso como uma possível overdose acidental".]

**Vera:** Eu nunca pensei que ele teria uma overdose depois de todo esse tempo. Ele tinha 50 anos e ainda dava trabalho. Então você pode imaginar como ele era com 20 ou 30 anos. Acabou sendo demais para mim. Fiquei absolutamente chocada quando fiquei sabendo. Pelo que sei, sua esposa Barbara disse que tinha ido trabalhar e não havia indícios de que ele iria usar [drogas]. Ele provavelmente não estava usando durante um longo período e, quando fica mais velho, você não consegue aguentar o que fazia com 20 ou 30 anos. A heroína era muito pura e ele usou demais. Pelo meu entendimento, ele não chegou até o sofá por uns 30 ou 60 centímetros. Ele ficou curvado sobre o encosto do sofá quando desmaiou e morreu. Quando a Barbara chegou em casa depois do trabalho, ele estava nessa posição. Tipo meio em pé, meio curvado. Esse foi o meu maior pesadelo por anos e anos e anos. E foi assim que ele terminou.

**Tim McGrath:** É incrível que o Dee Dee tenha vivido tanto tempo quanto ele viveu.

**Arturo:** O Dee Dee foi feito para terminar da maneira como ele terminou. Era inevitável. Era quase genético.

**Vera:** Ele tinha muitas coisas boas dentro dele. Era uma pessoa muito generosa. Ele era muito doador e adorava comprar presentes para as pessoas, para deixar outras pessoas felizes. Ele era a causa da alegria de muitas pessoas. Mas ele era a causa da tristeza de muitas pessoas também.

**CJ:** O que queimou o Dee Dee: ele nunca era reconhecido como um artista. O gênio que estava lá sempre passava despercebido, e isso é triste.

**Sonny Vincent:** O Dee Dee estava muito insatisfeito e se sentia injustiçado. Isso que me deixou tão triste quando fiquei sabendo que ele morreu; porque se a pessoa teve alguma alegria na vida, quando ela morre pelo menos fica essa satisfação. Mas parece que a cada passo em seu caminho, [ele] estava muito infeliz e incompleto. Se [ele] tivesse se tornado um astro fabuloso por conta própria, talvez ele pudesse ter sido mais feliz.

**Arturo:** Com o Dee Dee, tudo era possível. Sempre achei que ele voltaria para as drogas no dia em que a Barbara o deixasse. Era inevitável que essa garota não ficaria para sempre, dada a diferença de idade e que sua mente estava deteriorando, e, no segundo em que ela fosse embora, ele iria voltar para as drogas. Ele não conseguia lidar com isso. Seria um revés muito grande, doloroso demais para ele lidar. Ele estava enlouquecendo na maior parte do tempo. A maior parte do seu humor era ruim, mau, desagradável e podre. Ele estava infeliz. Sua percepção era de que o mundo estava contra ele. Tenho certeza de que, um dia, ele simplesmente pensou "Foda-se tudo isso, não quero mais lidar com isso. Eu odeio o mundo. Vou ficar chapado". Não fiquei tão surpreso quando soube, mas fiquei bravo com ele por não ter sido forte o bastante. Mas não achava que ele iria vencer. Não achava que ele fosse melhorar. Pensava que, talvez, só a virtude de envelhecer, se ele vivesse até os 70 anos, *talvez* ele amolecesse.

**Ed Stasium:** Foi tocante que, no funeral do Dee Dee, o CJ tenha ido até lá e feito um discurso. Ele se inspirava no Dee Dee. Ele amava os Ramones. O Dee Dee era o seu herói e, então, ele pôde assumir seu lugar na banda, o que foi um grande momento de sua vida.

**CJ:** O funeral do Dee Dee foi bem simples. Algumas das pessoas que estavam lá eram os caras da sua banda, Danny Fields, Legs McNeil, Tommy Ramone, o Johnny e a Linda, a mãe do Dee Dee, sua esposa Barbara, Daniel Rey e o Ed Stasium. Fiz um discurso e descrevi o Dee Dee como um Peter Pan extremo, porque ele era uma criança que se recusava a crescer. Ele era o irmão mais velho que eu nunca tive. Quando eu era criança e ouvia a banda, ele era o meu favorito. Aprendi muito sobre música ouvindo suas canções e, mais tarde, aprendi muito só de estar com ele e observá-lo. Se tivesse que escolher as pessoas mais rock 'n' roll que já viveram, seriam o Dee Dee e o Keith Richards. Eles viveram a vida, eles são músicos incríveis e fizeram seu próprio negócio.

**Arturo:** O Dee Dee nos ensinou o quanto era divertido e o quanto era doloroso ser um verdadeiro punk. Tudo no Dee Dee era verdadeiro, de uma maneira punk-ficcional. Ele era um cara com sua arte e seus instintos e criatividade punks. Ele gostava disso e sofria com isso. Ele vivia em um mundo de paranoia, porcaria, agressão e ódio. O Dee Dee podia realmente odiar alguém. Ele nunca deixou de ser um punk extremo.

**Monte:** Foi estranho que o Dee Dee tenha morrido em Los Angeles, em vez de em Nova York. Por mais que ele viajasse e vivesse um estilo de vida cigano, ele tinha uma fixação com a cena de Nova York por tanto tempo, que ele acabar enterrado em Hollywood é tristemente irônico.

**Harvey:** Los Angeles teve um papel importante na jornada dos Ramones. A banda fez um filme em L.A., gravou um disco com o Phil Spector, a Sire estava localizada próxima ao escritório da Warner Bros em Burbank, o Joey passou algum tempo aqui, o Johnny se mudou para cá, o Dee Dee morreu em Hollywood. Simplesmente repare onde os corpos fisicamente acabaram quando esse novo século começou. Deve ter tido algum impacto.

**Gary Kurfirst:** Frequentemente é necessário um desastre para que as pessoas entendam ou apreciem algo.

**Monte:** O Dee Dee pisava naquela linha tênue entre a genialidade e a insanidade. Eu tive que perceber isso com o Dee Dee. Eu estava lidando com uma pessoa com muitas personalidades – algumas boas, algumas ruins, algumas engraçadas, algumas tristes. Ele sempre dava trabalho, mas ele tinha um foco implacável e sua criatividade brilhava. Dado o fato de que morávamos próximos durante boa parte do nosso tempo com os Ramones, passei um bom tempo extra na van com o Dee Dee, e acho que desenvolvemos uma boa amizade. Sua morte foi muito triste e um final trágico.

## JOEY RECEBE SUA PARTE

Em uma cerimônia especial no domingo, 30 de novembro de 2003, a cidade de Nova York oficialmente batiza a esquina da Bowery com a East 2nd Street no East Village como 'Joey Ramone Place'. Foi o auge dos esforços dedicados de fãs, familiares, contemporâneos do Joey, da comunidade e da própria cidade em reconhecer suas realizações e contribuições para a cena musical de Nova York. Os Ramones se tornaram marcos de Nova York assim como *West Side Story*, a Estátua da Liberdade ou as Torres Gêmeas.

Além disso, Joey Ramone Place é o quarteirão onde foi feita a foto da capa do primeiro disco dos Ramones e fica a meio quarteirão de distância do local onde ficava o CBGB. (Infelizmente, em outubro de 2006 o CBGB fechou devido à discrepância financeira entre o senhorio e o dono Hilly Kristal. O Hilly pensa em abrir o CBGB em Las Vegas, e disse que levará todo o interior do clube, até os banheiros imundos, para o novo local. Agora, *isso* é punk rock!)

## JOHNNY FALECE

Na quarta-feira, 15 de setembro de 2004, aos 56 anos, Johnny se tornou a terceira baixa entre os quatro Ramones originais, tendo morrido durante o sono em sua casa em Hollywood Hills, depois de uma luta de cinco anos contra o câncer de próstata. Ironicamente, Johnny nunca fumou cigarros, raramente bebia, exceto por uma cerveja ocasional, e, em sua longa carreira com os Ramones, nunca usou drogas, além de um baseado de vez em quando. Ele praticava esportes e vivia de maneira saudável. Johnny e sua esposa, Linda, se mudaram para L.A. pouco depois do último show dos Ramones no Palace (agora, Avalon), em Hollywood, no dia 6 de agosto de 1996. Para alguém nascido e criado fã dos Yankees, por que o Johnny escolheu estar "se divertindo lá na ensolarada Califórnia"? Pelo mesmo motivo que muitos se entregam aos deleites das palmeiras alinhadas de Tinseltown: clima bom, pessoas amigáveis e uma boa relaxada nas montanhas, onde o Johnny tinha um jardim, uma piscina e vários cômodos para abrigar sua vasta coleção de material do Elvis, baseball e filmes de terror.

Em L.A., ele não podia andar seis metros na rua sem ser reconhecido ou que alguém o abordasse para conseguir um autógrafo. Quando ele se encontrava com outras celebridades do rock, como Eddie Vedder, Vincent Gallo e Rob Zombie, era o Johnny quem recebia mais atenção. Ele se tornou um grande amigo do ator Nicolas Cage e, inclusive, foi o padrinho de casamento do Cage com a Lisa Marie Presley. O Johnny gostava de atenção. Ele finalmente começou a entender como o Joey era festejado em Nova York. Foi uma mudança na receptividade para o guitarrista que foi basicamente um solitário a maior parte de sua vida.

Depois que os Ramones se separaram, o Johnny jurou que havia fechado seu ciclo no rock 'n' roll, mas hábitos antigos não morrem fácil. Rapidamente, ele subiu ao palco com o Pearl Jam, o Metallica, o Red Hot Chili Peppers, apareceu no tributo ao Elvis do (ex-Stray Cats) Slim Jim Phantom e fez uma participação como ator no filme independente *Stranded*, de 2001. Ele passou seus últimos anos entrando e saindo de tratamentos e, por um tempo, parecia que ele venceria o câncer através da quimioterapia. Infelizmente, as coisas fizeram uma virada para o pior. Johnny Ramone foi um verdadeiro roqueiro original. Os influentes álbuns dos Ramones casaram o pop e o punk em um estilo próprio e animado, guiado pelo ataque "guitarra motosserra" do Johnny, uma sonoridade [que fica] entre uma bomba de nêutron, uma magnífica batida de carro e o som do seu coração se partindo. Como um dos maiores guitarristas rítmicos, ele transformou as palhetadas para baixo de um método não ortodoxo em um estilo distinto, e aperfeiçoou a postura clássica de guitarrista de rock que toda banda punk que vale alguma coisa imita até hoje: jeans apertados, tênis Converse, jaqueta de couro, guitarras lá em baixo, pernas abertas, lábios contraídos e olhos como balas de revólver. Seu ritmo de motosserra definiu a banda tanto quanto o jeito amável e hooligan de cantar do Joey, ou os slogans brilhantemente chapados do grupo ("Hey ho let's go", "Gabba gabba hey" etc.). O controle era um fator-chave da existência do Johnny. Um rigoroso disciplinador, a liderança quase militar do Johnny é uma das razões primárias que transformaram os Ramones em ícones. Se Joey era o coração da banda, Dee Dee a alma e Tommy o mentor, Johnny era o sargento rigoroso, conduzindo a banda batalha após batalha, dentro e fora dos palcos, e foi ele quem pôde enxergar o destino da banda.

Em 14 de janeiro de 2005, Johnny Ramone foi cremado em L.A.; sua esposa, Linda, ficou com as cinzas. No Hollywood Forever Cemetery, em Los Angeles – o local do último descanso de diversos ícones de Hollywood como Rudolph Valentino, Douglas Fairbanks, Cecil B DeMille e a voz do Pernalonga, Mel Blanc (e não muito distante de onde Dee Dee está enterrado) – um monumento do Johnny Ramone foi revelado durante uma cerimônia pública de duas horas, que teve testemunhos de amigos próximos. O monumento, criado pelo artista Wayne Toth e que mostra Johnny tocando sua famosa guitarra Mosrite, tem a seguinte inscrição:

*"Se um homem pode julgar o sucesso pela quantidade de amigos que tem, então eu fui muito bem-sucedido" – Johnny Ramone*

Johnny Ramone é uma lenda porque John Cummings estava programado para ser. Através de trabalho duro, perseverança e dedicação, contra todas as expectativas, um delinquente do Queens ajudou a criar a fundação sobre a qual o punk rock foi construído, se tornando um dos músicos mais influentes do meio. Quando as pessoas me perguntam como foi trabalhar com o Johnny, eu geralmente admito que não foi fácil. Ele podia ser um capataz áspero e difícil, mas, no fim, seu direcionamento foi o que manteve a banda unida. As pessoas veem os Ramones e acham que é tão simples, mas não percebem o que está por trás de tudo isso. Há disciplina. O Johnny era o responsável por essa parte.

### ONDE ELES ESTÃO AGORA?

**Tommy Ramone**, o meu querido e mais antigo amigo, faleceu em 11 de julho de 2014, de câncer nas vias biliares. Ele tinha uma visão musical avançada, muito antes de formar e fazer parte dos Ramones. Ele foi um grande músico na guitarra, depois na bateria, e mais tarde no bandolim, no banjo, na rabeca, no violão dobro e em muitos outros instrumentos.

Sua expansão musical fez a conexão entre o punk e o indie bluegrass; ele foi um verdadeiro visionário musical. Ao longo dos anos, Tommy atuou como produtor musical, trabalhando com artistas como Talking Heads, The Replacements e Redd Kross. Ele também esteve envolvido como diretor musical do espetáculo sobre os Ramones chamado *Gabba Gabba Hey!* Sua última empreitada foi o duo Uncle Monk (com Claudia Tienan), de sonoridade alt-country e punk-bluegrass. Sua música tinha raízes influenciadas pelo tradicional bluegrass com uma sensibilidade moderna.

**Marky Ramone** faz turnês pelo mundo para manter vivo o legado dos Ramones, tocando músicas dos Ramones e também faz aparições ao redor do mundo como DJ convidado. O Marky também tocou e co-produziu o disco *Project 1950* do Misfits, que foi um dos álbuns mais bem colocados da banda nas paradas. Marky se juntou a John Cafiero, Jerry Only (Misfits), Dez Cadena (Black Flag) e Ivan Julian (The Voivods) para o CD do Osaka Popstar. Hoje, ele tem um programa na SIRUS Satellite Radio chamado *Marky Ramone's Punk Rock Blitzkrieg.*

**Richie Ramone** agora mora em Los Angeles. Ao longo dos anos, ele tocou em algumas bandas locais como Charlie and Will Sexton, Male Order Brides e apareceu em diversas trilhas sonoras de filmes, como *Tommy Boy*. Em 2007, ele fez turnês pelo mundo com orquestras sinfônicas pop, como baterista solista em comemoração ao 50º aniversário do musical *West Side Story*. O Richie é um ávido porta-voz dos direitos dos animais. Hoje, Richie tem a sua própria banda, com a qual viaja pelo mundo e lança discos.

**CJ Ramone** é pai de três lindas crianças e vive feliz na Bay Area, em São Francisco, no norte da Califórnia. Ele liderou várias bandas, incluindo Los Gusanos e Bad Chopper, com as quais lançou diversos álbuns. Atualmente em carreira solo, CJ segue lançando discos e tocando pelo mundo.

**Clem Burke (aka Elvis Ramone)** foi indicado ao Rock 'n' Roll Hall of Fame em 13 de março de 2006 como membro do Blondie, que continua fazendo turnês pelo mundo.

**POSFÁCIO**

Em 1987, os Ramones ganharam o prêmio de Melhor Álbum, no New York Music Awards, pelo disco *Animal Boy*. Então, em 1988, foram agraciados com o Prêmio da Diretoria, na mesma premiação. Em 2001, receberam da MTV o prêmio de Contribuição em Vida. Em 2002, os Ramones entraram para o Rock And Roll Hall of Fame.

Em 2007, mais honrarias vieram quando a Recording Academy anunciou os mais recentes membros do Grammy Hall of Fame (que serve de celebração e memória dos triunfos e realizações de artistas gravados) com a inclusão do disco *Ramones* (1976). Os Ramones também foram indicados ao Long Island Hall of Fame que homenageia músicos locais assim como os que viveram uma parte significativa de suas vidas na região. Eles foram incluídos em 2008.

Em 2011, os Ramones receberam o Grammy por Contribuição em Vida; eles também foram indicados para integrar o arquivo da Biblioteca do Congresso americano, em 2012. A banda finalmente chegou lá... ironicamente, muito depois da aposentadoria. Às vezes, eu brinco: "Se os Ramones fossem grandes assim quando eu trabalhava para eles, eu teria recebido um BELO aumento!".

Em janeiro de 2007, a mãe do Joey, Charlotte Lesher, morreu aos 80 anos, devido a uma parada cardíaca. Nunca será esquecida. Muitas vezes, eu penso no quanto o Joey teria gostado de todos os elogios e a atenção. É uma pena que ele não tenha vivido para ver os tardios frutos do seu trabalho. Mas acho que, o tempo todo, apesar de todo o drama interno, eles sabiam que estavam fazendo algo especial. Os Ramones estavam realmente à frente do seu tempo.

Para aqueles que querem fazer doações em nome da Charlotte ou do Joey, entre em contato com:

Joey Ramone Foundation for Lymphoma Research
P.O. Box 1107
Cooper Station, NY. NY 10276

Doações em nome do Johnny devem ser enviadas para:

Cedars-Sinai Prostate Cancer Center
P.O. Box 48750 – Tribute/Suite 2416
Los Angeles, CA. 90048

# 16

# BONS SONHOS

## – PERSPECTIVA E LEMBRANÇAS

Os Ramones deixaram um rastro de guitarras surradas, egos feridos, vidas arrasadas e mais de 25 discos para trás. O tempo provou que seus apoiadores estavam certos – a banda era e é importante, já que eles ultrapassaram o status de cult para se tornarem um ícone cultural, uma instituição. Mas a que custo? Dee Dee, Joey, Johnny e Tommy estão mortos; Marky quase morreu e, agora, mal fala com o CJ; antes de morrer, Johnny raramente tocava guitarra; e, por muito tempo, Richie odiou todos eles. Você acha que os caras na banda e os fãs ficaram putos que eles nunca estouraram? Ao menos eles tiveram a glória de estar no palco. Monte era um jogador por trás da cena e, por isso, nem foi aplaudido de pé ou recebeu um tapinha nas costas. Ele deu mais de metade de sua vida para esse grupo e eles nem saíram do *underground*, ainda não se livraram do – há muito tempo desprezado – rótulo de punk e, quando seu catálogo finalmente foi rejuvenescido e as músicas começaram a ser inseridas e os cheques de publicação começaram a ser maiores, você acha que o Monte viu algum desse dinheiro? Ele percebeu que sua recompensa era fazer um bom trabalho. Fim de papo. Então, um dia, um pensamento o acertou como um raio. "Fiz parte da história do rock 'n' roll, cara. Fiz parte de uma revolução musical que mudou a cultura pop dos Estados Unidos para sempre." E aquilo o fez se sentir muito bem. Em vez de se ver como um soldado esquecido em uma batalha perdida, ele começou a ver no espelho um general condecorado de uma guerra vitoriosa. Toda vez que entra em um clube e vê uma banda com jaquetas de couro cantando músicas sobre estar entediado, Monte sorri. Toda vez que ele coloca uma moeda em uma jukebox e escuta "Hey Ho Let's Go", ele dá risada. Quando garotos de 13 anos passam por ele de skate com um patch dos Ramones em suas jaquetas ou um adesivo em seus shapes, Monte sabe que ajudou a fazer tudo isso acontecer. Não haveria punk rock sem os Ramones, e não haveria Ramones sem Monte A. Melnick.

**Tommy:** O Monte era o empresário de turnê perfeito para essa banda, porque eles eram psicóticos. Então ele se encaixou direitinho. Ele ficou do início ao fim, então é óbvio que ele se encaixava perfeitamente.

**Cheetah:** Eles o amavam e você faz algo por um amigo que você não faria para mais ninguém. Todos odeiam a voz da razão.

**Vera:** Não sei quem mais poderia ter feito o trabalho do Monte. Era um trabalho de babá em tempo integral.

**Danny Fields:** O Monte era o pilar de sustentação. A melhor coisa que posso dizer sobre ele é que eu não precisava pensar nele. Não havia problemas vindo daquela direção. Ele fazia parte da estrutura interna da banda. O melhor que ele poderia fazer era ser parte da máquina que não tem problemas de vazamento.

**Eddie Spaghetti:** Toda banda precisa de um saco de pancada, e, provavelmente, é melhor que não seja alguém da banda. É crédito para o Monte que ele quisesse fazer isso. Não sei se ele percebeu isso ou não, mas ele possivelmente permitiu que a banda durasse bem mais por ter esse saco de pancada na estrada, porque a estrada é um lugar bem difícil de se estar. Ele provavelmente acrescentou alguns anos a mais no relógio deles.

**Shira:** O Monte fez tudo isso pelos Ramones. Ele sacrificou os melhores anos da sua vida, sua saúde e seu bem estar pelos Ramones.

**Harvey:** A saga dos Ramones pode ser resumida pelo estresse e envelhecimento no rosto do Monte.

**Howie Pyro:** Eu imagino se o Monte não estivesse lá: os Ramones poderiam mesmo ter acontecido?

**David Lee Roth:** Os Ramones representam [para os seus fãs] o que a igreja significa para a maioria das pessoas. Vai muito além da música. É a personalidade deles, o ponto de vista deles e, mais do que qualquer coisa, o que eles representam. Eles são os mesmos personagens de *West Side Story*, as mesmas roupas, os cortes de cabelo são um pouco diferentes, mas não muito, e isso é simbólico do que é ser um garoto na maior cidade da Terra, Nova York.

**Arturo:** Não há nada como os Ramones, nada. Ninguém nunca chegou perto. Eles começaram, e então, todos os outros os seguiram.

**John Holmstrom:** Os Ramones estavam fazendo algo muito inteligente, muito à frente do seu tempo, mas, ao mesmo tempo, não muito sofisticado.

**CJ:** Havia uma verdadeira genialidade nos Ramones. Para mim e para a minha geração, os Ramones são a única banda que realmente importava desde a revolução do rock 'n' roll dos anos 1960. Ninguém fez nada desde os Ramones que tenha tido um grande impacto na música. Os Ramones mudaram completamente a cara da música popular. Eles foram de mudar a música *mainstream* para começar todo um movimento *underground*. Toda a cena *underground* do faça-você-mesmo nos Estados Unidos nasceu com os Ramones. Tudo que veio depois dos Ramones deve algo aos Ramones, de uma maneira ou de outra.

**Joan Jett:** Não escuto nada que se compare ao que a música deles era e é. É um estilo de música por si só. Eles utilizavam todas essas diferentes influências e as fundiam em uma coisa única e incrível. Eles devem ter muito orgulho.

**Ed Stasium:** O mundo não estava pronto para os Ramones. Veja o que aconteceu depois deles. Veio o Green Day e 'Boom!'. Blink 182, Sum 41, Good Charlotte. Onde eles estariam sem os Ramones? E eles nem encostam nos Ramones. Não estão nem perto.

**Ira Herzog:** Com o passar dos anos, seu público muda, os garotos crescem e você tem uma nova turma de garotos. Os Ramones não pegaram isso, no início. Eles tinham fãs leais que, hoje, anos depois, são praticamente o *mainstream*. Os fãs deles cresceram.

**Johnny:** Ninguém consegue soar como nós. É muito difícil de fazer. Ninguém consegue tocar guitarra daquele jeito e o jeito de tocar bateria também é muito difícil. Ninguém consegue fazer palhetadas para baixo. Eles têm dificuldade até de tocar uma música com palhetadas para baixo. O Green Day tocou para nós no Rock 'n' Roll Hall of Fame e eles são uma ótima banda. Eles tocaram uma música dos Ramones e ele estava dando palhetadas para cima e para baixo. Ele não conseguia fazer as palhetadas para baixo porque ele disse que aquilo era exaustivo. Essa é a sonoridade que desenvolvemos e é assim que tocávamos. Levou um tempo, mas a encontramos.

**Jaan Uhelszki:** São os Beach Boys e os Ramones, o mesmo tipo de banda de rock 'n' roll, eles definiram uma era. As pessoas dizem que eles revolucionaram a música, mas isso não é o bastante: muitas de suas músicas passaram despercebidas.

**Tim McGrath:** Quem teria pensado em 1977 que eles seriam maiores agora do que eles já foram? Eu vou ao shopping e vejo esses garotinhos com camisetas dos Ramones.

**Tommy:** Os discos venderam bem no longo prazo e continuam vendendo ao longo dos anos, então eles passaram no teste do tempo.

**John Holmstrom:** Eles tinham seus motivos para não darem certos passos comerciais. Eles queriam ter sucesso, mas queriam isso em seus próprios termos. Você pode questionar isso, mas não pode questionar o resultado.

**Ira Herzog:** A parte engraçada disso é que o único disco, que eu me lembre, que chegou ao status de disco de ouro foi uma coletânea, *Ramones Mania*. Eles costumavam vender 125, 150 mil cópias. Era bem estável. É assim que se constrói um negócio. Mesmo hoje, recebo mais e mais pedidos para licenciar músicas dos Ramones que de qualquer outra banda.

**Jimmy Markovich:** Agora, se eles ainda estivessem por aí, eles poderiam estar tocando em vários lugares grandes. Muita gente sente falta deles. Especialmente agora, já que o nome, o logo e tudo mais invadiram a cultura popular. Antes era uma coisa cult, mas eles são como os Beatles agora. Parece que, durante muito tempo, eles passaram maus bocados ganhando respeito, mas agora é quase, tipo, tendência falar "Ah, sim, os Beatles, os Stones e os Ramones".

**Bob Gruen:** Fui ao Roseland outro dia para assistir aos Vines, que são uma ótima banda, mas a animação simplesmente

não chegou ao que eram os Ramones. Só uma ou duas pessoas estavam surfando sobre o público. Com os Ramones, haveria uns dez ao mesmo tempo trombando uns com os outros. Quando os Ramones terminavam, toda a grade de metal estava detonada e amassada no meio do público e havia essa aura e brilho, como se algo realmente tivesse acontecido. Depois do show, eu pensei: "OK, agora vamos ver os Ramones e aprender como se faz direito". Atualmente, as bandas são como bandas de abertura para as minhas lembranças.

**Gary Kurfirst:** Muitos dos pintores que você conhece hoje eram totalmente desconhecidos em suas épocas. Van Gogh teve que cortar sua orelha para ser reconhecido.

**Dick Manitoba:** Quantos bons artistas na história fizeram artes que eram consideradas uma merda durante suas vidas e então, 150 anos mais tarde, eles estão expostos em grandes museus pelo mundo e nunca foram apreciados por isso? Eu sempre digo, "É ótimo ter vivido o bastante para ver um disco que, uma vez, foi considerado um fracasso econômico ser considerado genial, anos mais tarde". É ótimo ter estado por perto o bastante para ver essa metamorfose. Queria que o Joey tivesse vivido o bastante para ver o quanto os Ramones são grandes hoje.

**Rodney Bingenheimer:** Na história do rock 'n' roll tem Elvis Presley, Beach Boys, os Beatles e os Ramones. Eles mudaram toda a história do punk e toda a história do rock. Mesmo os Sex Pistols eram influenciados pelos Ramones.

**Johnny:** É bom ser apreciado no longo prazo. Eu realmente acho que, de alguma maneira, valeu a pena. O respeito fez a diferença. É muito bom. Nosso catálogo vendeu 10% a mais no ano passado que no ano anterior e, provavelmente, aconteça a mesma coisa este ano. Vendemos 20 mil cópias no ano passado e isso sem nenhum disco lançado durante todo esse tempo.

**Dee Dee:** [2001] Sou muito grato de ter estado nos Ramones e sei o quanto eu sou sortudo.

**Marky:** Eu gostei de estar nos Ramones e foi muito divertido, mas foi uma merda das grandes.

**Joey:** [1984] Acho que somos a maior banda de rock 'n' roll do mundo. É muito frustrante, às vezes. Somos a única banda que mantém o tesão, a animação e a crença. Nunca saímos dos trilhos.

**Tommy:** Fico muito feliz que as bandas agora estão gostando das nossas músicas. Ser validado por tudo que você trabalhou é ótimo. Sou muito grato porque isso era o que eu esperava. O fato de não ter acontecido imediatamente me fez pensar que talvez estivesse me enganando, que talvez tivesse superestimado a banda, mas receber o reconhecimento depois de 25 anos justifica isso. Foi um longo período. De certa forma, foi quase perturbador. É como alguém te acordar depois de um longo sono e te dizer "Ei, aliás, você estava certo". Sou muito grato por ter acontecido desse jeito e que eu não estava me enganando.

**Danny Fields:** Eles estão no Rock 'n' Roll Hall of Fame. Na primeira vez em que foram indicados, eles entraram. Pouquíssimas pessoas conseguem isso. Não preciso mais defender seu legado. Era quase embaraçoso que, em alguma época, você tivesse que fazer isso. Eles são universalmente conhecidos, reconhecidos, respeitados e admirados, e o mundo está extasiado com eles e o que eles fizeram. Agora, todo mundo acha que foi só brilho e glamour. Glamour? Por favor. Era difícil pra caralho.

**CJ:** O fato de eles nunca terem estourado comercialmente é o que os permitiu serem tranquilos e terem uma carreira tão longa. Se eles tivessem estourado comercialmente no início, eles não teriam tido o impacto que tiveram. Eles teriam sido como os Bay City Rollers, uma banda de um só hit. Eles teriam sido como qualquer outra banda pop. A maneira como as coisas aconteceram para os Ramones é o jeito como deveria ter sido.

**Monte:** É uma pena, cara. Os Ramones são enormes agora, como sempre deveriam ter sido. Eles estão finalmente tendo o reconhecimento que eles deveriam ter tido, e o Joey e o Dee Dee não estão mais aí para ver isso.

**CJ:** Às vezes, é necessário que a história transforme algo óbvio em ainda mais óbvio. Às vezes, leva tempo para que algo que você sempre soube apareça. É o caso dos Ramones. Desde que haja adolescentes frustrados que estão procurando algo com que eles se relacionem para incomodar os pais, os Ramones vão ter um público.

**Monte:** Sim, foi uma longa e louca jornada com os Ramones. Foi difícil e, em alguns momentos, muito estressante; às vezes, ao ponto da loucura. Mas, apesar de tudo, eu aproveitei a viagem; caso contrário, não teria ficado por tanto tempo. Viajei pelo mundo, me encontrando e trabalhando com pessoas interessantes em locais não usuais. Tive a chance de estar envolvido com muitos aspectos comuns e nada comuns da indústria da música e, de alguma forma, consegui escapar com minha sanidade intacta. Então, quando eu digo que tudo já foi dito e feito, essa estrada que percorri foi recompensadora. Esburacada, tensa e insana, mas recompensadora. Agora posso me erguer com orgulho, encarar a adversidade e dizer "Sim, Melnicks!!!".

# 17.
## DRENAGEM CEREBRAL
### – MEU CÉREBRO ESTÁ PENDURADO DE CABEÇA PARA BAIXO

UAU! O legado dos Ramones continua ativo (como o coelho da Energizer). As pessoas sempre me perguntam como os Ramones influenciaram o mundo musical. Digo que eles são como o Johnny Appleseed[8] da música. Quando eles tocavam nas grandes e pequenas cidades dos Estados Unidos, espalhavam sua forma e seu estilo musical para os jovens que iam vê-los, assim como Johnny Appleseed fez com as sementes de maçã. Os garotos viam os shows e diziam: "Ei, se eles podem estar lá no palco sem serem virtuosos em seus instrumentos, nós só precisamos ter boas músicas e detonar completamente, então também podemos fazer isso". E, assim, milhares de bandas se formaram, em todos os lugares, influenciadas pelos Ramones. Na turnê do festival Lollapalooza, em 1996, os Ramones eram a terceira banda da programação. O Metallica era a atração principal, depois o Soundgarden e, então, os Ramones e o Rancid. Quando os Ramones começaram a tocar, eu estava na lateral do palco e, ao meu lado, estavam os integrantes do Metallica, Soundgarden e Rancid assistindo atentamente ao show. Todos eles eram grandes fãs e atribuem a vontade de começar uma banda depois de assistirem a um show dos Ramones quando jovens... Uau! Tanto Bono, do U2, quanto Eddie Vedder, do Pearl Jam, citam os Ramones como influência de suas bandas. O U2 compôs a música "The Miracle (Of Joey Ramone)" para seu álbum *Songs of Innocence*, de 2014.

Ramones, a banda que conseguiu mudar a cara da música sendo fiel à sua visão.

---

[8] *Herói folclórico americano que plantou macieiras pelo meio oeste dos Estados Unidos. (N. do T.)*

JOEY ★ JOHNNY ★ DEE DEE ★ TOMMY ★ MARKY ★ RICHIE ★ ELVIS ★ C.J. ★

HEY HO

LET'S GO

## ARTURO EDUARDO VEGA

Conheci Arturo Vega no Performance Studios aqui em Nova York, no início dos anos 1970, quando os Ramones estavam começando. Nós dois estivemos presentes desde os primeiríssimos dias dos Ramones até mais de 22 anos fazendo turnês com a banda. Por ser um grande artista, Arturo desenvolveu um visual único com a iluminação de palco dos Ramones depois que se tornou diretor artístico e de iluminação da banda. Claro, ele é mais conhecido por ter criado o logo dos Ramones com a águia, que agora é uma imagem icônica. Arturo criou e pintou à mão a maioria dos grandes panos de fundo de palco da banda em seu *loft*, que ficava a um quarteirão do CBGB, e também fez aquela maravilhosa placa peculiar do Pinhead (Gabba Gabba Hey!). Ele foi um cara multitalentoso. Arturo morreu de câncer em junho de 2013... ¡*Adiós, amigo!*

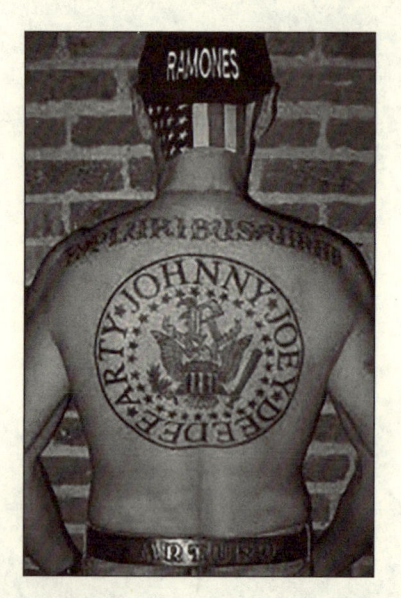

## O LOGO DE ÁGUIA DOS RAMONES

Arturo e a banda viram o Grande Selo dos Estados Unidos em uma viagem a Washington, D.C., bem no início da carreira. Aqui está o que diz o escrito do Grande Selo: "E PLURIBUS UNUM – De muitos, um". No banner que aparecia na boca da águia no primeiro logo estava escrito "LOOK OUT BELOW" (cuidado abaixo, em tradução livre). Quando a música "Blitzkrieg Bop" se tornou popular, o texto foi alterado para "HEY HO LET'S GO". Arturo substituiu as flechas na garra da águia por um taco de baseball; o ramo de oliveira por um de macieira; e colocou os nomes dos integrantes em volta. Para o brasão no peito da águia, ele usou o design de uma camiseta que ele tinha. Por favor, reparem na dedicação de Arturo aos Ramones em sua tatuagem nas costas inteiras.

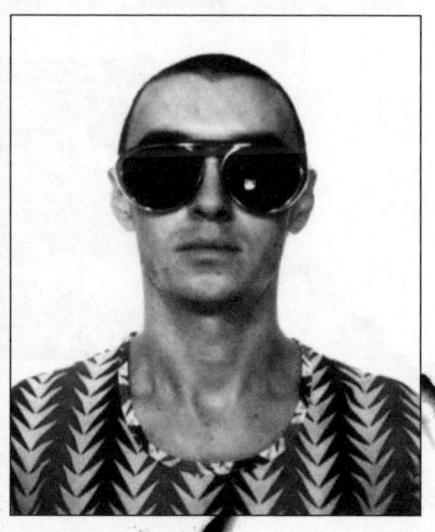

## O PINHEAD

Zippy, o Pinhead, foi criado pelo cartunista *underground* Bill Griffith no começo dos anos 1970.

No fim daquela década, em um dia livre em Cleveland, a banda foi assistir ao filme *Monstros*, dirigido por Tod Browning em 1932. Inspirada pelas verdadeiras aberrações do filme, a banda compôs "Pinhead". Na película, os monstros cantam "Gooble Gobble, Gooble Gooble, nós a aceitamos como uma de nós". Na música, os Ramones alteraram para "Gabba Gabba, nós te aceitamos como um dos nossos". O Pinhead sempre foi trabalho do roadie de bateria e começou com o roadie usando apenas uma cabeça pontuda e uma camiseta dos Ramones. Usando a máscara do filme *Rock 'n' Roll High School* e um vestido, Mitch "Bubbles" Keller fez uma evolução para um Pinhead completo. Muitas pessoas quiseram subir ao palco como Pinhead, entre elas estavam Eddie Vedder e Rob Zombie.

## O PANO DE FUNDO

O primeiro pano de fundo tinha apenas o nome RAMONES, como nas primeiras cami-setas. Para clubes pequenos, levávamos um pano de fundo menor com apenas o nome da banda.

## A CAMISETA ICÔNICA

Assim como o pano de fundo, a primeira camiseta dos Ramones tinha apenas o nome da banda. A segunda geração tinha uma águia simples com o nome da banda. Finalmente, Arturo desenvolveu a icônica camiseta dos Ramones.

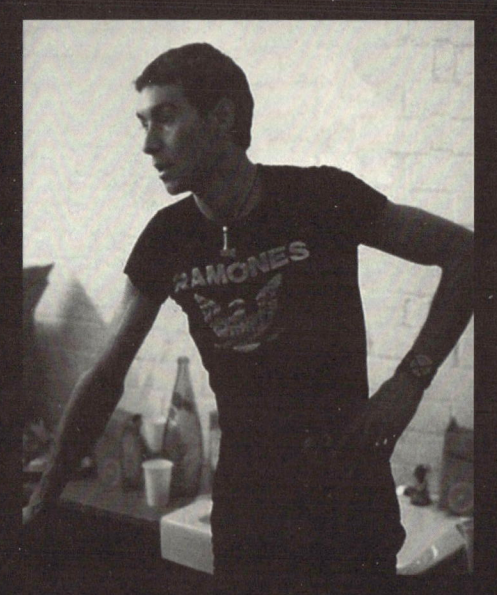

## DANNY FIELDS

Danny é um empresário musical norte-americano, publicista, jornalista e autor de *My Ramones: Photographs by Danny Fields*. Ele foi o primeiro empresário dos Ramones, junto com Linda Stein.

Como executivo da indústria musical nas décadas de 1960, 1970 e 1980, ele foi uma das figuras mais influentes na história do punk rock.

Ele contratou e empresariou Iggy and the Stooges, assinou com o MC5, e trabalhou em várias funções com Jim Morrison, Velvet Underground e Modern Lovers.

## LINDA STEIN

Linda Stein foi a primeira empresária dos Ramones, ao lado de Danny Fields (Ed Stasium também aparece na foto abaixo). Ela também empresariou o cantor e compositor Steve Forbet.

Ela foi casada e conselheira de Seymour Stein, o presidente da Sire Records. Mais tarde, Linda marcou presença na cena de corretores de imóveis de celebridades de Nova York e intermediou negócios multimilionários para Billy Joel, Sting, Steven Spielberg e muitos outros. Ela ajudou a estabelecer a *persona* do corretor de imóveis das celebridades. Em 30 de outubro de 2007, Stein foi encontrada morta em seu apartamento em Manhattan. A morte de Linda foi registrada como homicídio, aos 62 anos de idade.

## ROSANA CUMMINGS

Primeira esposa de Johnny, de 1972 a 1982. Morreu de câncer em dezembro de 2018.

## GARY KURFIRST

Gary Kurfirst foi o segundo empresário dos Ramones, também criado em Forest Hills, em Nova York. Com o passar dos anos, ele trabalhou como *promoter*, produtor, *publisher* e executivo de gravadora. Kurfirst fundou a Radioactive Records, cujo catálogo contava com Ramones, Live, Jane's Addiction e Big Audio Dynamite. Ele empresariou uma variedade de artistas como Blondie, Talking Heads, Tom Tom Club, Jean Beauvoir, Eurythmics, Bob Marley & the Wailers e The B-52's. Kurfirst morreu aos 61 anos, em 13 de janeiro de 2009, enquanto estava de férias nas Bahamas.

## JOHN HOLMSTROM

Cartunista *underground* norte-americano, escritor, fundador e editor da *Punk Magazine*, John ilustrou a contracapa e o encarte do disco *Rocket to Russia* e a capa do álbum *Road to Ruin*. John também fez a ilustração da capa deste livro.

## GEORGE SEBASTIAN WALZ DUBOSE

Meu bom amigo por muitos e muitos anos, George é um fotógrafo mundialmente conhecido. Trabalhamos juntos em vários projetos dos Ramones (fotos de seis capas de álbuns, muitas fotos de divulgação e de shows). Também tivemos uma empresa de gestão de artistas juntos (Search and Rescue Artist Management), com a qual empresariamos o Marky Ramone e conseguimos seu primeiro álbum solo, *Marky Ramone and the Intruders* (1996). George é autor do livro *Eu Falo Música – Ramones*.

## MUSEU DOS RAMONES (BERLIM)

O Ramones Museum Berlin é o único museu dedicado aos Ramones e está localizado na Oberbaumstr 5, 10997, em Berlim, na Alemanha. Aberto em 2005, o museu tem mais de mil relíquias reunidas por Florian (Flo) Hayler, um superfã dos Ramones. O museu também recebe shows ao vivo e apresentações de bandas.

## FESTA DE ANIVERSÁRIO DO JOEY RAMONE (NOVA YORK)

A Joey Ramone Birthday Bash (Festa de aniversário do Joey Ramone) se tornou uma tradição da cidade de Nova York desde sua primeira edição, em 19 de maio de 2001. Organizada por Mickey Leigh, irmão do Joey. O show beneficia a Joey Ramone Foundation for Lymphoma Research.

## TRIBUTO A JOHNNY RAMONE (LOS ANGELES)

Evento anual organizado por Linda Ramone, esposa de Johnny Ramone, no célebre Hollywood Forever Cemetery, em Los Angeles, onde está a famosa estátua de Johnny Ramone e onde Dee Dee Ramone também está enterrado. O dinheiro arrecadado vai para a Johnny and Linda Ramone Foundation e para o Dr. David Agus, do Centro de Medicina Aplicado da The Keck School of Medicine, na UCS.

## PLACA DE RUA EM FRENTE À FOREST HILLS HIGH SCHOOL

Em 30 de outubro de 2016, a placa de rua The Ramones Way foi inaugurada em frente à Forest Hills High School, no Queens, em Nova York, onde os Ramones – Joey, Dee Dee, Johnny e Tommy – estudaram. O cruzamento em frente à escola na 67th Avenue e 110th Street foi renomeado "The Ramones Way" para homenagear os finados pioneiros do punk rock. Centenas de fãs participaram da cerimônia. Eu também estudei na Forest Hills High School com a banda e me formei em 1967.

(Foto Joly MacFie)

221

110 St
The Ramones
Way
NO STANDING
ANYTIME
SP-10B
DEPT OF TRANSPORTATION

## MURAL DA LIRR (LONG ISLAND RAIL ROAD)

Esse mural foi pintado pelos artistas Crisp e Praxis Graff e está no muro embaixo do viaduto da Long Island Rail Road, próximo à região da Station Square em Forest Hills, Nova York. O mural não fica distante do Forest Hills Stadium, lar original do Aberto de Tênis dos Estados Unidos, e local onde os Beatles tocaram em 1964.

## MURAL THE RAMP

Esse mural preto e branco foi pintado por Ori Carino baseado na foto de Bob Gruen, e está localizado na Thorneycroft Ramp. Essa rampa leva à cobertura da garagem do complexo de apartamentos Thorneycroft, na 66th Avenue próximo à 99th Street em Forest Hills, onde a banda costumava se reunir quando adolescentes.

## PLACA EM MEMÓRIA A TOMMY RAMONE NA HUNGRIA

Tommy Ramone (Tamás Erdélyi) nasceu em Budapeste, na Hungria, em 1949. Sua família se mudou para os EUA por causa da Revolução Húngara, em 1956. O prédio em Budapeste onde sua família morou na época e onde ele nasceu agora está marcado com uma placa comemorativa.

O endereço é 36-38 Bajcsy-Zsilinszky út, Budapeste. O memorial escrito em húngaro e em inglês celebra o local de nascimento de Tommy e sua contribuição para a música.

## ROCKWALK (CALÇADA DA FAMA DO ROCK)

A Guitar Center é uma grande loja de instrumentos musicais situada na Sunset Boulevard, no coração de Hollywood. A Hollywood RockWalk é como uma pequena versão do pátio do Teatro Chinês, que tem as impressões das mãos de diversas celebridades. Mas essas celebridades não são estrelas do cinema: são músicos de rock e grandes guitarristas. Os Ramones foram consagrados lá em 6 de agosto de 1996.

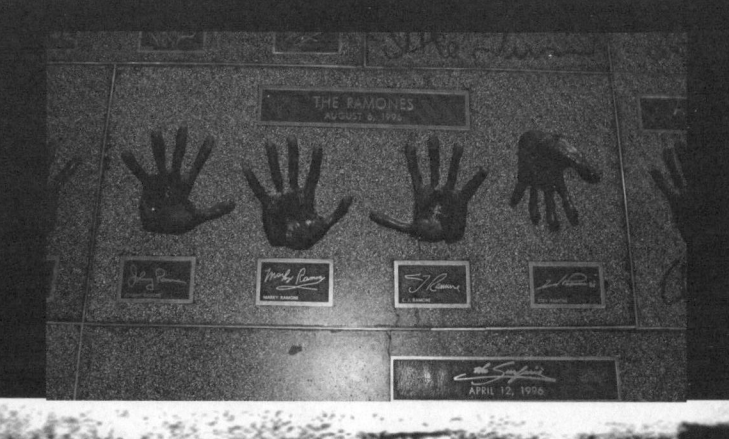

## EXPOSIÇÃO DO RAMONES NO QUEENS MUSEUM E NO GRAMMY MUSEUM

A mostra *Hey! Ho! Let's Go: Ramones and the Birth of Punk* foi uma celebração do rock 'n' roll minimalista, das letras econômicas e da estética urbana da banda, coincidindo com o 40º aniversário do lançamento do primeiro disco dos Ramones. A exposição também incluiu muitas e muitas coisas como flyers, fotos, vídeos de shows, manuscritos originais de letras, camisetas e as tradicionais jaquetas de couro. Dos mais de 400 itens exibidos, cerca de 170 fazem parte da minha coleção pessoal. A mostra aconteceu no Queens Museum, no Flushing Meadows Corona Park, em Nova York, de 10 de abril a 31 de julho de 2016; e, então, transferida para o Grammy Museum, em Los Angeles, na Califórnia, de 16 de setembro de 2016 a 28 de fevereiro de 2017.

## PRÊMIOS

### New York Music Awards – 1987 e 1988

### MTV Music Awards – 2001

## Rock & Roll Hall of Fame – 2002

(Foto Satansideshow/Imgur)

### Long Island Music Hall of Fame – 2008 - com Carmine Appice, Felix Cavaliere e Tommy Ramone

## Grammy pelo Conjunto da Obra – 2011

## Registro Nacional de Gravações da Biblioteca do Congresso – 2012

Do texto da Biblioteca do Congresso sobre o disco *Ramones* (1976):

"Cofundador do The Clash, Joe Strummer disse que, na primeira vez que ele viu os Ramones, a banda gerou uma 'onda de calor' atribuída tanto à velocidade das músicas e volume dos amplificadores quanto ao fato de que 'não era possível colocar uma folha de papel entre o fim de uma música e o início da próxima'. O primeiro álbum da banda capturou a incandescência do jeito descontrolado e rápido de Johnny Ramone de tocar guitarra, a propulsão do baixo de Dee Dee Ramone e a sonoridade surf de Tommy. O tom jovial da voz de Joey Ramone foi igualmente influenciado por Iggy Pop e pelo rock *bubblegum*. Quando combinados com os backing vocals e as letras retratando amores e ansiedade adolescentes, isso deu ao álbum um forte sabor pop em contraste com o som pesado e os aspectos perturbadores de outras músicas sobre uso de drogas, nazismo e prostituição masculina. Gravado com um orçamento minúsculo com pouca separação entre os instrumentos, poucos *overdubs* e sem solos de guitarra, o álbum é um exemplo primordial da estética faça-você-mesmo que inspirou milhares de adolescentes a formar bandas. A primeira geração de punks britânicos (Strummer, Sex Pistols, Captain Sensible do Damned), bandas de hardcore (Hüsker Dü, Black Flag, Minutemen), roqueiros alternativos (Nirvana, Sonic Youth, Soundgarden) e bandas de post-rock (Sleater-Kinney): todos foram influenciados por essa gravação por mais de três décadas de história do punk rock."

# 18.
# OS ÁLBUNS

## 1976 – *Ramones*

Produzido por Craig Leon (trabalhou com a Sire – Richard Hell, Blondie) e T. Erdelyi (Tommy Ramone).

Gravado em duas semanas no Plaza Sound, no Radio City Music Hall, em Nova York.

Custo: Seis mil dólares.

Foto icônica da capa feita por Roberta Bayley em um pequeno parque próximo ao CBGB, originalmente para a *Punk Magazine.*

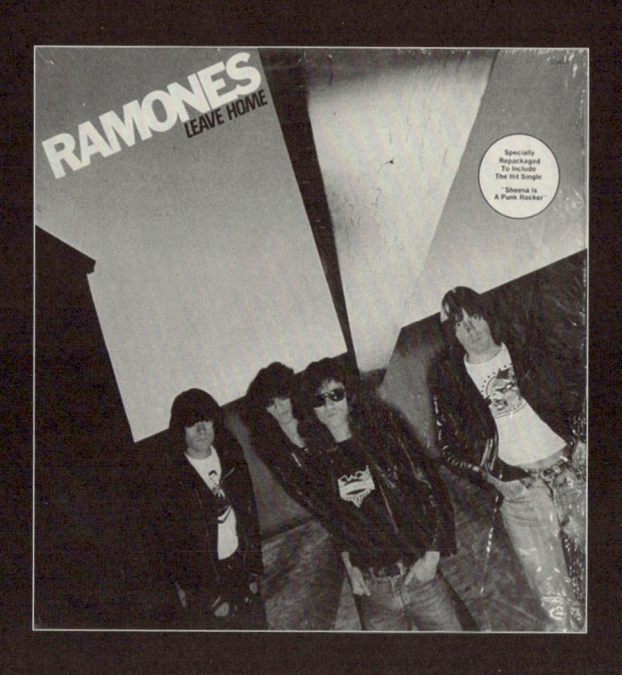

# 1977 – *Leave Home*

Produzido por Tony Bongiovi (Jimi Hendrix, Gloria Gaynor)
e T. Erdelyi (Tommy Ramone).

Gravado no Sundragon Studios, em Nova York.

Tony é primo de segundo grau de Jon Bon Jovi.

Tommy já havia trabalhado antes com Tony no estúdio Record Plant.

"Carbona Not Glue" foi removida do álbum.

Se você tem essa primeira edição, saiba que é colecionável.

Foto da capa por Moshe Brakha, feita no topo de um prédio no centro de Nova York.

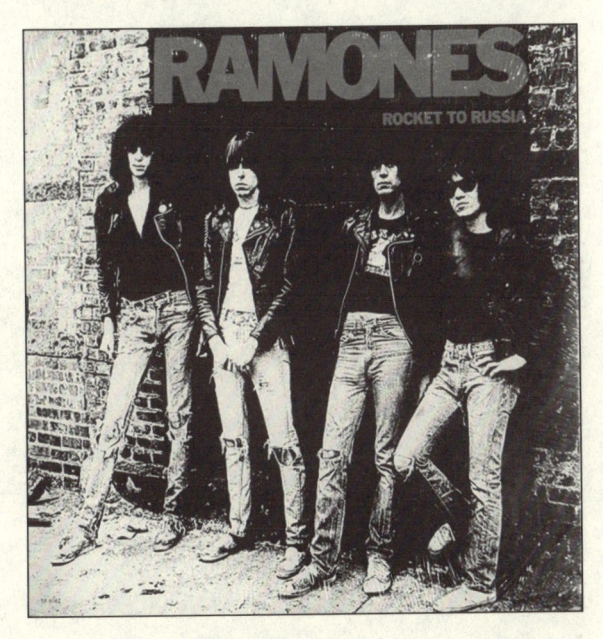

## 1977 – *Rocket to Russia*

Produzido por Tony Bongiovi e T. Erdelyi (Tommy Ramone).

Gravado no Media Sound Studios, em Nova York.

Foto da capa por Danny Fields, tirada no beco
atrás do CBGB.

John Holmstrom fez os desenhos da contracapa e do
encarte do disco.

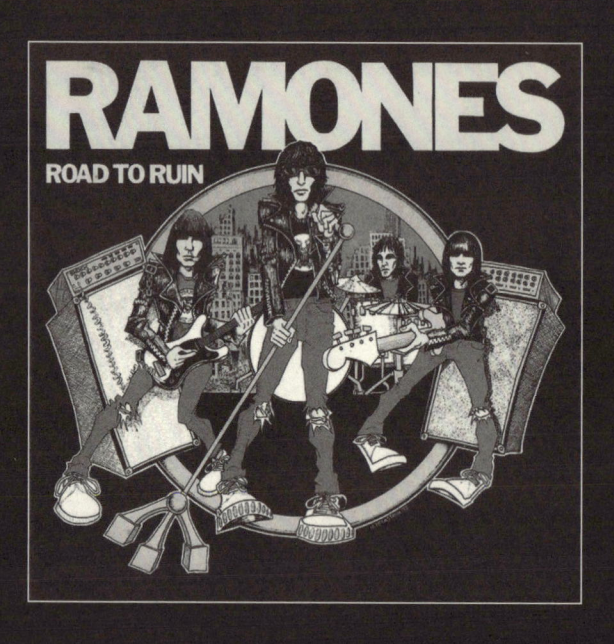

## 1978 – *Road to Ruin*

Produzido por T. Erdelyi (Tommy Ramone) e Ed Stasium.

Gravado no Media Sound Studios, em Nova York.

Este foi o primeiro álbum com Marky Ramone.

John Holmstrom trabalhou sobre o desenho original de Gus MacDonald.

Design por Spencer Drate.

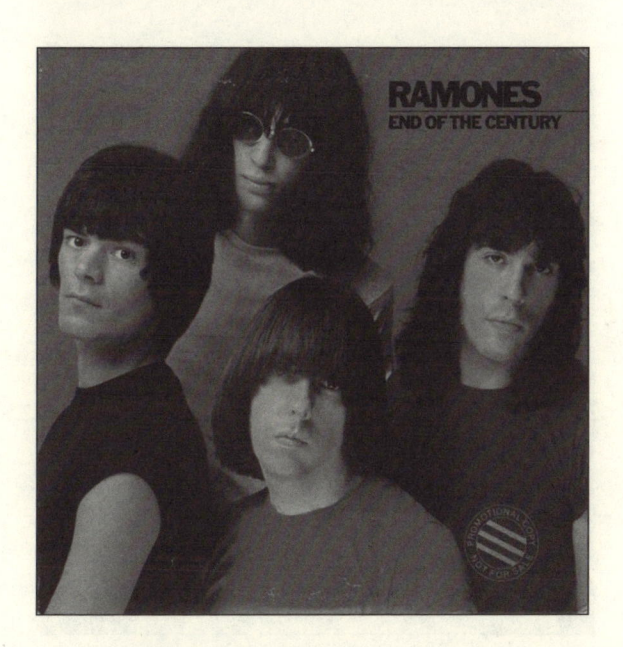

## 1980 – *End of the Century*

Produzido por Phil Spector.

Gravado no Gold Star Studios,
em Los Angeles, Califórnia.

Esta foi a única vez que os Ramones apareceram
na capa de um álbum sem suas jaquetas de couro.

Foto da capa por Mick Rock.

Design por Spencer Drate.

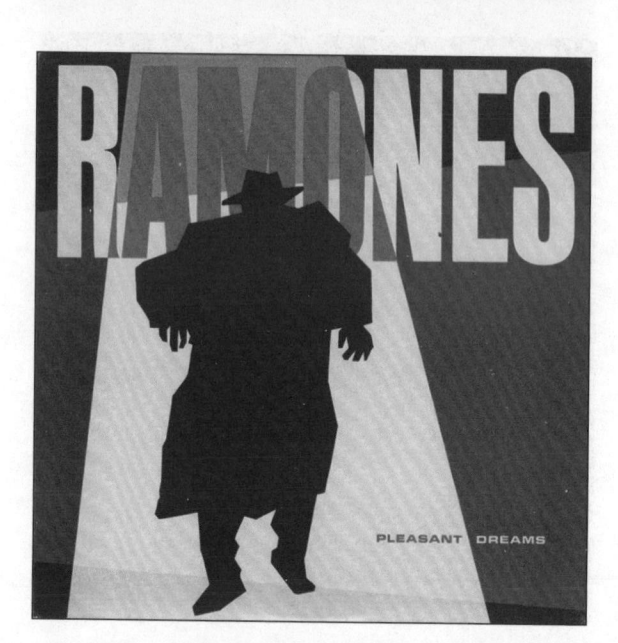

## 1981 – *Pleasant Dreams*

Produzido por Graham Gouldman (The Mindbenders, 10cc e compositor dos Yardbirds e The Hollies).

Gravado no Media Sound, em Nova York.

Primeira capa sem mostrar a banda, assinada pelo artista Guy Duk.

Design por M & Company.

# 1983 – *Subterranean Jungle*

Produzido por Ritchie Cordell e Glen Kolotkin.

Ritchie foi um compositor muito famoso. Ele escreveu músicas como "Mony, Mony" e "I Think We're Alone Now" para Tommy James & the Shondells.

Gravado no Kingdom Sound Studios, em Long Island, Nova York.

Primeira foto de capa de George DuBose, ela foi tirada no trem B na 57th Street e 6th Avenue. George fez história com sua primeira sessão de fotos com os Ramones. Para ele, a parte mais interessante foi como o Departamento de Polícia da cidade de Nova York deixou que ele continuasse fotografando sem permissão, já que os Ramones arrecadaram dinheiro para comprar coletes à prova de bala para a Polícia.

Repare no Marky na janela. Ele não sabia que estava prestes a ser expulso da banda.

### 1984 – *Too Tough To Die*

Produzido por T. Erdelyi (Tommy Ramone) e Ed Stasium.

Gravado no Media Sound Studios, em Nova York.

A banda queria que a capa se parecesse com uma cena do filme *Laranja Mecânica*.

A música "Durango 95" é uma referência ao carro dirigido no filme e é a música mais curta dos Ramones.

Richie compôs uma música, "Humankind".

Segunda capa feita por Tony Wright e George DuBose.

A capa do primeiro disco da banda (1976), com a foto de Roberta Bayley, mostrava como os Ramones realmente eram. Esta capa mostra como eles queriam ser.

## 1986 – *Animal Boy*

Produzido por Jean Beauvoir (The Plasmatics, Crown of Thorns).

Gravado no Intergalactic Studios, em Nova York.

Richie compôs uma música, "Somebody Put Something In My Drink".

Terceira capa e design de George DuBose.

Versão curta da história: a banda queria ser fotografada na jaula do macaco no zoológico do Bronx, mas o zoológico disse "sem chance, maluco".

George construiu essa jaula e contratou Zippy, o chimpanzé profissional do The David Letterman Show.

O cara com a roupa de macaco é o Legs McNeil.

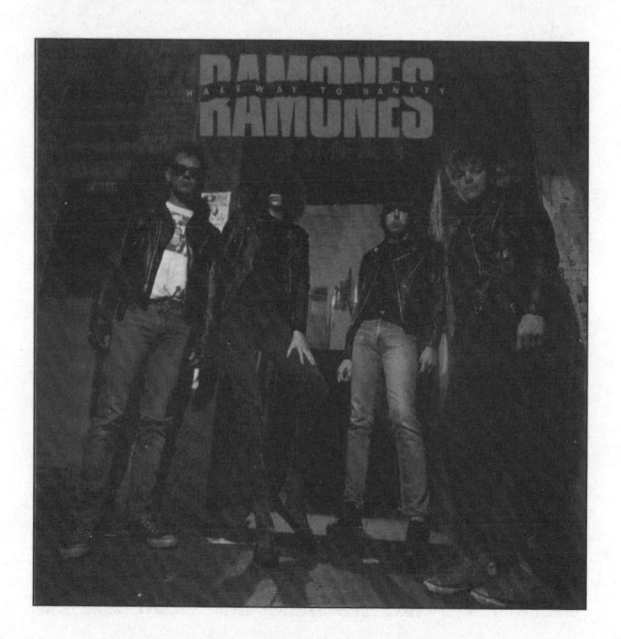

# 1987 – *Halfway to Sanity*

Produzido por Daniel Rey (Shrapnel com Dave Wyndorf, que depois seria do Monster Magnet) e pelos Ramones.

Gravado no Intergalactic Studios, em Nova York.

Este é o único álbum em que os Ramones são creditados como coprodutores.

Richie compôs duas músicas, "I Know Better Now" e "I'm Not Jesus".

Quinta capa fotografada por George DuBose. A foto foi tirada em Chinatown em 15 minutos!!! Bem abaixo do limite de uma hora do Johnny!!!

Direção de arte: George DuBose.

Design: Mark Weinberg.

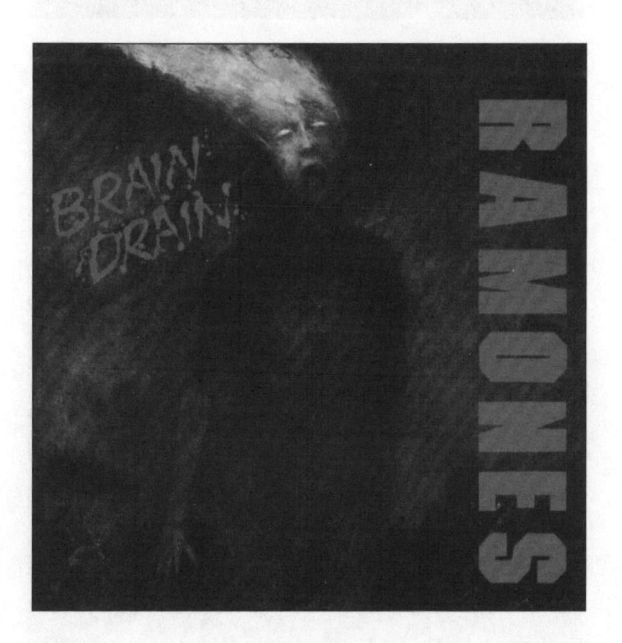

# 1989 – *Brain Drain*

Produzido por Jean Beauvoir, Bill Laswell e Daniel Rey.

Gravado no Sorcerer Sound Studio, em Nova York.

Gary Kurfirst escolheu essa arte de capa inspirada no quadro do artista norueguês Edvard Munch, "O Grito".

Pintura da capa por Matt Mahurin.

Design da capa por George DuBose.

Arte do título por Rick "Phyzz" Springer.

### 1992 – *Mondo Bizarro*

Produzido por Ed Stasium.

Gravado no The Magic Shop e no Baby Monster Studios, em Nova York.

Marky e Garrett Uhlenbrock compuseram duas músicas, "The Job That Ate My Brain" e "Anxiety".

Sétima foto de capa e design de George DuBose, usando o reflexo da banda em Mylar, com efeito criado pelo famoso fotógrafo Ira Cohen.

### 1993 – *Acid Eaters*

Produzido por Scott Hackwith (Circle Jerks, Agent Orange, Iggy Pop).

Gravado no Baby Monster e no Chung King Studios, em Nova York.

Todos os covers foram escolhidos pela banda.

Ilustração da capa por Mique Willmott.

### 1995 - ¡Adios Amigos!

O último álbum de estúdio.

Produzido por Daniel Rey.

Gravado no Baby Monster Studios, em Nova York.

C.J. compôs duas músicas, "Scattergun" e "Got A Lot To Say".

Marky e Garrett Uhlenbrock compuseram "Have A Nice Day".

Lemmy Kilmister, do Motörhead, compôs "R.A.M.O.N.E.S.".

A capa do álbum é uma pintura do artista Mark Kostabi.

Foto da contracapa por George DuBose. Eu sou o mexicano dormindo.

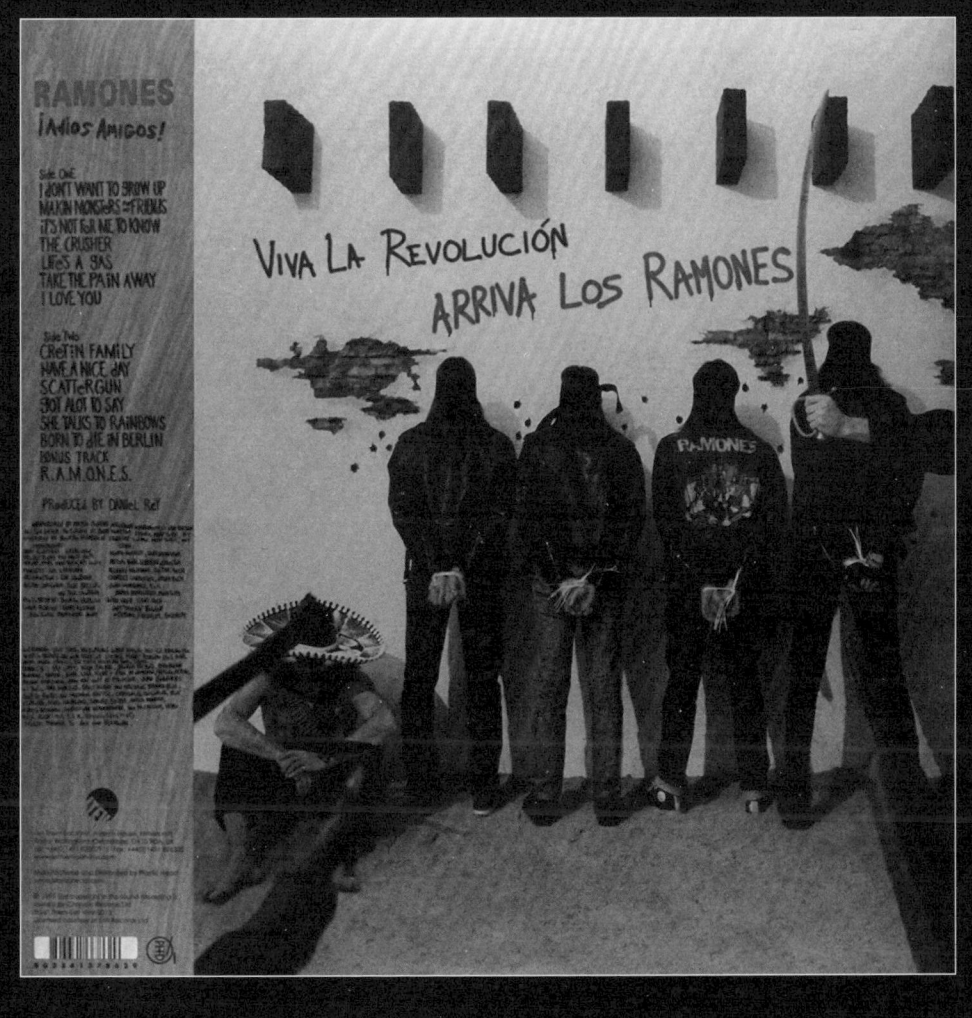

Tem uma mensagem secreta da banda aqui. Normalmente, você fica de frente para o esquadrão de tiro, mas aqui eles estão virados para o outro lado. A mensagem é que eles estão dando as costas para a indústria da música.

# *Ramones Mania* (1988)

O álbum contém um livreto com uma história
curta dos Ramones.

É o álbum dos Ramones que mais vendeu, o único
classificado como Disco de Ouro nos Estados Unidos,
até o primeiro disco (1976) ganhar esse título em 2014.

Foto da capa por George DuBose, incluindo muita
*memorabilia* do meu acervo.

O grande truque do George foi colocar uma falsa
perspectiva no texto. Isso foi antes dos computadores
tornarem essas coisas fáceis.

# It's Alive (1979)

Gravado no Rainbow Theatre, em Londres, Inglaterra, em 31 de dezembro de 1977.

O título é uma referência ao filme de terror homônimo de 1974 (*Nasce um monstro*, no Brasil).

Foram gravados quatro shows na turnê pela Inglaterra, mas a apresentação da Véspera de Ano Novo foi escolhida porque dez fileiras de assentos foram atiradas no palco após o show e foi considerada uma das melhores apresentações da casa. O show também foi filmado e, mais tarde, lançado no DVD *It's Alive 1974-1996*.

Eu estava fazendo o som do P.A. neste show.

Produzido por Tommy Ramone.

Design da capa por Spencer Drate e John Gillespie.

Foto da capa por Bob Gruen.

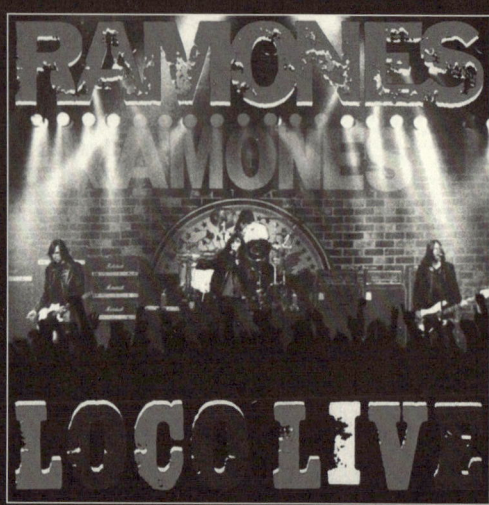

## *Loco Live* (1991-1992)

Existem duas versões diferentes do *Loco Live* disponíveis.

A versão de 1991, da Chrysalis, e a versão de 1992, da Sire. Elas têm capas e ordem das músicas diferentes. As faixas originais foram gravadas digitalmente na Sala Zeleste, em Barcelona, na Espanha, em 11 e 12 de março de 1991; e os *overdubs* foram gravados no Electric Lady Studios, em Nova York.

Este foi o primeiro disco com o C.J. na formação.

# NYC 1978 (lançado em 2003)

Este show foi gravado em 7 de janeiro de 1978, no Palladium, em Nova York, como parte da King Biscuit Flower Hour Archive Series. Esta foi a última apresentação comercializada com Tommy Ramone como baterista dos Ramones.

## Greatest Hits Live (1996)

O álbum foi gravado no The Academy, em Nova York, em 29 de fevereiro de 1996. As duas últimas músicas são faixas bônus de estúdio e covers que nunca haviam sido lançados anteriormente em álbuns dos Ramones. "R.A.M.O.N.E.S." foi originalmente gravada pelo Motörhead, no álbum *1916*; a música foi escrita em homenagem aos Ramones. A outra é "Anyway You Want It", gravada originalmente pelo The Dave Clark Five. A imagem da capa foi retirada do clipe da banda tocando a música-tema do Homem-Aranha.

# We're Outta Here! (lançado em 1997)

O álbum foi gravado para o Billboard Live no The Palace, em Los Angeles, Califórnia, em 6 de agosto de 1996, quando os Ramones fizeram seu último show. A apresentação tem vários convidados especiais, incluindo o ex-integrante Dee Dee, assim como membros de bandas que foram influenciadas pelos Ramones, como Lemmy, do Motörhead; Eddie Vedder, do Pearl Jam; Tim Armstrong e Lars Frederiksen, do Rancid; e Chris Cornell e Ben Shepherd, do Soundgarden. O álbum foi o único a receber o adesivo de aviso aos pais, porque Joey Ramone gritou palavrões durante ou entre as músicas. A capa presta homenagem ao Rat Fink, de Big Daddy Roth.

# DATAS DE TURNÊ

**1974** (Todas em Nova York)
30 de mar – Performance Studio (como trio)
16 e 17 de ago – CBGB
24 e 25 de ago – CBGB
29, 30, 31 de ago, 1º de set – CBGB
2 de set – festa no SoHo
7 e 8 de set – CBGB
15 de set – CBGB
17 de set – CBGB
22 de set – CBGB
24 de set – CBGB
1º de out – CBGB
6 de out – CBGB
8 de out – CBGB
12 e 13 de out – CBGB
20 de out – CBGB
31 de out – CBGB
1, 2 e 3 de nov – CBGB
16 de nov – Performance Studio
17 de nov – CBGB
7 de dez – Performance Studio
20 de dez – Performance Studio

**1975**
14 de fev – Brandy's II em NY
28 de fev – Performance Studio
1º de mar - Performance Studio
6, 7 e 8 de mar – CBGB
11 de abr - Performance Studio
14 e 15 de abr – CBGB
25 de abr - Performance Studio com Blondie
12 e 13 de mai – CBGB
30 de mai – Coventry, Queens,
com Heartbreakers
5, 6, 7 e 8 de jun – CBGB com Talking Heads
20, 21 e 22 de jun – CBGB com Talking Heads
4, 5 e 6 de jul – CBGB com Blondie
11 de jul – Waterbury, CT, com Johnny Winter
16, 17 e 18 de jul – CBGB Rock Festival (Blondie,
Tuff Darts, Talking Heads etc)
31 de jul e 1º de ago – CBGB com Talking Heads
22, 23 e 24 de ago – CBGB
12 e 13 de set - Performance Studio
com Blondie
3, 4 e 5 de out – Mothers, em NY,
com Blondie
24, 25 e 26 de out – CBGB com Blondie

21, 22 e 23 de nov – CBGB
18 e 19 de dez – CBGB
31 de dez – Sea of Clouds, em NY,
com Heartbreakers

**1976**
30, 31 de jan, 1º de fev – CBGB
com Heartbreakers
25 de fev – Nashua, NH
26 de fev – Boston, MA
27 de fev – Brockton, MA
22 de mar – My Father's Place em Roslyn, LI,
com Heartbreakers
1, 2 e 3 de abril – CBGB
9 e 10 de abr – Phase V, em NJ, com Blondie
18 de abr – Max's Kansas City, NY,
com Blondie
10 e 11 de mai – Bottom Line com
Dr. Feelgood
13, 14 e 15 de mai – CBGB
20, 21 e 22 de mai – Boston, MA
28 de mai – New Canaan, CT
29 de mai – Fairfield, CT
10 de jun – Dover, NJ
11 e 12 de jun – Max's Kansas City em NY
19 de jun – Cleveland, OH (cancelado pela
chuva)
20 de jun – Youngstown, OH (quando
Monte foi promovido a empresário de turnê)
4 de jul – Roundhouse em Londres, Inglaterra,
com Flaming Groovies
5 de jul – Dingwalls em Londres, Inglaterra,
com Flaming Goovies
13 de jul – My Father's Place, LI
16 e 17 de jul – Islip, LI
18 de jul – Asbury Park, NJ
22 de jul – New Haven, CT
6 e 7 de ago – Max's Kansas City em NY
11 e 12 de ago – Roxy em Los Angeles, CA,
com Flaming Groovies
16 e 17 de ago – Starwood em L.A., CA
19, 20, 21 e 22 de ago – Savoy em San
Francisco, CA
23 e 24 de ago – Huntington Beach, CA
25 de ago – Huntington Beach, CA
(outra casa)
27 e 28 de ago – Redondo Beach, CA

2 de set – Hempstead, LI, com Good Rats
3 e 4 de set – Friar Tuck's, CT
9, 10 e 11 de set – CBGB
12 de set – White Plains, NY
14 de set – Poughkeepsie, NY
16 de set – Stony Brook, LI
17 e 18 de set – Westport, CT
19 de set – Dover, NJ
24 e 25 de set – Toronto, Canadá
27 e 28 de set – My Father's Place, LI, com Talking Heads
8 e 9 de out – Max's Kansas City em NY, com Talking Heads
16 de out – Detroit, MI
22, 23 e 24 de out – Washington, DC
29 de out – Johnson City, TN
30 de out – Richmond, VA
12 e 13 de nov – Newport, RI
24, 25, 26 e 27 de nov – Atlanta, GA

**1977**
28, 29 e 30 de jan – Boston, MA
2 de fev – My Father's Place, LI
3, 4 e 5 de fev – CBGB com Suicide
4 de fev – Nassau Coliseum em LI, com Blue Öyster Cult
8 de fev – Dover, NJ
10 de fev – Poughkeepsie, NY, com Blue Öyster Cult
16, 17, 18, 19 e 20 de fev – The Whisky em Los Angeles, CA, com Blondie
22 e 23 de fev – San Francisco, CA
24 de fev – San Jose, CA
25 e 26 de fev – Berkeley, CA
28 de fev – Palo Alto, CA
2 de mar – Sacramento, CA
4 de mar – Bremerton, WA
5 de mar – Aberdeen, WA
6 de mar – Seattle, WA
10 de mar – Encinitas, CA
11 de mar – San Bernardino, CA
12 de mar – San Diego, CA
13 de mar – Norwalk, CA
15 e 16 de mar – Denver, CO
25 de mar – Buffalo University em Buffalo, NY, com Dictators
26 de mar – Countryside, IL

27 de mar– Detroit, MI
28 de mar – Ann Arbor, MI, com Sonics Rendezvous Band (Fred Sonic Smith)
31 de mar, 1, 2, 3 de abr – CBGB
8 de abr – Westport, CN
9 de abr – Filadélfia, PA
10 de abr – West Islip, LI
13 e 14 de abr – My Father's Place, LI, com Cramps
15 e 16 de abr – Salisbury, MA
17 de abr – Boston, MA
20 de abr – CBGB com Cramps
24 de abr – Zurique, Suíça, com Talking Heads
26 de abr – 18 horas de viagem até Marselha, mas cancelado por falta de energia elétrica
27 de abr – Geneva, Suíça
28 de abr – Lyon, França
30 de abr – Le Havre, França
2 de mai – Paris, França
3 de mai– Orleans, França
4 de mai – Lille, França
5 de mai – Bruxelas, Bélgica
6 de mai – Amsterdã, Holanda
7 de mai– Eindhoven, Holanda
8 de mai – Groningen, Holanda
10 de mai – Roterdã, Holanda
11 de mai – Utrecht, Holanda
12 de mai – Copenhagen, Dinamarca
15 de mai – Estocolmo, Suécia
16 de mai – Helsinki, Finlândia
17 de mai – Tampere, Finlândia
19 de mai – Liverpool, Inglaterra
20 de mai – Leeds, Inglaterra
20 e 21 de mai – Glasgow, Escócia
22 de mai – Manchester, Inglaterra
23 de mai – Doncaster, Inglaterra
24 de mai – Birmingham, Inglaterra
26 de mai – Aylesbury, Inglaterra
28 de mai – Slough, Inglaterra
29 de mai – Croydon, Inglaterra
30 de mai – Bristol, Inglaterra
31 de mai – Swindon, Inglaterra
1 de jun – Plymouth, Inglaterra
2 de jun – Penzance, Inglaterra
4 de jun – Canterbury, Inglaterra
5 de jun – Londres, Inglaterra
6 de jun – Londres, Inglaterra, com Saints e Talking Heads

9, 10 e 11 de jun – CBGB, com Cramps
17 e 18 de jun – Toronto, Canadá
21 de jun – Chicago, IL
23 de jun – El Tejon em Madison, WI
24 de jun – Waukesha, WI
26 de jun – Ann Arbor, MI
28 de jun – Cincinnati, OH
29 de jun – Waukegan, IL
30 de jun – Rockford, IL
1 e 2 de jul – St Paul, MN
4 de jul – Milwaukee, WI
6 de jul – Chicago, IL
8 de jul – Lebanon, IL
14 de jul – Austin, TX
15 e 16 de jul – Houston, TX
18 de jul – San Antonio, TX
20 de jul – Killeen, TX
24 de jul – Dallas, TX
28 de jul – Huntington Beach, CA
30 de jul – San Francisco, CA, com Dictators
no Winterland
4 de ago – Seattle, WA, com Tom Petty e The
Heartbreakers
5 de ago – Portland, OR, com Tom Petty
6 de ago – Vancouver, Columbia Britânica
9 de ago – Gravação do programa de TV *Don
Kirshner's Rock Concert*
10 de ago – The Whisky em Los Angeles, CA
1 de out – Dover, NJ
4 de out – Palace Theater em Waterbury, CT,
com Iggy Pop
6 de out – Palladium em NY, com Iggy
8 de out – Montreal, Canadá, com Iggy
9 de out – Toronto, Canadá, com Iggy
11 de out – Washington, DC
12 de out – Filadélfia, PA, com Iggy
15 de out – Baltimore, MD, com Iggy
19 de out – Cleveland, OH, com Iggy
20 de out – Cobo Hall em Detroit, MI, com Iggy
21 de out – The Whisky em Los Angeles, CA,
com Martin Mull
22 de out – Chicago, IL, com Iggy e
Leslie West
27, 28, 29 e 30 de out – CBGB
5 de nov – Brown University em
Providence, RI
7 de nov – Poughkeepsie, NY
8 de nov – Filadélfia, PA
11 e 12 de nov – Pittsburgh, PA
14 de nov – Utica, NY

15 de nov – Providence, RI
16 de nov – Amherst, MA
18 de nov – Orpheum em Boston, MA, com
Talking Heads e Eddie and the Hot Rods
19 de nov – Capitol Theater em Passaic, NJ,
com Talking Heads e Eddie and the Hot Rods
17 de dez – Carlisle, Inglaterra
18 de dez – Edimburgo, Escócia
19 de dez – Glasgow, Escócia
20 de dez – Newcastle, Inglaterra
21 de dez – Manchester, Inglaterra
23 de dez – Cambridge, Inglaterra
28 de dez – Birmingham, Inglaterra
29 de dez – Stoke-on-Trent, Inglaterra
30 de dez – Aylesbury, Inglaterra
31 de dez, 1 de jan 1978 – Rainbow Theatre
(gravação de disco ao vivo) com Rezillos
e Generation X

**1978**
5 de jan – New Haven, CT
6 de jan – Hartford, CT
7 de jan – Palladium em NY, com Runaways
e Suicide
9 de jan – Dover, NJ
13 de jan – Buffalo, NY
14 de jan – Detroit, MI, com Runaways
15 de jan – Youngstown, OH, com Runaways
16 de jan – Cleveland, OH, com Runaways
18 de jan – Madison, WI
19 de jan – Milwaukee, WI, com Runaways
20 de jan – Chicago, IL, com Runaways
21 de jan – Minneapolis, MN, com Runaways
23 de jan – Kansas City, KS
27 de jan – Civic Center em Santa Monica, CA,
com Runaways
30 e 31 de jan – San Francisco, CA
2 de fev – Eugene, OR
3 de fev – Seattle, WA
4 de fev – Portland, OR
7 de fev – San Diego, CA, com Runaways
8 de fev – Phoenix, AZ, com Runaways
10 de fev – Albuquerque, NM
12 de fev – Tulsa, OK
14 de fev – San Antonio, TX, com Runaways
17 de fev – Austin, TX, com Runaways
18 de fev – Ft Worth, TX, com Runaways
19 de fev – Houston, TX, com Runaways
21 de fev – Nova Orleans, LA, com Runaways

22 de fev – Baton Rouge, LA, com Runaways
25 de fev – Atlanta, GA, com Runaways
27 de fev – Charlotte, NC, com Runaways
2 de mar – Orlando, FL, com Runaways
3 de mar – Miami, FL, com Runaways
6 de mar – Belville, IL, com Runaways
8 de mar – Ann Arbor, MI
9 de mar – Columbus, OH
10 de mar – Cincinnati, OH
12 de mar – Champaign, IL
13 de mar – Akron, OH, com Runaways
15 de mar – Norfolk, VA, com Runaways
17 de mar – Baltimore, MD, com Runaways
18 de mar – Filadélfia, PA, com Runaways
e The Jam
19 de mar – Washington, DC, com Runaways
21 e 22 de mar – Boston, MA
24 de mar – Hempstead, LI, com Runaways
25 de mar – Capital Theater em Passaic,
NJ, com Runaways
31 de mar – Syracuse, NY
1 de abr – Yatesboro, PA, com Runaways
2 de abr – Jamestown, NY, com Runaways
4 e 5 de abr – Toronto, Canadá
16 de abr – Trenton, NJ, com Dead Boys
20 de abr – Rochester, NY
21 de abr – Wilkes-Barre, PA, com Patti Smith
23 de abr – Toledo, OH
24 de abr – Lansing, MI
25 de abr – Indianapolis, IN
27 de abr – Sunderland, MA
29 de abr – Willimantic, CT
4 de mai – CBGB, beneficente para Johnny Blitz
29 de maio – Poughkeepsie, NY;
primeiro com Marky
1 de jul – New Cruz em Brunswick, NJ
2 de jul – Greenwood Lake, NY
5 de jul – Roslyn, LI, com Richard Hell
7, 8 e 9 de jul – Boston, MA
10 de jul – Providence, RI
12 de jul – Portland, ME
16 de jul – Youngstown, OH, com
David Johansen
17 de jul – Lansing, MI
19 de jul – Flint, MI
21 de jul – Columbus, OH
23 de jul – Cincinnati, OH
25 de jul – Palantine, IL
26 de jul – Madison, WI
27 de jul – Dekalb, IL

29 de jul – Kansas City, KS
30 de jul – Springfield, MO
31 de jul – St Louis, MO
1 de ago – Champaign, IL
2 de ago – Highwood, IL
5 de ago – Asbury Park, NJ, com Patti Smith
11, 12 e 13 de ago – Hurrah's em NY (audição
para *Rock 'N' Roll High School*)
18 de ago – Dover, NH, com Cramps
19 de ago – Willimantic, CT
21 de ago – New Haven, CT, com Shrapnel
26 de ago – New Brunswick, NJ
5 de set – Helsinki, Finlândia
7 de set – Estocolmo, Suécia
8 de set – Malmö, Suécia
9 de set – Ronneby, Suécia
11 de set – Hamburgo, Alemanha
12 de set – Berlim, Alemanha
14 de set – Bruxelas, Bélgica
15 de set – Amsterdã, Holanda
16 de set – Arnhem, Holanda
18 de set – Paris, França
23 de set – Belfast, Irlanda
24 de set – Dublin, Irlanda
26 de set – Bristol, Inglaterra
28 de set – Newcastle, Inglaterra
29 de set – Manchester, Inglaterra
30 de set – Birmingham, Inglaterra
2 de out – Londres, Inglaterra
3 de out – Cardiff, País de Gales
4 de out – Leeds, Inglaterra
5 de out – Coventry, Inglaterra
6 de out – Edimburgo, Escócia
7 de out – Glasgow, Escócia
19 de out – New Haven, CT
21 de out – Queens College em NY
22 de out – Providence, RI, com Patti Smith
23 de out – Filadélfia, PA
25 de out – Albany, NY
26 de out – Amherst, MA
27 de out – Washington, DC
28 de out – Richmond, VA
12 de nov – Raleigh, NC
13 de nov – Atlanta, GA, com Black Sabbath
e Van Halen
15 de nov – Highwood, IL
17 de nov – Omaha, NE
18 de nov – St Paul, MN; abrindo para Foreigner
1 de dez – San Bernardino, CA; abrindo para o
Black Sabbath

2 de dez – Stockton, CA

4 de dez – Long Beach, CA; abrindo para
o Black Sabbath

5 de dez – Phoenix, AZ; abrindo para o
Black Sabbath

14 de dez – Filmagem da cena de show para o
Rock 'N' Roll High School, no The Roxy, em Los
Angeles, CA

15 de dez – San Diego, CA

18 de dez – Costa Mesa, CA

24, 25 e 27 de dez – The Whisky em
Los Angeles, CA

28 de dez – San Francisco, CA, com Tubes

29 de dez – Reno, NV; abrindo para
Eddie Money

30 de dez – Santa Cruz, CA, com Rick Derringer

31 de dez – San Jose, CA, com Tubes

**1979**

3 de jan – Portland, OR

4 de jan – Seattle, WA

5 de jan – Seattle, WA

6 de jan – Vancouver, Columbia Britânica

9 de jan – Boise, ID

10 de jan – Idaho Falls, ID

11 de jan – Salt Lake City, UT

13 e 14 de jan – Boulder, CO

18 de jan – Dallas, TX

19 de jan – Austin, TX

20 de jan – San Antonio, TX

21 de jan – Houston, TX

23 de jan – Lafayette, LA

24 de jan – Nova Orleans, LA

25 de jan – Baton Rouge, LA

26 de jan – Lake Charles, LA

28 de jan – Nashville, TN

29 de jan – Birmingham, AL

30 de jan – Atlanta, GA

31 de jan – Raleigh, NC

2 de fev – College Park, MD

4 de fev – Baltimore, MD

6 e 7 de fev – Toronto, Canadá

8 de fev – Buffalo, NY

10 de fev – Passaic, NJ; Capitol Theater com
David Johansen e Shrapnel

14 de fev – Shelton, CN

15 de fev – Sunderland, MA

16 de fev – New Brunswick, NJ

17 de fev – Providence, RI

23 de fev – Toledo, OH

24 de fev – Chicago, IL

25 de fev – Detroit, MI, com Romantics

26 de fev – Ann Arbor, MI

27 de fev – Cleveland, OH, com Romantics

28 de fev – Cincinnati, OH

1 de mar – Columbus, OH

3 de mar – Boston, MA, com David Johansen

4 de mar – Hartford, CT

6 e 7 de mar – Pittsburgh, PA

9 de mar – New York Palladium com Lester
Bangs (Birdland)

22 de mar – West Orange, NJ

23 de mar – Princeton, NJ

24 de mar – Browns Mill, NJ

25 de mar – Asbury Park, NJ

29 de mar – Dover, NJ

30 de mar – Columbia University em NY

31 de mar – Jamesburg, NJ

6 de mar – Roslyn, LI

7 de mar – Roslyn LI

8 de abr – New Brunswick, NJ

10 de abr – CBGB (beneficente para comprar
coletes à prova de balas para polícia)

12 de abr – Uncle Floyd TV show

18 de abr – Compareceu à première de
Rock 'N' Roll High School

19 de abr – Dallas, TX, para comparecer a
outra première

1 de mai – Start LP, com Phil Spector

8 de jun – San Francisco, CA; show ao ar livre

16 de jun – Dover, NJ

17 de jun – New Haven, CT

19 de jun – Amityville, LI

21 de jun – West Orange, NJ

22 de jun – Asbury Park, NJ

23 de jun – Browns Mill, NJ

24 de jun – Allentown, PA

26 e 27 de jun – Staten Island, NY

29 e 30 de jun – Boston, MA

2 de jul – Toronto, Canadá; Canadian World
Music Festival, Exhibition Stadium com
Aerosmith, Ted Nugent, Johnny
Winter e AC/DC

5 de jul – Poughkeepsie, NY

6 de jul – Syracuse, NY

7 de jul – Rochester, NY

8 de jul – Albany, NY

11 e 12 de jul – Toronto, Canadá

13 e 14 de jul – Montreal, Canadá

19, 20 e 21 de jul – Roslyn, LI

22 de jul – Taunton, MA
26 de jul – Washington, DC
27 de jul – Baltimore, MD
29 de jul – Ocean City, MD
30 de jul – Virginia Beach, VA
31 de jul – Raleigh, NC
3 de ago – Hartford, CT
4 de ago – Brooklyn, NY
6 de ago – Central Park em NY
8 de ago – Asbury Park, NJ
9 de ago – Dover, NJ
11 e 12 de ago – Amityville, LI
13 de ago – Port Chester, NY
11 de set – Albany, NY
14 de set – Port Chester, NY
15 de set – Port Chester, NY
18 de set – Wayne, NJ
22 de set – Cookstown, NJ
27 de set – CW Post College, LI
28 e 29 de set – Brooklyn, NY
30 de set – New Haven, CT
2 de out – Bergenfield, NJ
3 de out – Wayne, NJ
4 de out – West Orange, NJ
6 de out – Boston, MA
7 de out – NYC Hotel Diplomat,
Rock 'n' Roll Convention
8 de out – Queens College, NY
9 de out – Filadélfia, PA
11 de out – Dayton, OH
12 de out – Galesburg, IL
13 de out – Evanston, IL
14 de out – Grand Rapids, MI
15 de out – Chicago, IL
17 de out – Marchietta, OH, com Police
18 de out – Detroit, MI, com Joe Jackson
19 de out – Chicago, IL
20 de out – Milwaukee, WI
23 de out – Denver, CO
26 de out – University of Davis of California, CA
27 de out – Oakland, CA
28 de out – UCLA em Los Angeles, CA
29 de out – UCLA em Los Angeles, CA
31 de out – San Diego, CA
2 de nov – Costa Mesa, CA
4 de nov – Irvine, CA
5 de nov – Claremont, CA
6 de nov – Garden Grove, CA
8 de nov – Tucson, AZ
9 de nov – El Paso, TX

11 de nov– Lubbock, TX
13 de nov – Austin, TX
14 de nov – Dallas, TX
16 de nov – Houston, TX
18 de nov – Nova Orleans, LA
20 de nov – Birmingham, AL
22 de nov – Atlanta, GA
23 de nov – Nashville, TN
24 de nov – Memphis, TN
26 de nov – St Louis, MO
27 de nov – Headliners em Madison, WI
28 de nov – Minneapolis, MN
30 de nov – Milwaukee, WI
1 de dez – Cincinnati, OH
4 de dez – Ann Arbor, MI
5 de dez – Bloomington, IN
6 de dez – Indianapolis, IN
8 de dez – Carlisle, PA
10 de dez – Lowell, MA
11 de dez – New Haven, CT
13 de dez – West Islip, LI
21 de dez – Hartford, CT, com David Johansen
28 de dez – Dover, NJ
29 de dez – Freeport, LI
31 de dez – Palladium em NY

## 1980

6 de jan – Port Chester, NY
16 de jan – Brighton, Inglaterra
17 de jan – Leicester, Inglaterra
18 de jan – Cambridge, Inglaterra
19 de jan – Norwich, Inglaterra
21 de jan – Exeter, Inglaterra
22 de jan – Cardiff, País de Gales
23 de jan – Aylesbury, Inglaterra
24 de jan – Portsmouth, Inglaterra
26 de jan – Leeds, Inglaterra
27 de jan – Edimburgo, Escócia
28 de jan – Glasgow, Escócia
29 de jan – Newcastle, Inglaterra
1 de fev – Manchester, Inglaterra
2 de fev – Lancaster, Inglaterra
3 de fev – Sheffield, Inglaterra
4 de fev – Birmingham, Inglaterra
6 de fev – Bournemouth, Inglaterra
7 de fev – Bristol, Inglaterra
8 de fev – Colchester, Inglaterra
9 de fev – Londres, Inglaterra
11 de fev – Amsterdã, Holanda, com UK Subs
12 de fev – Bruxelas, Bélgica, com UK Subs

14 de fev – Reggio Emilia, Itália, com UK Subs
15 de fev – Udine, Itália, com UK Subs
16 de fev – Milão, Itália, com UK Subs
18 de fev – Turim, Itália, com UK Subs
20 de fev – Paris, França, com UK Subs
22 de fev – Londres, Inglaterra, com The Boys
23 de fev – Londres, Inglaterra, com The Boys
6 de mar – Asbury Park, NJ
7 de mar – Cherry Hill, NJ
8 de mar – Cherry Hill, NJ
21 e 22 de mar – Toronto, Canadá
23 de mar – Detroit, MI
24 de mar – Cleveland, OH
26 de mar – Columbus, OH
28 de mar – Atlanta, GA
29 de mar – Atlanta, GA
30 de mar – Gainesville, FL
31 de mar – Birmingham, AL
1 de abr – Nova Orleans, LA
3 de abr – Austin, TX
4 de abr – Houston, TX
5 de abr – Dallas, TX
7 de abr – Phoenix, AZ
8 de abr – San Diego, CA
10 de abr – Los Angeles, CA
11 de abr – Santa Cruz, CA
12 de abr – San Francisco, CA
13 de abr - Palo Alto, CA, com
Flaming Groovies
15 de abr – Berkeley, CA
21 de abr – Vancouver, Columbia Britânica
22 de abr – Vancouver, Columbia Britânica
24 de abr – Pocatello, ID
26 de abr – Boulder, CO
27 de abr – Denver, CO
29 de abr – Omaha, NE
1 de mai – Dekalb, IL
2 de mai – Champaign, IL
3 de mai – Lansing, MI
4 de mai – Chicago, IL
6 de mai – Carbondale, IL
8 de mai – Milwaukee, WI
9 de mai – Chicago, IL
10 de mai – Grinell, IA
11 de mai – Minneapolis, MN
13, 14, 15, 16 e 17 de mai – Chicago, IL
19 de mai – Gravação Sha Na Na TV show
20 de mai – Londres, Canadá
21 de mai – Burlington, Canadá
23 de mai – Montreal, Canadá

25 de mai – Toronto, Canadá
26 de mai – Guelph, Canadá
27 de mai – Ottawa, Canadá
29 de mai – Albany, NY
30 de mai – Hartford, CT
31 de mai – Lynn, MA
2, 3 e 4 de jun – Boston, MA
5 de jun – Staten Island, NY
6 de jun – Great Adventure Amusement
Park em NJ
8 de jun – College Park, MD
10 de jun – Tampa, FL
11 e 12 de jun – Allend Hallendale, FL
15 de jun – Club 57 em NY
27, 28 e 29 de jun – Tóquio, Japão, com
Sheena And The Rokkets
1 de jul – Nagoya, Japão
2 de jul – Kyoto, Japão
3 de jul – Osaka, Japão
4 de jul – Fukuoka, Japão
8 de jul – Sydney, Austrália
9 de jul – Sydney, Austrália
10 de jul – Melbourne, Austrália
11 de jul – Adelaide, Austrália
13 de jul – Woollongong, Austrália
14 e 15 de jul – Sydney, Austrália
16 de jul – Canberra, Austrália
18 de jul – Brisbane, Austrália
19 de jul – Gold Coast, Austrália
21 de jul – Auckland, Nova Zelândia
22 de jul – Wellington, Nova Zelândia
24 de jul – Christchurch, Nova Zelândia
7 de ago – Long Beach, LI
8 de ago – Asbury Park, NJ
9 de ago – Hull, MA
10 de ago – Cherry Hill, NJ
11 de ago – Central Park em NY
28 de ago – Estocolmo, Suécia
30 de ago – Oslo, Noruega
31 de ago – Lund, Suécia
1 de set – Copenhagen, Dinamarca
3 de set – Berlim, Alemanha
4 de set – Hannover, Alemanha
6 de set – Avelgem, Alemanha
7 de set – Roterdã, Holanda
8 de set – Munique, Alemanha
9 de set – Zurique, Suíça
11 de set – San Remo, Itália
12 de set – Gênova, Itália
13 de set – Milão, Itália

Dee Dee dormindo no chão do camarim no Brasil.

Sentido horário: Joey a caminho da Escandinávia, 1977; Johnny e Dee Dee em frente a um cartaz dos mais procurados da Alemanha; Dee Dee esfregando o deck de um ferry europeu; as tropas vêm cumprimentar a banda.

No set de *Rock 'n' Roll High School*, 1978. Sentido horário: Marky, PJ Soles, Johnny e Dee Dee; Monte e o diretor Allan Arkush; Johnny, Allan Arkush, Pinhead e Joey; Dee Dee, Johnny, PJ Soles, Joey e Marky.

Sentido horário: A queda do Muro de Berlim, 1989; Joey, Monte
e Graham Gouldman no Strawberry Studios – Inglaterra, 1989;
Joey e amiga no Strawberry Studios – Inglaterra, 1989.

Sentido horário: O Coliseu, Roma – Marky, Dee Dee, Joey e Johnny; Joey fazendo turismo pela Europa; Em terras japonesas.

Sentido horário: Joey Ramone; Veneza, Itália – Monte, John Markovich e Dee Dee; Hotel Monte, San Sebastian, Espanha.

Sentido horário: Monte e Joey no Japão; Joey (e as atendentes) no Japão; Marky e Joey; Os roupões dos hotéis japoneses são ótimas opções para fotos.

Sentido horário: Linda, Roxy, Marion e Vera.

Sentido horário: Marky e Marion em uma sessão de gravação; Johnny e Roxy; Johnny e Linda no dia do seu casamento (Foto: Warren Cohen); Joey e Linda.

Sentido horário: Nosso ônibus de turnê com quatro divisões –
EUA, 1983; Marky Ramone; Uma das várias arenas de touradas
na Espanha em que os Ramones tocaram.

Sentido horário: Na Cerimônia de Indicação ao Rock and Roll Hall of Fame, Nova York, Waldorf Astoria, março de 2002; Lápide do Dee Dee no cemitério Hollywood Forever, em Los Angeles, não muito longe do monumento do Johnny (Foto: www.findadeath.com); A placa da Joey Ramone Place, na Bowery com a 2nd Street, Nova York (Foto: Gene 'The Cop' Frawley); O monumento do Johnny no cemitério Hollywood Forever, em Los Angeles, CA (Foto: Gene 'The Cop' Frawley).

Mitch 'Bubbles' Keller fazendo a 'dança idiota' (the 'jerk dance) como o Pinhead (Fotos: Mitch Keller)

Ramones no palco (Fotos Arturo Vega). Ao centro, em destaque, CJ Ramone (Foto CJ Ward).

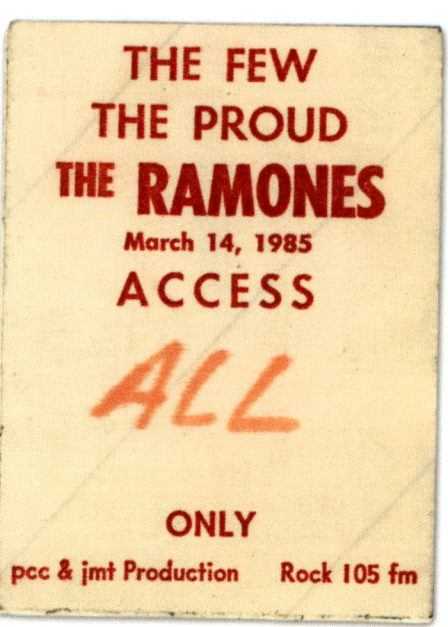

THE FEW
THE PROUD
THE **RAMONES**
March 14, 1985
ACCESS

*ALL*

ONLY

pcc & jmt Production    Rock 105 fm

THE RAMONES
ITALIAN OFFICIAL FAN CLUB

THE RAMONES
ITALIAN OFFICIAL
FAN CLUB

# RAMONES

PIZZA PIZZA HEY
~~PRESS PHOTO~~
~~AFTER SHOW~~
~~BACKSTAGE~~
ARTIST ALL AREAS
HEY HO LET'S GO!
ITALIAN TOUR 1992

MONTY MONTY
THE OFFICIAL
NO PASSES!!!
☆ ☆
MONTY FAN CLUB

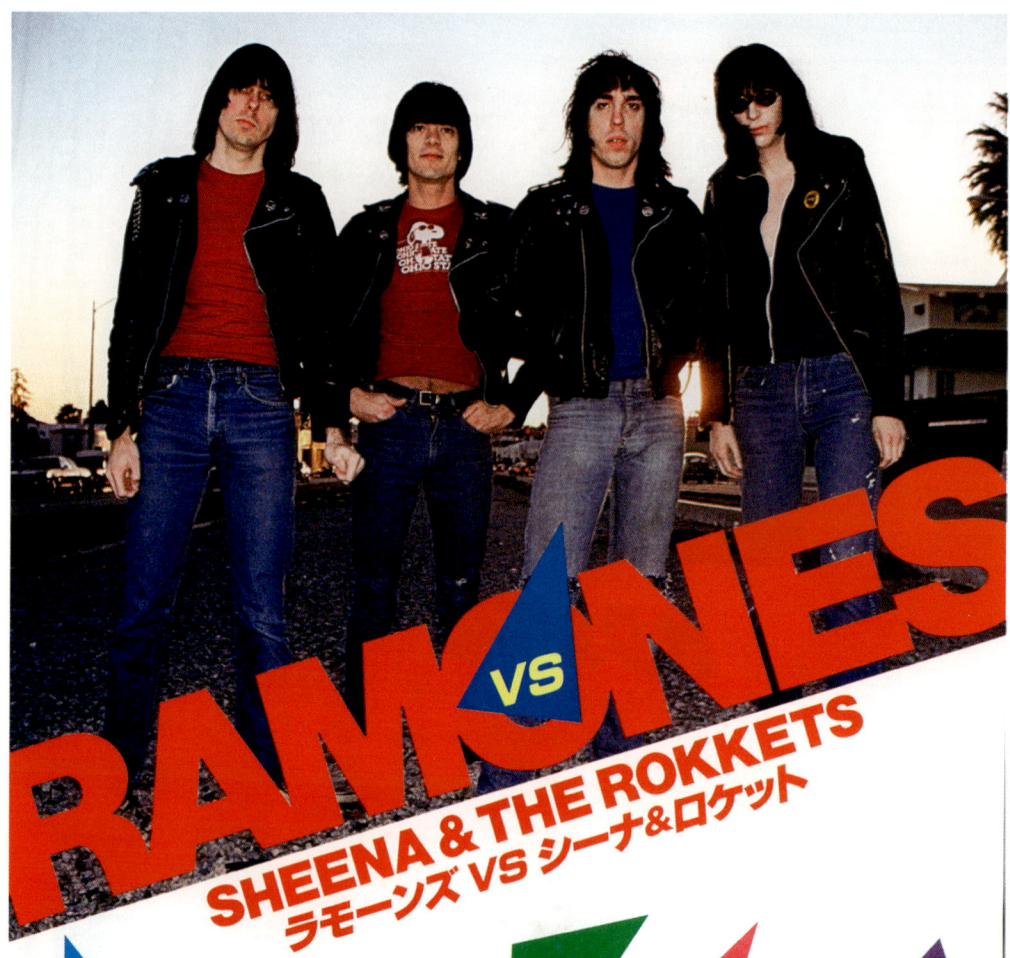

# RAMONES vs NES

## SHEENA & THE ROKKETS
ラモーンズ VS シーナ＆ロケット

6月27日(金)7時
28日(土)3時／7時
29日(日)3時
3,000円(全席指定)

前売所＝渋谷・池袋パルコ1F／各プレイガイド
電話予約＝464-5109
お問い合わせ＝西武劇場　464-5100～1
QX クリエーション　470-5061
企画・制作＝パルコ／QXクリエーション
協賛＝日本フォノグラム

**PARCO** 西武劇場

NJF MARQUEE PRESENTS

BANK HOLIDAY WEEKEND
AUGUST 26th · 27th · 28th

NATIONAL ROCK FESTIVAL

# Reading
# FESTIVAL

**FRIDAY 26th August from 2pm**

## IGGY POP
## RAMONES
### THE GODFATHERS
### GHOST DANCE
### THE WONDERSTUFF
### THE LOVER SPEAKS
### THE SEERS

SPECIAL GUESTS

## NEPHILIM

**SATURDAY 27th August from noon**

## STAR SHIP
## Meat Loaf
## Bonnie Tyler
### GENE LOVES JEZEBEL
### QUIREBOYS
### RUN RIG
### BONFIRE
### THE NAME

SPECIAL GUESTS

## URIAH HEEP

**SUNDAY 28th August from noon**

## SQUEEZE
## HOTHOUSE FLOWERS
## DEACON BLUE
### BROKEN ENGLISH
### RANKIN' ROGER
### ROACHFORD
### THE LUCY SHOW
### JOHN OTWAY

SPECIAL GUESTS FROM USA

## JOHN HIATT AND BAND

## THE SMITHEREENS

# AUGUST 26th · 27th · 28th

**TICKETS: Special** 'In Advance Only' **3-day Season Ticket**—£24 incs. camping and car parking. Individual day tickets—£12.50 in advance. Available from all usual ticket agencies, W.H. Smith Travel Shops, Keith Prowse Outlets. Subject to Booking Fee. **NB:** Prices will increase on the day

Postal Applications to: NJF/Marquee, P.O. Box 1AJ, London W1A 1AJ. Please enclose stamped addressed envelope and add 50p per ticket booking fee and clearly state tickets required i.e. Season, Friday, Saturday or Sunday.

Festival information: 0932 566777   Catering Concessions: Phone 0582 872439

**CREDIT CARD HOTLINES**
01-741 8989

OPEN ALL HOURS
CREDIT CARD BOOKING

01-379 4444
(Subject to Booking Fee)

### TRAVEL & FACILITIES

Less than 40 miles West of London (M4, M3, M25). 30 mins by train from Paddington. Main Station 15 mins walk. Camp Site (for season ticket Holders), Licensed Bars, varied food stalls, plenty of shops.

**NB:** No cans or glass bottles.

# ACID EATERS
## The first Ramones Album without Ramones songs!

# DIE TOUR '93

| | | |
|---|---|---|
| 4.12. KASSEL | 10.12. MÜNCHEN | 14.12. HAMBURG |
| 6.12. STUTTGART | 11.12. SAARBRÜCKEN | 16.12. ESSEN |
| 7.12. BERLIN | 12.12. HANNOVER | 17.12. HALLE |
| 8.12. FRANKFURT | 13.12. BREMEN | |

 Chrysalis  EMI GERMANY

# WEEKLY SoHoNews

## MATISSE AND THE RAMONES

### WE HAVE IT ALL

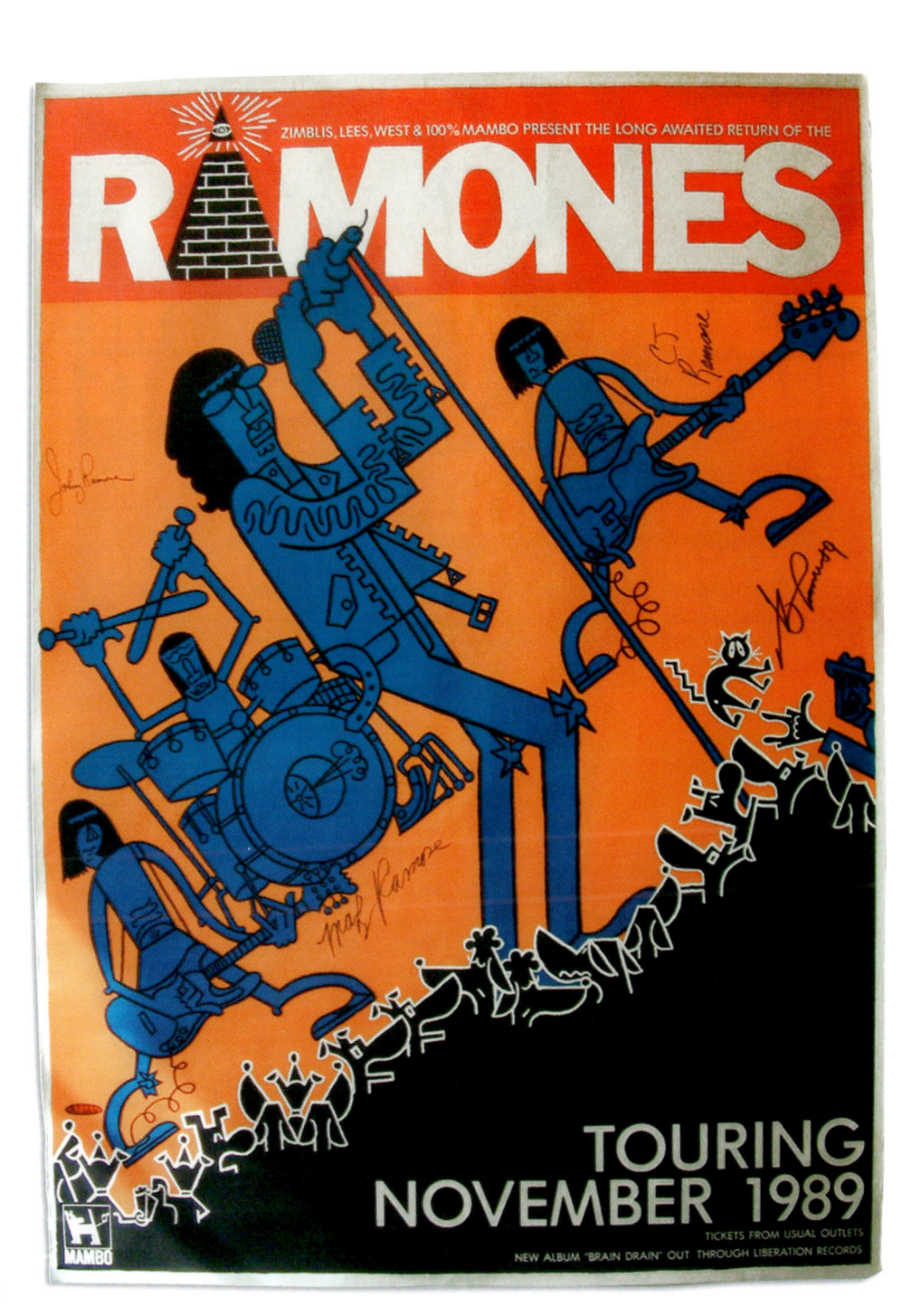

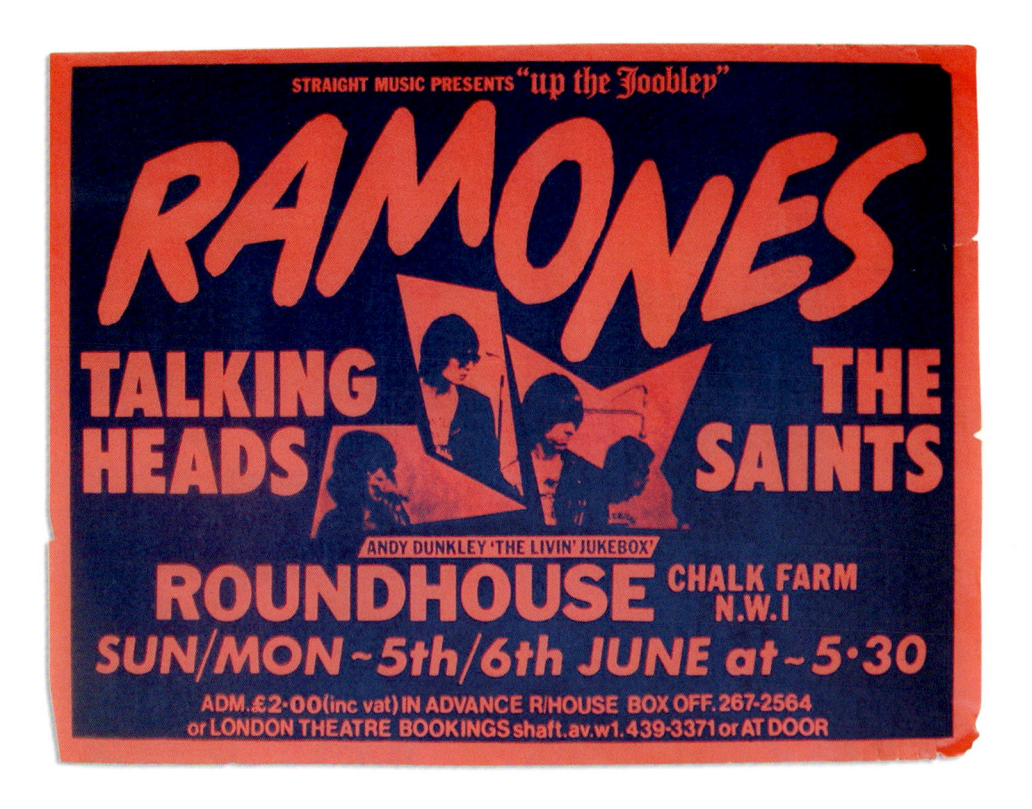

STRAIGHT MUSIC PRESENTS "up the Joobley"

# RAMONES

## TALKING HEADS

## THE SAINTS

ANDY DUNKLEY 'THE LIVIN' JUKEBOX'

## ROUNDHOUSE CHALK FARM N.W.1

## SUN/MON ~ 5th/6th JUNE at ~ 5·30

ADM.£2·00(inc vat) IN ADVANCE R/HOUSE BOX OFF. 267-2564
or LONDON THEATRE BOOKINGS shaft.av.w1.439-3371 or AT DOOR

# RAMONES

gabba gabba hey

PLUS

?

Za. 24 Okt.
**PARADISO**
F.12.50. en lidm.

Voorverkoop : Cisca, Nieuwe Muziekhandel, RAF Platen & Boudisque

FM 100 invites you to join
the
**Punk Premier**
starring
**The Ramones**
with special guest
**Tom Petty**
and the Heartbreakers
and
**Mink Deville**
Thursday August 4 8 pm
Paramount Northwest
Advance Tickets $4.00 at
Everybodys Records, Pennylane Records, Campus
Music, Gob Shoppes and Bon Marche Stores.
U-Charge 682-4800. For info call 623-5722 or 622-6088
presented by the John Bauer Concert Company.

THE **RITZ** PRESENTS

**THURS & FRI SEPT 10 & 11**

T**H**E **RAMONES**

WLIR
Thurs.- MANITOBA'S WILD KINGDOM
Fri. - CRASH CONFERENCE
$12.50 adv.   $13.50 day
**11TH STREET BETWEEN 3RD & 4TH AVENUES**

B.T.O., en accord avec Véronica-Concerts, présente

# PUNK ROCK
## CONCERTS 77 !
### Salle de LA CIGALE, à 21 h. 30

● **Jeudi 28 Avril**
# RAMONES
### + TALKING HEADS

● **Vendredi 29 Avril**
# DAMNED

● 1 seul billet pour les 2 concerts

Location : Le Progrès, Rabat, Bouvier, FNAC, Music-Land, 69 Lyon-Annonces, Syndicat d'Initiative
Part-Dieu, Bout'Disque (nouvelle adresse : 8, rue du Palais-de-Justice, Saint-Jean)
SAINT-ETIENNE : Farandole et La Boutique du Son           GRENOBLE : Teillon et Krock Oreille

**ON TOUR**

# RAMONES

WITH SPECIAL GUESTS
## TALKING HEADS

RAMONES 'LEAVE HOME' LP—OUT NOW! 9103 254

ELECTRIC CIRCUS
MANCHESTER
SUNDAY 22nd MAY 7.30pm
TICKETS FROM VIRGIN RECORDS

marketed by phonogram

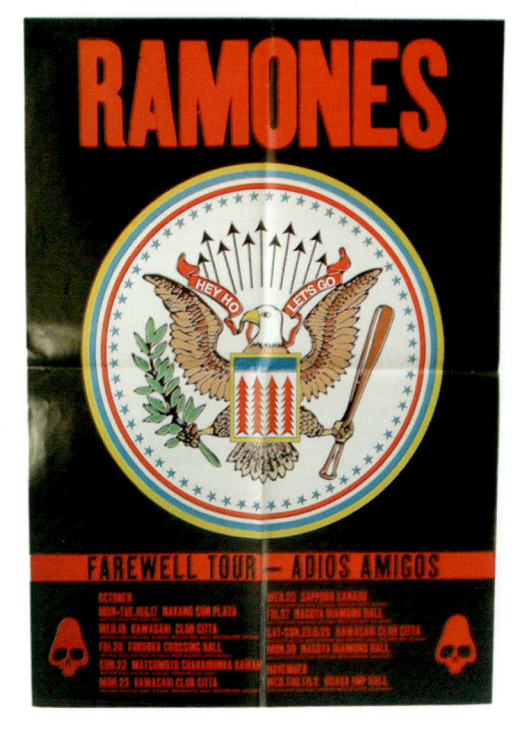

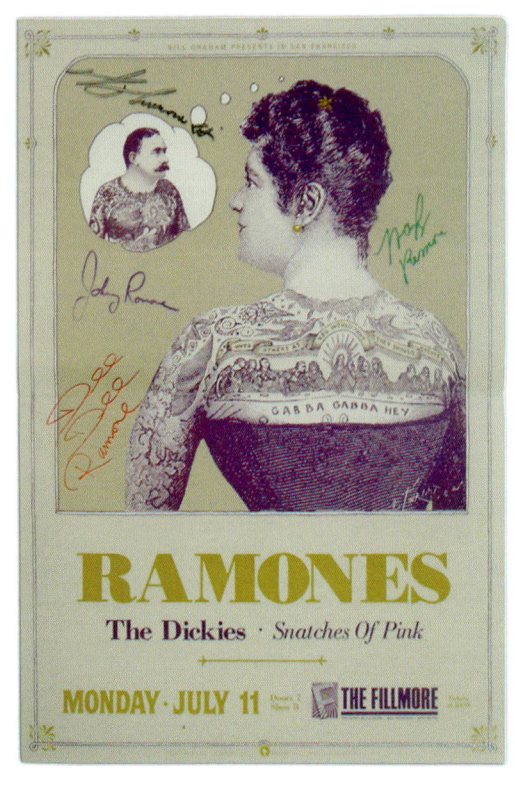

CJ sendo tietado por uma "linda mulher", com o namorado observando ao fundo. Ou, se você preferir, CJ Ramone, Kiefer Sutherland e Julia Roberts (Foto CJ Ward).

14 de set – Roma, Itália
15 de set – Casalmaggiore, Itália
17 de set – Montpellier, França
19 de set – Barcelona, Espanha, com Mike Oldfield
22 de set – Porto, Portugal
23 de set – Lisboa, Portugal
24 de set – Lisboa, Portugal
26 de set – Madri, Espanha (em arena de tourada)
27 de set – San Sebastian, Espanha
29 de set – Lyon, França
30 de set – Paris, França
2 de out – Londres, Inglaterra (Turnê no Reino Unido do Spectres, com o ex-Sex Pistols Glen Matlock)
3 de out – Derby, Inglaterra
4 de out – Manchester, Inglaterra
5 de out – Edimburgo, Escócia
6 de out – Liverpool, Inglaterra
8 de out – Dublin, Irlanda
9 de out – Belfast, Irlanda
11 de out – Birmingham, Inglaterra
12 de out – Canterbury, Inglaterra
26 de out – Cherry Hill, NJ
27 de out – Staten Island, NY
29 de out – Dover, NJ
31 de out – Lido Beach, LI

**1981**
3 de jan – Brooklyn, NY
4 de jan – Rockaway, NY
6 de jan – Boston, MA
7 de jan – Providence, RI
8 de jan – Hartford, CT
13 de fev – Filadélfia, PA
14 de fev – Stoney Brook University, LI
16 de fev – New Paultz, NY
19 e 20 de fev – Bond's em NY
21 de fev – New Brunswick, NJ
27 de fev – Sexton Hall University em South Orange, NJ
28 de fev – Cornell em Ithaca, NY
3 de jul – Hampton Beach, NH
4 de jul – Hampton Beach, NH
5 de jul – Hull, MA
7 de jul – Passaic, NJ
9 de jul – Lido Beach, LI
10 de jul – Palladium em NY, com Stiv Bators
12 de jul – Staten Island, NY

13 de jul – Wildwood, NJ
14 de jul – College Park, MD
15 de jul – Long Island, NY
17 de jul – Palladium em NY
18 de jul – Roselle Park, NJ
25 de jul – Tampa, GL
26, 27 e 28 de jul – Miami, FL
29 de jul – Orlando, FL
31 de jul, 1 de ago – Atlanta, GA
4 de ago – Dallas, TX
5 de ago – Houston, TX
6 de ago – San Antonio, TX
7 de ago – Austin, TX
9 de ago – Denver, TX
12 de ago – Phoenix, AZ, com Kinks
13 de ago – San Diego, CA
14 de ago – Palladium em Los Angeles, CA
15 de ago – Pasadena, CA
18 de ago – San Francisco, CA
19 de ago – Petaluma, CA
20 de ago – Santa Cruz, CA
21 de ago – San Francisco, CA
27 de ago – Islip, LI
29 de ago – The Pier em NY
3 de set – Albany, NY
4 de set – Binghamton, NY
5 de set – Saratoga Springs, NY, com Peter Frampton
9 de set – Mt Vernon, NY
11 de set – Hartford, CT
12 de set – Cherry Hill, NJ
13 de set – New Haven, CT
14 de set – Providence, RI
15 de set – Boston, MA
17 de set – Rochester, NY
18 de set – Toronto, Canadá
19 e 20 de set – Detroit, MI
22 de set – Cleveland, OH
24 de set – Bloomington, IN
25 de set – Chicago, IL
26 de set – Twin Lakes, WI
28 de set – Minneapolis, MN
29 de set – Madison, WI
1 de out – Champaign, IL
2 e 3 de out – Chicago, IL
4 de out – Youngstown, OH
5 de out – Ann Arbor, MI
7 de out – Dayton, OH
8 de out – Columbus, OH
10 de out – Virginia Beach, VA;
Marky perdeu (cancelado)

11 de out – Washington, DC
22 de out – Londres, Inglaterra
24 de out – Amsterdã, Holanda
27 de out – Estocolmo, Suécia
28 de out – Lund, Suécia
29 de out – Copenhagen, Dinamarca
1 de nov – Aachen, Alemanha
2 de nov – Hannover, Alemanha
4 de nov – Munique, Alemanha
6 de nov – Milão, Itália
7 de nov – Bordeaux, França
9 de nov – Barcelona, Espanha
10 de nov – Valência, Espanha
11 e 12 de nov – Madrid, Espanha
13 de nov – La Coruña, Espanha
15 de nov – San Sebastian, Espanha
17 de nov – Paris, França
18 de nov – Bruxelas, Bélgica
19 de nov – Londres, Inglaterra
26 de nov – Trenton, NJ
31 de dez – Lido Beach, LI

## 1982

2 de jan – Hull, MA
3 de jan – New Haven, CT
7 de jan – Passaic, NJ
8 de jan – Pawcatuk, CT
9 de jan – Staten Island, NY
22 de jan – Glen Cove, LI
11 de fev – Boston, MA
12 de fev – Delhi, NY
13 de fev – Manchester, NH
18 de fev – Newark, DE
19 de fev – Fairfield, CT
20 de fev – Providence, RI
21 de fev – Oswego, NY
1 de mar – Baltimore, MD
6 de mar – West Islip, LI
13 de mar – Buffalo, NY
16 de mar – Cleveland, OH
17 de mar – Detroit, MI
25 de mar – Albany, NY
26 de mar – Bear Mountain, NY
27 de mar – Mansfield, PA
3 de abr – Madison, NJ
4 de abr – Framingham, MA
14 de abr – Columbia University, NY
16 de abr – Millersville, PA
17 de abr – Mattawah, NJ, com
David Johansen

18 de abr – Saratoga Springs, NY
21 de abr – Montclair, NJ, com
David Johansen
22 de abr – Salem, MA
23 de abr – MIT em Boston, MA
24 de abr – Brandeis U em Waltham, MA
25 de abr – Glassboro, NJ
27 de abr – Virginia Beach, VA
28 de abr – Columbia, SC
29 de abr – Morgantown, MW
30 de abr – New Rochelle, NY
1 de mai – Hofstra em Hempstead, LI
2 de mai – Newark, NJ, com David Johansen
6 de mai – Fitchburg, MA
7 de mai – Hull, MA
8 de mai – Farmingham, ME
9 de mai – Hampton Beach, NH
14 de mai – Trenton, NJ, com Blue Angel
(Cindi Lauper)
16 de mai – Burlington, VT
18 de mai – Jersey City, NJ, com
Robert Gordon
20 e 21 de mai – Poughkeepsie, NY
22 de mai – Brooklyn, NY
29 de mai – Schenectady, NY, com
David Johansen
30 de mai – Tyngsboro, MA, com David
Johansen e Jim Carroll
2 de jul – Dover, NJ
20 de jul – Roslyn, LI
24 de ago – Brooklyn, NY
25 de ago – Poughkeepsie, NY
27 de ago – Asbury Park, NJ
28 de ago – Hampton Beach, NH
29 de ago – Easthampton, LI
3 de set – San Bernardino, CA; US Festival,
com The Police, Talking Heads e B-52's
1 de out – Providence, RI
3 de out – Washington, DC
4 de out – Virginia Beach, VA
6 de out – New Haven, CT
7 de out – Hartford, CT
15 de nov – Bangor, ME, com Cheap Trick,
promovido por Stephen King
16 de nov – Boston, MA
20 de nov – Mt Vernon, NY
21 de nov – Hofstra em Hempstead, NY, com B-52's
26 e 27 de nov – Islip, LI

**1983**

13 de fev – Utica, NY
17 de fev – Filadélfia, PA
18 de fev – Poughkeepsie, NY
19 de fev – Wellesley, MA
20 de fev – Boston, MA
24 de fev – Middlebury, VT
12 de mar – Southampton, LI
13 de mar – Danbury, CT
14 de mar – Burlington, VT
16 e 17 de mar – Filadélfia, PA
18 e 19 de mar – Brooklyn, NY
23 e 24 de mar – Washington, DC
25 de mar – New Haven, CT
26 de mar – Hartford, CT
30 de mar – Boston, MA
31 de mar – Amherst, MA
8 de abr – Atlanta, GA
9 de abr – Nova Orleans, LA
11 de abr – Beaumont, TX
13 de abr – Dallas, TX
14 de abr – Houston, TX
15 de abr – Austin, TX
16 de abr – San Antonio, TX
19 de abr – Las Cruces, NM
20 de abr – Phoenix, AZ
22 de abr – Palladium em Los Angeles, CA,
com Dickies
23 de abr – Jack Murphy Stadium em San
Diego, CA, com Tom Petty, Stray Cats
e Bow Wow Wow
24 de abr – Pasadena, CA
26 de abr – Goleta, CA
27 de abr – Santa Cruz, CA
28 de abr – Palo Alto, CA
29 de abr – San Francisco, CA
30 de abr – Sacramento, CA
2 de mai – Eugene, OR
3 de mai – Portland, OR
4 e 5 de mai – Seattle, WA
6 de mai – Vancouver, Columbia Britânica
9 de mai – Denver, CO
11 de mai – St Louis, MO
12 de mai – Kansas City, MO
13 de mai – Wichita, KS
15 de mai – Minneapolis, MN
16 de mai – Madison, WI
17 de mai – Milwaukee, WI
19 e 20 de mai – Chicago, IL
21 de mai – Cleveland, OH

22 de mai – Detroit, MI
24 de mai – Indianápolis, IN
26 de mai – Columbus, OH
27 de mai – Wheeling, IL
28 de mai – Northwestern University
em Chicago, IL
29 de mai – University of Chicago, IL
31 de mai – Omaha, NE
1 de jun – Des Moines, IA
2 de jun – Rockford, IL
3 de jun – Wausau, WI
5 de jun – Winnipeg, Canadá
7 de jun – Calgary, Canadá
8 de jun – Edmonton, Canadá
10 de jun – Toronto, Canadá
12 de jun – Ann Arbor, MI
13 de jun – Ottawa, Canadá
14 de jun – Montreal, Canadá
20 de jun – Virginia Beach, VA
22 de jun – Raleigh, NC
23 de jun – Columbia, SC
24 e 25 de jun – Hallandale, FL
26 de jun – St Petersburg, FL
29 e 30 de jun – Washington, DC
9 de jul – Bridgeport, CT
11 de jul – Margate, NJ
13 de jul – Wilkes-Barre, PA
14 de jul – Pittsburgh, PA
16 de jul – The Pier em NY, com Divinyls
22 de jul – Hicksville, OH
24 de jul – Richmond, VA
27 de jul – Buffalo, NY
28 de jul – Roslyn, LI
29 de jul – Filadélfia, PA, com B-52's
30 de jul – Cape Cod, MA, com B-52's
5 de ago – Hampton Bay, LI
6 de ago – Poughkeepsie, NY
12 de ago – Brooklyn, NY
13 de ago – Queens, NY
20 de dez – Cedar Grove, NJ
22 de dez – Poughkeepsie, NY
23 de dez – Hartford, CT
27 de dez – Levittown, LI
29 de dez – Ritz, NY
30 de dez – Providence, RI

**1984**

5 de jan – New Haven, CT
6 de jan – Boston, MA
7 de jan – Queens, NY

12 de jan – Filadélfia, PA
14 de jan – Roslyn, NY
9 de mar – Portland, ME, com Joe Perry
e David Johansen
10 de mar – Providence, RI
16 de mar – Waterbury, CT
17 de mar – Brooklyn, NY
20 de mar – Washington, DC
22 de mar – Manchester, NH
23 de mar – Albany, NY
29 de mar – Hartford, CT
30 de mar – Brockton, MA
6 de abr – Salisbury, MA
26 de abr – Charlottesville, VA
27 de abr – Fordham University
no Bronx, NY
28 de abr – Rochester, NY
29 de abr – Storrs, CT
4 de mai – Ithaca, NY
5 de mai – Cortland, NY, com Cheap Trick
e David Johansen
17 de mai – Garden City, LI
18 de mai – New Haven, CT
19 de mai – Mt. Ivy, NY
31 de mai – Richmond, VA
1 de jun – Norfolk, VA
8 de jun – Ellington, CT
9 de jun – Keene, NH
16 de jun – Queens, NY
28 de jun – Providence, RI
29 de jun – Taunton, MA
30 de jun – Syracuse, NY
1 de jul – Washington, DC
1 de ago – Rochester, NY, com Billy Idol
17 de ago – Hacketstown, NJ
28 de ago – New Haven, CT
30 de ago – Seldon, LI
31 de ago – Hartford, CT
2 de set – Lido Beach, LI
15 de set – Stony Brook, LI
5 de out – Spring Valley, NY
6 de out – Queens, NY
9 de out – Washington, DC
11 de out – North Dartsmouth, MA
12 de out – Providence, RI
13 de out – Manchester, NH
19 de out – Bethany, WV
20 de out – Norfolk, VA
26 de out – Cancelado pela chuva
em Tampa, FL

28 de out – Hallandale, FL
29 de out – West Palm Beach, FL
30 de out – Hallandale, FL
31 de out – Gainesville, FL, com
Beaver Brown
2 e 3 de nov – Atlanta, GA
5 de nov – Destin, FL
7 de nov – Nova Orleans, LA
10 de nov – Houston, TX
11 de nov – Austin, TX
12 de nov – Dallas, TX
14 de nov – Albuquerque, NM
15 de nov – Phoenix, AZ, com Black Flag
17 de nov – Los Angeles, CA, com Black Flag
18 de nov – San Diego, CA, com Black Flag
20 de nov – Los Angeles, CA
21 de nov – Pomona, CA
23 de nov – San Francisco, CA
24 de nov – Palo Alto, CA
27 de nov – Portland, OR
29 de nov – Vancouver, Columbia Britânica
30 de nov – Seattle, WA
1 de dez – Eugene, OR
3 de dez – Sacramento, CA
4 de dez – San Jose, CA
5 de dez – Berkeley, CA
7 de dez – Las Vegas, NV
9 de dez – Los Angeles, CA
12 de dez – St Louis, MO
13 de dez – Milwaukee, WI
14 de dez – Chicago, IL
15 e 16 de dez – Detroit, MI
26 de dez – West Islip, LI
27 e 28 de dez – Ritz, NY
29 de dez – Providence, RI

**1985**
3 de jan – Boston, MA
4 de jan – Hartford, CT
9 de jan – Mt. Vernon, NY
12 de jan – Asbury Park, NJ
25 de jan – Lexington, VA
30 e 31 de jan – Washington, DC
8 de fev – Brooklyn, NY
12 de fev – Bronx, NY
14 de fev – Lowell, MA
15 de fev – Worcester, MA
16 de fev – Manchester, NH
17 de fev – Filadélfia, PA, com Joan Jett
18 de fev – Baltimore, MD

24, 25, 26 e 27 de fev – Londres, Inglaterra
7 de mar – Garden City, LI
8 de mar – Providence, RI
9 de mar – Brooklyn, NY
14 de mar – Athens, OH
15 e 16 de mar – Detroit, MI
18 de mar – Columbus, OH
19 de mar – Cincinnati, OH
20 de mar – Pittsburgh, PA
29 de mar – Buffalo, NY
30 de mar – Syracuse, NY
31 de mar – Hamden, CT
4 de abr – Baltimore, MD
5 de abr – Norfolk, VA
6 de abr – Newark, DE
12 de abr – Durham, NH
13 de abr – Trenton, NJ
27 de abr – Worcester, MA
3 de mai – New Haven, CT
4 de mai – Jamesburg, NJ
5 de mai – Trenton, NJ
7 de mai – Garden City, LI
9 de mai – Rochester, NY
10 de mai – Buffalo, NY
12 de mai – Hartford, CT
20 de mai – Providence, RI
25 de mai – Hartford, CT
27 de mai – Blacksburg, VA
28 de mai – Richmond, VA
30 de mai – Ritz em NY, com Murphy's Law
31 de mai – Ritz em NY
7 de jun – Oyster Bay, LI
8 de jun – Hampton Beach, NH
14 de jun – Scotia, NY
15 de jun – Brooklyn, NY
22 de jun – Milton Keynes, Inglaterra,
com U2 e REM
24 e 25 de jun – Dublin, Irlanda
26 de jun – Belfast, Irlanda
28 de jun – Glasgow, Escócia
30 de jun – Roskilde, Dinamarca
2 de jul – Berlim, Alemanha
3 de jul – Hamburgo, Alemanha
4 de jul – Bochum, Alemanha
6 de jul – Tourhout, Bélgica
7 de jul – Werchter, Bélgica, com U2,
Depeche Mode e REM
9 de ago – Worcester, MA
10 de ago – Middletown, NY
11 de ago – Hampton Bay, LI

12 de ago – New Haven, CT
21 de ago – Boston, MA
22 de ago – Branford, CT
24 de ago – Norfolk, VA
25 e 26 de ago – Washington, DC
27 de ago – Ocean City, MD
1 de set – Lido Beach, LI
20 de set – Hartford, CT
21 de set – Albany, NY
5 de out – Asbury Park, NJ
11 de out – Spring Valley, NY
12 de out – Providence, RI
13 de out – East Meadow, LI
26 de out – College Park, MD
1º de nov – Amherst, MA
22 de nov – Commack, LI
23 de nov – Lewiston, PA
27 de nov – Trenton, NJ
29 de nov – Brooklyn, NY
7 de dez – Plattsburg, NY
31 de dez – The World, em NY

**1986**
11 de abr – Fredonia, NY
12 de abr – Rochester, NY
14 de abr – Filadélfia, PA
19 de abr – Burlington, VT
20 de abr – Durham, NH
25 de abr – Randolph, NJ
26 de abr – New Brunswick, NJ
4, 5 e 6 de mai – Londres, Inglaterra
7 de mai – Brighton, Inglaterra
8 de mai – Poole, Inglaterra
9 de mai – St Austell, Inglaterra
11 de mai – Bristol, Inglaterra
12 de mai – Birmingham, Inglaterra
13 de mai – Preston, Inglaterra
14 de mai – Edimburgo, Escócia
15 de mai – Newcastle, Inglaterra
17 de mai – Leeds, Inglaterra
18 de mai – Manchester, Inglaterra
19 de mai – Nottingham, Inglaterra
20 de jun – Albany, NY
21 de jun – Hartford, CT
22 de jun – Hampton Beach, NH
24 de jun – New Haven, CT
25 de jun – Providence, RI
27 de jun – Brooklyn, NY
28 de jun – Filadélfia, PA
29 de jun – Baltimore, MD

30 de jun – Norfolk, VA, com Smithereens
1 e 2 de jul – Washington, DC,
com Smithereens
8 de jul – Oyster Bay, LI
11 de jul – Trenton, NJ
12 de jul – Asbury Park, NJ
17 de jul – Pittsburgh, PA
19 e 20 de jul – Detroit, MI
21 de jul – Cleveland, OH
22 de jul – Columbus, OH
24 de jul – Newport, KY
25 e 26 de jul – Chicago, IL
27 de jul – Minneapolis, MN
2 de ago – Veurne, Bélgica, com PiL
3 de ago – Sneek, Holanda
4 e 5 de ago – Amsterdã, Holanda
31 de ago – Lido Beach, LI
11 de set – San Diego, CA
13 de set – Los Angeles, CA, com Social
Distortion
14 de set – Sacramento, CA
15 e 16 de set – San Francisco, CA
17 de set – Santa Clara, CA
19 de set – Long Beach, CA
21 de set – Los Angeles, CA
22 de set – Riverside, CA
23 de set – San Diego, CA
24 de set – The Whisky em Los Angeles, CA
10 de out – Trenton, NJ
11 de out – Brooklyn, NY
16 de out – Northampton, MA
17 de out – Hartford, CT
18 de out – Providence, RI
24 de out – Washington, DC
25 de out – Filadélfia, PA
31 de out – Roslyn, LI
1 de nov – Bridgeport, CT
3 de nov – Boston, MA
6 e 7 de nov – Ritz em NY
15 de nov – Kent, OH
16 de nov – Buffalo, NY
18 de nov – Montclair, NJ
21 de nov – Sayreville, NJ
22 de nov – Medford, MA
4 de dez – Waltham, MA
5 de dez – Rochester, NY
6 de dez – Alfred, NY
19 de dez – Queens, NY
20 de dez – Bayshore, NY
31 de dez – Roslyn, LI

**1987**
3 de jan – Trenton, NJ
4 de jan – Washington, DC
23 de jan – Providence, RI
24 de jan – Poughkeepsie, NY
31 de jan, 1 de fev – São Paulo, Brasil
4 de fev – Buenos Aires, Argentina
20 de fev – Pittsburgh, PA
21 de fev – Allentown, PA
26 de fev – Wayne, NJ
27 de fev – Asbury Park, NJ
28 de fev – Filadélfia, PA
20 de mar – Dallas, TX
21 de mar – Austin, TX
22 de mar – Houston, TX
23 de mar – New Orleans, LA
25 de mar – Atlanta, GA
26 de mar – Tallahassee, FL
27 de mar – Tampa, FL
28 de mar – Coco Beach, FL
29 de mar – Miami Beach, FL
22 de abr – Garden City, LI
23 de abr – Staten Island, NY
25 de abr – Hartford, CT
26 de abr – New Haven, CT
30 de abr – Williamstown, MA
1 de mai – Brunswick, ME
2 de mai – Albany, NY, com Joan Jett
3 de mai – Hadley, MA
8 de mai – Randolph, NJ
9 de mai – Brooklyn, NY
15 de mai – Providence, RI
16 de mai – Bayshore, LI
29 de mai – Darien Lake, NY
30 de mai – Poughkeepsie, NY
18 de jun – Harrisburg, PA
19 de jun – Ocean City, MD
20 de jun – Filadélfia, PA
26 de jun – Oyster Bay, LI
27 de jun – Flushing Meadows-Corona Park
em Flushing, NY
28, 29 e 30 de jun – Washington, DC
1º de jul – Norfolk, VA
21, 22 e 23 de jul – Toronto, Canadá
24 de jul – Ottawa, Canadá
12 de ago – Easthampton, NY;
Richie sai da banda
28 de ago – Providence, RI, com Clem Burke
na bateria
29 de ago – Trenton, NJ, com Clem Burke

4 de set – Oyster Bay, LI – Marky de volta
5 de set – Washington, DC
6 de set – Commack, NY
10 e 11 de set – Ritz em NY
16 de set – San Diego, CA
18 de set – Los Angeles, CA
19 de set – Fresno, CA
21 e 22 de set – San Francisco, CA
23 de set – Santa Clara, CA
25 de set – Long Beach, CA
26 de set – Northridge, CA, com Dickies
27 de set – Los Angeles, CA
5 de out – Copenhagen, Dinamarca
6 de out – Hamburgo, Alemanha
7 de out – Amsterdã, Holanda
8 de out – Dusseldorf, Alemanha
9 de out – Munique, Alemanha
11 de out – Milão, Itália
12 de out – Zurique, Suíça
13 de out – Paris, França
15 de out – Sheffield, Inglaterra
16 de out – Newcastle, Inglaterra
17 de out – Leeds, Inglaterra
18 de out – Glasgow, Escócia
20 de out – Nottingham, Inglaterra
21 de out – Norwich, Inglaterra
22 de out – Manchester, Inglaterra
23 de out – Liverpool, Inglaterra
24 de out – Cardiff, País de Gales
25 de out – Birmingham, Inglaterra
26 de out – Londres, Inglaterra
31 de out – Alexandria, VA
12 de nov – Wilmington, NC
13 de nov – Greenville, NC
14 de nov – Charlotte, NC
15 de nov – Charlottesville, VA
18 de nov – Boston, MA
19 de nov – Providence, RI
20 de nov – Allentown, PA
21 de nov – Brooklyn, NY
22 de nov – Glassboro, NJ
27 de nov – Bayshore, LI
3 de nov – New Haven, CT
4 de nov – Randolph, NJ
5 de nov – Poughkeepsie, NY
9 de nov – Baltimore, MD
10 e 11 de nov – Washington, DC
12 de nov – Oyster Bay, LI
13 de nov – Filadélfia, PA
31 de nov – Bayshore, LI

**1988**
1 de jan – Trenton, NJ
2 de jan – Ritz em NY
28 de jan – Dallas, TX
29 e 30 de jan – Austin, TX
31 de jan – Houston, TX
1 de fev – New Orleans, LA
3 de fev – Atlanta, GA
4 de fev – Tallahassee, FL
5 de fev – Jacksonville, FL
6 de fev – St Petersburg, FL
7 de fev – Miami, FL
19 e 20 de fev – Aguadilla, Porto Rico
11 de mar – Sayreville, NJ
12 de mar – Queens Village, NY
13 de mar – Hempstead, NY
18 de mar – Oswego, NY
19 de mar – Rochester, NY
24 de mar – Staten Island, NY
26 de mar – Allentown, PA
22 de abr – Trenton, NJ
23 de abr – Filadélfia, PA
27 de abr – Providence, RI
29 de abr – Commack, NY
30 de abr – Oswego, NY
3, 4 e 5 de mai – Toronto, Canadá
6 de mai – Buffalo, NY, com
Grandmaster Flash
7 de mai – Rochester, NY
19 de mai – Brewster, NY
20 de mai – New Rochelle, NY
21 de mai – Filadélfia, PA
2 de jun – Estocolmo, Suécia
3 de jun – Lund, Suécia
4 de jun – Seinajoki, Finlândia
6 de jun – Paris, França
7 de jun – Tilburg, Holanda
8 e 9 de jun – Amsterdã, Holanda
10 de jun – Groningen, Holanda
11 de jun – Guttingen, Alemanha, com Stranglers
e Godfathers
12 de jun – Berlim, Alemanha, com Stranglers e
Godfathers
13 de jun – Dusseldorf, Alemanha, com
Stranglers e Godfathers
15 de jun – Londres, Inglaterra
1 de jul – Brooklyn, NY
2 de jul – Poughkeepsie, NY
7 de jul – San Diego, CA
8 de jul – Los Angeles, CA, com Dickies

10 e 11 de jul – Fillmore em San Francisco, CA
12 e 13 de jul – Santa Clara, CA
15 de jul – Anaheim, CA
16 de jul – Los Angeles, CA
17 de jul – Santa Barbara, CA
18 de jul – Roxy em Los Angeles, CA
2 de ago – New Haven, CT
3 de ago – Easthampton, NY
4 de ago – Brewster, NY
5 de ago – Trenton, NJ
12 de ago – Commack, NY
13 de ago – Filadélfia, PA
14 de ago – Baltimore, MD
15 e 16 de ago – Washington, DC
19 e 20 de ago – Ritz em NY, com Dickies
26 de ago – Reading Festival em Reading,
Inglaterra, com Iggy Pop e Smithereens
27 de ago – Hechtel, Bélgica
13 de set – Sayreville, NJ
14 de set – Boston, MA
15 de set – Providence, RI
21 de set – Pittsburgh, PA
22 de set – Kent, OH
23 de set – Chicago, IL, com
Iggy Pop e Dickies
24 de set – Detroit, MI
26 de set – Cincinnati, OH
27 de set – Columbus, OH
28 de set – Indianapolis, IN
29 de set – St Louis, MO
1 de out – Cleveland, OH
6 de out – Staten Island, NY
7 de out – Poughkeepsie, NY
8 de out – Rochester, NY
9 de out – Albany, NY
13 de out – Island Park, NY
14 e 15 de out – Trenton, NJ
24 e 25 de out – Tóquio, Japão
26 de out – Fish Dancehall em Kobe, Japão
27 de out – Osaka, Japão
28 de out – Tóquio, Japão
11 de nov – Dallas, TX
12 e 13 de nov – Austin, TX
14 de nov – College Station, TX
15 de nov – Houston, TX
16 de nov – New Orleans, LA
18 de nov – St Petersburg, FL
19 de nov – Miami Beach, FL
20 de nov – Orlando, FL
22 de nov – Atlanta, GA

1 de dez – Bronx, NY
2 de dez – Baltimore, MD
10 de dez – Durham, NH
11 de dez – New Haven, CT
30 de dez – Providence, RI
31 de dez – Irving Plaza em NY

**1989**
16 e 17 de jan – Washington, DC
19 de jan – Nashville, TN
20 de jan – Lexington, KY
21 de jan – Louisville, KY
23 de jan – Columbia, SC
24 de jan – Charlotte, NC
25 de jan – Norfolk, VA
27 e 28 de jan – Ritz em NY
7 de fev – Madrid, Espanha
8 de fev – Barcelona, Espanha
9 e 10 de fev – Valência, Espanha
11 e 12 de fev – San Sebastian, Espanha
24 de fev – Poughkeepsie, NY
25 de fev – Filadélfia, PA
24 de mar – Canton, NY
25 de mar – Albany, NY
31 de mar – Queens Village, NY
1 de abr – Baltimore, MD
6 de abr – New Haven, CT
7 de abr – Lancaster, PA
15 de abr – Stoney Brook, NY
2 de mai – Monfalcone, Itália
3 de mai – Milão, Itália
4 de mai – Florença, Itália
6 de mai – Vicenza, Itália
7 de mai – Rimini, Itália
8 de mai – Modena, Itália
9 de mai – Roma, Itália
10 de mai – Perugia, Itália
12, 13, 14 e 15 de mai – Atenas, Grécia
26 de mai – Boston, MA
27 de mai – Providence, RI
2 de jun – Los Angeles, CA
3 de jun – Long Beach, CA
4 de jun – Reseda, CA
17 de jun – San Francisco, CA
18 de jun – Petaluma, CA
19 de jun – Santa Clara, CA
20 de jun – Santa Barbara, CA
22 de jun – San Diego, CA
23 de jun – Tijuana, México
24 de jun – San Pedro, CA

25 de jun – Reseda, CA
27 de jun – Portland, OR
28 de jun – Vancouver, Columbia Britânica
29 de jun – Seattle, WA
1 e 2 de jul – Fillmore em San Francisco, CA
3 de jul – Santa Cruz, CA
4 e 5 de jul – Santa Clara, CA; último show
do Dee Dee
30 de set – Leicester, Inglaterra, com CJ
1 de out – Liverpool, Inglaterra
2 de out – Glasgow, Escócia
3 de out – Newcastle, Inglaterra
4 de out – Manchester, Inglaterra
6 de out – Leeds, Inglaterra
7 de out – Birmingham, Inglaterra
8 de out – Bristol, Inglaterra
9, 10 e 11 de out – Londres, Inglaterra
31 de out, 1 de nov – Auckland,
Nova Zelândia
3, 4 e 5 de nov – Melbourne, Austrália
6 de nov – Perth, Austrália
7 de nov – Adelaide, Austrália
9, 10 e 11 de nov – Sydney, Austrália
12 de nov – Brisbane, Austrália
22 de nov – Offenbach, Alemanha
23 de nov – Bonn, Alemanha
24 de nov – Oberhausen, Alemanha
25 de nov – Hamburgo, Alemanha
27 de nov – Berlim, Alemanha
28 de nov – Bielefeld, Alemanha
29 de nov – Neumarkt, Alemanha
30 de nov – Boblingen, Alemanha
1 de dez – Deinze, Bélgica
2 de dez – Utrecht, Holanda
3 de dez – Rotterdam, Holanda
4 de dez – Amsterdam, Holanda
12 de dez – New Haven, CT
13 de dez – Poughkeepsie, NY
14 de dez – Filadélfia, PA
15 e 16 de dez – The Ritz em NY

**1990**
23 de fev – Trenton, NJ
24 de fev – Sag Harbor, LI
25 de fev – Albany, NY
1 de mar – Charlottesville, VA
2 de mar – Fredericksburg, VA
3 de mar – St Mary's, MD
4 de mar – Reading, PA
8 e 9 de mar – Boston, MA

10 de mar – Providence, RI
22 de mar – Copenhagen, Dinamarca
23 de mar – Tampere, Finlândia
24 de mar – Turku, Finlândia
25 de mar – Helsinki, Finlândia
27 de mar – Estocolmo, Suécia
28 de mar – Gothenburg, Suécia
29 de mar – Lund, Suécia
30 de mar – Karlskoga, Suécia
31 de mar – Hultsfred, Suécia
1 de abr – Oslo, Noruega
18 de abr – Norman, OK
19 de abr – Dallas, TX
20 e 21 de abr – Austin, TX
23 de abr – Nova Orleans, LA
24 de abr – Birmingham, AL
26 de abr – Miami Beach, FL
27 de abr – Melbourne, FL
28 de abr – Tampa, FL
29 de abr – Orlando, FL
1 de mai – Atlanta, GA
2 de mai – Nashville, TN
4 de mai – Winston-Salem, NC
5 de mai – Wilmington, NC
6 de mai – Raleigh, NC
8 de mai – Columbia, SC
9 de mai – Charlotte, NC
11 de mai – Baltimore, MD
12 de mai – Norfolk, VA
13 de mai – Richmond, VA
14 e 15 de mai – Washington, DC
23 de jun – Bizarre Festival em
Loreley, Alemanha
28 de jun – Columbia, MD; começa a *tour* Escape
From NY, que durou sete semanas – c/ Tom Tom
Club e Debbie Harry
29 de jun – Bristol, CT
1 de jul – Milwaukee, WI
2 de jul – Detroit, MI
3 de jul – Toronto, Canadá
4 de jul – Montreal, Canadá
6 de jul – Boston, MA
7 de jul – Portland, ME
8 de jul – Burlington, VT
9 de jul – Filadélfia, PA
11 de jul – Jones Beach, LI
12 de jul – Garden Arts em Holmdel, NJ
13 de jul – Darien, NY
14 de jul – Cleveland, OH
16 de jul – Columbus, OH

17 de jul – Chicago, IL
18 de jul – Cincinnati, OH
19 de jul – Atlanta, GA
22 de jul – St Louis, MO
23 de jul – Memphis, TN
24 de jul – Kansas City, MO
25 de jul – Tulsa, OK
26 de jul – Dallas, TX
27 de jul – Houston, TX
28 de jul – Austin, TX
30 de jul – Santa Fe, NM
31 de jul – Denver, CO
1 de ago – Salt Lake City, ID
2 de ago – Irvine, CA
4 de ago – San Diego, CA
5 de ago – Las Vegas, NV
6 de ago – Mesa, AZ
8 e 9 de ago – Los Angeles, CA
10 de ago – Ventura, CA
11 de ago – Berkeley, CA
12 de ago – San Francisco, CA
14 de ago – Portland, OR
15 de ago – Seattle, WA
16 de ago – Victoria, Canadá
17 de ago – Vancouver, Columbia Britânica
3 de set – Osaka, Japão
4 de set – Nagoya, Japão
5 e 6 de set – Kawasaki, Japão
8 e 9 de set – Nagoya, Japão
10 e 11 de set – Osaka, Japão
13, 14, 15 e 16 de set – Kawasaki, Japão
4 de out – Filadélfia, PA
5 de out – Baltimore, MD
6 de out – The Ritz em NY
7 de out – Trenton, NJ
13 de nov – Paris, França
14 de nov – Munique, Alemanha
15 de nov – Volkingen, Alemanha
16 de nov – Bremen, Alemanha
17 de nov – Gent, Bélgica
19 de nov – Lyon, França
20 de nov – Zurique, Suíça
21 de nov – Viena, Áustria
22 de nov – Graz, Áustria
24 de nov – Zagreb, Iugoslávia
25 de nov – Ljubljana, Iugoslávia
26 de nov – Milão, Itália
27 de nov – Rimini, Itália
29 de nov – Zaragoza, Espanha
30 de nov – Madrid, Espanha

1 de dez – Barcelona, Espanha
2 de dez – San Sebastian, Espanha
4 de dez – Valência, Espanha
5 de dez – Murcia, Espanha
7 de dez – Manchester, Inglaterra
8 de dez – Londres, Inglaterra
27 de dez – Providence, RI
28 de dez – Boston, MA
29 de dez – The Ritz em NY
30 de dez – New Haven, CT

**1991**
22 de jan – Gold Coast, Austrália
23 de jan – Byron Bay, Austrália
25 de jan – Brisbane, Austrália
26 de jan – Sydney, Austrália
27 de jan – Wollongong, Austrália
29 de jan – Sydney, Austrália
31 de jan – Adelaide, Austrália
1 de fev – Melbourne, Austrália
2 de fev – Perth, Austrália
5, 6 e 7 de fev – Tóquio, Japão
6 e 7 de mar – Madrid, Espanha
8 de mar – Valladolid, Espanha
9 de mar – Vigo, Espanha
11 e 12 de mar – Barcelona, Espanha
13 de mar – Valência, Espanha
15 de mar – Pamplona, Espanha
16 de mar – Mondragon, Espanha
17 de mar – Bilbao, Espanha
18 de mar – Melgar, Espanha
4 de abr – New Haven, CT
5 de abr – Filadélfia, PA
6 de abr – Baltimore, MD
12 de abr – Allentown, PA
13 de abr – Columbus, OH
14 de abr – Detroit, MI
15 de abr – Cincinnati, OH
16 de abr – Pittsburgh, PA
26, 27 e 28 de abr – Buenos Aires, Argentina
30 de abr, 1 e 2 de mai – São Paulo, Brasil
4 de mai – Porto Alegre, Brasil
28 de mai – New Haven, CT
29 de mai – Trenton, CT
30 de mai – New Britain, CT
31 de mai – Spring Valley, NY
1 de jun – Asbury Park, NJ
7 de jun – Tampa, FL
8 de jun – Miami, FL
9 de jun – Orlando, FL

11 de jun – Atlanta, GA
12 de jun – Charlotte, NC
14 de jun – Raleigh, NC
15 de jun – Winston-Salem, NC
16 de jun – Greenville, NC
18 de jun – Athens, GA
19 de jun – Knoxville, TN
21 de jun – Norfolk, VA
22 de jun – Richmond, VA
23 de jun – Washington, DC
6 de jul – La Spezia, Itália
8 de jul – Torino, Itália
10 de jul – Leysin Rock Festival, Suíça, com
Jethro Tull e INXS
6 de ago – Toronto, Canadá
8 de ago – Kitchener, Canadá
9 de ago – Toronto, Canadá
10 de ago – Bala, Canadá
11 de ago – Londres, Canadá
13 de ago – Montreal, Canadá
14 de ago – Ottawa, Canadá
15 de ago – St Catherine's, Montreal, Canadá
16 de ago – Hamilton, Canadá
24 de ago – Berlim, Alemanha, com Iggy Pop
25 de ago – Hasselt, Bélgica
27 de ago – Helsinki, Finlândia, com Iggy Pop
28 de ago – Festival em Estocolmo, Suécia,
com Iggy Pop
4 de out – Trenton, NJ
5 de out – Filadélfia, PA
6 de out – Middletown, NY
7 de out – Northampton, MA
11 de out – Warwick, RI
14 de out – Cleveland, OH
15 de out – Columbus, OH
16 de out – Pittsburgh, PA
18 de out – Baltimore, MD
19 de out – Washington, DC
24 de out – Boston, MA
25 de out – New Britain, CT
26 de out – Sea Bright, NJ
25 de nov – Utrecht, Holanda
27 de nov – Hamburgo, Alemanha
28 de nov – Dusseldorf, Alemanha
29 de nov – Deinze, Bélgica
30 de nov – Rennes, França
2 de dez – Birmingham, Inglaterra
3 de dez – Newcastle, Inglaterra
4 de dez – Glasgow, Escócia
5 de dez – Manchester, Inglaterra

7 e 8 de dez – Londres, Inglaterra
27 de dez – New Haven, CT
28 de dez – Baltimore, MD
29 de dez – The Ritz em NY

**1992**
14 de mar – Fontanafredda, Itália
15 de mar – Florença, Itália
16 de mar – Milão, Itália
17 de mar – Correggio, Itália
19, 20 e 21 de mar – Athens, GA
9 de abr – New Haven, CT
10 de abr – Columbia University em NY
11 de abr – Sea Bright, NJ
12 de abr – Trenton, NJ
23 de abr – Baltimore, MD
24 de abr – Norfolk, VA
25 de abr – Washington, DC
26 de abr – Allentown, PA
3 de mai – Bourges, França
4 de mai – Lyon, França
5 e 6 de mai – Paris, França
7 de mai – Mulhouse, França
9 de mai – Pau, França
10 de mai – Niort, França
4 de jun – Kitchener, Canadá
5 de jun – Oshawa, Canadá
6 de jun – Hamilton, Canadá
7 de jun – Londres, Canadá
9 e 10 de jun – Toronto, Canadá
12 de jun – Quebec City, Canadá
13 de jun – Ottawa, Canadá
14 de jun – Montreal, Canadá
19 de jun – Hummijkrvi, Finlândia
27 de jun – Bizarre Festival
em Alsdorf, Alemanha
13 de set – Santiago, Chile
16, 17, 18 e 19 de set – Buenos Aires, Argentina
22 de set – São Paulo, Brasil
23 de set – Rio de Janeiro, Brasil
26 e 27 de set – Cidade do México, México
7 de out – Seattle, WA
8 de out – Portland, OR
10 de out – Berkeley, CA
11 de out – Davis, CA
12 de out – Santa Barbara, CA
14, 15 e 16 de out – Los Angeles, CA
17 de out – San Diego, CA
18 de out – Phoenix, AZ
19 de out – Albuquerque, NM

21 de out – Dallas, TX
22 de out – Austin, TX
23 de out – Houston, TX
24 de out – Nova Orleans, LA
26 de out – Atlanta, GA
28 de out – Detroit, MI
29 de out – Columbus, OH
30 de out – Milwaukee, WI
31 de out – Chicago, IL
2 de nov – Cleveland, OH
3 de nov – Cincinnati, OH
4 de nov – Big Rapids, MI
5 de nov – Buffalo, NY
6 de nov – Pittsburgh, PA
7 de nov – Baltimore, MD
8 de nov – Providence, RI
10 e 11 de nov – NY
11 de nov – Washington, DC
13 de nov – Boston, MA
14, 15 e 16 de nov – The Ritz em NY
26 de nov – Munique, Alemanha
27 de nov – Stuttgart, Alemanha
29 de nov – Leipzig, Alemanha
1 de dez – Erlangen, Alemanha
2 de dez – Offenbach, Alemanha
3 de dez – Freiburg, Alemanha
5 de dez – Colônia, Alemanha
6 de dez – Hannover, Alemanha
7 de dez – Berlim, Alemanha
8 de dez – Hamburgo, Alemanha
10 de dez – Groningen, Holanda
11 de dez – Rotterdam, Holanda
13 de dez – Bristol, Inglaterra
14 de dez – Birmingham, Inglaterra
15 de dez – Nottingham, Inglaterra
17 de dez – Glasgow, Escócia
18 de dez – Manchester, Inglaterra
19 de dez – Leeds, Inglaterra
20 de dez – Londres, Inglaterra

**1993**
9 de jan – Tóquio, Japão
10 de jan – Kawasaki, Japão
11 e 12 de jan – Tóquio, Japão
14 e 15 de jan – Nagoya, Japão
17 e 18 de jan – Osaka, Japão
21 e 22 de fev – Paris, França
23 de fev – Cabourg, França
24 de fev – Dijon, França
26 de fev – Grenoble, França

27 de fev – Toulouse, França
28 de fev – Bordeaux, França
2 de mar – Palma, Espanha
3 de mar – Murcia, Espanha
5 de mar – Las Palmas, Espanha
6 de mar – Solsona, Espanha
8 e 9 de mar – Madrid, Espanha
9 de mar – Oviedo, Espanha
10 de mar – Melgar, Espanha
11 de mar – La Coruña, Espanha
15 e 16 de mar – Barcelona, Espanha
18 de mar – Gerona, Espanha
19 de mar – Zaragoza, Espanha
20 de mar – San Sebastian, Espanha
15 de abr – Danbury, CT
16 de abr – Poughkeepsie, NY
17 de abr – Trenton, NJ
22 de abr – Providence, RI
23 de abr – New Haven, CT
24 de abr – Syracuse, NY
28 de abr – Allentown, PA
29 de abr – Baltimore, MD
30 de abr – College Park, MD
1 de mai – Oswego, NY
5, 6 e 7 de mai – Atenas, Grécia
9 de mai – Florença, Itália
10 de mai – Pordenone, Itália
11 de mai – Turim, Itália
13 de mai – Gualtieri, Itália
14 de mai – Roma, Itália
15 de mai – Macerata, Itália
16 de mai – Milão, Itália
18 de mai – Palma, Espanha
19 de mai – Oviedo, Espanha
22 de mai – Madrid, Espanha
25, 26, 27, 28 e 29 de jun – Buenos Aires, Argentina
2 e 3 de jul – Cidade do México, México
22 de jul – Providence, RI
23 de jul – West Hampton, NY
24 de jul – New York City
26 de jul – Montreal, Canadá
27 de jul – Toronto, Canadá
28 de jul – Kitchener, Canadá
30 de jul – Calgary, Canadá
12 de ago – Oslo, Noruega
13 de ago – Hultsfred, Suécia
14 de ago – Dessel, Bélgica
15 de ago – Waldbuehne, Alemanha
27 de ago – Detroit, MI

22 de set – Danbury, CT
23 de set – Sea Breeze, NJ
24 de set – New Haven, CT
25 de set – Poughkeepsie, NY
1 de out – New Britain, CT
2 de out – Keene, NH
3 de out – Trenton, NJ
5 de nov – Richmond, VA
6 de nov – Wilmington, DE
8 de nov – Charlottesville, VA
9 de nov – Morgantown, WV
11 de nov – Winston Salem, NC
12 de nov – Myrtle Beach, SC
13 de nov – Norfolk, VA
14 de nov – Charlotte, NC
16 de nov – Greenville, NC
17 de nov – Charleston, SC
19 de nov – Baltimore, MD
20 de nov – Trenton, NJ
4 de dez – Kassel, Alemanha
6 de dez – Stuttgart, Alemanha
7 de dez – Berlim, Alemanha
8 de dez – Frankfurt, Alemanha
10 de dez – Munique, Alemanha
11 de dez – Saarbrucken, Alemanha
12 de dez – Hannover, Alemanha
13 de dez – Bremen, Alemanha
14 de dez – Hamburgo, Alemanha
16 de dez – Essen, Alemanha
17 de dez – Halle, Alemanha
18 de dez – Trier, Alemanha

**1994**
21 de jan – Gold Coast, Austrália
23 de jan – Melbourne, Austrália
25 de jan – Hobart, Austrália
26 de jan – Sydney, Austrália
28 de jan – Adelaide, Austrália
30 de jan – Perth, Austrália
2 e 3 de fev – Tóquio, Japão
5 de fev – Fukuoka, Japão
6 de fev – Osaka, Japão
7 de fev – Nagoya, Japão
9, 10 e 11 de fev – Tóquio, Japão
8 de mar – San Francisco, CA
9 de mar – Fresno, CA
10 de mar – Los Angeles, CA
11 de mar – San Diego, CA
12 de mar – Irvine, CA
14 de mar – Honolulu, HI

16 de mar – Phoenix, AZ
18 de mar – Boulder, CO
20 de mar – Dallas, TX
21 de mar – Houston, TX
23 de mar – St Louis, MO
25 de mar – Chicago, IL
26 de mar – Detroit, MI
27 de mar – Columbus, OH
28 de mar – Cleveland, OH
30 de mar – Providence, RI
31 de mar – NY
1º de abr – NY
2 de abr – Filadélfia, PA
3 de abr – Asbury Park, NJ
5 de abr – New Haven, CT
6 de abr – Washington, DC
8 de abr – Atlanta, GA
9 de abr – Birmingham, AL
11 de abr – Ft Lauderdale, FL
12 de abr – Orlando, FL
10, 11 e 12 de mai – São Paulo, Brasil
14 de mai – Buenos Aires, Argentina
16 de mai – Santiago, Chile
18 e 19 de mai – Buenos Aires, Argentina
11 de jun – Rumapemuda, Holanda
12 de jun – Brussels, Bélgica
13 e 14 de jun – Paris, França
23 e 24 de jun – Helsinki, Finlândia
25 de jun – Dinamarca
5 de ago – Toronto, Canadá
6 de ago – Bridgenorth, Canadá
7 de ago – St Catharines, Canadá
9 de ago – Ottawa, Canadá
10 de ago – Montreal, Canadá
12 de ago – Kitchener, Canadá
13 de ago – Bala, Canadá
15 de ago – Buffalo, NY
16 de ago – Rochester, NY
17 de ago – Allentown, PA
19 de ago – Hampton Beach, NY
20 de ago – New Britain, CT
21 de set – Oviedo, Espanha
23 de set – Glasgow, Escócia
24 de set – Newcastle, Inglaterra
25 de set – Londres, Inglaterra
26 de set – Nottingham, Inglaterra
28 de set – Geneva, Suíça
29 de set – Milão, Itália
30 de set – Cagliari, Itália
1 de out – Rimini, Itália

3 de out – Correggio, Itália
4 de out – Roma, Itália
6, 7 e 8 de out – Atenas, Grécia
10 de out – Ljubljana, Eslovênia
11 de out – Zagreb, Croácia
12 de out – Linz, Áustria
13 de out – Praga, República Checa
15 de out – Arendonic, Bélgica
16 de out – Rotterdam, Holanda
5 de nov – Rio de Janeiro, Brasil
6 de nov – Belo Horizonte, Brasil
9 de nov – Porto Alegre, Brasil
10 de nov – Florianópolis, Brasil
12 de nov – Curitiba, Brasil
14 de nov – Montevidéu, Uruguai
16 de nov – Rosário, Argentina
17 de nov – Mar Del Plata, Argentina
19 de nov – Bahía Blanca, Argentina

**1995**
7 de abr – New Haven, CT
8 de abr – Port Chester, NY
9 de abr – Garden City, NJ
10 de abr – Poughkeepsie, NY
12 de abr – Lancaster, PA
13 de abr – Allentown, PA
14 de abr – Martinsburg, WV
15 de abr – Milton, PA
18 de abr – Jacksonville, FL
19 de abr – St Petersburg, FL
20 de abr – Ft Lauderdale, FL
21 de abr – Orlando, FL
23 de abr – Panama City, FL
25 de abr – Charleston, SC
26 de abr – Myrtle Beach, SC
28 de abr – Winston Salem, NC
29 de abr – Charlotte, NC
30 de abr – Farmville, VA
1 de mai – Raleigh, NC
3 de mai – Newark, DE
4 de mai – Richmond, VA
5 de mai – Baltimore, MD
6 de mai – Norfolk, VA
11 de mai – Los Angeles, CA
20 de mai – Cleveland, OH
24 de mai – Clarkston, MI
25 de mai – Indianápolis, IN
27 de mai – Madison, WI
28 de mai – Somerset, WI
29 de mai – Milwaukee, WI

3 de jun – Washington, DC
17 de jun – Irvine, CA
24 de jun – Skelleftea, Suécia
25 de jun – Oslo, Noruega
27 e 28 de jun – Londres, Inglaterra
29 de jun – Leicester, Inglaterra
1 de jul – Caen, França
2 de jul – Ris-Orangis, França
3 de jul – Reims, França
5 de jul – Marthon, França
7 de jul – Bonn, Alemanha
8 de jul – Lummen, Bélgica
9 de jul – Dour, Bélgica
10 de jul – Amsterdã, Holanda
2 de ago – Providence, RI
4 de ago – Boston, MA
5 de ago – NY
6 de ago – Lido Beach, NY
8 de ago – Allentown, PA
9 de ago – Washington, DC
11 de ago – Agawam, MA
12 de ago – Asbury Park, NJ
14 de ago – Pittsburgh, PA
15 de ago – Cleveland, OH
17 de ago – Pontiac, MI
18 de ago – Chicago, IL
19 de ago – St Louis, MO
21 de ago – Denver, CO
23 de ago – Salt Lake City, UT
25 de ago – Las Vegas, NV
26 de ago – Phoenix, AZ
28 de ago – San Diego, CA
29 de ago – Los Angeles, CA
30 de ago – Bakersfield, CA
31 de ago – San Francisco, CA
2 de set – Portland, OR
3 de set – Seattle, WA
10 de set – Atlanta, GA
13 de set – Phoenix, AZ
14 de set – Las Cruces, NM
16 de set – Austin, TX
17 de set – Nova Orleans, LA
2, 3, 4, 6 e 7 de out – Buenos Aires, Argentina
16, 17 e 18 de out – Tóquio, Japão
20 de out – Fukuoka, Japão
22 de out – Matsumoto, Japão
23 de out – Tóquio, Japão
25 de out – Sapporo, Japão
27 de out – Nagoya, Japão
28 e 29 de out – Tóquio, Japão

30 de out – Nagoya, Japão
1 e 2 de nov – Osaka, Japão
6 e 7 de nov – San Diego, CA
18 de nov – Detroit, MI
20 de nov – Louisville, KY
21 de nov – Dayton, OH
22 de nov – Cleveland, OH
24 de nov – Muskegon, MI
25 de nov – Saginaw, MI
27 de nov – Hamilton, Canadá
28 de nov – Verdun, Canadá
29 de nov – Lewiston, ME
30 de nov – Albany, NY
2 de dez – Hartford, CT
4 de dez – Rochester, NY
5 de dez – Hamburgo, NY
6 de dez – Binghamton, NY
10 de dez – Salisbury, MD
12 de dez – Salem, VA
13 de dez – Filadélfia, PA
14 de dez – Fairfax, VA

**1996**
19 de jan – Budrio, Itália
20 de jan – Pordenone, Itália
22 de jan – Milão, Itália
23 de jan – Munique, Alemanha
24 de jan – Offenbach, Alemanha
26 de jan – Bonn, Alemanha
28 de jan – Berlim, Alemanha
29 de jan – Hamburgo, Alemanha
30 de jan – Hannover, Alemanha
31 de jan – Amsterdã, Holanda
2 de fev – Kortrijk, Bélgica
3 de fev – Londres, Inglaterra
12 de fev – Providence, RI
13 de fev – Northampton, MA
14 de fev – Boston, MA
16 de fev – Filadélfia, PA
17 de fev – Washington, DC
18 de fev – Port Chester, NY
20 de fev – Harrisburg, PA
21 de fev – Lido Beach, NY
23 de fev – New Haven, CT

24 de fev – Baltimore, MD
25 de fev – Red Bank, NJ
27, 28 e 29 de fev – New York City
7 de mar – Rio de Janeiro, Brasil
8 de mar – Mogi das Cruzes, Brasil
10 de mar – Santo André, Brasil
11, 12 e 13 de mar – São Paulo, Brasil
15 de mar – Buenos Aires, Argentina
18 de abr – Indianapolis, IN
19 de abr – Chicago, IL
20 de abr – Kalamazoo, MI
21 de abr – Detroit, MI
23 de abr – Cleveland, OH
25 de abr – Allentown, PA
26 de abr – Pittsburgh, PA
27 de abr – Rochester, NY
28 de abr – Albany, NY
30 de abr – New York City
1 de mai – New York City
22 de mai – Little Rock, AR
23 de mai – Memphis, TN
25 de mai – Atlanta, GA
26 de mai – Birmingham, AL
27 de jun – Kansas City, MO
28 de jun – Des Moines, IO
2 de jul – Indianapolis, IN
3 de jul – Buckeye Lake, OH
5 de jul – Barrie, Canadá
7 de jul – Quebec City, Canadá
9 de jul – Pownal, VT
10 e 11 de jul – New York City
13 de jul – Syracuse, NY
16 de jul – Charles Town, WV
18 de jul – West Palm Beach, FL
20 de jul – Rockingham, NC
21 de jul – Newport, TN
23 de jul – New Orleans, LA
25 de jul – Ferris, TX
27 de jul – Phoenix, AZ
30 de jul – Gorge, WA
2 de ago – San Jose, CA
3 e 4 de ago – Irvine, CA
6 de ago – Los Angeles, CA – O último show

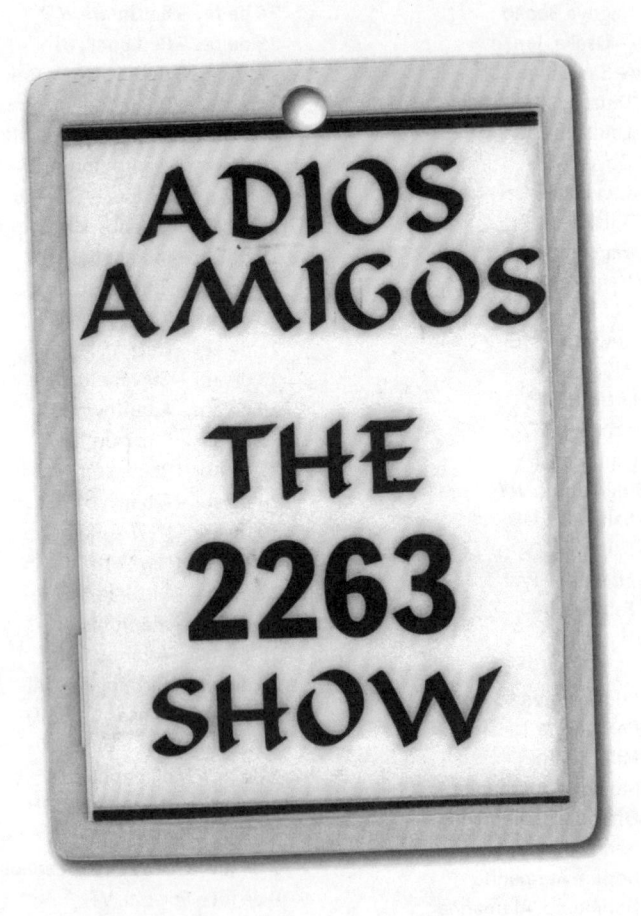

**COMPRE UM
·LIVRO·
doe um livro**

*Sua compra tem
um propósito.*

**Saiba mais em
www.belasletras.com.br/compre-um-doe-um**

Este livro foi composto em Aller e impresso em pólen bold 80 g pela gráfica Pallotti, em novembro de 2021.